健康体适能测试理论与方法

JIANKANGTI SHINENG CESHI

LILUN YU FANGFA

李春艳　熊晓玲　编著

武汉大学出版社

图书在版编目(CIP)数据

健康体适能测试理论与方法/李春艳,熊晓玲编著.—武汉:武汉大学出版社,2019.9(2023.7 重印)
ISBN 978-7-307-20988-6

Ⅰ.健… Ⅱ.①李… ②熊… Ⅲ.体育锻炼—适应能力—研究 Ⅳ.G806

中国版本图书馆 CIP 数据核字(2019)第 132224 号

责任编辑:林　莉　　责任校对:李孟潇　　整体设计:马　佳

出版发行:**武汉大学出版社**　　(430072　武昌　珞珈山)
（电子邮箱:cbs22@whu.edu.cn　网址:www.wdp.com.cn）
印刷:湖北金海印务有限公司
开本:787×1092　1/16　印张:20　字数:474 千字　插页:1
版次:2019 年 9 月第 1 版　　2023 年 7 月第 4 次印刷
ISBN 978-7-307-20988-6　　定价:58.00 元

版权所有,不得翻印;凡购买我社的图书,如有质量问题,请与当地图书销售部门联系调换。

前　言

体适能(physical fitness)的概念最早出现于1897年,但作为一门学科真正引起学术界的重视始于Morris等1950年的研究,该研究发现英国公共汽车驾驶员和售票员在心脏病发生率及危险性的明显差异。1950年,美国政府针对200多万名21~35岁青年进行征兵体检调查发现,所招募之新兵有90万人因心脏问题无法服兵役,随后成立"青年体适能总统委员会"。1957年美国健康、体育、娱乐协会(AAHPER)进一步提出青少年体适能测验计划(The Youth Test Project),组织制定了《国家青年适应能力测试》的文件,并于1957—1958年间进行了第一次全国性的体适能普查,测试项目包括仰卧起坐、引体向上、立定跳远、垒球掷远、折返跑、50码、600码等七项。半个多世纪以来,体适能逐渐受到各国学者的重视,体适能研究无论在理论建设,还是在健康促进的实践活动中,都取得了长足的进步,形成了标志性成果,逐步建构起较为系统的科学理论体系和实践规范。

体适能是健康体适能和技能体适能的综合反映。健康体适能是指人体所具备的有充足的精力从事日常生活工作而不感疲劳,同时有余力享受休闲活动的乐趣,能够适应突发状况的能力,是服务于人类健康、实现美好生活的基本模式。随着社会的发展,人们的生产和生活方式发生了巨大变化,脑力劳动者、轻体力劳动者、静态生活者占多数,大幅减少人体关节、多肌肉群强烈用力的机会,体力活动不足现象突出。这引发一系列问题,如慢性疾病的高发及年轻化、社会医疗负担增加、生活质量下降。为提升国民的健康水平,2016年国务院印发《全民健身计划(2016—2020年)》,将提高全民健康计划作为国家的重要发展战略,并印发了《"健康中国2030"规划纲要》,对发展群众体育活动、倡导全民健身新时尚、推进健康中国建设做出了明确部署。为加强慢性病防治工作,降低疾病负担,提高居民健康期望寿命,努力全方位、全周期保障人民健康,2017年1月国务院办公厅发布了《中国防治慢性病中长期规划(2017—2025年)》,同年8月科学健身"说明书"——《全民健身指南》正式发布。《全民健身指南》针对中国居民参加体育健身活动状况实际,对体育健身活动效果、运动能力测试与评价、体育健身活动原则、体育健身活动指导方案等内容进行详细说明。

为实现人民群众对美好生活的向往,基于体适能"走入课堂、走进生活、走向健康"的理念,围绕健康体适能测试的理论和实践,本书编写并收集整理了近年来各国学者的研究成果,并结合编者多年的教学、实践和科研经验,注重学科的科学性、实用性、操作性和拓展性,力求达到理论和实践相结合,提高本书的实用性和可操作性。并借此书对体适能进行进一步的探讨,以更好地增强体适能教育理念在我国国民健康中所起到的作用,便于学者能够汲取前人研究的精华,从而对体适能进行更深入的研究学习。

全书共分10章,基本内容包括:健康体适能基础、体力活动的益处与风险、运动前健康评估与危险分层、运动前评价、心肺适能及其测评、肌肉适能及其测评、身体成分及其测评、柔韧适能及测评、我国国民体质测试标准、骨密度及其测评等。

本书既可作为高等学校运动人体科学、体育教育及运动训练等相关专业本科生及硕士生教材，也可供广大从事健康教育和体适能教育评价和研究的工作人员参考。参加本书编写的有李春艳、熊晓玲、毛彩凤、邹筱雨、高志强、苏杭。本书由李春艳策划，拟定编写计划并对全书进行统稿。

限于时间和水平，本书不当之处在所难免，我们愿意虚心听取读者的批评和建议，以便不断修订和完善。

编　者

2019 年 4 月

目　　录

第一章　健康体适能基础 … 1

第一节　体适能 … 1
一、体适能概念的兴起与发展 … 1
二、体适能的分类及构成要素 … 3
三、体适能商 … 6

第二节　健康 … 7
一、健康概述 … 7
二、健康的标准 … 10
三、健康的影响因素 … 11

第三节　亚健康 … 13
一、亚健康的定义 … 13
二、亚健康的分类及表现 … 14
三、亚健康的形成原因 … 15
四、亚健康的评估方法 … 15
五、亚健康的预防与改善 … 17

第四节　体质、体适能、健康的关系 … 19
一、体质与健康 … 19
二、健康与体适能 … 19
三、体质与体适能 … 20

第五节　国内外健康体适能发展现状 … 20
一、国外健康体适能发展现状 … 20
二、我国健康体适能发展现状 … 22

第六节　我国全民健身计划及健康促进举措 … 25
一、全民健身计划 … 25
二、社会体育指导员等级制度 … 27
三、关于加强青少年体育增强青少年体质的意见 … 28
四、"健康中国2030"规划纲要 … 28
五、中国防治慢性病中长期规划（2017—2025年） … 29
六、全民健身指南 … 31
七、我国学生体质健康评价制度的演变和发展 … 33

第二章 体力活动的益处与风险 ... 43
第一节 体力活动的术语 ... 43
一、体力活动 ... 43
二、体力活动的强度 ... 44
三、体力活动的强度分级 ... 47
四、体力活动强度的计算方法 ... 49
五、体力活动的运动量 ... 52
第二节 体力活动能量消耗的测量方法 ... 54
一、直接观察法 ... 54
二、双标水法 ... 54
三、心率检测仪 ... 55
四、运动感应器 ... 55
五、问卷调查法 ... 56
第三节 规律体力活动/运动锻炼的益处 ... 57
一、体力活动与健康的量效关系 ... 57
二、体力活动的益处 ... 61
三、运动不足可能导致的疾病 ... 62
第四节 运动的风险 ... 64
一、运动风险 ... 65
二、降低大强度运动心脏风险的策略 ... 70

第三章 运动前健康评估与危险分层 ... 72
第一节 运动前健康评估 ... 72
一、健康评估概述 ... 72
二、运动前健康筛查的过程 ... 73
三、运动前健康筛查工具 ... 75
第二节 危险分层 ... 80
一、危险因素的确定 ... 80
二、危险分层 ... 80
三、危险分层注意的问题 ... 82
四、危险分层的案例分析 ... 83
五、心血管疾病病人的危险分层 ... 84
第三节 基于危险分层的运动测试和医务监督建议 ... 85
一、基于危险分层的运动测试和医务监督建议 ... 85
二、开始体力活动前的医学检查推荐 ... 88
三、开始体力活动前的运动测试推荐 ... 89
四、运动测试的医务监督推荐 ... 90

第四章 运动前评价 ·········· 91
一、医疗史 ·········· 91
二、常规体格检查内容 ·········· 92
三、实验室测试 ·········· 95
四、运动心电图试验 ·········· 104

第五章 心肺适能及其测评 ·········· 106
第一节 心肺适能概述 ·········· 106
一、心肺适能的定义 ·········· 106
二、影响心血管适能的因素 ·········· 106
三、心肺适能对长期运动的适应 ·········· 110
第二节 心肺适能的测评 ·········· 111
一、心肺适能测评的意义 ·········· 112
二、心血管适能测评的方法 ·········· 112
三、安静状态下心血管适能的测评 ·········· 113
四、运动状态下心血管适能的测评 ·········· 117
五、心血管适能的间接测量与评价 ·········· 118
六、心血管适能的直接测评 ·········· 133

第六章 肌肉适能及其测评 ·········· 143
第一节 肌肉适能概述 ·········· 143
一、肌肉适能的定义 ·········· 143
二、影响肌肉适能的因素 ·········· 143
三、肌肉适能与健康 ·········· 145
第二节 肌肉适能的测评 ·········· 145
一、肌肉适能测评的意义 ·········· 145
二、肌肉适能测评的方法 ·········· 145

第七章 身体成分及其测评 ·········· 172
第一节 身体成分概述 ·········· 172
一、身体成分 ·········· 172
二、身体成分的平衡 ·········· 172
三、身体成分与健康 ·········· 177
第二节 身体成分的测评 ·········· 180
一、身体成分测评的意义 ·········· 180
二、身体成分的测评方法 ·········· 180
三、不同项目运动员的体脂百分比 ·········· 201

第八章　柔韧适能及评测 ……………………………………………………… 203
第一节　柔韧适能概述 ……………………………………………………… 203
一、柔韧适能及其特性 ………………………………………………………… 203
二、影响柔韧适能的因素 ……………………………………………………… 203
三、全身主要关节活动范围 …………………………………………………… 204
四、柔韧适能与健康 …………………………………………………………… 205
第二节　柔韧适能的测评 …………………………………………………… 206
一、柔韧适能测评的意义 ……………………………………………………… 206
二、柔韧适能测评的方法 ……………………………………………………… 206

第九章　骨密度及其测评 ……………………………………………………… 221
一、骨密度概述 ………………………………………………………………… 221
二、骨密度测评的意义 ………………………………………………………… 222
三、影响骨密度的因素 ………………………………………………………… 222
四、骨密度测评的方法与评价标准 …………………………………………… 223

第十章　我国国民体质测试标准 ……………………………………………… 231
第一节　我国幼儿国民体质测试标准 ………………………………………… 231
一、适用对象的分组与测试指标 ……………………………………………… 231
二、测试方法 …………………………………………………………………… 232
三、评定标准 …………………………………………………………………… 236
第二节　《国家学生体质健康标准(2014年修订)》 …………………………… 244
一、适用对象的分组与测试指标 ……………………………………………… 244
二、测试规范 …………………………………………………………………… 245
三、评分标准 …………………………………………………………………… 258
第三节　国民体质测试标准手册与标准(成人部分) ………………………… 277
一、适用对象与分组 …………………………………………………………… 277
二、测试指标 …………………………………………………………………… 278
三、评定方法与标准 …………………………………………………………… 278
四、测试方法与评分标准 ……………………………………………………… 278
第四节　国民体质测试标准(老年人部分) …………………………………… 303
一、适用对象的分组与测试指标 ……………………………………………… 303
二、评定方法与标准 …………………………………………………………… 303
三、测试方法及评分标准 ……………………………………………………… 304

参考文献 ………………………………………………………………………… 312

第一章 健康体适能基础

在党的十九大报告中,习近平总书记郑重指出:"中国特色社会主义进入了新时代,我国社会主要矛盾已经转化为人民日益增长的美好生活需要和不平衡不充分的发展之间的矛盾。"而健康是美好生活需要的必要条件。

不管是马克思主义的需要理论,还是人本主义心理学家马斯洛提出的需要理论,健康均居于人类整体需要的核心和基础——"没有全民健康,就没有全面小康",这表明健康不仅仅是医学问题,同时也是重要的社会问题和经济问题。对于个体而言,健康是1,事业、财富、名望、地位、感情、婚姻……都是1后面的0,通过后天自致的功名利禄、富贵人生只有附丽于健康,才有价值和意义;对于国家而言,健康是重大的社会和经济问题。习近平总书记强调,人民对生活的美好追求首先是健康,没有全民健康,就没有全面小康。健康是经济社会发展的先决条件,是民族昌盛和国家富强的重要标志。因此,体适能、健康、亚健康和体质等日益成为各个领域阶层的关注重点。

本章主要介绍体适能、健康、亚健康的概念及关系,并对国内外健康体适能发展现状及我国的全民健康促进计划进行综合概述。

第一节 体 适 能

一、体适能概念的兴起与发展

关于体适能的概念,追溯到"二战"后,世界各国政府都十分关注人们的身体健康,关注点也逐渐由身体运动能力向身体健康转变。同时,西方国家开始批判"行为主义",并首先关注到"体适能"(physical fitness)。西方人所说的"physical fitness"是体质的一种外在表现形式,而不是身体的实质。20世纪50年代,physical fitness一词首先出现在当时"美国健康、体育、娱乐协会"(American Association of Health, Physical Education and Recreation,简称AAHPER)组织和制定的《国家青年适应能力测试》(*National Youth Fitness Test*)中。physical fitness在*Longman Dictionary of Contemporary English*中,physical意为"of the body",fitness意为"the quality of being suitable",故physical fitness的直译是"身体的适应质量",从人体机能角度看,译为"身体适应性"或"身体适应能力"。可见"体适能"是身体适应能力的简称。到20世纪80年代初,台湾、香港的运动生理学界率先将这一名词翻译为"体适能",随后中国大陆学术界开始对这一名词进行讨论。多数中国学者将其翻译为"体适能",也有译作"体能"、"身体素质"、"体力"、"体质"及其他。

欧洲各国学者对physical fitness/fitness的认识也不尽相同。如德国称其为"工作能力"

(leistung fahigkeit)，法国称其为"身体适应性"(physical aptitude)。日本翻译为"体力"。根据最佳体适能计划对"physical fitness"一词的解释，译为"体适能"最佳。

体适能最初提出时并没有明确的定义。彼时美国提出该概念是由于社会变化，特别是青少年身体活动率急剧下降，社会生活的紧张使人们的心理产生紧张感、压抑感；运动不足导致的肥胖病、心血管疾病及糖尿病的发病率提高，国民医疗保健费大幅度增长；老龄化社会的到来及严重的自然环境污染等原因。最终美国体育界 AAHPER 组织于 1987 年提出一项旨在建立一个能协助体育教师帮助青少年儿童理解终生体育活动的价值、意义，并养成健康行为习惯的教育计划，即体适能健康教育计划。该计划的核心内容是与健康有关的知识和方法，主要包括体育活动对改善有氧体适能、肌肉力量和耐力、柔软性、身体成分作用的知识和方法，以及营养和体育活动的健康知识。

1971 年美国总统体能与竞技委员会定义体适能为"以旺盛的精力执行每天的事物而没有过度的疲劳；以充足的活力去享受闲暇时间的各种休闲，并能适应各种突发情况"。

1980 年，Jensen 和 Hirst 认为个人适应能力是指外在与内在活动能力的总和，而运动适应能力(体适能)只是其中的一部分。1984 年，Lamb 以运动生理学的观点分析体适能，认为体适能是促使对目前及未来生活挑战得以成功的能力。1986 年，Greenberg 及 Pargman 认为体适能是指一个人的工作能力及有余力从事休闲活动。1996 年，美国健康与服务部将体适能定义为"人们具有的或者获得的与其完成体力活动能力有关的一组身体要素"，而具有良好体适能的人通常是能够"以旺盛的精力执行每天的事务而没有过度的疲劳，以充足的活力去享受闲暇时间的各种休闲活动并能适应各种突发事件"，这一定义得到了迄今为止众多学者的认可。1997 年，Howley 和 Franks 又将体适能定义为具有低患病风险和具有足够的精力参加各种体力活动的身体完好状态。

世界卫生组织(WHO)对体适能的定义为：指人体所具备的有充足的精力从事日常工作(学习)而不会感到过度疲劳，同时有余力享受娱乐休闲活动的乐趣，及应对突发事件的能力。美国运动医学会(American College of Sports Medicine, ACSM)则认为"体适能是机体在不过度疲劳状态下，能以旺盛的精力愉快地从事日常工作和休闲活动，能从容地应对不可预测紧急情况的能力。"根据美国运动医学会(ACSM)的释义，体适能包括健康体适能(healthy-related physical fitness)和技能体适能(skilled-related physical fitness)。健康体适能是与健康密切相关的体适能，是心血管、肺和肌肉发挥最理想效率的能力。它不仅是机体维护自身健康的基础，也是机体保证最大活力完成日常工作、降低慢性疾病危险因素出现的条件，其主要内容有心肺耐力、肌肉力量和耐力、身体脂肪组成和柔软度等运动生理生化、体育保健、运动营养、体育康复、运动医学和行为科学的内容。

我国学者季浏和胡增荦(2001)认为，体适能是使每个人在各种不同的状况下，选择最适合自己需要的运动方式和运动量来增强自己体能，以保持最佳的健康状态，因人、因时、因地而异地获得健康。李建芳和陈汉华(2001)认为，体适能是人们从事需要速度、耐力、力量和柔韧性等身体活动的能力。邓树勋(2003)在综合了国内外学者对体适能的定义后认为，体适能是指个人适应生活需要的身体能力，其发展的目的，不仅能促进个人身体健康，而且能提高个人身体活动的适应能力。陈佩杰等(2005)认为体适能是从体育学角度评价健康的一个综合指标，是机体有效与高效执行自身机能的能力，也是机体适应环境(包括自然环境和心理环境)的一种能力,是众多参数的综合,它直接与身体生活质量相关。我国大陆学者大多将体适能分为与健康相关的健康体适能和反映竞技技巧高低的竞技体适能两大类,这与港台体育理论界对体适能分类具有一致性。

综上所述,虽然各国学者对体适能的理解和具体表述有所不同,定义也不尽相同,但"将体适能视为人类为适应生活需要所应具备的完成各种体力活动的能力"这一核心思想基本一致。它在内涵上存在层级性,即有能力完成基本的生理功能,如生存、保持健康、抵御外界刺激等;有能力完成日常生活功能,如购物、洗衣、做饭等;有能力进行职业工作和社会交往。此外,还有能力进行闲暇时间的锻炼和各种休闲活动。它在外延上存在多维性,即体适能各个构成要素对健康、劳动和工作能力以及竞技运动水平的影响并不完全相同。人体各组织器官在正常情况下能发挥其有效的机能,以适应日常的工作及生活环境,并有应付紧急事件的体适能,是来自于心血管、肺脏功能、肌肉、柔软度等功能的综合有效运作。可以把它概括为身体适应生活、运动和环境等因素的一种应变能力,故体适能也是身体适应能力的一种简称。

总之,体适能的定义无外乎包含两个分类,一是定义为"体适能是人体各器官系统的机能在身体活动中表现出来的一系列能力或特征",二是定义为"体适能是一种精力充沛的良好状态,处于这种状态的人们将能够有活力地完成各种日常活动,而不会因过早出现健康问题发生而危及生命。"两者从不同角度对体适能进行阐述,互为补充。

此外,近年来随着肥胖检出率增加,脂肪过高也直接或间接地危害着人体健康。所以健康体适能可由肌力、肌耐力、心肺耐力、柔软度和身体成分五要素进行评价。

二、体适能的分类及构成要素

对体适能的分类主要有三分法和两分法,其中以两分法的划分代表性更强,也普遍能够得到认同。

1. 三分法

陈佩杰等(2005)将体适能分为与健康相关(health-related)体适能、技能相关(skill-related)体适能及代谢相关(metabolic-related)体适能三方面内容。与健康相关的体适能直接与个体从事日常生活和工作能力有关,主要是评价机体的呼吸循环系统、身体成分(体脂为主要指标)和肌肉骨骼系统(包括肌肉耐力、肌肉力量和柔韧性)等三方面机能。

台湾学者林正常(2001)将体适能分为:与健康有关的体适能(health-related physical fitness)、与基本运动能力有关的一般运动体适能(sports-related physical fitness),以及与运动项目有关的专项技术体适能(skill-related physical fitness)。

2. 两分法

钱伯光将体适能分为:与健康相关的体适能(health-related physical fitness)和运动相关的体适能(sports-related physical fitness),这也是国际通用的分类。美国健身体育休闲舞蹈协会(1980)将体适能分为"健康体适能"(health fitness)和"运动体适能"(skill/motor fitness)。其中"健康体适能"由肌肉力量和肌肉耐力、心肺耐力、柔韧性、身体组成,而运动体适能则包含平衡、协调性、敏捷性、速度、爆发力。Casperson(1985)认为,体适能是人体须拥有有氧能力、肌肉耐力、柔韧性、肌肉肌力与身体组成等要素。Corbin

(1991)认为,体适能包含身体组成、心肺适能、柔韧性与肌肉耐力等。一个拥有良好的健康体适能者并不一定具有优秀的技能体适能,技能体适能需要进行适当的训练,但拥有优秀技能体适能的前提是具有良好的健康体适能。

目前国际上对体适能的分类,通常采用世界卫生组织和美国运动医学学会对体适能的两分类法,即分为技能体适能(skill-related physical fitness)和健康体适能(health-related physical fitness)。

为了能够与世界体适能研究相统一,本书采用世界卫生组织对体适能所下的定义:指除了应付日常工作之余,身体又不会感到过度疲劳,并有余力去享受休闲及应付突发事件的能力。主要分为健康体适能和竞技体适能,其中健康体适能包括身体成分、心肺适能、柔韧适能、肌力和肌耐力四个组成要素,后者包括灵敏(agility)、平衡(balance)、协调性(coordination)、爆发力(power)、速度(speed)和反应时(reaction time)等组成要素。

由于个体和环境的差异,体适能和健康的关系有所不同,各体适能要素的贡献度存在差异(表1-1)。

表1-1 各项体适能要素及其对健康的影响

健康贡献度				运动贡献度		
高	中	低		低	中	高
◆			心肺耐力			◆
◆			肌肉耐力			◆
◆			肌肉力量			◆
	◆		速度			◆
		◆	柔韧性		◆	
		◆	灵敏性		◆	
	◆		平衡能力		◆	
	◆		反应时			◆
◆			身体成分			◆

竞技体适能建立在健康体适能的基础之上,其构成要素对提高人体的竞技运动能力具有重要作用。因此,竞技体适能的发展目标是在各竞技运动项目中创造优异成绩,获取比赛的胜利,但目前并没有证据表明他们与健康和疾病有直接关系。

健康体适能的发展目标则在于保持和维护健康,拥有健康体适能的良好状态,提高生活质量,享有优质人生。越高水平的竞赛,对竞技体适能发展的要求越高,但有时候不一定合乎健康的原则。对于非运动员群体而言,健康体适能体系更为适用。

健康体适能主要由与人体健康水平密切相关的体适能要素组成,通常主要包括心肺适能(cardiorespiratory fitness)、身体成分(muscular composition)、肌肉适能(muscular fitness)和柔韧适能(flexibility)。

（1）心肺适能是健康体适能中最基础最重要的要素，也是评估体适能优劣最重要的指标。它能反映由心脏、血液、血管和肺组成的血液运输系统向肌肉运送氧气、能源物质同时维持机体从事体力活动的能力。由于拥有良好心血管适能的人通常也具有较好的运动耐力和有氧运动能力，所以心肺适能有时又称为心肺耐力（cardiorespiratory endurance）或者有氧适能（aerobic fitness）。

（2）身体成分最主要的是身体适当的体脂百分比（脂肪占体重的百分比）。人体是由脂肪组织与非脂肪组织（如肌肉、水分、骨骼及脏器等）组成，保持合理的体重和维持适当的身体组织对人体健康具有重要作用。身体成分中，脂肪的比例变化对健康的影响较大。当人体的体脂百分比过高时，健康和体适能会受到相当大的威胁，同时患心脏病、高血压、糖尿病、中风、脂肪肝、高血脂胆固醇等疾病的几率显著升高。而过低的体脂率也会导致女性不孕，因此，适宜的体脂百分比可作为身体成分适能的一个重要部分。

（3）肌肉适能包括肌肉力量和肌肉耐力两部分。肌肉力量（muscle strength）是指肌肉一次收缩产生的最大力量，通常以对抗和克服最大阻力的重量、力矩或做功功率表示。肌肉耐力（muscle endurance）是指骨骼肌受到阻力时持续收缩和反复收缩或维持固定用力状态的能力，一般以定量运动负荷的次数、负荷持续时间或者输出功率变化来表示。肌肉力量和肌肉耐力是机体正常工作的基础。

（4）柔韧适能是身体各关节能有效地活动到最大范围的能力，即在无疼痛的情况下，关节所能活动的最大范围。良好的柔韧性在运动中表现出高自由度和轻松感，它对于保持人体运动能力，防止运动损伤有重要意义。影响柔韧性的因素除了关节本身的结构外，还有肌肉、肌腱、韧带、软骨组织和皮肤。柔韧适能好的人，其肢体的活动范围较大，且在不借助外力的情况之下，身体扭转、回旋、弯曲、伸展都比较轻松，而且能更多地避免因用力而造成肌肉拉伤或关节扭伤等运动损伤。

此外，除了以上的"四要素模型"健康体适能体系外，著名的健康体适能研究专家鲍切尔德（Bouchard）和沙费尔德（Shephard）还根据健康科学与临床医学的多年研究成果构建了新的健康体适能体系。新体系由五个要素构成：身体形态、肌肉、运动、心肺和代谢，具体包括以下22个检测项目（表1-2）。

表1-2　　　　　　　　Bouchard和Shephard的五要素健康体适能模型

形态	肌肉	运动	心肺	代谢
BMI	功率	灵敏度	亚极量运动能力	葡萄糖耐受
身体成分	力量	平衡性	最大有氧功率	胰岛素敏感性
皮下脂肪分布	耐力	协调性	心脏功能	脂肪和脂蛋白代谢
腹部脂肪		运动速度	肺功能	代谢底物氧化特点
骨密度			血压	
柔韧度				

三、体适能商

为了定量评价体适能,综合评价健康体适能与竞技体适能的高低,近年提出了体适能商(physical fitness quotient,PFQ)的新概念。体适能商包含健康体适能商(HPFQ)和竞技体适能商(SPFQ)。其中,HPFQ代表个人的肌力与肌耐力、柔韧度、心肺耐力和身体成分等健康体适能总评。HPFQ越高代表健康的趋向越明显。SPFQ代表个人的灵敏、协调、平衡、速度、反应与爆发力等竞技体适能总评。SPFQ越高代表基本运动能越好。PFQ是HPFQ与SPFQ的和,包括两者共代表的十个健康体适能要素(图1-1)。PFQ越高,则代表健康与运动的身体机能越完善。当个人在特定体适能要素上具备极高的水平时,代表他在该项运动能力上很卓越,可以朝该要素能力上去培养和发展,因此,体适能成为运动员选材的主要依据。

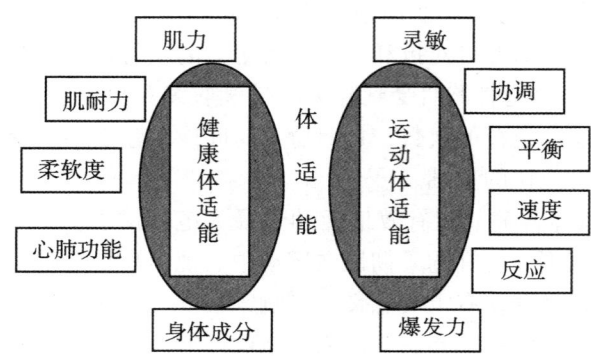

体适能商=健康体适能商+运动体适能商

图1-1 体适能商(PFQ)的构成

根据PFQ理论架构的假设,体适能商为健康体适能和技能体适能得分之和。PFQ=2~192之间,各项体适能要素得分见表1-3。

表1-3　　　　　　　　　　各项体适能要素得分表

体适能商	体适能要素	平均数	标准差	得分范围
健康体适能商 (HPFQ)	肌力和肌肉耐力	10	2	0~20
	柔韧性	10	2	0~20
	心肺适能	10	2	0~20
	身体成分			2~12
竞技体适能 (SPFQ)	灵敏	10	2	0~20
	协调	10	2	0~20
	平衡	10	2	0~20
	速度	10	2	0~20

续表

体适能商	体适能要素	平均数	标准差	得分范围
竞技体适能（SPFQ）	反应	10	2	0~20
	爆发力	10	2	0~20

体适能商越高就代表身体机能越好。据《美国医学会杂志》(Journal of the American Medical Association)报告，一项由哥伦比亚南卡罗来纳州立大学 Steven Blair 教授牵头的研究显示，体适能商高者比体适能商低者更为长寿，体适能商高者的死亡率还未到体适能商低者的一半，且他们伴发高血压、高甘油三酯或糖尿病等心血管疾病的危险因素的几率也少得多。在倡导运动促进健康的时代背景下，通过 PFQ 的理论评价，以掌握人群体适能水平为基础，才能制定出科学、合理和个性化的运动处方，从而使其紧密贴近患者，达到健身强体的医疗和保健效果。

第二节 健　　康

食不果腹求生存的时期，人们关注"健在"，温饱满足过生活的现在，人们关注"健康"。"人人为健康，健康为人人"是世界卫生组织的全球战略目标。健康是基本的人权之一，是生产力、社会和经济发展的前提，是人类共同追求的重要目标。马克思曾经说：健康是人的第一权利，一切人类生存的第一个前提，也是一切历史的第一个权利。我国教育教家张伯苓提出：强国必强种，强种必强身。

2016 年，中共中央国务院印发《"健康中国 2030"规划纲要》强调：健康是促进人的全面发展的必然要求，是经济社会发展的基础条件。实现国民健康长寿，是国家富强、民族振兴的重要标志。习近平总书记多次强调：没有全民健康，就没有全面小康。可见，亘古及今，任何时代和民族无不把健康视为人生的第一需要。

WHO 曾向世界公布一组数据：个人健康 60% 取决于自我保健，15% 取决于遗传因素，10% 取决于社会因素，8% 取决于医疗条件，7% 取决于气候条件。无独有偶，美国学者布鲁姆于 20 世纪 70 年代提出了健康公式：$HS = f(E) + AcHs + B + LS$。其中，HS(health status)指健康状态，f 是函数，E(environment)指环境，AcHs(accessibility to health-service)指健康设施的易获得，B(biological factor)指生物学因素。显然，在影响健康的环境、医疗服务、生物学、生活方式的四大因素中，唯有生活方式是个体可控和可参与的环节。于是，人类通过设计的身体运动，最主要的目的就是增强人们的健康状态。

一、健康概述

1. 健康的概念

健康在不同的时代背景下有着不同的概念，随着社会的发展和对疾病与健康认识的深入，人们提出健康是生物学上的适应，是指没有疾病和无伤残等，而疾病是由生物学因素引起，产生生物学变化和要用生物学手段加以干预的现象，由此建立了以生物机体和机体的生物性为研究重点的生物医学模式。

但随着时代的发展和研究的深入，生物医学模式的局限性和消极影响也日渐凸显，主要表现为忽视了社会、心理因素对健康的影响，对疾病认识的片面性、临症思维和医学科学研究的局限性、研究机体功能和疾病变化方面的形而上学的认识方式、难以解答的现代医学中所出现的问题等。

1977年美国罗切斯特大学医学院精神病学和内科教授恩格尔（G. E. Engel）提出了著名的"生物—心理—社会医学模式"（bio-psycho-social medical model），即从生物学、心理学和社会学三个方面综合考察人类的健康和疾病问题。这一模式认为人的心理与生理、精神与躯体、机体内外环境是一个完整的统一体，心理、社会因素与疾病的发生、发展、转归有着密切的联系。在考察人类的健康和疾病时，既要考虑生物学因素，又要重视心理、社会因素的影响。"生物—心理—社会医学模式"是对生物医学模式弊端的更新，作为当代人类对健康与疾病内在机制和相互联系的基本认识，指导健康科学研究与医疗实践。恩格尔指出："为了理解疾病的决定因素，以及达到合理的治疗和卫生保健模式，医学模式必须考虑到病人、病人生活在其中的环境以及由社会设计来对付疾病的破坏作用的补充系统，即医生的作用和卫生保健制度。"

世界卫生组织（WHO）是国际上最大的政府间卫生组织，成立于1948年，其宗旨是"使全世界人民获得可能的最高水平的健康"。WHO成立之初，在其《世界卫生组织宪章》中提出了"健康不仅仅是没有疾病和不虚弱，而是保持身体上、精神上和社会适应方面的完美状态"的概念。这一概念在1978年9月的世界初级卫生保健大会所发表的《阿拉木图宣言》中得到重申。1986年，WHO在《渥太华宪章》中重申："应将健康看作是日常生活的资源，而不是生活的目标。健康是一个积极的概念，它不仅仅是个人身体素质的体现，也是社会和个人的资源。"1989年WHO对健康又作出了最新定义，明确地将道德健康纳入健康的基本构成要素，提出："一个人在躯体健康、心理健康、社会适应良好和道德健康4个方面皆健全"才算健康。

这一概念体现了"生物—心理—社会医学模式"，将健康的概念划分为生理、心理和社会三个层面：生理意义的健康是指躯体器官、组织及细胞的健康，要求无病而且健康；心理意义的健康是指精神与智力的正常；社会意义的健康是指有良好的人际交往与社会适应能力。三者相互作用以维护个体的健康或产生疾病。从这个定义可以看出，影响健康的因素归纳起来大致可以分为以下四类：环境（包括自然环境和社会环境）；生物学基础（包括机体的生物学和心理学因素）；生活方式；保健措施。

世界卫生组织的健康定义具有三个重要特征：突破了"无病即健康"的狭隘的、消极的、低层次的健康观；对健康的解释从"生物人"扩大到"社会人"的范围，把人的社会交往与人际关系和健康联系起来，同时也强调了社会、政治和经济对健康的影响；从个体健康扩大到群体健康，以及人类生存空间的完美。

此外，20世纪60年代，Halbert Dunn等人提出"整体健康"（holistic health）概念和"整体医学模式"（holistic model），主张健康的内涵不是静止不变的，健康是包括个人和群体在内的，人体生理的、心理的、情绪的、社会的、环境的和精神的多个方面的最佳或完美状态。

2. 全人健康(Wellness)

以往多数人认为,通过体育锻炼干预为主的健康促进项目可以增强人们的体质,提高人们的生活质量。但是,20世纪末期,人们逐渐认识到降低疾病风险、保证机体良好的健康状态仅仅靠增强体质是不够的。例如:一个人通过规律的体育锻炼可能具有良好的心肺耐力和肌肉功能,体重控制得当;参加拉伸练习可使其具有良好的柔韧性。以体质判定标准来看,他可能具有非常好的体质。但是,他可能同时具有很多健康风险因素,如吸烟、过度饮酒、压力过大、摄食过多饱和脂肪酸等,这些因素仍可使其处于心血管疾病及其他慢性病的危险中而不自知。这些人可能对自己的健康非常乐观,但是仍然存在较大的疾病风险。因此,健康不能只是具有良好的体质或暂时没有疾病,而是具有保持健康所需的健康生活方式和健康体适能的身心状态。在此背景下,"全人健康"观应运而生。

2000年,David J. Anspaough等在其所著的《全人健康:概念与应用》一书中,系统地阐述了自20世纪80年代以来被国际社会广为使用的"全人健康"(Wellness)的概念(图1-2),把它看作是对传统健康概念的发展和补充。

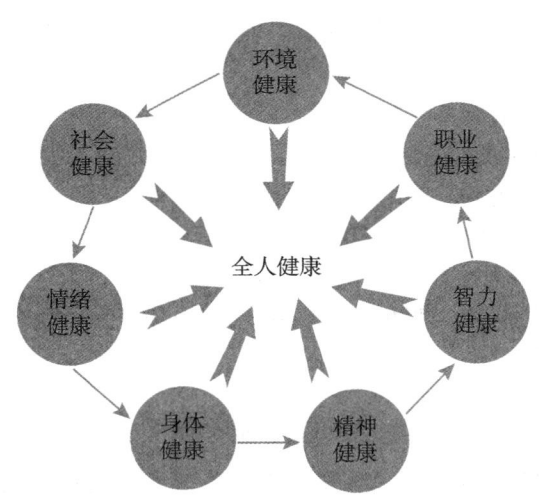

图1-2 "全人健康"的7个维度

"全人健康"也称"整体健康",是指持续地、有意识地努力保持健康生活方式,以达到最佳的健康状态。整体健康共包括7个维度:身体、情感、心智、社会、环境、职业和精神的健康。

全人健康是一个过程而不仅仅是一个目标,是人们对生活方式的一种理性选择。全人健康不仅决定于个体的健康选择,还受到社会环境因素的影响。因此,健康促进不仅关注个体的健康,同时注重创造有利于人类健康的支持性环境。

裘琴儿在其《健康体适能理论》中提出:现代社会健康的概念包括:

(1)生理健康：身体各器官和系统能够正常工作。
(2)心智健康：有清晰及有条理的思维。
(3)情绪健康：在个人情感认知及感情表达方面恰当得体，而又可以面对压力、紧张及焦虑。
(4)社交健康：能建立及维持人与人之间良好关系的能力。
(5)灵性健康：有个人的信念或信仰、有平静的心境。
(6)职业健康：有敬业精神、发挥专长，贡献社会。

二、健康的标准

(1)依据健康的概念和科学内涵，WHO提出了健康的10条标准：
①有充沛的精力，能够从容不迫地负担日常生活和工作的压力而不感到紧张。
②处事乐观，态度积极，乐于承担责任，事无巨细不挑剔。
③善于休息，睡眠良好。
④应变能力强，能适应外界环境的各种变化。
⑤能够抵御一般性的感冒和传染病。
⑥体重适当，身体匀称，站立时头、肩位置协调。
⑦眼睛明亮，反应敏锐，眼睑不发炎。
⑧牙齿清洁，无龋齿，无疼痛，牙龈颜色正常，无出血现象。
⑨头发有光泽，无头屑。
⑩肌肉丰满，皮肤富有弹性。

不难看出，WHO提出的这十项标准中，前四项是关于心理和社会适应方面的内容，后六项是关于生理方面的内容，较准确具体地对健康进行了初步的界定。

为了更简明易记，WHO还概括出了健康的四大基石：适量运动、合理膳食、戒烟戒酒和心理平衡。

(2)日本专家还从机体和心理两方面，提出"五快"（机体）和"三良好"（心理）的健康标准。

"五快"：
①吃得快——进餐时有良好的食欲，不挑剔食物。虽然现在也有一些研究表明，吃得太快容易发胖导致一些肥胖疾病，但吃得快确实也是食欲好的表现，所以适当加快进食速度可以是健康的表现。
②便得快——便秘会影响人正常的新陈代谢，长时间便秘可能会诱发疾病，所以一旦有便意就能很快地排泄完，对健康有很好的效果。
③睡得快——睡眠质量会直接影响身体的各个机能，有睡意上床后就能入睡且睡眠质量高，是健康的体现。
④走得快——行走是人类最基础也是最重要的运动，正常健康群体都会行走自如，步履轻盈。

"三良好"：
①具有良好的个性人格——情绪稳定，性格温和，意志坚定，感情丰富，胸怀坦荡，

豁达乐观。良好的心理状态对机体的各项机能具有调动作用，使其能够积极地投入到日常生活中。

②具有良好的处世能力——观察问题客观现实，具有较好的自控力，能适应复杂的社会环境。

③具有良好的人际关系，能助人为乐，与人为善。

三、健康的影响因素

1. 自然环境因素

人类自古以来赖以生存的物质基础就是自然环境，大自然中的很多因素都对人的体质有着不可忽视的影响。青山绿水环境中大量的负离子有利于调节大脑皮层的均衡性，使肌肉中的代谢产物减少，血液质量提高。但当今的现代化建设使生态平衡受到了极大的影响。

第二次世界大战后的几十年中，环境问题就迅速地从地区蔓延到全球，例如：全球性的气候变暖、大气污染及酸雨、土地荒漠化以及近几年备受关注的PM2.5等等，都对人类健康有着极大的危害。

目前我国工业化和城市化进展不断推进，工业废气废水的排放以及现代化机械产物的普及，加重了对大气和环境的污染。刘新会、史江红等在《环境与健康》一书中提出：化学因素、物理因素和生物因素等，以及大气、水体、土壤、生殖健康、居住环境和食品安全等与人类健康紧密联系。

习近平总书记也一直把环境问题考虑在众多决策中，并指出"既要青山绿水，也要金山银山。宁要绿水青山，不要金山银山，而且绿水青山就是金山银山"，生动形象表达了我们党和政府大力推进生态文明建设的鲜明态度和坚定决心。建设生态文明是关乎人民福祉、民族未来的大计，是实现中华民族伟大复兴的重要内容。要按照尊重自然、顺应自然、保护自然的理念，贯彻节约资源和保护环境的基本国策，把生态文明建设融入经济建设、政治建设、文化建设、社会建设各方面和全过程，建设美丽中国，努力走向社会主义生态文明新时代。

2. 社会环境因素

社会环境的好坏会直接影响人们的生活方式、饮食、行为甚至心理状态。社会环境主要包括政治、经济、文化、教育等领域，良好的社会环境对人们的身心健康有益。

政治制度对国家公共卫生建设起至关重要的作用，对人民的身体健康有极大的影响。同时国家政策也是引领社会主流的先导，现在提倡的"全民健身"更是吸引了各个阶层和领域的人员参与其中，人们对健康的重视也越来越普及。

经济发展是社会进步和生活的基础，也与人们的劳动方式、生活方式、饮食习惯和人口状态有紧密的联系。经济状况直接影响人民恩格尔系数（食品支出总额占个人消费支出总额的比重），从而影响对生活必需品之外的关注度，不同经济阶层的健康水平有着明显的差异。经济的发展也为生活带来了不少便利，改变了人们的行为习惯，在出行、娱乐、工作等生活中的各个领域，都有现代化智能产物的参与，可以让人们足不出户就能吃饱喝足，加上很多工作的方式均要求静坐，大大增加了现代人的肥胖率和患疾病的风险。由于电子产品的普及，心脑血管疾病、肥胖、糖尿病等也出现了年轻化的趋势。

文化属于上层建筑，也分为很多派系，其中饮食文化对不同的身体状况有着不同的影响。我国的中医养生文化对国民尤其是中老年群体的健康有着显著的影响。但就现在大部分年轻人而言，暴饮暴食或过分偏食节食，对营养物质的摄取长期不合理，致使营养不良现象增多，各种肠胃病检出率不断提高。

健康教育直接影响健康意识的普及和传承。人群的文化水平与人群的健康之间存在着正相关关系：受教育程度和文化素养决定着人的健康观和健康价值观，影响着人们的日常行为和生活方式；另一方面，在倡导注重身体健康的同时，心理健康也不容忽视。现代社会的生活节奏加快，竞争愈显激烈，各个年龄段的群体都有着来自不同方面的压力，逐渐成为影响社会健康发展的元素。就个人而言，心理状态的消极在影响自身物质代谢节奏紊乱后，会影响各项机能的正常工作能力，致使生理上出现非健康因素；就社会而言，情绪感染能力的外在效应波及范围广且效果显著，大范围的负面情绪会波及群体乃至地区性的非健康发展，所以重视心理健康的建设和维护，对个人和社会的健康发展至关重要。

3. 生物学因素

WHO 报告指出：艾滋病、结核病、淋巴腺鼠疫和黄热病等新出现的或反复出现的传染病对人类健康的威胁正在上升，而且病原微生物的抗药性已成为全球性问题，一些轻微的感染都很难找到有效的治愈方法。因此，WHO 把引起传染性疾病和感染性疾病的病原微生物和导致遗传性疾病、伤残与障碍等遗传和非遗传的内在缺陷，归类为生物学致病因素。目前虽然人类疾病谱和死因顺位的变化，把关注健康问题的目光引向了"生活方式病"和行为致病因素，但生物因素对健康的危害已然存在，而且不断地出现新问题。

4. 医疗卫生服务因素

良好的医疗卫生服务对健康起促进作用。科技发展，医疗技术不断进步，但现代化带来的不良影响也使疾病谱不断发生变化，因此医疗卫生机构除了应用单纯的生物医学方法解决外，还要注重保健的促进和致病心理因素的防范。良好的卫生服务包括健全的医疗卫生机构、完善的服务网络、充足的卫生资源及其合理配置与科学分配。

此外，个人卫生习惯、婴儿早期发育状况、个人经济社会地位等一些个体因素，也会对健康产生影响。

1990 年，社会流行病学家 R. G. Evans 和 G. L. Stoddart 在"健康领域概念"的基础上进一步提出了健康的多因素决定模型或者健康领域模型（health field model，图 1-3）。在该模型中，将健康状态分为三个层次：疾病、健康与功能、安康。说明了个人的疾病、健康与功能同时受到社会环境、物质环境、卫生保健服务和遗传环境的多重影响。

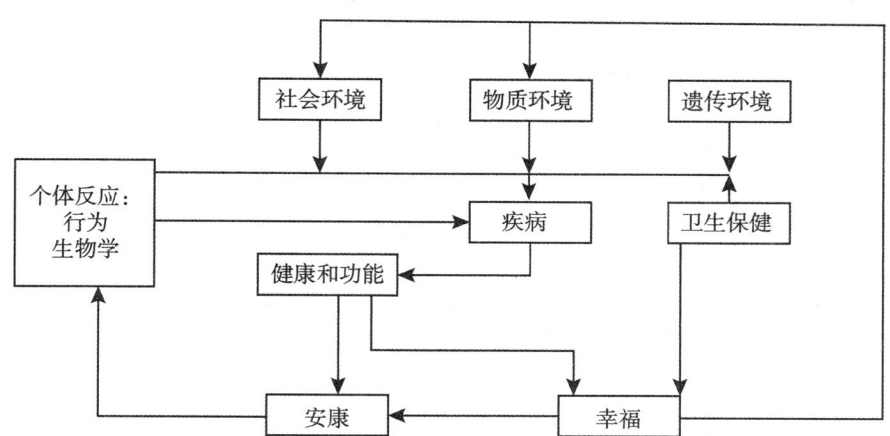

图 1-3　R. G. Evans 和 G. L. Stoddart 的健康多因素决定模型

（引自：Evans RG, Stoddart GL. Producing health, consuming health care. Soc Sci Med. 1990, 31: 1347-1363）

第三节　亚　健　康

20 世纪 80 年代中期，苏联学者 Berkman 研究指出，人体除健康和疾病这两种状态之外，还存在着一种非健康非患病的中间状态，称为亚健康状态（sub-health status），简称亚健康。当处于这种状态时，人体活动能力、反应能力、适应能力和免疫功能下降，容易患疾病。亚健康状态也是很多疾病如肝炎、心脑血管疾病、代谢性疾病等的前期征兆。

一、亚健康的定义

亚健康是指机体虽无明确的疾病，却呈现出活力降低、适应能力不同程度减退的一种非健康非患病的中间状态，又称"第三状态"、"灰色状态"等。

WHO 提出：亚健康是指人在身体、心理和社会环境方面表现出的不适应，是一种介于健康与疾病之间的状态。

研究认为，我们的健康状态可分为三种：第一种是没有疾病的健康人，约占 15%；第二种是处于疾病状态的病人，约占 15%；第三种是处于健康和疾病之间的亚健康人群，占 65%~75%。越来越多的人处于亚健康状态。1997 年，中国北京"首届亚健康研讨会"上指出，亚健康状态是指无临床特异症状和体征，或出现非特异性主观感觉，而无临床检查证据，但已有潜在发病倾向信息的一种机体结构退化和生理功能减退的低质与心理失衡的状态。处于亚健康状态者，不能达到健康的标准，表现为一定时间内活力降低、功能和适应能力减退的症状，但不符合现代医学有关疾病的临床和亚临床诊断标准。

亚健康是动态可控的，若能及时进行有效调控，可向健康状态转归。如果任由发展进一步恶化，将会导致器质性病变，转向疾病，甚至会出现"过劳死"。健康连续谱与亚健康和疾病的关系如图1-4所示。

健康 ←→ 亚健康 ←→ 疾病

图1-4　健康连续谱与亚健康和疾病的关系

"过劳死"是一种综合性疾病，是指在非生理状态下的劳动过程，人的正常工作规律和生活规律遭到破坏，体内疲劳淤积并向过劳状态转移，使血压升高、动脉硬化加剧，继而出现致命的状态。多因为工作时间过长、劳动强度加重、心理压力过大、存在精疲力竭的亚健康状态。由于积重难返突然引起身体潜藏的疾病急速恶化，救治不及时，继而丧命。现已将此病症命名为"慢性疲劳综合征"。处于亚健康状态的人，除了疲劳和不适，不会有生命危险。但如果碰到高度刺激，如熬夜、发脾气等应激状态下，很容易出现猝死，即"过劳死"。

亚健康是个大概念，包含着前后衔接的几个阶段。其中，与健康紧紧相邻的可称为"轻度身心失调"，常以疲劳、失眠、胃口差、情绪不稳定等为主症，但是这些失调容易恢复，一旦恢复则与健康人并无不同。此类状态占人群的25%~28%。

这种失调若继续发展可进入"潜临床"状态。此时，已呈现出发展为某些疾病的高危倾向，潜伏着向某种疾病发展的高度可能。在人群中处于这类状态的超过1/3，且在40岁以上的人群中比例陡增。他们的表现错综，可为慢性疲劳、持续的心身失调，或前述的各种症状持续2个月以上，且常伴有慢性咽痛、反复感冒、体力不支等。也有专家将其错综的表现归纳为三种减退：活力减退、反应能力减退和适应能力减退。从临床检测来看，城市里的这类群体比较集中的表现为"三高一低"的倾向，即存在着接近临界水平的高血脂、高血糖、高血粘度和免疫功能偏低。

二、亚健康的分类及表现

亚健康状态大体上可分为三类：躯体性亚健康、心理性亚健康和社交性亚健康。

（1）躯体性亚健康主要表现为躯体性疲劳，例如：头晕头疼、两目干涩、胸闷气短、心慌、疲倦乏力、少气懒言、脘腹痞闷、胸胁胀满、食欲不振、消化吸收不良等症状。近些年来，中年知识分子普遍出现体质下降、慢性病多发的状况，其主要原因是长期工作，劳累过度，不能及时缓解疲劳，积劳成疾，甚至导致死亡。

（2）心理性亚健康主要表现为焦虑，常伴有精神不振、情绪低落、抑郁寡欢、情绪急躁易怒、心中懊悔、紧张、焦虑不安、睡眠不佳、记忆力减退、无兴趣爱好、精力下降等症状。现如今更多的焦虑来自生活或工作，负性情绪会影响神经系统、内分泌系统和免疫系统，会导致免疫功能下降、抗病力减弱、内分泌失调，从而工作效率下降，对外界事物的承受力、接受力和处理能力降低。

（3）社交性亚健康主要表现为与他人之间的心理距离加大、交往频率下降、人际关系不稳定。主要表现有孤独、冷漠、猜疑、自闭、虚荣、傲慢等症状。现代人之间的情感互相沟通越来越少，人与人之间的屏障越来越厚，人的社会性受到了遏制，随之而来的就是各种心理障碍和疾病。

三、亚健康的形成原因

亚健康状态的形成原因包括生理原因和心理原因，通过对机体的运动系统、神经系统、心血管系统、呼吸系统、内分泌系统、消化系统和免疫系统产生不同程度的影响，进而影响人体健康。

(1) 休息时间不足，尤其是睡眠不足。起居无规律、作息不正常已成为亚健康常见原因。对于青少年而言，主要原因来自于影视、网络、游戏、跳舞、麻将等娱乐以及备考熬夜；成人而言，除了娱乐更多的可能来自于加班工作的劳累。长期处于疲劳状态下，心血管系统功能储备降低，在应激状态下能够调动的运动潜力相应减小。长期精神紧张状态下，垂体和下丘脑分泌的血管紧张素增加，血管的顺应性也下降，慢慢导致平均血压升高，最终引起高血压。

(2) 饮食不合理。随着经济文化的全球化，饮食的种类也变得多样化。由于对新鲜事物以及对食物本能的冲动，现代人大多对饮食不加注意。当机体摄入热量过多或营养贫乏时，都会导致机体功能失调。消化系统各器官压力增大，应激能力减弱，常出现肠胃炎等消化病，加之吸烟、酗酒甚至吸毒，均会对机体各机能损害加大。

(3) 心理过度紧张，压力大。随着社会竞争加大，学业、家庭、工作都产生了不同程度的压力。神经系统长期处于紧张状态，会出现神经衰弱、失眠健忘、情绪失控甚至偏执幻觉。但同时由于运动神经系统的活动能力相应减弱，各种感官接受刺激后的反应能力变慢，导致肢体运动不协调。

(4) 体力活动减少。由于工作或者学习耗费了大量的精力，人们体力活动的时间减少，机体缺乏运动，肌肉收缩能力、利用氧气的能力、排出代谢废物的能力、骨骼的强度和关节的柔韧度都会逐渐降低。而且长期缺乏锻炼也会导致一定的肥胖，诱发一些高血压、高血脂等肥胖疾病。长期缺乏运动的机体，由于身体各器官组织新陈代谢变缓，内分泌系统分泌的激素大部分会减少，少数异常增加，激素的紊乱也会导致各种亚健康症状的出现。

(5) 人体的自老化。主要表现为体力不足、精力不支、社会适应能力下降，人体的机能水平随着年龄的增长而降低。平时要注重充足的睡眠、科学的饮食结构和适度的运动，以延缓各系统的老化速度。

(6) 现代疾病的前期。一些慢性病前期，人体在相当长的时间内不会出现器质性病变，但在功能上已经发生了障碍。此时机体免疫力显著降低，对抗病原微生物的能力降低。

四、亚健康的评估方法

目前有关亚健康状态的评估、检测、诊断手段很多，但还缺乏统一的公认的诊断标准。对亚健康的检测应该与对疾病的检测区别对待，当前多采用主观指标与客观指标相结合的综合评估检测法来诊断亚健康。

1. 症状评估法

1988 年，美国疾病控制与预防中心（Centers for Disease Control，CDC）对慢性疲劳综合征（Chronic Fatigue Syndrome，CFS）制定了诊断标准。1994 年 CDC 对 CFS 的诊断标准进行了修订，并被国际医学界公认为金标准，具体有以下三个方面内容：

(1) 临床评定的不能解释的持续或反复发作的慢性疲劳，病史不少于 6 个月，且目前患者职业能力、接受教育能力、个人生活及社会活动能力较患病前明显下降，休息后不能缓解的症状。

(2) 至少同时具备以下 8 项中的 4 项：

①记忆力或注意力下降；

②咽痛；

③颈部僵直或腋窝淋巴结肿大；

④肌肉疼痛；

⑤多发性关节痛；

⑥反复头痛；

⑦睡眠质量不佳，睡醒后不轻松；

⑧劳累后肌肉痛。

(3) 排除下述慢性疲劳：

①原发病的原因可以解释的慢性疲劳；

②临床诊断明确，但在现有的医学条件下治疗困难的一些疾病持续存在而引起的慢性疲劳。

诊断依据：①项内容必备，②项中出现至少 4 项，排除③项所述内容。

2. 量表检测评估法

基于亚健康状态的复杂症状和感受的多样性，很多研究机构开发制定了亚健康评估表格，其中最著名的就是康奈尔医学指数（CMI）。CMI 最初是作为临床检查辅助手段之一的自填式问卷，后来精神病学家和流行病学家发现，将其应用于精神障碍筛查和健康水平测定也有较好的效度。

CMI 在评价精神状况的同时，考虑到全面的躯体症状与精神症状的关系，突出了症状和功能在健康评价中的作用。CMI 全问卷共分成 18 个部分，195 个问题，涉及四个方面内容：

(1) 体症状；

(2) 家族史和既往史；

(3) 一般健康和习惯；

(4) 精神症状。

男女问卷除生殖系统有关问题外，其他内容完全相同（见附录 1）。每一项均为两级回答，答"是"记为 1 分，"否"记为 0 分，全部项目相加得出 CMI 总分。

3. 血液检测评估法

(1)高倍显微诊断仪(multifunction microscopy diagnosis instrument,MDI)健康评估法

目前 MDI 健康评估法是较为流行的对亚健康状态进行定量研究的方法之一,通过"活血检查"和"干血检查",只需一滴血,无需染色,即可观察到血液中的各种有形成分的形态和活力,从而获得细胞水平的真实原始信息,对疾病的早期诊断做出重要提示。不足之处就在于不能对特殊器官进行定量和定性检测,某些指标只能定性不能定量。

(2)血液流变学检测

在亚健康状态和疾病出现的早期,血液的粘滞度会增加。特别是心脑血管疾病,在症状出现之前,就已经出现了一种或几种血液流变学指标异常。若在疾病的可逆转阶段及早给予干预措施,就可以阻止疾病的恶化。正因为该方法的特异性,大多数疾病及其各个阶段都可能出现血液流变学的改变,所以可大范围地检测出亚健康状态的人群。

五、亚健康的预防与改善

健康—亚健康—疾病三者之间是可以相互转化的。亚健康是动态的,既可向健康状态转归,也可向疾病状态发展(图1-5)。其转化方向取决于个体对自身的保健措施和免疫力水平。亚健康的形成是生物、心理、社会等综合因素的作用,因此对亚健康的防治应从多方面进行综合防治。可从以下 5 个方面进行改善:

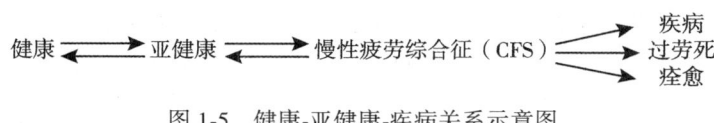

图 1-5 健康-亚健康-疾病关系示意图

1. 构建健康的生活方式和习惯

生活方式和习惯渗透在生活中的每个角落,需从细节做起:

(1)良好的卫生习惯。例如早晚刷牙、饭后漱口、饭前便后洗手、定时洗澡更衣、保持室内外卫生等个人卫生细节。

(2)良好的生活方式。包括早睡早起、重视午睡、一日三餐以及正常的比例分配、和谐的性生活、正确使用现代化居室设备等。

(3)按生物钟安排生活。不同生物个体都有其自身的生物节律类型,饿了就吃、困了就睡、醒了就起,定时吃饭休息工作学习,对与自身健康以及办公效率都有促进作用。

(4)合理均衡的饮食营养。合理的营养和摄入,根据个体需求,适量调整不同营养物质的摄入分配,严格控制脂肪、食盐的摄入,多补充蛋白质,多吃碱性食物、粗杂粮等。

(5)戒烟、限酒、忌毒。

2. 保持健康的心理

(1) 提高心理素质，消除心理危机。心理素质的提升主要是认识自我、战胜自我、改造自我、超越自我，使个人的心理境界和承受能力更上一层楼，设法引导自我走向更高尚和豁达的途径。

(2) 调节不良心态。积极调节不良心态、适应复杂环境、宽以待人、宣泄压抑的情绪。

(3) 培养健康心理。培养乐观精神，寻找欢乐情绪；树立自身价值观，克服性格缺陷；提高生活品质。

3. 适应社会、和谐交往

(1) 适应社会。适应社会的基本要求包括：高智能、懂道德、守法纪、有礼貌、心态乐观、目标实际、良好社交。社会适应不良综合征包括不良行为和方式，主要为社会适应不良、环境适应不良、功过适应不良、学习适应不良等诸多方面不完满表现。

(2) 友好的人际交往。人际交往的基本要求包括：目的性、相容性、吸引性、开放性、能级互补性、交往定势、纵横性。交往困难度的解决方法：善于发现自己的优点、积极主动参与社交活动、学会真诚对待别人、刻苦学习、勤奋勇敢、养成特长和兴趣爱好。

4. 加强体育锻炼

(1) 提高心血管系统的耐力。心血管系统耐力是反映人体健康水平的一种机能能力，也是评价身体健康水平最重要的指标。提高心血管耐力素质对防治慢性疾病、缓解压力、加强身体活动、提升身体活力和身心健康均有十分重要的帮助。一般采取心率在 130～150 次/分钟范围内的有氧运动，时间持续在 30 分钟以上的运动可明显改善心血管系统的功能。其中最有效和简便的方法是健身跑与健步走。

(2) 加强肌肉力量的持久性。人体的一切活动都有赖于一定的肌肉力量水平。若肌肉力量不足或持久性较差，就会出现工作效率低下，容易产生疲劳。常见的驼背、腰背疼痛就是肌肉力量不足或持久性差的一种表现。发展肌肉力量持久性的方法是进行各种负重练习，也可以通过游泳、健身跑、仰卧起坐、登山、爬梯及各项球类活动来提高肌肉的力量素质。

(3) 扩展各关节的柔韧性。关节的柔韧性是指身体各关节所具有的最大活动范围的能力。现代生活中，人们久坐的时间远远超过活动的时间，久坐会导致肩、肘、膝、髋关节相应肌群和韧带的缩短以及关节的僵硬，导致关节活动范围减小、功能减退，产生颈肩部、腰背部的疾病。选择一些专门性的伸展练习、拉伸练习、广播体操、健身操以及各种球类运动，是改善身体各关节柔韧性最有效的方法。

5. 清除环境污染

各级政府在积极治理环境污染的同时，个人也应该尽可能地避免环境污染的影响。

(1) 慎用塑料包装用品。

(2) 避免食用生活在被污染水域的鱼虾和其他水产品。

(3) 多食天然食品，减少杀虫剂、催化剂的毒害。
(4) 少用化妆品和合成洗涤剂，尽量穿用棉布等天然纤维制作的衣物。
(5) 选用不含铅、锰、镉等重金属毒物的陶瓷餐具。
(6) 少食油炸、腌制及真空包装食品。
(7) 保证居室通风、采光，卧室中不放置电视、电脑、微波炉等电器，以避免电磁及噪音的污染。

第四节 体质、体适能、健康的关系

体质、体适能、健康是一组意义相近且容易混淆的词汇，三者既有相同之处，又有不同之处。从定义来看，体育界长期认为，体质是指人体的质量，它是在遗传性和获得性基础上表现出来的人体形态结构、生理功能和心理因素综合的、相对稳定的特征。健康是指在身体、心理及社会各方面都完美的状态，而不仅仅是没有疾病和虚弱，强调了对社会的适应力。体适能是指机体在不过度疲劳状态下，能以旺盛的精力愉快地从事日常工作和休闲活动，能从容地应对不可预测的紧急情况的能力，是一种对生活、运动和环境等因素的应变能力，强调的是一种应变能力。不难看出，三者之间存在紧密的联系且相互影响。

一、体质与健康

体质和健康从不同侧面反映了人类在生物、心理和社会层面上的基本特征。体质是健康的物质基础，健康是体质的外在表现，两者密切联系，不可分割。其共同特点是在多元化的前提下，对生命活动的基本特征给予评价，最终目标都是为了极大地改善其所有属性。不过，体质和健康的研究主体和对象不同，由概念所引发的研究手段也不同。

我国体育界通常是通过体质对健康进行研究和评价的。一个人的体质质量可直接反映其健康状况，但同时通过对健康状况的调整和改善又反过来作用于体质。体质的范畴包括人体形态结构、生理功能和心理素质等多个方面，是稳定的静态的，也是健康存在的先决条件，相当于制造物品的"材料"或"材质"。健康是一种"状态"，体质与健康的关系是"质量"与"状态"的关系，质量决定状态，但好的状态可以改善质量。

二、健康与体适能

从概念来看，健康反映的是一种"状态"，体适能则反映的是一种"能力"，健康与体适能的关系就是"状态"与"能力"的关系，"状态"决定"能力"。健康的好坏可以决定体适能的水平。身体处于健康状态时，体适能就好；身体处于非健康状态时则体适能差。而与健康相关的体适能状况反过来也影响机体的健康水平。

现代化发展中，人们不再满足躯体没有疾病，而要求精神愉快，工作学习生活上乐观进取，与他人建立良好的人际关系，追求精神世界的丰富，认为这才是健康的满足，而这也正是体适能提出的意义所在。人体是一个统一的、互相密切协调的整体，"体适能"是该整体中各种能力的一种综合体现。与健康有关的体适能不仅是身体维护自身健康的基础，还是机体保证愉快、完成日常工作和减低慢性疾病发生的前提。从一定程度上来看，提高与健康相关体适能水平，是达到整体健康的重要途径。

三、体质与体适能

逻辑上看，体质是健康的先决条件和基础，健康的好坏决定体适能的水平，所以体质也决定了体适能的水平。但同时，体适能水平的提高可以改善健康状态，从而起到加强体质的作用。

杨红春、温晓利等（2015）认为，体质与体适能既有相同之处，又有不同之处。相同的是两者都反映身体适应环境、运动和应变的能力，所不同的是体质的概念除了反映人体的形态结构、生理功能和运动能力外，还说明的人体的心理因素和免疫机能。而体适能则强调了身体适应生活、运动和环境等因素的一种应变能力。

肖夕君在《体质、健康和体适能的概念及关系》（2006）一文中强调，体质是静态的，好比是制造物品的"材料"或"材质"。体适能是动态的适应力，反映的是一种"能力"，就如物品的"用途"或"功能"。两者关系可视为材质与能力的关系，材质的好坏直接影响能力的发挥。例如，具有先天疾病个体的体适能水平就明显低于正常个体。但对能力的培养可以间接通过改善健康状态从而使体质得到加强，例如残奥会的运动员。

综上来看，体质、健康和体适能是一组均与个体身体素质相关，却又有所不同的三种因素，三者相互影响，紧密结合（图1-6）。体质是基础，是先决条件，决定着健康的状态，健康的好坏决定着体适能的水平，同时体适能水平提升会反过来改善健康状态，提高体质质量。

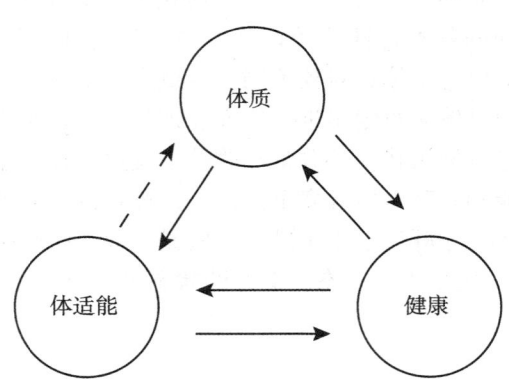

图1-6 体质、健康、体适能关系示意图

第五节 国内外健康体适能发展现状

一、国外健康体适能发展现状

美国是最早开始对体适能有所认知及重视的国家。20世纪90年代，由于青少年身体活动率急剧下降，社会生活的紧张，人们的心理产生紧张感、压抑感；运动不足导致肥胖病、心血管疾病、糖尿病发病率提高,国民医疗保健费用大幅度增加,致使美国体育界的健康、体育、舞蹈组织(简称 AAHPERD)于 1987 年提出一项旨在建立一个能协助体育教师帮助青少年儿童理解终生体育活动的价值、意义,并养成健康行为习惯的教育计划,即体适能健康教育计划。

由于美国在体适能相关的研究上有着很长的历史,学科发展较完善,科研水平较高。因此,本部分重点介绍美国的健康体适能研究现状。

1. 政策现状

美国在 1983 年就已正式成立了美国国家体适能协会(AFAA),在联邦健康部门的资助下,每 10 年对全国学校青少年人口进行一次体质普查,并且制定学生体适能发展目标。该组织在 1988 年推行了新的《最佳健康计划》和《2000 年健康大众》的十年规划,以此倡导国民锻炼,提高国民体质水平。三十年来,美国学校体适能理论与方法得到了长足的进步与发展,现如今又推出了《2020 健康大众》计划。

1987 年美国有氧运动研究所建立了计算机程序化的 FTTNESSGRAM,其测试指标包括坐位体前屈、仰卧起坐、体脂含量等等。美国健康体育休闲协会(American Association for Health, Physical Education, and Recreation)就非常支持青少年体适能研究的相关活动。1993 年,美国研究体适能的两大组织 AAHPERD 和 Cooper Institute for Aerobics Research(CIAR)达成协议。由 AAHPERD 负责健康体适能教育测试部分的制定,即 PhysicalBest,CIAR 负责评价部分的研究。肯尼迪总统就职期间,为了凸显对美国公众体适能的重视,将"青少年体适能总统委员会"更名为"体适能总统委员会"。尼克松期间又一次更名,变为"体适能与竞技体育总统委员会"。政府组织不仅支持在学校开展体适能研究,而且还将体适能推向商业界,形成体适能产业。

2. 社会现状

美国对青少年体适能发展尤为重视,基于以往的调查与研究材料,有学者指出:第一,小学体育教学中至少有 50%以上的儿童没有充分地进行身体活动;第二,儿童在课程规定的时间里着眼于将来的生涯活动方式和运动技能的学习是不足的;第三,许多体育教学是由缺乏严格训练的教师担当。由此而产生的体育教学中儿童身体活动的不足、生涯学习内容的欠缺以及教师指导的专门性问题,使得学校体育课程教育与美国的基础课程改革所提倡的"让所有学生都达到富有一定挑战性的学业标准,为他们将来成为有责任感的公民、继续的学习和富有产出性的就业作好准备"的理念难以吻合。因此,如何增加体育教学中学生的实际身体活动时间,以及如何充实体育课堂教学中有益于学生未来生涯活动的运动学习内容,也就成为美国学校优质体育教育开展所面临的一个重大问题。

3. 研究现状

美国的体适能相关研究目前较为系统全面,青少年体适能研究尤为突出。美国以学校为基础的学生健身教育路径的选择大体表现为三种取向:

第一种是通过理论学习和实习,培养学生对健身知识的理解以及自我评价与计划的能力，并养成对身体活动的积极态度。这类计划主要以高中和大学生为主要干预对象，包括"FITNESS FOR LIFE"、"CONCEPTS OFPHYSICAL FITNESS WITH LABORATORIES"等教育项目。

第二种是身体活动教育和健康教育相结合为主的健康关联教育计划，把培养和提高学生健身活动中的自我管理能力（如运动量的评价等）作为计划的达成目标。此外美国学者认为，对于学生身体活动增强的干预越早（15岁以前）越有效，而且不仅是身体活动与健身知识教育，也包含学校营养和饮食管理、吸烟、饮酒控制等综合性的生活方式教育。这种取向的教育项目包括"SPARK"、"CATCH"、"KNOW YOUR BODY"等。

第三种是以体力测试和评定为中心的健身教育取向。通过身体机能素质检测指标的开发和应用，以"测"促"动"，推动学生健康体质的增强，该类计划包括"FITNIESSGRAM"、"PHYSICAL BEST"、"ACTIVITYGRAM"等。由于美国学生体质健康测试指标的应用及其影响因素定位的理解歧义，寻找更合理的健康体质测试指标一直是美国学者的努力方向，因此该种教育干预方式还将进一步发展。

二、我国健康体适能发展现状

1. 政策现状

美国体适能健康计划的出台，很快在我国的台湾省和香港广泛推广。我国大陆在20世纪90年代后期全面推行素质教育，强调树立健康第一的教育思想，健康体适能这一新观念开始受到推广。

1984年开始，我国定期开展大规模的学生体质健康调研，建立了我国多民族学生体质健康状况的动态资料，初步建立了我国学生体质健康状况的调研制度。2000年在全国范围内组织开展了一次大规模，全年龄段人群的体质监测工作。2003年由国家体育总局等10个部门共同会签的我国第一部《国民体质测定标准》正式颁布实施，该标准适用于全日制普通小学、初中、普通高中、中等职业学校、普通高等学校学生。2002年7月由教育部、国家体育总局联合下发了《学生体质健康标准（试行方案）》，作为《国家体育锻炼标准》在学校的具体实施。2004年5月，中国国民体质数据库正式建立。在2008年北京奥运会后，为纪念其成功举办，国务院批准从2009年起，将每年8月8日设置为"全民健身日"。

党的十八大胜利召开以来，新一届领导集体对于我国体育发展事业、全民健身事业高度重视，在"十三五"规划建议中明确提出要大力"发展体育事业，推广全民健身，增强人民体质"。为此，出台了相关系列文件。

2013年9月，国务院印发的《关于促进健康服务业发展的若干意见》提出，到2020年，健康服务业总规模将达到8万亿元以上。

2015年10月，十八届五中全会首次提出推进"健康中国"建设，"健康中国"上升为国家战略。

2016年10月25日，《"健康中国2030"规划纲要》正式发布。纲要强调了预防为主、优化健康服务体系、全民健康三大宗旨，指明未来15年中国大健康产业的方向。

为了加强慢性病防治工作，降低疾病负担，提高居民健康期望寿命，努力全方位、全周期保障人民健康，依据《"健康中国2030"规划纲要》，2017年2月，国务院制定发布了《中国防治慢性病中长期规划（2017—2025年）》。规划明确提出，到2020年和2025年，力争30~70岁人群因心脑血管疾病、癌症、慢性呼吸系统疾病和糖尿病导致的过早死亡率分别较2015年降低10%和20%的核心目标，并提出了16项具体工作指标。《规划》以慢性病的三级预防为主线，强调防治结合、全程管理，针对一般人群、高危人群、患者三类目标人群提出了针对性的策略措施，同时按照从主体到支持性环境的顺序，针对政策支持、社会支持和技术支持等方面提出了相应的措施要求。"健康中国"不再仅仅是一个口号，而是已上升到了国家发展战略高度。

2017年4月25日，为提高全民健康意识，普及健康生活方式技能，促进健康生活方式的养成，进一步深入推进全民健康生活方式行动，根据国民经济和社会发展第十三个五年规划中"倡导健康生活方式"精神要求，依据《"健康中国2030"规划纲要》和《"十三五"卫生与健康规划》，由国家卫生计生委、体育总局、全国总工会、共青团中央和全国妇联共同制定并发布《全民健康生活方式行动方案（2017—2025年）》。该方案提出的行为目标为：全国开展行动的县（区）覆盖率到2020年达到90%，2025年达到95%，积极推广健康支持性环境建设，大力培训健康生活方式指导员，要求开展行动的县（区）结合当地情况，深入开展"三减三健"（减盐、减油、减糖、健康口腔、健康体重、健康骨骼）、适量运动、控烟限酒和心理健康等4个专项行动。到2020年，实现全国居民健康素养水平达到20%，2025年达到25%，形成全社会共同行动，推广践行健康生活方式的良好氛围。该方案同时要求各地要结合工作实际，针对重点人群和重点场所，组织实施"三减三健"、适量运动、控烟限酒和心理健康等专项行动。

2. 社会现状

近年来，不同年龄段，不同群体对身体素质的重视度越来越高。(1)青少年群体：各学校大规模组织学生研学出游，在锻炼自主和动脑能力的同时，也注重对体能的培养。中考成绩中，体育成绩也是越来越被重视，甚至成绩较差会影响升学。教学之外，各种青少年体能的培训机构也是遍地开花，各年龄段，各训练项目都逐渐向专业化发展，可见青少年身体素质和体适能水平在生活中越来越受重视。(2)青年人群：健身房、减肥训练营、粗粮营养代餐以及各种保健产品等也是近几年热门行业。越来越多的成年人开始注重结合饮食和运动来改善健康状态，提高体适能水平。2008年奥运会之后，太极拳的普及范围也开始扩大，逐渐从中老年向年轻群体延伸，结合传统锻炼养生方法，强身健体的同时起到了一定的推广作用。(3)中老年群体：广场舞作为中国最具特色的代表性中年健身方式，队伍不断扩大，越来越多的中老年参与其中，很大程度上降低了中老年疾病的发病率。不难看出，"全民健身"的流行趋势越来越明显，国民体质健康体适能水平均处上升期。

3. 研究现状

我国起步于20世纪80年代初的中国国民体质监测工作，以"儿童青少年身体形态、机能和素质调研"为开端，以"我国学生体质与健康调研"为契机，以扩展调研人群为突破口，于 90 年代中后期，逐步建立了国民体质监测系统，并获得了政府的支持，最终以"法律"、"法规"和"规定"的形式成为当前群体研究领域中较为活跃的研究方向。1996 年"九五"国家科技攻关计划课题"中国国民体质监测系统"是体育界第一个国家级课题。2009 年国家科技支撑计划项目"普通成年及肥胖人群运动健身科学指导与效果评价关键技术研究"和"增强青少年体质与健康关键技术的研究与应用"是体育界第二、三个国家级课题。2016 年出台了《"健康中国 2030"规划纲要》和《全民健身计划（2016—2020 年）》，2017 颁布了《中国防治慢性病中长期规划（2017—2025 年）》、《全民健康生活方式行动方案（2017—2025 年）》和《全民健身指南》。

同时，中华民族体质地图也于 2017 年绘制完成（图 1-7）。

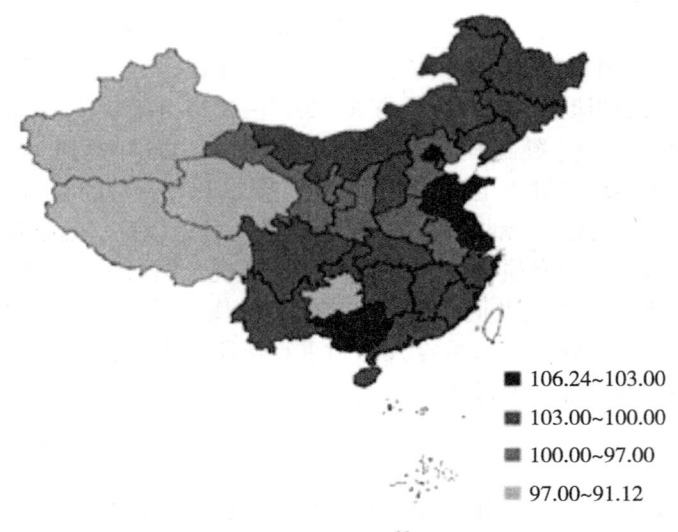

图 1-7 中华民族体质地图

目前的研究热点包括：不同地区、人群体质特征和变化的研究；不同人群"运动处方"的研究；监测数据管理系统的研究；不同人群心理状态评价指标研究等等，并逐步拓展到全民健身信息系统、全民健身科技服务体系、运动风险评估系统、健康风险评估体系、智能穿戴设备等领域。

总的来看，虽然我国在体质研究方面取得了较多的成果，但缺乏科学全面的定量化指标，对身体适应能力方面的研究迄今不多。因此我国当前的体质测定仅局限在身体方面，对促进健康方面研究较少。相较而言，国外在体适能研究的方面开展较早，且积累了许多先进研究经验。在理论建设上，国外对体适能有着严谨的分类，并且细化解决了很多具体问题；在实践中，对体适能的检测与评估更加全面，且重视对相关情况进行科学的管理与监测。

第六节　我国全民健身计划及健康促进举措

健康是促进人类全面发展的必然要求，是经济社会发展的基础条件。实现国民健康长寿，是国家富强、民族振兴的重要标志，也是全国各族人民的共同愿望。

党和国家历来高度重视人民健康。1949年中华人民共和国成立之后，大众体育运动受到政府重视并全面开展起来。中国政府高度重视体育活动在增强体质、提高健康水平中的重要作用。我国健康领域改革发展因此取得显著成就，城乡环境面貌明显改善，全民健身运动蓬勃发展，医疗卫生服务体系日益健全，人民健康水平和身体素质持续提高。1995年国务院颁布实施《全民健身计划纲要》，中国群众体育事业蓬勃发展。各级体育行政部门积极落实《全民健身计划纲要》，青少年体育工作不断推进，体育活动意识明显增强，体育活动成为强身健体重要手段的社会氛围逐步形成。

2015年我国人均预期寿命已达76.34岁，婴儿死亡率、5岁以下儿童死亡率、孕产妇死亡率分别下降到8.1‰、10.7‰和20.1/10万，总体上优于中高收入国家平均水平，为全面建成小康社会奠定了重要基础。同时，工业化、城镇化、人口老龄化、疾病谱变化、生态环境及生活方式变化等，也给维护和促进健康带来一系列新的挑战。健康服务供给总体不足与需求不断增长之间的矛盾依然突出，健康领域发展与经济社会发展的协调性有待增强，需要从国家战略层面统筹解决关系健康的重大和长远问题。

近年来，系列文件、法规的颁布实施对发展群众体育活动、倡导全民健身新时尚、推进健康中国建设做出了明确部署。2007年，国务院下发《关于加强青少年体育增强青少年体质的意见》；2014年，国务院下发《关于加快发展体育产业促进体育消费的若干意见》；2016年，国务院印发《"健康中国2030"规划纲要》，2017年8月科学健身"说明书"《全民健身指南》正式发布。

一、全民健身计划

全民健身计划是指为深入贯彻落实科学发展观，坚持体育事业公益性，逐步完善符合国情、比较完整、覆盖城乡、可持续的全民健身公共服务体系，保障公民参加体育健身活动的合法权益，促进全民健身与竞技体育协调发展，扩大竞技体育群众基础，丰富人民群众精神文化生活，形成健康文明的生活方式，提高全民族身体素质、健康水平和生活质量，促进人类全面发展，促进社会和谐和文明进步，努力奠定建设体育强国的坚实基础而制定的群众体育发展计划。

1995年6月，国务院颁布《全民健身计划纲要》；同年8月，全国人大常委会通过《中华人民共和国体育法》，此后又有一系列法规和规章相继出台，群众体育和全民健身运动得以沿着健康的轨迹发展。旨在全面提高国民体质和健康水平的"全民健身计划"，以青少年和儿童为重点，倡导全民做到每天参加一次以上的体育健身活动，学会两种以上健身方法，每年进行一次体质测定。为推动全民健身运动，国家体育总局采取多项措施，期望锻炼身体成为更多人的自觉行动与日常习惯。包括每年一次的"全民健身宣传周"活动在内的一系列有效措施，使"全民健身计划"迅速开展，群众的体育健身意识逐渐增强，体育活动普及程度显著提高。

国家体育总局 2002 年底公布的"中国群众体育现状调查"显示，2000 年中国的体育人口占可统计的 7~70 岁总人口的 33.9%，比 1996 年提高 2.5 个百分点；体育人口中老年人的比重略有下降，中青年的比重略有上升；城乡居民以家庭为单位全年体育消费平均为 397 元。得益于此项为期 15 年的计划，群众体育健身的环境和条件正在逐步改善。各城市社区、公园广场、草坪和路旁以及居民聚居的地段，普遍设立了便民的健身场所，并配置形式多样的体育健身器械和设施。全国现有各类体育场馆约 61.6 万个，绝大多数公共体育场馆已向社会开放。近几年来，国家体育总局把体育彩票公益金中央收入部分的 60%，总计约 7.5 亿元用于全民健身活动。同时，共有 1.46 亿元体育彩票公益金投入到经济相对落后的西部地区和长江三峡地区，建设公共体育设施，使 36 个县、市受益。

为保证全民健身工作的持续不断地开展，在 1995 年《全民健身计划纲要》的基础上，国务院先后于 2010 年 2 月和 2011 年 3 月颁布了《全民健身计划纲要》第二期工程(2001—2010 年)规划与《全民健身计划(2011—2015 年)》两个连续性的文件。

2016 年 6 月，国务院印发《全民健身计划(2016—2020 年)》。现将全民健身计划(2016—2020 年)的主要内容介绍如下：

1. 指导思想

全面贯彻党的十八大和十八届三中、四中、五中全会精神，紧紧围绕"四个全面"战略布局和党中央、国务院的决策部署，牢固树立和贯彻落实创新、协调、绿色、开放、共享的发展理念，以增强人民体质、提高健康水平为根本目标，以满足人民群众日益增长的多元化体育健身需求为出发点和落脚点，坚持以人为本、改革创新、依法治体、确保基本、多元互促、注重实效的工作原则，通过立体构建、整合推进、动态实施，统筹建设全民健身公共服务体系和产业链、生态圈，提升全民健身现代治理能力，为全面建成小康社会贡献力量，为实现中华民族伟大复兴的中国梦奠定坚实基础。

2. 发展目标

到 2020 年，群众体育健身意识普遍增强，参加体育锻炼的人数明显增加，每周参加 1 次及以上体育锻炼的人数达到 7 亿，经常参加体育锻炼的人数达到 4.35 亿，群众身体素质稳步增强。全民健身的教育、经济和社会等功能充分发挥，与各项社会事业互促发展的局面基本形成。体育消费总规模达到 1.5 万亿元，全民健身成为促进体育产业发展、拉动内需和形成新的经济增长点的动力源。支撑国家发展目标与全面建成小康社会相适应的全民健身公共服务体系日趋完善，政府主导、部门协同、全社会共同参与的全民健身事业发展格局更加明晰。

3. 主要任务

(1)弘扬体育文化，促进人类全面发展；
(2)开展全民健身活动，提供丰富多彩的活动供给；
(3)推进体育社会组织改革，激发全民健身活力；

(4)统筹建设全民健身场地设施,方便群众就近健身;
(5)发挥全民健身多元功能,形成服务大局、互促共进的发展格局;
(6)拓展国际大众体育交流,引领全民健身开放发展;
(7)强化全民健身发展重点,着力做好基本公共体育服务均等化和重点人群、项目发展等。

4. 保障措施

(1)完善全民健身工作机制;
(2)加大资金投入与保障;
(3)建立全民健身评价体系;
(4)创新全民健身激励机制;
(5)强化全民健身科技创新;
(6)加强全民健身人才队伍建设;
(7)完善法律政策保障。

5. 组织实施

(1)加强组织领导与协调。各地要加强对全民健身事业的组织领导,建立完善实施全民健身计划的组织领导协调机制,确保全民健身国家战略深入推进。要把全民健身公共服务体系建设摆在重要位置,纳入当地国民经济和社会发展规划及基本公共服务发展规划中去,把相关重点工作纳入政府年度民生实事加以推进和考核,构建功能完善的综合性基层公共服务载体。

(2)严格过程监管与绩效评估。县级以上地方人民政府要制定本地《全民健身实施计划(2016—2020年)》,做好任务分工和监督检查,并在2020年对《全民健身实施计划(2016—2020年)》实施情况进行全面评估。建立全民健身公共服务绩效评估指标体系,定期开展第三方评估和社会满意度调查,对重点目标、重大项目的实施进度和全民健身实施计划推进情况进行专项评估,形成包括媒体在内的多方监督机制。

二、社会体育指导员等级制度

《社会体育指导员等级制度》是中国社会体育管理制度之一,于1993年12月4日由国家体委公布,共十九条,自1994年6月10日施行。其目的是加强社会体育指导员队伍的建设与管理。该制度将技术等级称号分为三级、二级、一级、国家级等4个级别。《社会体育指导员等级制度》对社会体育指导员工作职责、范围、应具备的条件、申请程序、晋升要求、批准授予权限、证章和证书的制作和发放办法、奖励和惩罚方法等,都作了明确的规定。实施《社会体育指导员技术等级制度》,对推动群众体育广泛、经常地开展有重要意义。

自1994年国家体育主管部门开始实施《社会体育指导员等级制度》以来,截至2001年,全国省以下各级各类体育社团有53万个,团体会员21.3万个,个人会员866.5万人;全国城市和乡镇体育指导站13.7万个,经常参加活动的有1180多万人;各级社会体育指导员有 20 余万名,建立并逐步完善了国民体质测定系统,加强了国民体质检测和科学指导,群众体育科学化水平已有明显提高。

伴随着全民健身活动的蓬勃开展,人们的生活观念发生巨大变化。在一些大中城市,为健康而消费成为新时代提高生活质量的一种时尚。部分新兴体育项目,如攀岩、马术、蹦极、保龄球、滑板、女子拳击、沙弧球、跆拳道、高尔夫球等运动,尤其受到年轻人的青睐。按照全民健身计划的目标,到 2005 年,全国经常参加体育锻炼的人数要达到总人口的 37%以上;直辖市及经济发达省会城市 100%的社区、其他城市 80%的社区和 25%的农村乡镇建有公益性体育健身设施;西部和经济相对落后地区的省会城市 80%的社区、其他城市 60%的社区和 15%的农村乡镇建有公益性体育设施;全国社会体育指导员人数达到 35 万名;全国 70%以上的市区街道、70%以上的县和 50%以上的乡镇建有体育指导中心或体育指导站;体育彩票公益金资助建设的青少年体育俱乐部达到 3000 个左右。到 2010 年,全国经常参加体育锻炼的人数达到总人口的 40%左右;国民体质有明显的增强;体育锻炼场所有较大增加,以满足广大人民群众的健身需求。

三、关于加强青少年体育增强青少年体质的意见

2007 年 5 月 7 日,中共中央国务院印发了《关于加强青少年体育增强青少年体质的意见》。《意见》要求高度重视青少年体育工作,认真落实加强青少年体育、增强青少年体质的各项措施。《意见》强调要全面实施《国家学生体质健康标准》,把健康素质作为评价学生全面健康素质的重要指标,广泛开展"全国亿万学生阳光体育运动",切实减轻学生过重的课业负担,确保学生每天锻炼一小时,举办多层次多形式的学生体育运动会,积极开展竞技性和群众性体育活动,帮助青少年掌握科学用眼知识和方法,降低青少年近视率,确保青少年休息睡眠时间,加强对卫生、保健、营养等方面的指导和保障,加强学校体育设施建设,加强体育安全管理,指导青少年科学锻炼。

四、"健康中国 2030"规划纲要

2016 年,国务院印发《"健康中国 2030"规划纲要》(简称《纲要》),对发展群众体育活动、倡导全民健身新时尚、推进健康中国建设做出了明确部署。

《"健康中国 2030"规划纲要》明确了今后 15 年健康中国建设的总体战略,要坚持以人民为中心的发展思想,牢固树立和贯彻落实创新、协调、绿色、开放、共享的发展理念,坚持以基层为重点,以改革创新为动力,预防为主,中西医并重,将健康融入所有政策,人民共建共享的卫生与健康工作方针,以提高人民健康水平为核心,突出强调了三项重点内容:一是预防为主、关口前移,推行健康生活方式,减少疾病发生,促进资源下沉,实现可负担、可持续的发展;二是调整优化健康服务体系,强化早诊断、早治疗、早康复,在强基层基础上,促进健康产业发展,更好地满足群众健康需求;三是将"共建共享、全民健康"作为战略主题,坚持政府主导,动员全社会参与,推动社会共建共享,人人自主自律,实现全民健康。

《纲要》明确将"共建共享"作为"建设健康中国的基本路径",是贯彻落实"共享是中国特色社会主义的本质要求"和"发展为了人民、发展依靠人民、发展成果由人民共享"的

要求。从供给侧和需求侧两端发力，统筹社会、行业和个人三个层面，实现政府牵头负责、社会积极参与、个人体现健康责任，不断完善制度安排，形成维护和促进健康的强大合力，推动人人参与、人人尽力、人人享有，在"共建共享"中实现"全民健康"，提升人民获得感。

按照习近平总书记"没有全民健康，就没有全面小康"的指示精神，《纲要》明确将"全民健康"作为"建设健康中国的根本目的"。强调"立足全人群和全生命周期两个着力点"，分别解决提供"公平可及"和"系统连续"健康服务的问题，做好妇女儿童、老年人、残疾人、低收入人群等重点人群的健康工作，强化对生命不同阶段主要健康问题及主要影响因素的有效干预，惠及全人群、覆盖全生命周期，实现更高水平的全民健康。

《纲要》坚持以人民健康为中心，站在大健康、大卫生的高度，紧紧围绕健康影响因素（包括遗传和心理等生物学因素、自然与社会环境因素、医疗卫生服务因素、生活与行为方式因素）确定《纲要》的主要任务，包括健康生活与行为、健康服务与保障、健康生产与生活环境等方面。以人的健康为中心，按照从内部到外部、从主体到环境的顺序，依次针对个人生活与行为方式、医疗卫生服务与保障、生产与生活环境等健康影响因素，《纲要》提出普及健康生活、优化健康服务、完善健康保障、建设健康环境、发展健康产业等五个方面的战略任务：

一是普及健康生活。从健康促进的源头入手，强调个人健康责任，通过加强健康教育，提高全民健康素养，广泛开展全民健身运动，塑造自主自律的健康行为，引导群众形成合理膳食、适量运动、戒烟限酒、心理平衡的健康生活方式。

二是优化健康服务。以妇女儿童、老年人、贫困人口、残疾人等人群为重点，从疾病的预防和治疗两个层面采取措施，强化覆盖全民的公共卫生服务，加大慢性病和重大传染病防控力度，实施健康扶贫工程，创新医疗卫生服务供给模式，发挥中医治未病的独特优势，为群众提供更优质的健康服务。

三是完善健康保障。通过健全全民医疗保障体系，深化公立医院、药品、医疗器械流通体制改革，降低虚高价格，切实减轻群众看病负担，改善就医感受。加强各类医保制度整合衔接，改进医保管理服务体系，实现保障能力长期可持续。

四是建设健康环境。针对影响健康的环境问题，开展大气、水、土壤等污染防治，加强食品药品安全监管，强化安全生产和职业病防治，促进道路交通安全，深入开展爱国卫生运动，建设健康城市和健康村镇，提高突发事件应急能力，最大程度减少外界因素对健康的影响。

五是发展健康产业。区分基本和非基本，优化多元办医格局，推动非公立医疗机构向高水平、规模化方向发展。加强供给侧结构性改革，支持发展健康医疗旅游等健康服务新业态，积极发展健身休闲运动产业，提升医药产业发展水平，不断满足群众日益增长的多层次多样化健康需求。

五、中国防治慢性病中长期规划（2017—2025年）

慢性病是严重威胁我国居民健康的一类疾病，已成为影响国家经济社会发展的重大公共卫生问题。慢性病的发生和流行与经济、社会、人口、行为、环境等因素密切相关。随着我国工业化、城镇化、人口老龄化进程不断加快,居民生活方式、生态环境、食品安全状况等对健康的影响逐步显现,慢性病发病和死亡人数不断增多,群众慢性病疾病负担日益沉重。为加强慢性病防治工作,降低疾病负担,提高居民健康期望寿命,努力做到全方位、全周期保障人民健康,依据《"健康中国2030"规划纲要》,2017年1月国务院办公厅发布《中国防治慢性病中长期规划(2017—2025年)》(简称《规划》)。《规划》中的慢性病主要包括心脑血管疾病、癌症、慢性呼吸系统疾病、糖尿病、口腔疾病以及内分泌、肾脏、骨骼、神经等疾病。

《规划》提出:到2020年,慢性病防控环境显著改善,降低因慢性病导致的过早死亡率,力争30~70岁人群因心脑血管疾病、癌症、慢性呼吸系统疾病和糖尿病导致的过早死亡率较2015年降低10%(表1-4)。到2025年,慢性病危险因素得到有效控制,实现全人群全生命周期健康管理,力争30~70岁人群因心脑血管疾病、癌症、慢性呼吸系统疾病和糖尿病导致的过早死亡率较2015年降低20%。逐步提高居民健康期望寿命,有效控制慢性病疾病负担。

表1-4　　　　中国慢性病防治中长期规划(2017—2025)主要指标

主要指标	基线	2020年	2025年
心脑血管疾病死亡率(1/10万)	241.3/10万	下降10%	下降15%
总体癌症5年生存率(%)	30.9%	提高5%	提高10%
高发地区重点癌种早诊率(%)	48%	55%	60%
70岁以下人群慢性呼吸系统疾病死亡率率(1/10万)	11.96/10万	下降10%	下降15%
40岁以上居民肺功能检测率(%)	7.1%	15%	25%
高血压患者管理人数(万人)	8835	10000	11000
糖尿病患者管理人数(万人)	2614	3500	4000
高血压、糖尿病患者规范管理率(%)	50%	60%	70%
35岁以上居民年度血脂检测率(%)	19.4%	25%	30%
65岁以上老年人中医药健康管理率(%)	45%	65%	80%
居民健康素养水平	10%	大于20%	25%
全民健康生活方式行动县(区)覆盖率(%)	80.9%	90%	95%
经常参加体育锻炼人数(亿人)	3.6	4.35	5
15岁以上人群吸烟率(%)	27.7%	控制在25%以内	控制在20%以内
人均每日食盐摄入量(克)	10.5	下降10%	下降15%
国家慢性病综合防控示范区覆盖率(%)	9.3%	15%	20%

《规划》同时提出了防治慢性病的八大策略与措施:
(1)加强健康教育、提升全民健康素质;

(2)实施早诊早治，降低高危人群发病风险，促进慢性疾病早期发现、开展个性化的健康干预；

(3)强化规范诊疗，提高治疗效果、落实分级诊疗制度、提高诊疗服务质量；

(4)促进医防协同，实现全流程健康管理；

(5)完善保障政策，切实减轻群众就医负担；

(6)控制危险因素，营造健康支持性环境；

(7)统筹社会资源，创新驱动健康服务业发展；

(8)增强科技支撑，促进检测评价和研发创新。

其中，在"加强健康教育、提升全民健康素质"方面，《规划》要求要开展慢性病防治全民教育，建立健全健康教育体系，广泛宣传合理膳食、适量运动、戒烟限酒、心理平衡等健康科普知识，到2020年和2025年，居民重点慢性病核心知识知晓率分别达到60%和70%；倡导健康文明的生活方式。贯彻零级预防理念，全面加强幼儿园、中小学营养均衡、口腔保健、视力保护等健康知识和行为方式教育，实现预防工作的关口前移。鼓励机关、企事业单位开展工间健身和职工运动会、健步走、健康知识竞赛等活动，依托村(居)委会组织志愿者、社会体育指导员、健康生活方式指导员等，科学指导大众开展自我健康管理。发挥中医治未病优势，大力推广传统养生健身法。推进全民健康生活方式行动，开展"三减三健"(减盐、减油、减糖、健康口腔、健康体重、健康骨骼)等专项行动，开发推广健康适宜技术和支持工具，增强群众维护和促进自身健康的能力。

六、全民健身指南

自1995年实施全民健身计划以来，中国群众体育事业蓬勃发展，各级体育行政部门积极落实《全民健身计划纲要》，青少年体育工作不断推进，体育活动意识明显增强。全国人均体育场馆面积达1.57平方米，经常参加体育活动的人口比例为33.9%。体育活动形式丰富多彩，生活质量提高。第六次人口普查数据表明，全国人均预期寿命为74.9岁。体育活动成为强身健体重要手段的社会氛围已经形成。

然而，我们应当意识到，体育活动在增强国民体质、提高健康水平方面的作用尚未充分发挥，距离健康中国的要求还有较大差距。国家相关调查数据显示，虽然中国经常参加体育活动的人口比例逐年增加，但居民超重率和肥胖率也持续增加，青少年耐力、成年人肌肉力量与耐力、老年人肌肉力量等指标的变化并不乐观，心血管病、糖尿病等慢性非传染性疾病的发病率呈上升趋势，体育活动在促进健康领域的诸多研究成果尚未充分应用于实践，多数居民在参加体育活动时有很大的盲目性。体育健身活动在增强体质、防控疾病方面尚有很大提升空间。因此，亟待从国家层面发布权威性的体育健身活动指南，引导居民科学地从事体育健身活动。

2017年8月科学健身"说明书"——《全民健身指南》(简称《指南》)正式发布。《全民健身指南》针对中国居民参加体育健身活动状况实际，系统归纳、集成国家"十五"、"十一五"、"十二五"相关研究成果，基于中国居民运动健身的实测数据编制而成。主要包括体育健身活动效果、运动能力测试与评价、体育健身活动原则、体育健身活动指导方案等内容。

《指南》指出体育健身活动的效果主要表现在：

(1) 增强体质，提高健康水平。

①提高心肺功能：有规律的体育活动可以提高心脏收缩力量和肺活量，改善血脂，对心肺功能产生良好影响，明显提高青少年、中年人、老年人的心肺功能和健康水平；

②改善身体成分：以有氧运动为主的体育活动课增加脂肪消耗，降低身体脂肪含量，增加肌肉重量，改善身体成分；

③增加肌肉力量：力量练习课以提高肌肉力量和肌肉抗疲劳能力，促进青少年身体发育，使体格更加强壮，预防因肌肉力量衰减出现的腰疼、肩颈疼等症状，提高身体平衡能力，防止老年人跌倒，维持骨骼健康，预防和延缓骨质疏松；

④提高柔韧性：有规律的牵拉练习可增强肌肉、韧带弹性，增加青少年身体活动范围，身体姿势优美，减少肌肉拉伤，预防和治疗中老年人关节性疾病；

⑤提高幸福指数：增加愉悦感，使人精神放松，缓解压力，形成良好心理状态，获得生理和心理满足感，使青少年充满朝气，老年人充满活力，提高幸福指数；

(2) 防治疾病，提高生活质量。

①心血管病：我国居民心血管患病率呈持续上升趋势，心血管病死亡率列城乡居民总死亡原因的首位。有规律的体育活动可以通过提高心脏功能和血管弹性、降低血压、减少炎症因子、调节血脂等途径，降低心血管病危险因素，有效预防心血管病发生，促进心血管病患者康复。

②糖尿病：糖尿病是常见的慢性疾病之一，以 2 型糖尿病最为常见。有规律的体育活动可以调节糖代谢，降低血糖，提高靶细胞对胰岛素的敏感性，有效地预防与治疗 2 型糖尿病，延缓并发症的发生、发展。体育活动可以增强糖尿病患者的体质，提高糖尿病患者的生活质量。

③超重和肥胖：超重和肥胖与多种慢性病有关，包括高血压、冠心病、糖尿病、某些癌症和多种骨骼肌肉疾病。预防和降低身体肥胖最有效的手段是体育活动和膳食平衡。体育活动是防控肥胖最积极的方法，可以帮助肥胖者控制体重、改善生理功能，防止减重后体重反弹，减少与肥胖相关的慢性疾病发生。

④骨质疏松：骨质疏松是以骨密度降低、骨组织微细结构变化，并伴随骨折易感性增加为特征的骨组织疾病。体育活动有助于增加骨量，改善骨骼结构，减缓由于年龄增大引起的骨量丢失，通过增强肌肉力量和平衡能力，预防跌倒，减少骨质疏松性骨折的发生风险。

⑤癌症：体育活动可以降低乳腺癌、结肠癌、肺癌和前列腺癌等多种癌症的发病风险，缓解癌症患者术后的治疗疼痛，提高癌症患者的生存率和生活质量。世界卫生组织估计，有超过 30%的癌症可以通过体育活动干预达到预防效果。

⑥抑郁症：近年来，我国抑郁症发病率呈上升趋势。体育健身活动可以改变大脑的化学成分，引起良好的情绪和状态反应，有效地预防抑郁症发生，并对轻度至中度抑郁症患者有积极的干预效果。

(3) 提高学习和工作效率。

体育健身活动可以提高人的认知能力，使人集中精力。有规律的体育健身活动可减少抑制性神经递质的释放，延缓中枢疲劳，对神经系统产生良好影响，有助于提高青少年学习效率和学习成绩，延长成年人有效工作时间，提高工作效率。

《指南》同时对单项(有氧运动能力、肌肉力量、柔韧、平衡与反应能力)运动能力和综合运动能力的测试和评价方法，以及健身活动的各要素进行了详细的说明，同时列举了不同阶段的体育健身活动方案。

七、我国学生体质健康评价制度的演变和发展

中华人民共和国成立五十多年来，党和国家一直非常关心和重视广大学生的身体健康，原国家教委、原国家体委等有关部门从鼓励和推动学生积极参加体育锻炼，增强学生体质的目的出发，在不同时期先后制定了《劳卫制》、《国家体育锻炼标准》、《大学生体育合格标准》、《中学生体育合格标准》、《小学生体育合格标准》及初中毕业生升学体育考试办法等一系列制度，并于2002年开始在全国试行《学生体质健康标准》。这些制度的制定和实施，对于增强学生体质，促进我国学校体育工作具有积极作用，其突出地表现在以下三点：

（1）对于贯彻落实《体育法》、《全民健身计划》和《学生体育工作条例》，促进和保证体育课教学，以及早操、课间操和课外活动的开展起到了重要的促进作用；

（2）有利于学生按照要求参加体育锻炼，促进学生身体素质的发展和自觉参加体育活动行为习惯的养成；

（3）通过这些标准的测试和评价，有效地促进了学校体育工作的展开，对于学校体育评价发挥了重要的作用，是学校体育总体评价的重要内容。

我国学生体质健康测量与评价制度的演变和发展，是与我国不同时期社会、经济、科技、文化和教育的发展水平相适应的，是与全国提高青少年的身体健康素质、满足国家对受教育者的全面发展和培养人才战略的基本要求相一致的。新的《国家学生体质健康标准》是在新的历史条件下，根据社会发展的变化要求，面对新的情况、新的问题所采取的积极措施。中华人民共和国成立以来，《劳卫制》、《国家体育锻炼标准》、《学生体质健康标准(试行方案)》的制定、颁布和实施，促进了学生体质健康测量与评价制度的发展和完善，为新的《标准》积累了丰富的经验。了解这些标准的演变和发展，以及当时的社会背景将有利于正确认识并实施新的《国家学生体质健康标准》。

1.《劳卫制》

新中国的成立揭开了中国学校体育的新篇章。1950年8月，中国体育访问团赴前苏联，全面考察和学习了原苏联体育(包括学校体育)的经验，引进了《劳卫制》，从1951年开始在部分地区试行。1954年，在借鉴原苏联经验的基础上，根据在部分地区试行的情况，政务院批准并发布了《劳卫制》暂行条例，经过试行和反复修改于1958年由国务院正式公布实施《劳动卫国体育制度条例》及相关项目标准和测验规则，其第一条明确指出：劳卫制是国家根据社会主义建设事业需要，对人民在体育锻炼上的基本要求而制定的，其目的在于鼓励人民积极参加体育锻炼，促进体育运动的广泛开展，提高运动技术水平，使人民身强力壮，意志坚强，更好地为社会主义建设和保卫祖国

服务。《劳卫制》由预备级(少年级)、第一级和第二级共三个级别组成,在一级和二级中还按照性别差异根据某一年龄段中体能的发展设置了男女若干个年龄组。在项目设置上,除了发展身体素质和机能的锻炼项目以外,《劳卫制》还设置了诸如射击、手榴弹掷远、行军、国防知识等内容,反映了当时巩固国家政权和建设祖国的社会需要。当时,学生的体质健康状况受到国家经济比较落后、学校卫生条件比较差以及营养不足等因素的影响,亟待提高。因此为改善学生的体质健康状况,在锻炼身体、建设和保卫组股的热潮推动下,我国的《劳卫制》产生和发展起来了,并对学校体育教学工作也产生了深刻的影响,促进了包括学生在内的群众体育运动的开展,对广大学生和成年人的体制健康起到了积极的作用。

《劳卫制》在实施的过程中也受到了多种不利因素的影响,例如部分学校核地区受浮夸风的影响,在实施过程中急于求成,搞反复测试,突击达标,违反体育锻炼的客观规律,冲击了正常的体育课教学。此外,连续三年严重的自然灾害导致了国家的财政经济困难,广大学生出现了营养不良,体质健康水平下降的情况,这些使得《劳卫制》的推行受到影响,被迫中断。此后,在1964年《劳卫制》改名为《青少年体育锻炼标准》。

虽然《劳卫制》的实施经历了坎坷与挫折,但它在特定的历史条件下,为改善和提高少年儿童的体质健康状况作出了不可磨灭的巨大贡献,开创了中华人民共和国成立以来国民体质健康促进事业的新纪元,也开创了学生体质健康评价工作的先河。

2.《国家体育锻炼标准》

结束了"文化大革命"的10年动乱,国家重新确立了体育在学校教育中的地位和作用。1975年5月,经国务院批准,国家体委公布了《国家体育锻炼标准》,要求在学校广泛实施。此后,在1982年、1990年又进行了修改,一直沿用至今。1995年开始施行的《中华人民共和国体育法》规定:学校必须实施国家体育锻炼标准,为学生在校期间每天用于体育活动的时间给予了保证。

在这一时期,我国国民经济和各项事业都进入了良性发展的轨道,特别是1978年党的第十一届三中全会做出了把工作中心转移到社会主义现代化建设上来和实行改革开放的战略决策,国民经济得到快速增长,同时特别重视受教育者应掌握充足的知识和技能,强调全面发展。在科学技术转化为生产力,提高劳动效率,使人民群众的生活水平得到了稳步的改善与提高的同时,也使人们从事体力劳动的机会不断减少。电视机、视盘机(VCD机和DVD机)、计算机等的普及也导致学生身体活动时间不断减少,生活水平提高与体质健康水平下降的矛盾逐渐显现。社会对于学生的体质健康更加重视,从1985年开始,教育部、国家体育总局、卫生部、国家民族事务委员、科学技术部等五部委(局)共同组织开展了全国性的学生体质健康调研,到2005年已经进行了五次,以全面了解我国学生的体质与健康状况及其变化趋势。

实施《国家体育锻炼标准》的目的是:鼓励和推动人民群众,特别是青少年、儿童积极参加体育锻炼,以增强体质,提高运动技术水平,培养共产主义道德品质,更好地为社会主义现代化建设和保卫祖国做出贡献。《国家体育锻炼标准》面对全体人群,分四个组进行测验,分别是儿童组,9~12岁,相当于小学3~6年级;少年乙组,13~15岁,相当于初中；少年甲组，16~18岁，相当于高中；成年组，19岁以上，相当于大学。其测试内容主要是对身体素质项目进行测验，共分五大类，与《劳卫制》相比删除了射击、手榴弹掷远、行军等一般国防知识内容。所选项目强调增强体质效果好，少而精，既能促进身体全面发展，又简便易行，便于测试记录成绩，并适当兼顾为提高运动技术水平打基础。由体育行政部门主管，具体实施时会同教育等有关部门进行，同时强调学校应当把体育锻炼标准的施行工作同体育课、课外体育活动紧密结合，并纳入学校工作计划。它的推行对促进全社会关注学校体育，督促学生积极地参加体育锻炼，保证身体正常发育，增强体制都起到了重要的作用。

3.《学生体质健康标准》

进入21世纪以来，我国的综合国力有了极大的提高，人民的生活水平发生了翻天覆地的变化，越来越多的中国人开始享受科学技术和现代文明所带来的便捷、舒适的现代生活。现代文明在带给人们充分的物质享受的同时，也给人类的健康带来了新的威胁。由于精神紧张、营养过剩、运动不足、环境污染等因素所引发的非传染性疾病在全球的不断蔓延，处于"亚健康状态"的人群不断地扩大。对于学生来说，升学压力大、睡眠不足正成为威胁他们身心健康的重要因素；生活水平的普遍改善，热量、脂肪等摄入过多及食物结构的不合理，加之营养科学知识的宣传普及滞后，特别是沉重的课业压力使得学生余暇锻炼时间减少，肥胖发生率也不断增加。2002年学生体质健康监测结果显示，学生形态发育水平继续提高、营养状况持续改善、握力水平有所提高、几种常见疾病（低血红蛋白、龋齿等）的患病率继续下降；反映肺脏功能的肺活量测试继续呈现下降趋势；超重及肥胖学生明显增多，已成为城市学生重要的健康问题。

为了解决这些问题，适应社会发展以及人们对健康的迫切需要和对生活质量的不断追求，必须从青少年儿童的健康抓起。因此，2002年7月教育部、国家体育总局联合下发了《学生体质健康标准（试行方案）》，作为《国家体育锻炼标准》在学校的具体实施方案，并在第一条指出了它的目的和意义：贯彻《中共中央国务院关于深化教育改革全面推进素质教育的决定》提出的"学校教育要树立健康第一的指导思想，切实加强体育工作"的精神，促进学生积极参加体育锻炼，养成经常锻炼身体的习惯，提高自我保健能力和体质健康水平。

"健康体魄是青少年为祖国和人民服务的基本前提，是中华民族旺盛生命力的体现。"这是中共中央国务院在当前的历史条件下，从我国人才培养和可持续发展战略的高度出发对青少年学生提出的基本要求和希望，也为研制《学生体质健康标准》确定了方向，同时，青少年学生的全面发展以及增进健康的问题已成为全世界所关注的热门话题。《学生体质健康标准（试行方案）》根据学生的生长发育规律，将测试对象按照年级分组，小学一、二年级为一组，小学三、四年级为一组，小学五、六年级为一组，初中和高中每年级为一组，大学为一组。该标准从身体形态、身体机能、身体素质等方面综合评定学生的体质健康状况，在测试内容中，选择了与学生身体的发展及身体健康素质关系最为密切的一些要素作为测试的内容。例如：新增加了"身高标准体重"这一指标对学生身体的匀称进行评价，间接反映学生的营养状况，以引导学生及家长和全社会来关注少年儿童的身体形态和肥胖(或营养不良)状况。

在《学生体质健康标准》试行过程中，对于引导学生正确认识和了解自己的健康状况，有针对地进行身体锻炼起到了非常积极的作用。但是随着时代的发展，人们对自身健康的要求越来越高，标准也需要不断发展完善，同时这些标准在实施过程中也难免出现一些这样或那样的问题。例如，由于《学生体质健康标准(试行方案)》中部分项目的评分标准较低，原本是想激发学生锻炼的兴趣和积极性，但有的学生却因为不需要过多努力就能及格，锻炼的积极性反而下降。此外，为了较准确地对学生进行测试并减轻教师负担，《学生体质健康标准(试行方案)》没有过多选用可用于锻炼的项目和内容，而是提出通过体育课中丰富多彩的教学内容来促进学生积极锻炼，从而提高测试成绩，因此部分学校对体育课教学内容缺乏明确的要求，在一定程度上影响了学生的体质健康水平。2005年全国学生体质健康与健康调研结果表明：学生身体形态发育继续提高，营养状况继续改善，低血红蛋白等常见病检出率继续下降，握力水平有所提高。但同时也存在一些不可忽视的问题，包括肺活量水平继续呈下降趋势，速度、爆发力、力量耐力素质水平进一步下降，肥胖检出率继续上升，视力不良检出率仍然居高不下。为扭转这种不利局面，切实加强学校体育工作，改善学生体质健康水平，教育部和国家体育总局组织专家在广泛深入调查研究的基础上，对《学生体质健康标准》进行了完善和修改。

2013年教育部在全国组织13所高校对13个省(区、直辖市)抽查大、中、小学近10万名学生进行体质健康测试。经过对测试数据的全面分析，重新制订了我国学生体质健康测试标准，正式命名《国家学生体质健康标准(2014年修订)》。2016年国务院办公厅印发《关于强化学校体育促进学生身心健康全面发展的意见》(国办发〔2016〕27号)文件，要求严格执行《国家学生体质健康标准(2014年修订)》，完善学校学生体质健康评价机制，强化学生身体素质的考核激励作用。

尽管如此，我国全民健身仍然存在发展不平衡、全民健身缺乏系统性及法制保障等诸多问题。还需要进一步加强健康促进的系统化研究，建立"全民健康"目标体系、评估标准，促进全民健身的平衡发展。

附录1

康奈尔健康测评问卷

指导语：为了获得有关您健康方面的详细情况，以便于对您的疾病进行进一步分析，请您按要求回答下面的问题。回答"是"就请在"是"上画圈，回答"否"就请在"否"上画圈。例如：您读报时需要戴眼镜吗？请您按照自己的真实情况认真填写，不要空下问题不填，希望能够得到您的合作。愿您早日恢复健康。谢谢！

A.
1. 你读报时需要戴眼镜吗？　　　　　　　　　　　　　　　　是　否
2. 你看远处时需要戴眼镜吗？　　　　　　　　　　　　　　　是　否
3. 你是否经常有一时性的眼前发黑(视力下降或看不见东西)的现象？　是　否

4. 你是否有频繁的眨眼和流泪？　　　　　　　　　　　　　　　　　　　　　是　　否
5. 你的眼睛是否经常很疼（或出现看物模糊的现象）？　　　　　　　　　　　是　　否
6. 你的眼睛是否经常发红或发炎？　　　　　　　　　　　　　　　　　　　　是　　否
7. 你是否耳背（听力差）？　　　　　　　　　　　　　　　　　　　　　　　是　　否
8. 你是否有过中耳炎、耳朵流脓？　　　　　　　　　　　　　　　　　　　　是　　否
9. 你是否经常耳鸣？（耳中自觉有各种声响，以致影响听觉）　　　　　　　　是　　否

B.
10. 你常常不得不为清嗓子而轻咳吗？　　　　　　　　　　　　　　　　　　是　　否
11. 你经常有嗓子发堵的感觉（感觉喉咙里有东西）吗？　　　　　　　　　　是　　否
12. 你经常连续打喷嚏吗？　　　　　　　　　　　　　　　　　　　　　　　是　　否
13. 你是否觉得鼻子老是堵？　　　　　　　　　　　　　　　　　　　　　　是　　否
14. 你经常流鼻涕吗？　　　　　　　　　　　　　　　　　　　　　　　　　是　　否
15. 你是否有时鼻子出血很厉害？　　　　　　　　　　　　　　　　　　　　是　　否
16. 你是否经常得重感冒（或嗓子痛，扁桃体肿大）？　　　　　　　　　　　是　　否
17. 你是否经常有严重的慢性支气管炎（在感冒时咳嗽，吐痰拖很长时间）？　是　　否
18. 你在得感冒时总是必须要卧床（或经常吐痰）吗？　　　　　　　　　　　是　　否
19. 是否经常感冒使你一冬天都很难受？　　　　　　　　　　　　　　　　　是　　否
20. 你是否有过敏型哮喘？（以某些过敏因素，如花粉等为诱因的哮喘）　　　是　　否
21. 你是否有哮喘？（反复发作的，暂时性的伴有喘音的呼吸困难）　　　　　是　　否
22. 你是否经常因咳嗽而感到烦恼？　　　　　　　　　　　　　　　　　　　是　　否
23. 你是否有过咳血？　　　　　　　　　　　　　　　　　　　　　　　　　是　　否
24. 你是否有较重的盗汗（睡时出汗、醒时终止）？　　　　　　　　　　　　是　　否
25. 你除结核外是否患过慢性呼吸道疾病（慢性支气管炎，支气管扩张，肺脓肿）（或有低烧（热）（37~38度））？　　　　　　　　　　　　　　　　　　　　是　　否
26. 你是否得过结核病？　　　　　　　　　　　　　　　　　　　　　　　　是　　否
27. 你与得结核病的人在一起住过吗？　　　　　　　　　　　　　　　　　　是　　否

C.
28. 医生说过你血压很高吗？　　　　　　　　　　　　　　　　　　　　　　是　　否
29. 医生说过你血压很低吗？　　　　　　　　　　　　　　　　　　　　　　是　　否
30. 你有胸部或心区疼痛吗？　　　　　　　　　　　　　　　　　　　　　　是　　否
31. 你经常感到心动过速（心跳过快）吗？　　　　　　　　　　　　　　　　是　　否
32. 你是否经常心悸（平静时有心脏跳动的感觉）或（感到脉搏有停跳）　　　是　　否
33. 你是否经常感到呼吸困难？　　　　　　　　　　　　　　　　　　　　　是　　否
34. 你是否比别人更容易发生气短（喘不上气）？　　　　　　　　　　　　　是　　否
35. 你既使在坐着的情况下有时也会感到气短吗？　　　　　　　　　　　　　是　　否
36. 你是否经常有严重的下肢浮肿？　　　　　　　　　　　　　　　　　　　是　　否
37. 你即使在热天也因手脚发凉而烦恼吗？　　　　　　　　　　　　　　　　是　　否
38. 你是否经常腿抽筋？　　　　　　　　　　　　　　　　　　　　　　　　是　　否

39. 医生说过你心脏有毛病吗？ 是 否
40. 你的家属中是否有心脏病人？ 是 否

D.

41. 你是否已脱落了一半以上的牙齿？ 是 否
42. 你是否因牙龈（牙床）出血而烦恼？ 是 否
43. 你是否经常有严重的牙痛？ 是 否
44. 是否你的舌苔常常很厚？ 是 否
45. 你是否总是食欲不好（不想吃东西）？ 是 否
46. 你是否经常吃零食？ 是 否
47. 你是否吃东西时总是狼吞虎咽？ 是 否
48. 你是否经常胃部不舒服（或有时恶心呕吐）？ 是 否
49. 你饭后是否经常有胀满（腹部膨胀）的感觉？ 是 否
50. 你饭后是否经常打饱嗝（或烧心吐酸水）？ 是 否
51. 你是否经常犯胃病？ 是 否
52. 你是否有消化不良？ 是 否
53. 是否严重胃痛使你常常不得不弯着身子？ 是 否
54. 你是否感到胃部持续不舒服？ 是 否
55. 你的家属中有患胃病的人吗？ 是 否
56. 医生说过你有胃或十二指肠溃疡病吗（或饭后或空腹时是否经常感到胃痛）？
    是 否
57. 你是否经常腹泻（拉肚子）？ 是 否
58. 你腹泻时是否有严重血便（黑便或粪便中肉眼可见的血液或粘稠物质）？ 是 否
59. 你是否因曾有过肠道寄生虫而感到烦恼？ 是 否
60. 你是否常有严重便秘（大便干燥）？ 是 否
61. 你是否有痔疮（大便时肛门疼痛，不适，或伴有大便表面带血或便后滴血）？
    是 否
62. 你是否曾患过黄疸（眼、皮肤、尿发黄）？ 是 否
63. 你是否得过严重肝胆疾病？ 是 否

E.

64. 你是否经常有关节肿痛？ 是 否
65. 你的肌肉和关节经常感到发僵或僵硬吗？ 是 否
66. 你的胳膊或腿是否经常感到严重疼痛？ 是 否
67. 是否严重的风湿病使你丧失活动能力（或有肩、脖子肌肉发紧的现象）？
    是 否
68. 你的家属中是否有人患风湿病？ 是 否
69. 是否脚发软，疼痛使你的生活严重不便（或经常感到腿、脚发酸）？ 是 否
70. 腰背痛是否达到使你不能持续工作的程度？ 是 否
71. 你是否因身体有严重的功能丧失或畸形（形态异常）而感到烦恼？ 是 否

F.

72. 是否你的皮肤对温度、疼痛十分敏感或有压痛(或有皮下小出血点)？　　是　否
73. 你皮肤上的切口通常不易愈合(长好)吗？　　是　否
74. 你是否经常脸很红？　　是　否
75. 既使在冷天你也大量出汗吗？　　是　否
76. 是否严重的皮肤搔痒(发痒)使你感到烦恼？　　是　否
77. 你是否经常出皮疹(风疙瘩或疹子)或(有时脸部浮肿)？　　是　否
78. 你是否经常因生疖肿(脓包)而感到烦恼？　　是　否

G.

79. 你是否经常由于严重头痛而感到十分难受？　　是　否
80. 你是否经常由于头痛,头发沉而感到生活痛苦？　　是　否
81. 你的家属中头痛常见吗？　　是　否
82. 你是否有一阵发热,一阵发冷的现象？　　是　否
83. 你经常有一阵阵严重头晕的感觉吗？　　是　否
84. 你是否经常晕倒？　　是　否
85. 你是否晕倒过两次以上？　　是　否
86. 你身体某部分是否有经常麻木或震颤的感觉？　　是　否
87. 你身体某部分曾经瘫痪(感觉和运动能力完全或部分丧失)过吗？　　是　否
88. 你是否有被撞击后失去知觉(什么都不知道)的现象？　　是　否
89. 你头、面、肩部是否有时有抽搐(突然而迅速的肌肉抽动)的感觉？　　是　否
90. 你是否抽过疯(癫痫发作,也叫抽羊角疯)？　　是　否
91. 你的家属中有无癫痫病人？　　是　否
92. 你是否有严重的咬指甲的习惯？　　是　否
93. 你是否因说话结巴或口吃而烦恼(或因舌头不灵活而导致说话困难)？　　是　否
94. 你是否有梦游症(睡眠时走来走去,事后不能回忆睡着时所做的事情)？　　是　否
95. 你是否尿床？　　是　否
96. 在 8~14 岁(小学和中学)阶段你是否尿床？　　是　否

H. (男性回答)

97. 你的生殖器是否有过某种严重毛病？　　是　否
98. 你是否经常有生殖器疼痛或触痛(一碰就疼)的现象？　　是　否
99. 你是否曾接受过生殖器的治疗？　　是　否
100. 医生说过你有脱肛(直肠脱出肛门以外)吗？　　是　否
101. 你是否有过尿血(无痛性的)？　　是　否
102. 你是否曾因排尿困难而烦恼？　　是　否

(女性回答)

97. 你是否经常痛经(月经期间及前后小肚子疼)？　　是　否
98. 你是否在月经期经常得病或感到虚弱？　　是　否
99. 你是否经常有月经期卧床？　　是　否

100. 除月经期外，你是否有阴道流血？　　　　　　　　　　　　是　否
101. 你是否经常有持续严重的脸部潮红和出汗？　　　　　　　是　否
102. 你在月经期是否经常有焦躁情绪？　　　　　　　　　　　是　否
103. 你是否经常因白带(阴道白色黏液)异常而烦恼？　　　　　是　否
　　(男女均答)
104. 你是否每天夜里因小便起床？　　　　　　　　　　　　　是　否
105. 你是否经常白天小便次数频繁？　　　　　　　　　　　　是　否
106. 你是否小便时经常有烧灼感(火烧样的疼痛)？　　　　　　是　否
107. 你是否有时有尿失控(不能由意识来控制排尿)？　　　　　是　否
108. 是否医生说过你的肾、膀胱有病？　　　　　　　　　　　是　否
109. 你是否经常感到一阵一阵很疲劳？　　　　　　　　　　　是　否
110. 是否工作使你感到筋疲力竭？　　　　　　　　　　　　　是　否
111. 你是否经常早晨起床后即感到疲倦和筋疲力尽？　　　　　是　否
112. 你是否稍做一点工作就感到累？　　　　　　　　　　　　是　否
113. 你是否经常因累而吃不下饭？　　　　　　　　　　　　　是　否
114. 你是否有严重的神经衰弱？　　　　　　　　　　　　　　是　否
115. 你的家属中是否有患神经衰弱的人？　　　　　　　　　　是　否

I.

116. 你是否经常患病？　　　　　　　　　　　　　　　　　　是　否
117. 你是否经常由于患病而卧床？　　　　　　　　　　　　　是　否
118. 你是否总是健康不良？　　　　　　　　　　　　　　　　是　否
119. 是否别人认为你体弱多病？　　　　　　　　　　　　　　是　否
120. 你的家属中是否有易患病的人？　　　　　　　　　　　　是　否
121. 你是否曾经因严重疼痛而不能工作？　　　　　　　　　　是　否
122. 你是否总是因为担心自己的健康而受不了？　　　　　　　是　否
123. 你是否总是有病而且不愉快？　　　　　　　　　　　　　是　否
124. 你是否经常由于健康不好而感到不幸？　　　　　　　　　是　否
125. 你得过猩红热吗？　　　　　　　　　　　　　　　　　　是　否
126. 你小时候是否得过风湿热，四肢疼痛？　　　　　　　　　是　否
127. 你曾患过疟疾吗？　　　　　　　　　　　　　　　　　　是　否
128. 你由于严重贫血而接受过治疗吗？　　　　　　　　　　　是　否
129. 你接受过性病治疗吗？　　　　　　　　　　　　　　　　是　否
130. 你是否有糖尿病？　　　　　　　　　　　　　　　　　　是　否
131. 是否医生曾说过你有甲状腺肿(粗脖子病)？　　　　　　　是　否
132. 你是否接受过肿瘤或癌的治疗？　　　　　　　　　　　　是　否
133. 你是否有什么慢性疾病(或曾接受过原子辐射)？　　　　　是　否
134. 你是否过瘦(体重减轻)？　　　　　　　　　　　　　　　是　否
135. 你是否过胖(体重增加)？　　　　　　　　　　　　　　　是　否

136. 是否有医生说过你有腿部静脉曲张(腿部青筋暴露)？　　　　　　　　是　否
137. 你是否住院做过手术？　　　　　　　　　　　　　　　　　　　　是　否
138. 你曾有过严重的外伤吗？　　　　　　　　　　　　　　　　　　　是　否
139. 你是否经常发生小的事故或外伤？　　　　　　　　　　　　　　　是　否

J.
140. 你是否有入睡很困难或睡眠不深易醒(或经常做梦)的现象？　　　是　否
141. 你是否不能做到每天有规律地放松一下(休息)？　　　　　　　　是　否
142. 你是否不容易做到每天有规律地锻炼？　　　　　　　　　　　　　是　否
143. 你是否每天吸20支以上纸烟？　　　　　　　　　　　　　　　　　是　否
144. 你是否喝茶或喝咖啡比一般的人要多？　　　　　　　　　　　　　是　否
145. 你是否每天喝两次以上的白酒？　　　　　　　　　　　　　　　　是　否

K.
146. 当你考试或被提问时是否出汗很多或颤抖的很厉害？　　　　　　　是　否
147. 接近你的主管上级时是否紧张和发抖？　　　　　　　　　　　　　是　否
148. 当你的上级看着你工作时，你是否不知所措？　　　　　　　　　　是　否
149. 当必须快速做事情时，你是否有头脑完全混乱的现象？　　　　　　是　否
150. 为了避免出错，你做事必须很慢吗？　　　　　　　　　　　　　　是　否
151. 你经常把指令或意图体会(理解)错吗？　　　　　　　　　　　　　是　否
152. 是否生疏的人或场所使你感到害怕？　　　　　　　　　　　　　　是　否
153. 身边没有熟人时你是否因孤单而恐慌？　　　　　　　　　　　　　是　否
154. 你是否总是难以下决心(犹豫不决)？　　　　　　　　　　　　　　是　否
155. 你是否总是希望有人在你身边给你出主意？　　　　　　　　　　　是　否
156. 别人认为你是一个很笨的人吗？　　　　　　　　　　　　　　　　是　否
157. 除了在你自己家以外，在其他任何地方吃东西都感到烦扰吗？　　　是　否

L.
158. 你在聚会中也感到孤独和悲伤吗？　　　　　　　　　　　　　　　是　否
159. 你是否经常感到不愉快和情绪抑郁(情绪低落)？　　　　　　　　　是　否
160. 你是否经常哭？　　　　　　　　　　　　　　　　　　　　　　　是　否
161. 你是否总是感到凄惨与沮丧(灰心失望)？　　　　　　　　　　　　是　否
162. 是否你对生活感到完全绝望？　　　　　　　　　　　　　　　　　是　否
163. 你是否经常想死(一死了事)？　　　　　　　　　　　　　　　　　是　否

M.
164. 你是否经常烦恼(愁眉不展)？　　　　　　　　　　　　　　　　　是　否
165. 你的家属中是否有愁眉不展的人？　　　　　　　　　　　　　　　是　否
166. 是否稍遇任何一件小事都使你紧张和疲惫？　　　　　　　　　　　是　否
167. 是否别人认为你是一个神经质(紧张不安，易激动)的人？　　　　　是　否
168. 你的家属中是否有神经质的人？　　　　　　　　　　　　　　　　是　否
169. 你曾患过精神崩溃吗？　　　　　　　　　　　　　　　　　　　　是　否

170. 你的家属中曾有过精神崩溃的人吗? 是 否
171. 你在精神病院看过病吗(因为你精神方面的问题)? 是 否
172. 你的家属中是否有人到精神病院看过病(因为其精神方面的问题)? 是 否

N.

173. 你是否经常害羞和神经过敏? 是 否
174. 你的家属中是否有害羞和神经过敏的人? 是 否
175. 是否你的感情容易受到伤害? 是 否
176. 是否你在受到批评时总是心烦意乱? 是 否
177. 别人认为你是爱挑剔的人吗? 是 否
178. 你是否常被人误解? 是 否

O.

179. 你既使对朋友也必须存戒心吗(不放松警惕)? 是 否
180. 你是否总是凭一时冲动做事情? 是 否
181. 你是否容易烦恼和激怒? 是 否
182. 你若不持续克制自己精神就垮了吗? 是 否
183. 是否一点不快就使你紧张和发脾气? 是 否
184. 在别人支使你时是否易生气? 是 否
185. 别人常使你不快和激怒你吗? 是 否
186. 当你不能马上得到你所需要的东西时就发脾气吗? 是 否
187. 你是否经常大发脾气? 是 否

P.

188. 你是否经常发抖和战栗? 是 否
189. 你是否经常紧张焦急? 是 否
190. 你是否会被突然的声音吓一大跳(跳起或发抖得厉害)? 是 否
191. 是否不管何时,当别人大声叫你时,你都被吓得发抖和发软? 是 否
192. 你对夜间突然的动静是否感到恐惧(害怕)? 是 否
193. 你是否经常因恶梦而惊醒? 是 否
194. 你是否头脑中经常反复出现某种恐怖(可怕的)想法? 是 否
195. 你是否常常毫无理由地突然感到畏惧(害怕)? 是 否
196. 你是否经常有突然出冷汗的情况? 是 否

第二章 体力活动的益处与风险

体力活动（physical activity）主要指由骨骼肌收缩导致能量消耗明显增加的各种身体活动。体力活动不足已被WHO确定为21世纪全球最大的公共卫生问题，认为它是引发慢性非传染性疾病的头号杀手和导致非传染性疾病死亡率增加的第四大风险因素。据世界卫生组织（WHO）估计，全球21%~25%的乳腺癌和结肠癌、27%的糖尿病和30%的缺血性心脏病的发病率与体力活动不足密切相关，而10%的非传染性疾病死亡可归因于体力活动不足。

WHO全球信息库数据统计结果显示：全球122个国家和地区15岁以上人口体力活动不足总体发生率约为31.1%（95% CI：30.9%~31.2%）。其中，非洲为27.5%（95% CI：27.3%~27.7%），美洲为34.8%（95% CI：34.5%~35.1%），欧洲为43.3%（95% CI：43.0%~43.6%），地中海东部地区为43.2%（95% CI：42.8%~43.6%），东南亚地区为17.0%（95% CI：16.8%~17.2%），西太平洋地区为33.7%（95% CI：33.5%~33.9%）。国家或地区间存在着巨大的差异，范围从孟加拉国低至4.7%（95% CI：4.3%~5.1%），到马耳他高达72.5%（95% CI：31.0%~87.2%）。

乔玉成等研究认为，全球15岁以上人口体力活动不足总体发生率约为31.1%，女性高于男性，儿童、青少年人群和老年人群检出率更高，并与职业、受教育程度、种族/民族、婚姻状况、社会经济地位等人口学特征存在某种程度的关联。发达国家高于发展中国家，城市高于农村，发展中国家快速发展的大城市中问题更大。职业性、交通性、家务性体力活动虽处于下降趋势，但仍为体力活动水平的主要贡献者，休闲性体力活动不足成为影响总体力活动水平提升的瓶颈。

本章就体力活动的基本术语、体力活动的益处与风险等内容进行阐述。

第一节 体力活动的术语

一、体力活动

体力活动主要指由骨骼肌收缩导致能量消耗明显增加的各种身体活动。运动（sport）主要包括在日常生活中进行的各种身体活动和在日常活动的基础上增加的能够产生健康效益的健身活动。体力活动的范围大于运动，几乎涵盖了人体所有产生能量消耗的身体活动。体力活动包括休闲性体力活动和非休闲性体力活动（职业性、交通性、家务性）等。

运动锻炼是有计划、有组织、可重复的体力活动，是一种旨在维持或促进一种或多种体适能或健康水平的体力活动。根据这一定义，运动锻炼可作为体力活动的下属概念，是体力活动的一个组成部分，但不是体力活动的全部。体适能是指个体拥有或获得与完成体力活动能力相关的一组要素或特征。这些要素通常分为健康相关体适能和技能相关体适能。体适能是全身适应性的一部分，是人类精神与身体对于现代生活的适应能力。亦有人认为体适能的内容包括体格、各内脏器官的工作效率与运动适应能力。

体力活动的分类：根据肌肉收缩的形式分为静力性运动和动力性运动；根据运动供能的代谢方式分为有氧运动和无氧运动；根据日常生活来源分为职业性体力活动、交通性体力活动、家务性体力活动、休闲性体力活动，其中休闲性体力活动又分为竞技运动、娱乐性活动和体育锻炼。

二、体力活动的强度

体力活动的强度与获得的健康/体适能益处存在明确的量效关系。

体力活动的强度包括绝对强度和相对强度两种表示方法。绝对强度是指体力活动实际能量消耗率，通常以摄氧量（L/min）、摄氧量的体重相对值（ml/kg/min）及代谢当量（METs）表示。然而，由于绝对强度无法兼顾个体体适能水平或健康水平的差异，有时也使用相对强度来表示体力活动的强度水平。通常情况下，相对强度可用最大摄氧量百分比（percentage of maximal oxygen uptake，% VO_{2max}）、摄氧量储备百分比（percentage of oxygen uptake reserve，% VO_2R）、心率储备百分比（percentage of heart rate reserve，% HRR）、最大心率百分比（percentage of maximal heart rate，%HRmax）、运动强度知觉量表（rating of perceived exertion，RPE）来表示。而对于力量性活动，相对强度通常以1-RM（one-repitition maximum，指能够一次成功举起的最大重量）为参照进行标准化处理。

摄氧量是机体在单位时间内能够摄取并被利用的氧量，也称耗氧量。在一定的范围内，随着运动强度的增加，摄氧量和需氧量均成比例增加。

代谢当量（METs，为安静时人体平均耗氧量值，其大小为3.5 ml/kg/min或者1kcal/kg/h）是一种有效、便捷、标准的描述多种体力活动强度的方法。一般认为，低强度体力活动<3 METs，中等强度体力活动为3~6 METs，较大强度以上体力活动≥6 METs。表2-1显示了针对每个强度区间给出的不同体力活动的代谢当量值。

表2-1　　低、中和较大强度体力活动对应的代谢当量（METs）

低（<3METs）	中（3~<6METs）	较大（≥6METs）
步行 在住宅、商店或办公室周围漫步=2.0[a]	步行 步行3.0mph=3.0[a] 快速健步走（4.0mph）=5.0[a]	步行、慢跑和跑步 非常快的健步走（4.5mph）=6.3[a] 中速步行/健步旅行没有或轻便随身物品（<10 1b）=7.0 在陡峭的路上徒步旅行，随身物品10~42 1b=7.5~9.0；慢跑 5mph=8.0[a]；慢跑 6mph=10.0[a] 慢跑 7mph=11.5[a]
居家和工作 静坐：用电脑、伏案工作、应用轻便的手控工具=1.5 站立时轻度工作，如铺床、洗碗、熨衣服、做饭或储藏杂物=2.0~2.5	居家和工作 费力的清扫：擦窗户、擦车、扫储藏室=3.0 扫地或地毯、吸尘、拖地=3.0~3.5 木工工作-主要=3.6 搬运和堆积木材=5.5 割草-推除草剂=5.5	居家和工作 铲沙子、煤等=7.0；搬重物，如砖头=7.5 做重农活，如排水=8.0；铲土或挖沟=8.5

续表

低(<3METs)	中(3~<6METs)	较大(≥6METs)
休闲时间和运动	休闲时间和运动	休闲时间和运动
绘画和手工、打牌=1.5 台球=2.5 划船(手动)=2.5 飞镖=2.5 钓鱼(坐)=2.5 演奏多数乐器=2.0~2.5	打羽毛球：娱乐性=4.5 打篮球：投篮=4.5 跳舞：慢舞=3.0；快舞=4.5 在河边步行钓鱼=4.0 打高尔夫-发球区之间步行=4.3 帆船，有风帆=3.0 休闲游泳=6.0[b] 乒乓球=4.0 网球双打=5.0 打排球-非竞技性=3.0~4.0	平地自行车-低速(10-12mph)=6.0； 打篮球=8.0 平地自行车-中速(12-14mph)=8.0； 快速(14-16mph)=10 越野滑雪-低速(2.5mph)=7.0； 快速(5.0-7.9mph)=9.0 踢足球-随意=7.0；竞赛=10.0 游泳-休闲=6.0[b]；中/强=8-11[b] 网球单打=8.0 打排球-馆内或沙滩竞赛性=8.0

METs：代谢当量[1MET=3.5ml/(kg·min)]；　mph：英里每小时。
[a]平地：表面凸凹不平
[b]MET 水平可因不同个体选择的不同泳姿或游泳水平而不同。
(Ainsworth BE, Haskell WL, Whitt MC, et al. Compendium of physical activities: an update of activity codes and MET intensities. *Med Sci Sports Exerc*. 2000；32：S498-504)

为简便起见，也可按表2-2推算不同体力活动的强度。

表2-2　　　　　　　　　　**不同体力活动对应的梅脱值**

活动方式	METs	活动方式	METs	活动方式	METs	活动方式	METs
坐公交车	1.0	钓鱼	3.0	篮球	6.0	慢跑	7.0
开会	1.5	打扫卫生	3.0	移动家具	6.0	滑雪	7.0
学习	1.8	拖地	3.5	有氧舞蹈	6.5	搬杂物上楼	7.5
做饭	2.0	散步	3.5	竞走	6.5	自行车	8.0
瑜伽	2.5	体操	4.0	划船	7.0	柔软体操	8.0
台球	2.5	田径	4.0	游泳	7.0	足球	8.0
排球	3.0	高尔夫	4.0	滑冰	7.0	跳绳	10.0
保龄球	3.0	羽毛球	4.5	网球	7.0	柔道	10.0

最大摄氧量百分比($\%VO_{2max}$)：指任一体力活动的摄氧量占个体最大摄氧量的百分比，即$\%VO_{2max}=$ 靶 VO_2/VO_{2max}。

摄氧量储备百分比($\%VO_2R$)：指任一体力活动的净摄氧量与最大摄氧量的百分比，即$\%VO_2R=($ 靶 $VO_2-VO_{2rest})/(VO_{2max}-VO_{2rest})$。例如，某人的最大摄氧量是 35 ml/kg/min，其体力活动的摄氧量为 24 ml/kg/min，则其摄氧量储备百分比就是 65% VO_2R，即

[(24-3.5)/(35-3.5)]×100%=65%。

心率储备百分比(%HRR)中HRR是个体最大心率与安静时心率的差值,而%HRR则是任一体力活动的净心率变化(活动时心率与安静时心率的差)占HRR的百分比,即%HRR=(靶HR-HR$_{rest}$)/(HR$_{max}$-HR$_{rest}$)。

最大心率百分比(%HR$_{max}$):指任一体力活动时的心率占最大心率的百分比,即%HR$_{max}$=靶HR/HR$_{max}$。其中,普遍使用的推测HR$_{max}$的公式见表2-3。

表2-3　　普遍使用的推测HRmax的公式

作者	公式	使用人群
Fox(19)	HR$_{max}$=220-年龄	少部分男性和女性
Astrand(9)	HR$_{max}$=216.6-0.84×年龄	4~34岁男性和女性
Tanaka(48)	HR$_{max}$=208-0.7×年龄	健康的男性和女性
Gelish(21)	HR$_{max}$=207-0.7×年龄	所有年龄段和体适能水平的成年男女
Gulati(23)	HR$_{max}$=206-0.88×年龄	运动负荷试验中无症状的中年女性

研究表明,%HRR在数值上与%VO$_2$R较为一致,而且用%HRR法与%VO$_2$R法表示运动强度可能更适用于制定运动处方。因为%VO$_{2max}$和%HR$_{max}$可能过高或过低评估运动强度。

运动强度知觉量表(RPE):该量表是1962年由瑞典生理学家Borg制定的判别主观强度知觉水平的量表。人体运动时的主观体力感觉与工作负荷、心功能、耗氧量、代谢产物堆积等多种因素密切相关,因此,受试者的自我体力感觉是反应运动强度的重要标志。Borg量表使原本粗略的定性分析变为半定量分析。研究发现,如果用RPE的等级值乘以10,相应的得数就是完成该负荷中的心率(见表2-4)。

表2-4　　Borg主观体力感觉等级(RPE)量表

RPE	主观运动感觉	相对强度%	相应心率(次/分)
6	安静	0.0	
7	非常轻松	7.1	70
8		14.3	
9	很轻松	21.4	90
10		28.6	
11	尚且轻松	35.7	110
12		42.9	

续表

RPE	主观运动感觉	相对强度%	相应心率(次/分)
13	稍费力	50.0	130
14		57.2	
15	费力	64.3	150
16		71.5	
17	很费力	78.6	170
18		85.8	
19	非常费力	95.0	195
20	竭尽全力	100	最大心率

(Borg G. Borg's Perceived Exertion and Pain Scales. Champaign(IL): Human Kinetics; 1998. 104p. 也可访问主页: http://www.borgperception.se/index.html)

谈话测试是另一种确定运动强度的方法。运动者在一定强度下运动，使其呼吸加快，但是仍然以完整的句子进行通畅谈话，当问及"你还能舒服说话吗?"，回答，"yes"，通常表示强度为通气阈下强度。当运动者能够提供一个类似的答案，表示强度大约在通气阈强度。如果运动者回答"No"时，表示为通气阈上强度。

谈话测试还可以如下判断："可以讲话或唱歌"是低强度，"能讲话不能唱歌"是中等强度，"难以讲话"是较高强度。

几种不同方法表示运动强度的对应关系如表2-5。

表2-5 几种表示运动强度方法

强度	主观评价指标		生理学指标/相对评价指标		绝对评价指标
	"讲话测试"	RPE(6~20级)	%HRR %VO$_{2max}$	%HR$_{max}$	METs VO$_2$
低强度	可以讲话或唱歌	<11	<40	<64	<3
中等强度	能讲话但不能唱歌	11~13	40~60	64~76	3~6
较高强度	难以讲话	≥14	>60	>76	>6

三、体力活动的强度分级

由于不同个体的运动能力、体适能水平和最大摄氧量存在个体差异。因此，当从事绝对强度相同的运动时，不同个体的相对运动强度可能不同，对机体造成的影响也会不同。例如，最大摄氧量通常随年龄增长而下降。当年龄较大和年龄较小的个体在同一代谢当量水平运动时，相对运动强度(%VO$_{2max}$)是不同的。换句话说，年龄较大者较年龄较小者相对运动强度(%VO$_{2max}$)更高。同时也可发现年龄较大且体力活动活跃的个体，其有氧能力可优于静坐少动的年龄较小的个体。因此，在制定运动强度时需要先明确运动者的自身的体适能水平。

表 2-6 中显示了相对和绝对运动强度及不用有氧能力之间(6~12 METs)之间的关系。

表 2-6 体力活动强度分级

强度	相对强度			各种体适能水平的绝对强度范围(METs)				力量 %1RM
	$VO_2R(\%)$ $HRR(\%)$	$HR_{max}\%$ (%)	RPE	12METs VO_{2max}	10METs VO_{2max}	8METs VO_{2max}	6METs VO_{2max}	
低	<20	<50	<10	<3.2	<2.8	<2.4	<2.0	<30
较低	20~<40	50~<64	10~11	3.2~<5.4	2.8~<4.6	2.4~<3.8	2.0~<3.1	30~<50
中等	40~<60	64~<77	12~13	5.4~<7.6	4.6~<6.4	3.8~<5.2	3.1~<4.1	50~<70
较大	60~<85	77~<94	14~16	7.6~<10.3	6.4~<8.7	5.2~<7.0	4.1~<5.3	70~<85
大	85~<100	94~<100	17~19	10.3~<12	8.7~<10	7.0~<8.0	5.3~<6.0	85~<100
最大	100	100	20	12	10	8	6	100

HR：心率；HRR：心率储备；METs：代谢当量单位[1MET＝3.5ml/(kg.min)]；VO_{2max}：最大摄氧量；VO_2R：摄氧量储备

(整理自：Garber CE, Blissmer B, Deschenes MR, et al. American College of Sports Medicine Position Stand. The quantity and quality of exercise for developing and maintaining cardiorespiratory, musculosk-eletal, and neuromotor fitness in apparently healthy adults: guidance for prescribing exercise. *Med Sci Sports Exerc*. 2011；43：1334-559. Howley ET. Type of activity: resistance, aerobic and leisure versus occupational physical activity. *Med Sci Sports Exerc*. 2001；33：S364, S369; discussion S419-20. U. S. Department of Health and Human Services. *Physical Activity and Health: A Report of the Surgeon Genenal*. Atlanta, GA：U. S. Department of Health and Human Services, Public Health Service, CDC, National Center for Chronic Disease Prevention and Health Promotion；1996. 278p.)

职业性体力活动强度的分级评价标准相对较多，通常以 1994 年由 Bouchard 和 Shephard 建立的 5 级评价为主要依据(表 2-7)，该评价标准是以 8h 工作时间为依据制定的，强度级别分为久坐、轻、中等、大和非常大 5 个等级。

表 2-7 职业性体力活动强度分级标准

强度级别	能量消耗(KJ.min^{-1})	能量消耗(METs)
久坐	<8.4	<1.9
轻	8.4~<14.8	1.9~<3.4
中等	14.8~<21.0	3.4~<4.8
大	21~<31.4	4.8~<7.1
非常大	≥31.4	≥7.1

(引自：Bouchard C, Shephard RJ. Physical activity, fitness, and health: the model and key concepts. In: Physical activity, Fitness, and Health: International proceedings and Consensus Statement. Human Kinetics Publishers，1994. pp. 77-88.)

随着年龄增长，人体各器官系统的机能及相应生理指标如心肺功能、最大摄氧量和肌肉力量均发生变化。因此，针对不同年龄人群体力活动绝对强度的等级划分应有所区别。表 2-8 介绍了年龄相关的绝对运动强度和%1-RM。

表 2-8　　　　　年龄相关的绝对运动强度（METs）和%1-RM

强度	年龄相关的绝对运动强度（METs）及%1-RM			抗阻训练强度
	青年人（20~39 岁）	中年人（40~64 岁）	老年人（≥65 岁）	%1-RM
很小	<2.4	<2.0	<1.6	<30
小	<4.8	<4.0	<3.2	30~<50
中等	4.8~<7.2	4.0~<6.0	3.2~<4.8	50~<70
较大	7.2~<10.2	6.0~<8.5	4.8~<6.8	70~<85
次大到最大	≥10.2	≥8.5	≥6.8	≥85

2017 年 8 月，针对中国居民参加体育健身活动状况实际，国家体育总局发布了《全面健身指南》，该指南提出体育健身活动强度的划分见表 2-9。

表 2-9　　　　　体育健身活动强度划分及其监测指标

运动强度	心率（次/分）	呼吸	RPE
小强度	<100	平稳	轻松
中等强度	100-140	比较急促	稍累
大强度	>140	急促	累

四、体力活动强度的计算方法

如前文所述，体力活动强度可用不同的方法来表示，归纳见表 2-10。

表 2-10　　　　使用 HR、VO_2、METs 计算运动强度的方法

%HRR 法：THR（靶心率）=（HR_{max}－HR_{rest}）×期望强度% + HR_{rest}
%VO_2R 法：靶 VO_2 =（VO_{2max}－VO_{2rest}）×期望强度% + VO_{2rest}
%HR_{max} 法：THR（靶心率）= HR_{max}×期望强度%
%VO_{2max} 法：靶 VO_2 = VO_{2max}×期望强度%
MET 法：靶 MET =（VO_2÷3.5 ml/(kg·min)）期望强度%

注：HR_{max} 是最大强度运动负荷试验中测得的最大值，或者是用"207-0.7×年龄"等其他推测公式得到的。VO_{2max} 是在最大强度运动负荷试验中测得的最大值，也可以通过次大强度运动负荷试验推测出的最大值。

活动时的 VO_2 和 MET 可以使用体力活动概要或代谢公式计算得出。

HRR：心率储备；HR_{rest}：安静时心率；HR_{max}：最大心率或者心率峰值；VO_2R：摄氧量储备

而对于不同形式运动中的能量消耗，目前已有一些公式用于计算散步、跑步、骑自行车和爬楼梯的能量消耗（表2-11）。虽然有一些公式来推测，如椭圆机等其他运动模式的能量消耗，但是目前还缺乏推广这些公式的研究数据。如果可以通过运动负荷试验直接测得 HR 和 VO_2，那么专业人士可以使用 HR 和 VO_2 之间的关系来确定运动强度。这种方法特别适用于那些在运动过程中心率反应可能异常的人，如服用 β 受体阻断剂，或者患有糖尿病、冠心病（CVD）等某些慢性疾病的病人。

表2-11　　**常见体力活动的能量消耗计算方法（ml/kg·min）**

	三部分能量消耗综合			
活动	安静部分	水平运动部分	垂直运动部分/抗重力运动部分	限　　制
走路	3.5	0.1×速度	1.8×速度×坡度	速度在 1.9~3.7mph（50~100m/min）最准确
跑步	3.5	0.2×速度	0.9×速度×坡度	速度>5mph（134 m/min）最准确
登台阶	3.5	0.2×每分登台阶次数	1.33×(1.8×台阶高度×每分登台阶次数)	登台阶速度在 12~30 步/min 时最准确
下肢自行车	3.5	3.5	(1.8×功率)÷体重	功率在 300~1200kg·m/min（50~200W）之间最准确
上肢自行车	3.5		(3×功率)÷体重	功率在 150~750 kg·m/min（25~1250W）之间最准确

速度单位：m/min；坡度单位：%；台阶高度单位：m；功率单位：kg.m/min；体重：kg

常用换算公式：

1 lb＝0.454 kg

1 in＝2.54cm

1 ft＝0.3048 m

1 mi＝1.609 km

1 mph＝26.8 m/min

1 kg.m/min＝0.164 W

1 W＝6.12 kg·m/min

1 MET＝3.5 ml/(kg·min)

1 L/min＝4.9 kcal/min

功率的单位是 kg·m/min，是由阻力（kg）×每转周长（m）×每分转速计算得出。注释：Monark 下肢功率车每转周长 6m，Tunturi 和 BodyGuard 功率车每转周长 3m，Monark 上肢功率车每转周长 2.4m。

（引自：美国运动医学会，王正珍．ACSM 运动测试与运动处方指南（第九版），北京体育大学出版社，2017 年 8 月第 1 版）

具体举例如表2-12。

表 2-12　　　　　　　　　应用多种方法制定运动处方强度的示例

1. %HRR 法
可用数据：HR_{rest}：70 次/min^{-1}　　HR_{max}：180 次/min^{-1}
计划运动强度范围：50%~60% HRR
公式：THR(靶心率) = (HR_{max} - HR_{rest}) × 期望强度% + HR_{rest}
THR 范围：125 次/min^{-1} ~ 136 次/min

2. %VO_2R 法
可用数据：VO_{2max}：30ml/(kg·min)　　VO_{2rest}：3.5 ml/(kg·min)
计划运动强度范围：50%~60% VO_2R
公式：靶 VO_2 = (VO_{2max} - VO_{2rest}) × 期望强度% + VO_{2rest}
靶 VO2 范围：16.8 ml/(kg·min) ~ 19.4 ml/(kg·min)
另，还可以用 METs 表示如下：
由于 1MET = 3.5 ml/kg/min
靶 MET 范围：4.8 METs ~ 5.5 METs

3. %HRmax 法（可以使用测试或者推测得出的 HR_{max}）
可用数据：45 岁男性
计划运动强度范围：70%~80% HR_{max}
公式：THR(靶心率) = HR_{max} × 期望强度%
其中，HR_{max} = 220 - 年龄 或者 HR_{max} = 207 - 0.7 × 年龄
HR_{max} = 175 次/分
THR 范围：123 次/分 ~ 140 次/分

4. %VO_{2max} 法（可以使用测试或者推测得出的 VO_{2max}）
可用数据：45 岁女性
推算出的 VO_{2max}：30ml/kg/min
计划运动强度范围：50% ~ 60% VO_{2max}
公式：靶 VO_2 = VO_{2max} × 期望强度%
靶 VO_2 范围 = 15 ml/kg/min ~ 18 ml/kg/min
另，还可以用 METs 表示如下：
由于 1MET = 3.5 ml/kg/min
靶 MET 范围：4.3 METs ~ 5.1 METs

5. 利用代谢公式(表2-10)确定使用跑台跑步的速度
可用数据：32 岁男性
体重：130lb(59kg)
身高：70 in (177.8 cm)
推算出的 VO_{2max}：54 ml/kg/min
计划跑台坡度：2.5%
期望强度：80% VO_{2max}
公式：靶 VO_2 = 3.5 + (0.2 × 速度) + (0.9 × 速度 × 坡度%)
靶 VO_2 = 80% VO_{2max} = 43.2 ml/kg/min，将靶 VO_2 代入上述公式计算速度。
跑台速度 = 178.4 m/min = 10.7 千米/小时 (6.7 mph)

续表

6. 利用代谢公式(表2-10)确定使用跑台步行的坡度
可用数据：54岁男性，中等体力活动水平
体重：190 lb(86.4 kg)
身高：70 in (177.8 cm)
计划跑速：2.5 mph (4 km/h；67 m/min)
计划 MET：5 METs
计划靶 VO_2 = MET×3.5 ml/kg·min = 17.5 ml/kg/min
公式：靶 VO_2 = 3.5 +(0.1×速度)+(1.8×速度×坡度%)
代入以上公式计算，得坡度% = 6%
7. 利用代谢公式(表2-10)确定使用 Monark 下肢功率车的功率负荷
可用数据：42岁女性
体重：190 lb(86.4 kg)
身高：70 in (177.8 cm)
计划运动 VO_2：18 ml/kg/min
公式：VO_2 = 7.0 +(1.8×功率)/体重
计算得出功率 = 528 ml/kg/min^{-1} = 86.6W
注：速度单位：m/min；坡度单位:%；台阶高度单位：m；功率单位：kg.m/min；体重：kg
常用换算公式：
1 lb = 0.454 kg　　　1 in = 2.54cm　　　1 ft = 0.3048 m
1 mi = 1.609 km　　　1 mph = 26.8 m/min
1 kg·m/min = 0.164 W　　　1 W = 6.12 kg·m/min
1 MET = 3.5 ml/kg/min　　　1 L/min = 4.9 kcal/min ≈ 5kcal/min
功率的单位是 kg·m/min，是由阻力(kg)×每转周长(m)×每分转速计算得出。注释：Monark 下肢功率车每转周长 6m，Tunturi 和 BodyGuard 功率车每转周长 3m，Monark 上肢功率车每转周长 2.4m。

(引自：美国运动医学会，王正珍．ACSM 运动测试与运动处方指南(第九版)，北京体育大学出版社，2017年8月第1版)

五、体力活动的运动量

运动量是由运动的频率、强度和时间(持续时间)共同决定的。运动量对促进健康/体适能的重要作用已被证实，它对身体成分和体重管理的重要性尤为突出。因此，可用运动量来估算运动处方的总能量消耗。运动量的标准单位可以用 MET-min/wk 和 kcal/wk 表示。

MET(代谢当量)是运动时的代谢率与安静时代谢率的比值，是表示能量消耗的指标。1MET 相当于安静、坐位时的能量代谢率，换算成耗氧量的话，1 MET = 3.5 ml/kg/min。

MET-min 也是衡量能量消耗的一个指标，它是对人们从事各种体力活动的总和进行标准的量化。计算方法是用一项或多项体力活动的 METs 乘以进行每项活动的时间(即 METs × min)。通常用每周或每天的 MET-min 来衡量运动量的大小。

千卡(kcal)指 1kg 水温度升高 1℃所需要的热量。使用 METs 来计算 kcal·min^{-1}时，需要已知运动者的体重，即 kcal/min = (METs×3.5 ml/kg/min×体重(kg)÷1000)×5。通常用每周或每天活动所消耗的千卡作为衡量运动量的标准。

例如：某男性运动员，每天进行 30 分钟的慢跑锻炼（跑步运动强度约 7 METs），每周运动 3 天，那么他每周的总运动量为：

$$7 \text{ METs} \times 30\text{min} \times 3 \text{ 次/wk} = 630\text{MET-min/wk}$$
$$(7 \text{ METs} \times 3.5\text{ml/kg/min} \times 70\text{kg} \div 1000) \times 5 = 8.575\text{kcal/min}$$
$$8.575\text{kcal/min} \times 30\text{min} \times 3 \text{ 次/wk} = 771.75 \text{ kcal/wk}$$

流行病学和随机临床试验的研究结果显示，运动量与健康/体适能收益之间存在量效关系（即健康/体适能益处随着体力活动量的增加而增加）。虽然还不清楚是否存在获得健康/体适能益处的最大或最小的运动量，但是总能量消耗不少于 500~1000 METs-min/wk 与更低的 CVD 发病率和死亡率密切相关。因此推荐给大多数成年人的合理运动量是 ≥ 500~1000 METs-min/wk。这一运动量大约相当于：

（1）每周消耗 1000kcal 的中等强度运动或体力活动（或每周 150min）；
（2）3~5.9 METs 运动强度（适用于体重大约是 68~91kg[150-200 lb]的个体）；
（3）10 METs-h/wk。

需要注意的是，较小的运动量（即 4kcal/kg 或 330kcal/wk）也可为某些个体带来健康/体适能益处，尤其是那些低体适能者。即使是更小的运动量也可能有益健康，所以目前无法指定最小推荐量。

计步器是一种促进体力活动的有效工具，并且可以通过每天行走的步数来估算运动量。人们经常提到"每天步行 10000 步"，但是每天步行至少 5400~7900 步就已经满足推荐量（表 2-13）。为了达到每天 5400~7900 步的目标，人们可以考虑使用以下方法估算总运动量：（1）以 100 步/min 的速度步行大约相当于中等强度的运动；（2）每天走 1 英里相当于每天走了 2000 步；（3）每天以中等强度步行 30 分钟，相当于每天走 3000~4000 步。如果运动者的目的是通过运动管理体重，那么需要走得更多。基于人群的研究显示，以维持正常体重为目的的男性运动者可能需要每天步行 11000~12000 步，女性需要 8000~12000 步。使用计步器估算运动量存在潜在的误差，因此最明智的做法是将步/分钟与目前推荐的运动时间/持续时间结合使用（如：以 100 步/min 的速度每次步行 30min，或以此速度每周步行 150min）。

表 2-13　　　　　　　　　　每天步数与体力活动水平

每天步数	体力活动水平	说　　明
<2500	基础活动	每天 1 万步，5400~7900 步已经满足推荐量； 每天至少 3000 步达到中等或中等以上强度。
2500~7499	体力活动不足、静坐少动生活方式	
5000~7499	不活跃	
7500~9999	比较活跃	
10000~12499	活跃	
>13000	非常活跃	

案例1：

一位体重75 kg的男性，从事6METs的健身运动，需要运动多长时间才能够消耗掉一个巨无霸提供的热量？

已知：1个馒头=200~280 kcal；1巨无霸（A Big Mac）=540 kcal

运动强度：$VO_2 = 3.5$ ml/kg/min×6=21 ml/kg/min

每分钟的耗氧量：21 ml/kg/min×75 kg=1575ml/min=1.575 L/min

每分钟消耗的能量=1.575 L/min×5 kcal/min=7.875kcal/min

消耗一个巨无霸的能量需要的运动时间：540 kcal÷7.875 kcal/min=68.57min（约70min）

第二节 体力活动能量消耗的测量方法

一、直接观察法

直接观察法是指调查人员通过用表格或手提计算机设备记录观察调查对象的体力活动情况。观察者要记录观察对象的行为信息、活动类型、频率和活动时间。根据这些信息，对照各种活动的能量消耗量表，可以计算出观察对象在一段时间内的能量消耗。直接观察法得出的数据客观可靠，所以是监督与完善体质与健康研究和体育课程的一个重要方法。由于它限制了观察的时间和地点，所以观察的地点一般在学校（操场、体育馆）或家里。该方法比较适用于没有认知或准确回忆细节能力的学龄前儿童。由于系统的观察是对行为的直接测量，不需要进行推算和解释，但是这需要观察者一对一地观察对象，且在观察时间比较长时精度会出现下降，费时且研究费用比较高，因此这种方法只能应用于短时间小样本研究。

许多研究对直接观察法的可靠性和有效性进行了验证，不同观察系统的观察者之间的一致性均在84%~98%。DuRant等对123名儿童采用儿童活动评定量表（CARs），同一观察者连续4天观察同一受试者，分别把第2、3、4天的数据与第1天数据进行相关分析，用相关系数表示观察者的可靠性，分别为0.81、0.54、0.69；Bailey等用间接的卡路里测量方法在实验室里验证30种活动（步行、坐、站、骑自行车、跑步等）的观察方法，相关系数为0.95，相关程度均呈中至高度相关。

二、双标水法

DLW（doubly labeled water，双标水法）是目前测试体力活动能量消耗最可靠、最标准的方法，是国际上测量能量消耗的"金标准"。DLW的原理很简单，通过受试者服用一定量已知浓度非放射性同位素^2H和^{18}O双重标记的$^2H_2^{18}O$（双标水）。双标水进入人体后均匀的分布于体内，参与体内的代谢过程。经过一段时间机体代谢后，^2H以^2H_2O形式从体内排出体外，^{18}O以$H_2^{18}O$和$C^{18}O_2$两种形式排出体外，在一段时间后（5~14天）根据^2H和^{18}O两种同位素消除率的差异（测量其尿液中标记的$^2H_2^{18}O$的衰减率），用^{18}O的代谢速率减

去 ^2H 的代谢速率即可得到 CO_2 的生成率,然后根据呼吸商计算出氧消耗量,带入经典的 Weir 公式计算出单位时间内的平均能量消耗。

DLW 方法的优点是结果精确度高,样品收集和测定过程简单、安全、无毒副作用,受试者的日常生活方式不受限制,适用范围广,可用于测量各种生理条件下的人群。其缺点是测试费用昂贵,且操作专业性较强,不适合大样本人群研究;受试者接受性差(受试者不愿意饮用双标水);测量周期长(1~3 周,儿童 6~7 周),得到的数据只能表示测试对象总的能量消耗情况,不能反映体力活动的类型和模式;不能区分体力活动所消耗的能量以及不同时间段的活动情况。因此,DLW 方法不适用大规模的人群研究,主要作为标准来验证其他的体力活动测量方法。

三、心率检测仪

心率是一个与能量消耗密切相关的生理参数。在一定强度范围内,特别是 HR 在 110~150 次/分的范围内,HR 与耗氧量呈线性关系。

心率也是一个简单的测试指标。现在的心率记录设备多数是由一个监测传输胸带和一个接受器组成,体积很小,受试者在佩戴后不会有不适感,也不会影响受试者的活动。这些设备可以记录每 15 秒至一分钟的心率,可以记录几个小时甚至几天时间,将数据传入计算机后,就可以对体力活动的时间、频率、强度和总的能量消耗进行分析。用心率测量体力活动是基于这样的假设:体力活动可以通过心血管系统使得心率产生相应的变化,当已知心率和氧消耗量关系的情况下,可以通过心率计算氧消耗量,进而计算出 EE(Energy Expenditure,能量消耗),但是心率的个体差异大,而且影响心率的因素很多,如高温、精神紧张等。训练水平、年龄的不同,其心率的变化也很大。所以心率监测仪在估计儿童参加高强度体力活动时消耗的能量比较准确,或可用于测量儿童体质,但在测量中低强度活动时不够准确。

Swain 等认为,%HRR 与 %VO_2R 表现为明显的 1∶1 线性关系,%HRR 与 %VO_2R 近似相等。

四、运动感应器

运动感应器(motion detectors)是佩戴在人体的腰部、手腕和上臂等处的用于定量测量体力活动量或估计 EE 的装置,具有客观、准确、且携带或佩戴方便,可以测试某种特定的活动和日常体力活动的能量消耗和体力活动特征等优点,因此深受研究人员和一般民众的喜爱。常用的运动感应器主要包括计步器(pedometer)和加速度传感器(accelerometers)等。这两种设备都是机械电子装置,其检测体力活动量和估计 EE 的原理是人体四肢或躯干运动(或者加速度变化)与整体能量消耗呈线性相关。

1. 计步器(pedometer)

现代电子计步器主要部件是一个水平的弹簧悬挂杠杆,当髋关节产生垂直加速度(步行时,髋关节上下活动),杠杆会发生偏转。每一次杠杆的偏转都让闭合电路发生接通,使记录累加,并通过显示屏显示出步数,再根据步数进而推断出能量消耗。因此,计步器可以感受人在走、跑过程中脚步落地对身体的冲击或者身体摆动对平衡臂的作用，以步数/天的形式记录每天的体力活动量。与加速度传感器比较，计步器的优点是体积小，价格便宜。对于以步行为主要活动方式的人群，计步器可以为他们提供费用低廉的自我监控方法，以协助他们达到预定的运动目标。

然而，计步器也有一些明显的缺陷。首先，计步器不能记录运动相关的环境情况以及运动类型、持续时间、频率、活动强度和间歇。其次，由于计步器只能感应垂直方向的速度变化，因此计步器不能记录静力性运动，也不能记录上肢运动，对于自行车、游泳、负重以及软地和斜坡环境运动也不能准确记录。研究发现对于一些在垂直方向有运动的体力活动，例如骑车、上楼梯等，计步器无法准确测量。Crouter 等人比较了十种计步器的测试结果后认为：计步器测量步数的精度较高，测量运动距离精度较低，测量能量消耗的精度更低。计步器可用于日常训练和自我监督，帮助个人增加体力活动量，但不适用于要求较为精确的体力活动研究中。

2. 加速度传感器（accelerometers）

加速度传感器比计步器的结构和原理更为复杂，可以根据电子原理记录人体空间三维的活动（垂直轴、冠状轴与矢状轴等）的加速度。其工作原理是通过传感器将身体加速度转化为电信号以记录下来。加速度传感器一般佩戴在躯干上尽可能接近身体重心的位置上，绝大部分有关加速度计的研究中，加速度传感器佩戴位置为手腕或者腰部。运动加速度可以反映出运动时肌肉用力的大小，记录的结果是一定时间间隔内体力活动的频率和强度，通过预测的回归方程分析体力活动的强度、持续时间、频率等信息，再根据佩戴者的身高、体重、年龄、性别等个人特征预测能量消耗。加速度传感器是更为复杂的运动传感器，有压阻和压电传感器两种分类。现在在体力活动能量消耗的研究中，压电传感器的加速度计的测量研究较多。

与计步器比较，加速度传感器能够有效检测体力活动的能量消耗、持续时间和活动强度，对测量日常生活中的能量消耗有一定的实用性，且客观、准确、易于接受。研究实验发现，采用三维加速度传感器预测体力活动能耗量与气体代谢法得出的结果有很高的一致性。

但是由于加速度传感器佩戴时间长，对调查对象负担相对较重，费用高，所以可用于小规模的人群研究，而不适用大规模的人群调查。同时加速度传感器不能反映体力活动的类型，也不适合用于描述体力活动类型的研究。此外，加速度传感器不能防水，对测量游泳、水球等活动不合适，也不能检测静力性活动和上肢活动。

目前国际上常用的三维加速度传感器可检测的人体加速度运动范围大，适应范围广，准确性高（经过由年龄、性别、身高和体重校正的数学模型计算个体的 EE），加之它能够连续 3 小时和 7 小时提供佩戴者每秒钟和每分钟身体在三个维度上的活动状况、机体总能耗量和净运动能耗量而备受欢迎。一般采用佩戴 7 天的方式进行测试。

五、问卷调查法

问卷调查法主要形式有访谈法、日志、日记法、活动回顾、问卷填写法等等。问卷调查法优点：价格较低、适合大样本人群调查、能够通过设计尽可能满足研究需要。最大弊端是信度和效度不高，测试对象填写时往往带有明显的主观性，只能粗略估计测试对象的能量消耗和体力活动水平。

国际体力活动问卷(International Physical Activity Questionnaires，IPAQ)是目前国际上比较公认的体力活动问卷，调查受试者一个星期的体力活动情况。2000年该问卷通过了12个国家14个地区大范围的信效度测试，基本可以满足不同种族、文化背景、地区体力活动调查的需要。IPAQ体系建立的主要目的是建立起统一、规范的标准来为体力活动研究提供有力工具，支持不同国家和地区之间的科研交流。IPAQ主要分为长卷和短卷，长卷能够获得更详尽的信息，更适合于科研工作和体质测量。由于问卷的填写需要受试者进行回忆，所以问卷调查的准确度受到了限制。

体力活动记录(PA records)通常是观察者将被观察者日常体力活动(PA)情况按照规定的时间间隔加以记录，然后统计和计算体力活动量。采用这种方法能够精确记录体力活动(PA)的类型、持续时间等，但耗时多，不便于群体性研究。

体力活动日志(PA logs)与体力活动记录相似，通常采用特定的结构式表格，要求自己定时(几分钟到几个小时)记录日常体力活动及其持续时间，然后根据体力活动能耗标准计算体力活动量。这种方法较体力活动记录方法更加简便，但是，当所从事的体力活动不在表格观察范围内时，便无法准确计算体力活动量。

体力活动回顾(PA recall)通常是通过电话访谈和面谈方法详细了解被访者在过去的24小时或者更长时间内的体力活动情况。目前最常采用的方法是电话随机访谈。与体力活动记录和日志相比。体力活动回顾便于进行群体抽样研究，但电话访谈通常需要耗费较多的时间。另外，由于需要被访者回忆一天的活动，受到受试者主观因素的影响很大，对于那些回忆能力和认知能力较差的人，势必造成误差，从而影响计算结果。

第三节　规律体力活动/运动锻炼的益处

一、体力活动与健康的量效关系

25年前，美国运动医学会(Amercian College of Sports Medicine，ACSM)联合美国疾病控制和预防中心(Disease Control and Prevention，CDC)、美国卫生总署和美国国立卫生研究院针对体力活动和健康发表了标志性的出版物，使人们开始关注与传统标准不同、能够改善体适能水平的规律体力活动(如：每次运动时间<20分钟的中等强度体力活动而不是较大强度体力活动)的健康收益，告诉公共健康、健康/体适能、临床运动和健康管理人士，给予一定量和强度的体力活动是满足改善健康、降低疾病的易感性(发病率)和降低早期死亡率的需要。并提出了体力活动的量与健康之间的量效关系(如：活动比不活动好，多活动比少活动好)。Williams对23项共涉及1325004例不同个体的体力活动或体适能的随访资料进行了Meta分析，结果显示体力活动、体适能与冠状动脉疾病(Coronary artery disease，CAD)及心血管疾病(Cardiovascular disease，CVD)风险之间存在量效关系(图2-1)。大量研究证实了体力活动的健康促进效应(图2-2，图2-3)。可见，增加体力活动或提高体适能水平可以提供更多的健康收益。

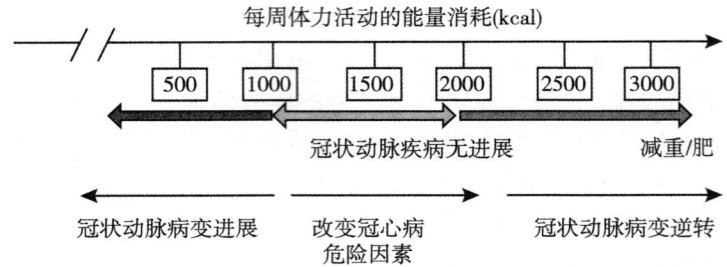

图 2-1　基于每周体力活动的总能量消耗与健康的量效关系

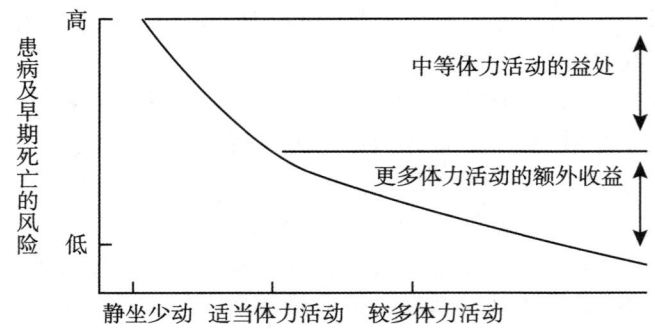

图 2-2　不同体力活动水平与患病及早期死亡率风险的关系

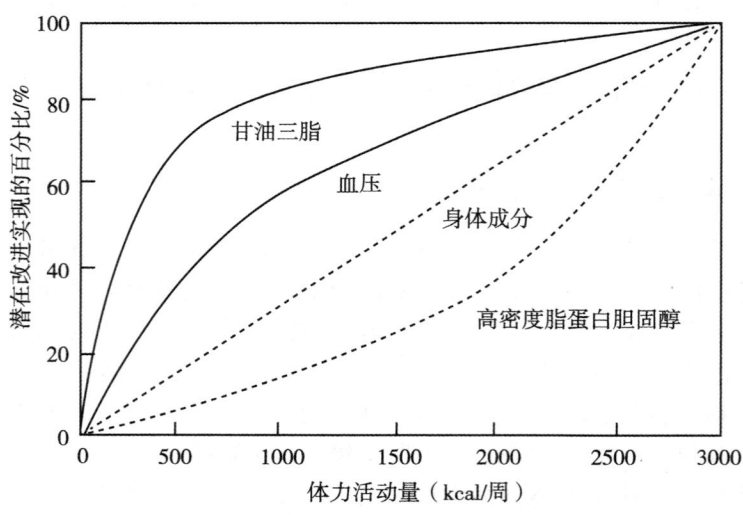

图 2-3　潜在改进实现的百分比与体力活动量的关系

（引自 Advanced fitness and exercise prescription）

大量研究支持体力活动与早期死亡、心血管疾病/冠心病、高血压病、中风、骨质疏松、2 型糖尿病、代谢综合征、肥胖、结肠癌、乳腺癌、抑郁、功能性健康、跌倒风险及认知功能的负相关关系。大量来自于实验室研究及大规模基于人群的观察性研究发现，上述多种疾病及健康状况与体力活动存在强有力的量效关系。

表 2-14，表 2-15 分别显示了体力活动与多种健康指标量效关系。

表 2-14　　　　　　　　　　体力活动与健康指标的量效关系证据

变量	负性量效关系证据	证据级别[a]
全因死亡率	是	强
心肺健康	是	强
代谢相关健康	是	强
能量平衡：保持体重	数据不充分	弱
减轻体重	是	强
减重后维持体重	是	中
腹型肥胖	是	中
肌肉骨骼健康：骨骼	是	中
关节	是	强
肌肉	是	强
功能性健康	是	中
结肠和乳腺癌	是	中
精神健康：抑郁和痛苦	是	中

证据级别分类：强-研究和人群中的稳定结果；中-中度或合理；合理一致的；弱-弱或受限：研究和人群中的结果不一致。

（引自：Physical Activity Guidelines Advisory Committee Report，2008. To the Secretary of Health and Human Services[Internet]. Washington：U. S. Department of Health and Human Services；2008[cited 2010 Aug 11]. 683 p. Available from：http：// www. Health. gov/ paguidelines/ committeereport. Aspx；http：// www. health. gov/paguidelines/Report/pdf/CommitteeReport. pdf）

表 2-15　　　　　　　　　　体力活动与健康的量效关系

健康指标	证据强度	一　致　结　论
全因死亡率	中	线性负相关，阈值 1000 千卡/周
冠心病与心血管疾病	中	与发病率和死亡率线性负相关
血压	高、非常高	50%~70%最大摄氧量强度有益，没有明显量效关系
血脂	中、高	50%~80%最大摄氧量强度有益，没有明显量效关系
凝血因子（血小板粘附性、纤维蛋白原）	非常高	没有量效关系证据

续表

健康指标	证据强度	一致结论
超重/肥胖	中、高	控制饮食4个月以下体重持续线性减轻，6个月以上没有量效关系
Ⅱ型糖尿病	中	负相关
骨质疏松	非常高	没有与峰值骨量相关的证据，没有体力活动与延缓绝经后骨量减少的量效关系证据
癌症	中	与结肠癌负相关
抑郁	中、高	没有量效关系证据

引自：体力活动与健康促进，李红娟主编，北京，北京体育大学出版社，2012，7

美国2008年体力活动指南顾问委员会专家小组通过回顾自2006年起美国卫生总署报告中已发表的有关体力活动和健康的科学证据，指出了一些体力活动有益于健康以及多种疾病与健康状况量效关系的强有力的证据，其中两个重要结论如下：

(1)可通过每天或每周大多数天进行中等量的体力活动获得主要的健康收益。

(2)增加体力活动量可获得更多的健康收益。进行规律的体力活动，并坚持更长时间或更剧烈的体力活动将比体力活动较少者获得更为显著的健康收益。

早在1995年美国CDC和ACSM推荐"所有美国成年人至少需要每天或每周大多数天进行30min/d的中等强度体力活动"。但是静坐少动的生活方式还是成为主要的公共健康问题。调查发现仅有46%的美国成年人达到了CDC和ACSM推荐的体力活动量最低标准，即每周至少5天，每天30分钟的中等强度有氧体力活动，或者每周至少3天，每天20分钟的较大强度体力活动。

而且，能够降低慢性疾病的进展及低死亡率的体力活动量并不足以预防或逆转由生活方式引起的体重增加或肥胖。对于大多数人来说，可能需要超过最小推荐量的体力活动来管理和预防体重增加和肥胖。

2007年ACSM和美国心脏协会（American Heart Association，AHA）更新了体力活动和健康的建议，如表2-16。

表2-16　　　　　　　　**ACSM-AHA 主要体力活动建议**

(1)所有18~65岁的健康成年人至少需要进行每周5天，每天30分钟中等强度有氧体力活动，或每周3天，每天20分钟较大强度的体力活动。

(2)建议中等强度和较大强度相结合的运动。

(3)30分钟中等强度有氧活动可分次进行，但每次至少持续10分钟或以上。

(4)每个成年人每周至少进行2天维持或增加肌肉力量和耐力的运动。

基于体力活动和健康之间的量效关系，希望可以改善自己体适能、降低慢性疾病和残疾风险或预防不健康体重增加者可通过完成最低限度的体力活动而获益。

ACSM：美国运动医学会；AHA：美国心脏协会

在《2008年体力活动指南顾问委员会报告》中的《2008年联邦体力活动指南》(http://www/health.gov/PAguideline)也有类似推荐。在该指南中专家提出有关有氧体力活动的推荐，即相比推荐每周特定频率的体力活动，科学证据更支持每周体力活动总量的健康获益，见表2-17。

表2-17　　2008年体力活动指南委员会报告中的主要体力活动推荐

(1) 所有美国居民应参加能量消耗相当于150min/w中等强度有氧活动；75min/w较大强度有氧活动；或两者搭配的相等能量消耗的生活方式以获得健康收益。

(2) 这些指南进一步提出了量效关系，指出更多的健康收益可通过每周300分钟及以上中等强度有氧活动，每周150分钟及以上较大强度有氧活动；或中等强度和较大强度有氧活动结合达到相同能量消耗水平而获得。

《2008联邦体力活动指南》同时建议可将每周体力活动总量分散为1周内规律的多次活动(如1次30分钟中等强度有氧体力活动，每周5天)以降低肌肉骨骼损伤的风险。

二、体力活动的益处

经常参加运动锻炼能明显改善个体的健康水平。根据ACSM发布的权威总结报告，运动对于健康的益处主要表现在：

(1) 增进心血管和呼吸系统的功能，包括增加最大摄氧量、降低非最大运动负荷的心肌耗氧、降低最大运动负荷时的心率和血压、减少乳酸生成、减少运动过程中的心绞痛现象；

(2) 减少冠状动脉疾病的危险，包括降低安静状态下的收缩压和舒张压、增加血液高密度脂蛋白含量、减少全身脂肪含量、增强葡萄糖耐受和减少胰岛素抵抗；

(3) 减少患病率和死亡率；

(4) 降低焦虑程度和精神沮丧、增强自我健康感觉、保持并改善人体工作能力和运动成绩。

坚持规律运动还能够在一定程度上改善机体免疫功能，提高机体的抗病能力，减缓机体的衰老速度，改善糖尿病、骨质疏松、关节炎、精神紧张、焦虑和抑郁等身心疾病的病情，提高睡眠质量，预防骨质增生和恶性肿瘤生成，提高生活自我满意度和社会适应能力，对社会交往和认知功能也有一定的促进作用，见表2-18。

表2-18　　　　　　　　规律体力活动/运动锻炼的收益

1. 心血管和呼吸功能的改善

通过改善中枢和周围的适应力而增加最大摄氧量。

进行特定的绝对次大强度活动降低每分通气量。

进行特定的绝对次大强度活动降低心肌耗氧量。

进行特定的绝对次级量强度活动降低心率和血压。

续表

骨骼肌毛细血管密度增加。
运动时乳酸阈提高。
运动时出现疾病症状或体征的阈值提高(如心绞痛、缺血性 ST 段压低、跛行)。

2. 冠状动脉疾病危险因素减少

安静收缩压/舒张压降低。
血清高密度脂蛋白胆固醇水平增加和甘油三脂水平下降。
总体脂肪量减少,腹腔内脂肪减少。
胰岛素需要量减少,葡萄糖耐量改善。
血小板黏附和凝聚下降。
炎症水平下降。

3. 发病率和死亡率降低

一级预防(即:干预以预防初级发病)。
较高的体力活动和/或体适能水平可降低冠状动脉疾病的死亡率。
较高的体力活动和/或体适能水平可降低 CVD、CAD、中风、2 型糖尿病、骨折、结肠和乳腺癌及胆囊疾病的发生率。
二级预防(即:一次心脏事件后的干预以预防下次发作)。
基于 meta 分析,心肌梗死后病人参与心脏康复性运动训练可降低心血管疾病和全因死亡率。
随机对照试验并不支持心肌梗死后病人心脏康复运动训练,可减少非致死性再梗死的发生。

4. 其他益处

减缓焦虑和抑郁。
改善认知功能
增强老年人的体质和独立生活能力。
增加幸福感。
增加工作、娱乐和体力活动的能力。
预防或缓解老年人的功能性障碍。
增强许多老年人慢性疾病的疗效。

CAD:冠状动脉疾病;CVD:心血管疾病。

(引自:Kesaniemi YK, Danforth E, Jr, Jensen MD, Kopelman PG, Lefebvre P, Reeder BA. Dose-response issues concerning physical activity and health: an evidence-based symposium. *Med Sci Sports Exerc*. 2001; 33: S351-8. Nelson ME, Rejeski WJ, Blair SN, et al. Physical activity and public health in older adults: recommendation from the Amercian College of Sports Medicine and the Amercian Heart Association. Med Sci Sports Exerc. 2007; 39: 1435-45. U. S. Department of Health and Human Services. *Physical activity and health: A Report of the Surgeon General*. Atlanta GA: U. S. Department of Health and Human Services, Public Health Service, CDC, National Center for Chronic Disease Prevention and Health Promation; 1996. 278p.)

三、运动不足可能导致的疾病

对于积极参加运动锻炼的人群,每周的运动时间在 150 分钟左右或者每周消耗的能量在 1000kcal 左右,采取中等强度的运动锻炼可以使冠心病的发病风险降低 30%,并可使高血压、糖尿病、结肠癌发病概率降低;同时对于女性采取 1.25~2.5h/w 的快走可使乳腺癌的发生率降低 18%。积极进行身体活动的成年人髋部或脊椎骨折的风险一般较低。增加运动训练还可以最大限度地减轻脊椎压力、防止髋部骨密度的降低,增加骨骼肌肉体积、力量、功率和神经肌肉反应能力。负重的耐力和抗阻力形式的身体活动可以有效促进骨密度增加(如每周 3~5 天、每次 30~60 分钟中等到高强度身体活动)。

因此,美国运动医学会(ACSM)、美国心脏协会(AHA)、美国医学总监报告中对总运动量最低推荐:每周通过体力活动和运动至少消耗 1000kcal 的能量;每周运动 150 分钟或每天运动 30 分钟;每天中等强度步行约 3000~4000 步。每天中等强度步行 ≥10000 步,为活跃体力活动的标准;≥2000kcal/w 的能量消耗,250~300min/w 或 50~60min/d 获得更多益处,有助于减重。

如果运动不足,或者生活方式静态化,可能会导致一些疾病的发生(图 2-4):

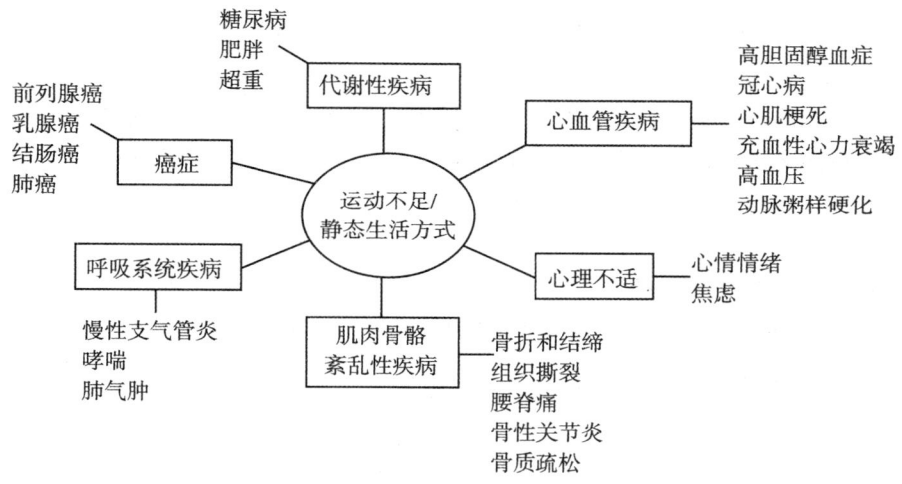

图 2-4 运动不足/静态生活方式可能导致的疾病

1. 心血管方面的疾病(高血压、血脂异常、心肌梗死、冠心病、动脉粥样硬化、充血性心力衰竭

运动不足会增加患心肌梗死的危险性。长期缺乏运动会使人体安静时心率加快,心脏每搏输出量减少。有研究证明,安静卧床休息 3~4 周,人体的血容量可以下降 17%。在这种情况下,一旦体力负荷增大,只能靠心率增加来满足机体的需氧量,从而导致心肌耗氧量相对增加,心肌缺血增加了冠心病病人心肌梗死的危险性。运动不足者血液中脂蛋白成分可能发生改变,使得具有防止动脉粥样硬化作用的高密度脂蛋白水平下降,因而容易引起动脉粥样硬化的危险性。

2. 代谢性疾病(超重、肥胖、糖尿病、骨质疏松)

运动不足易形成肥胖。运动不足会使体内能量消耗降低,过剩的能量以脂肪的形式存储在皮下、器官,易引起肥胖。而肥胖容易引起高血脂、高血压、高血糖。

运动不足易导致骨质疏松。经常适当的运动能刺激成熟的骨细胞并抑制破骨细胞，如果运动量太少，骨承受机械应力不足，就容易导致骨膜下骨吸收的钙、磷等物质过度的流失，进而引起骨质疏松。

3. 呼吸系统疾病（肺气肿、哮喘病、慢性支气管炎）

运动不足引起肺功能减退。长期不运动，可导致呼吸肌无力，肺泡弹性降低，影响肺的通气功能，肺最大通气量降低，肺内气体交换能力降低，血红蛋白携氧能力也会下降，较小负荷运动时即会出现胸闷、气急的症状。

4. 肌肉骨骼紊乱性疾病（腰背痛、骨折、退行性关节炎）

运动不足易形成关节粘连。运动不足会使关节结构产生一系列的变化，使得关节囊和韧带组织缺乏被动牵伸，弹性较差，容易导致关节活动幅度受限，内部纤维排列紊乱，韧带止点骨质薄弱，进而造成韧带强度不足。

运动不足还容易引起关节内滑膜纤维、脂肪组织增生，形成关节内粘连，同时还会妨碍关节滑液的分泌和流转，使得关节面软骨缺乏挤压，引起软骨营养障碍及萎缩，受压处软骨则由于弹性改变，易出现坏死和脱落。

运动不足易发生肌肉萎缩。运动不足会导致肌肉力量、耐力下降，严重者会发生废用性肌萎缩。通常健康成人安静卧床1周可使得肌力下降20%，同时肌纤维会变细。另外，缺乏运动还会使得肌肉组织内的无氧和有氧代谢酶活性下降。

5. 癌症（乳腺癌、肺癌、结肠癌、前列腺癌）

6. 心理不适（压力、情绪、焦虑）及神经官能症（神经官能症又称神经症，或精神神经症，是一组精神障碍的总称，包括神经衰弱、强迫症、焦虑症、恐怖症、躯体形式障碍等。）

长期缺乏运动，大脑血流缓慢，神经细胞营养供应不足，工作能力降低，容易导致疲劳，出现头昏眼花、神思疲倦的症状。

第四节　运动的风险

适宜的运动能增进健康，而运动不当也存在一定的风险。运动锻炼，特别是强度较高的运动锻炼，对运动者的心血管系统机能要求极高，运动中既会增加心血管事件的风险，也会增加肌肉骨骼系统损伤的风险。

运动的风险包括：健康风险（指原有疾病或危险因素在运动中可能出现的问题；如心血管事件、中风、低血糖等）及运动损伤风险（指运动中可能引起腰损伤、骨折、关节扭伤、肌肉拉伤等）。本部分重点讨论运动中的心血管事件，即健康风险。

一般来说，心血管系统正常的健康个体进行运动不会引起心血管事件的发生。健康个体进行中等强度体力活动引起心脏骤停或心肌梗死的风险很低。然而，对于已经诊断或隐匿性心血管疾病的个体，在较大强度体力活动时可快速而短暂增加心脏骤停(猝死)或心肌梗死的风险。因此，此类事件的风险取决于人群中心血管疾病的流行状况。为了避免运动中心血管事件发生，降低运动中的风险，在进行计划运动锻炼前应该有针对性的医学检查和运动负荷试验。

一、运动风险

1. 年轻人猝死

运动中主要存在的风险是由心血管疾病引起的猝死。30~40岁年轻人群中心血管疾病的流行率很低，因此发生心源性猝死的风险极低。2007年AHA发布了一项"运动和急性心血管事件：正确看待风险"的科学声明。表2-19列出了年轻运动员运动相关猝死的心血管因素。数据显示年轻个体致死的常见原因是先天性遗传缺陷，包括肥厚性心肌病、冠状动脉异常和主动脉狭窄。美国的高中和大学生运动员中与运动相关的绝对年死亡率分别为男性1/133000，女性1/769000，这个比例包含了所有运动相关的非创伤性死亡。虽然死亡率很低，但是值得注意的是在可确定死亡原因的136例死亡者中，有100例是死于心血管疾病，心血管疾病占比很大。

表2-19　　　　　　　　　　青年运动员死亡的心脏原因[a]

疾病	Van Camp(100)[b*]	Maron(134)☆	Corrado(55)[c#]
肥厚性心肌病	51	36	1
可疑肥厚性心肌病	5	10	0
冠状动脉异常	18	23	9
瓣膜和瓣膜下主动脉狭窄	8	4	0
心肌炎可能	7	3	5
扩张性和非特异性心肌病	7	3	1
动脉粥样硬化性心血管疾病	3	2	10
主动脉撕裂/破裂	2	5	1
心肌瘢痕	0	3	0
二尖瓣脱垂	1	2	6
其他先天畸形	0	1.5	0
长QT综合征	0	0.5	0
预激综合征	1	0	1

续表

疾病	Van Camp(100)[b*]	Maron(134)[☆]	Corrado(55)[c#]
心脏传导疾病	0	0	3
结节性心肌病	0	0.5	0
冠状动脉瘤	1	0	0
尸检正常心脏	7	2	1
肺血栓栓塞	0	0	1

[a] 年龄范围 13~24[*]，12~40[☆]，12~35[#]。参考文献[*]和[☆]应用同一数据库且其中包括很多相同的运动员。所有[*]，90%[☆]和 89%[#]在运动中或训练或比赛的 1h 内出现症状。

[b] 总数超过 100%，因为其中的一些运动员有多种异常。

[c] 包括并不是与近期运动相关的运动员死亡。包括异常动脉起源和进展，穿支动脉和其他异常。（引自：American College of Sports Medicine, American Heart Association. Exercise and acute cardiovascular events: placing the risks into perspective. *Med Sci Sports Exerc*, 2007; 39: 886-97）

一项更新的评估发现，美国年轻竞技运动员心血管疾病的年死亡率为男性 1/185000 和女性 1/150000。有些专家认为，每年年轻竞技运动参与者运动相关猝死的风险已达到 1/50000。

2. 成年人运动相关心血管事件

由于成年人动脉粥样硬化性心血管疾病增多，成年人心脏猝死或急性心肌梗死的风险高于年轻人。成年人进行较大强度体力活动时心脏猝死的绝对风险是每年 15000~18000 人中有 1 例死亡。估计男性每 10000 人每小时 0.3~2.7 次事件，女性 0.6~6.0 次事件。总体来看，与年轻人比较，成年人参加较大强度体力活动时，心源性猝死和急性心肌梗死的发生率是较高的。而且，多数静坐少动者参加不常进行的运动或强度较大的运动时，心源性猝死和急性心肌梗死比率异常增加。

尽管较大强度运动时心源性猝死和急性心肌梗死的发生率增加，但是与体力活动不足者比较，体力活动积极者或者健康的成年人发生心血管疾病的风险则降低了 30%~40%。目前，就健康无症状成年人在较大强度运动中发生心源性猝死的确切机制尚不明确，但是有证据显示，心脏收缩频率和冠状动脉波动幅度增加导致冠脉的扭曲，这可能会导致动脉粥样硬化斑块的破裂，引起血小板凝聚或急性栓塞。这一过程已通过血管造影，在多个运动诱导的心脏事件中得到证实。

3. 运动测试中发生心血管事件的风险

运动测试中发生心血管事件的风险随人群中心血管疾病的流行率而变化。表 2-20 总结了多种心脏事件的风险，包括急性心肌梗死、室颤、住院治疗和死亡等。这些数据表明，在混合人群中运动测试的风险是很低的，每进行 10000 次测试，约发生 6 次心脏事件，其中有一项研究的试验数据是非内科医师提供的。此外，多数研究应用的是症状限制性运动负荷试验。因此，可以预期在正常人群中次极量测试的风险是较低的。

表 2-20　　运动测试中的心脏并发症[a]

参考	年	地点	测试次数	心肌梗死	心室纤颤	死亡	住院治疗	注释
Rochimis	1971	73 美国中心	170000	NA	NA	1	3	34%的测试是症状限制性的；50%的死亡发生在 8h 内，50%发生在 4 天后
Irving	1977	15 西雅图研究所	10700	NA	4.67	0	NR	
Mchenry	1977	医院	12000	0	0	0	0	
Atterhog	1979	20 瑞典中心	50000	0.8	0.8	6.4	5.2	
Stuart	1980	1375 美国中心	518448	3.58	4.78	0.5	NR	"心室纤颤"包括其他需要治疗的心率失常
Gibbons	1989	库珀诊室	71914	0.56	0.29	0	NR	仅 4%的男性和 2%的女性患冠状动脉疾病
Knight	1995	Geisinger 心脏病中心	28133	1.42	1.77	0	NR	25%是对住院病人的测试，为非内科医生所监测

MI：心肌梗死；VF：心室纤颤；CVD：心血管疾病；MD：医学博士；NA：不适用；NR：无报告；[a]是指每一万次测试中发生的心脏意外（心肌梗死、心室纤颤、死亡、住院治疗）。

4. 心脏康复中发生心血管事件的风险

显然，患有冠状动脉疾病的人在运动中发生心血管事件的风险最高。一项调查显示，心脏康复过程中非致死性心血管疾病并发症的发生率是每 34673 小时 1 次，致死性心血管疾病并发症的发生率是每 116402 小时 1 次。近期更多研究发现，这些事件的发生率更低，心脏骤停发生率是 1/116906 人次/小时，心肌梗死发生率是 1/219970 人次/小时，死亡率是 1/752365 人次/小时，主要并发症的发生率是 1/81670 人次/小时（表 2-21）。尽管这些并发症的发生率很低，但要注意病人需要进行筛查，并在具备可进行医学心脏急救的设备支持下进行运动。当病人在缺乏有效心脏骤停处理措施的支持下运动时死亡率将增加 6 倍。有趣的是，一篇关于家庭心脏康复项目的综述发现，心血管并发症的发生率并未增加，这恰好与正规医疗中心运动项目的数据相反。

表 2-21　　以运动为基础的心脏康复项目中并发症的发生率

调查者	年数	病人运动小时数	心脏骤停	心肌梗塞	死亡事件	主要并发症[a]
Van Camp	1980—1984	2351916	1/111996[b]	1/293990	1/783972	1/81101
Digenio	1982—1988	480000	1/120000[c]	--	1/160000	1/120000
Vongvanich	1986—1995	268503	1/89501[d]	1/268503[d]	0/268503	1/67126
Franklin	1982—1998	292254	1/146127[d]	1/97418[d]	0/292254	1/58451
平均			1/116906	1/219970	1/752364	1/81670

[a]心肌梗死和心脏骤停；[b]死亡率14%；[c]死亡率75%；[d]死亡率0%

（引自：American College of Sports Medicine, American Heart Association. Exercise and acute cardiovascular events: placing the risks into perspective. *Med Sci Sports Exerc*, 2007; 39: 886-97）

5. 运动相关心血管事件的预防

由于与较大强度运动有关的心血管事件发生率很低，因此测试减少这些事件发生的相关策略的有效性是十分困难的。根据近期 ACSM 和 AHA 的声明"内科医生不应过度评价运动风险，因为习惯性体力活动的收益显著高于运动的风险"，报告中还提出了数种降低较大强度运动中心血管事件发生率的策略：

（1）专业健康护理人员应了解运动相关事件的病理基础，从而可以对参加体力活动的儿童和成年人进行大致评估。

（2）体力活动活跃的个体应了解心脏病的前驱症状（如极度不寻常的疲劳感和胸部和/或背部疼痛），并在类似症状（见表 2-22）出现时及时获取医学治疗。

（3）高中和大学运动员应接受有认证的专业人员进行的运动前筛查。

（4）健康护理机构应确认其工作人员接受过处理心脏急诊的训练，并由专门的计划及相关急求设备。

（5）体力活动活跃的个体应根据他们不同的运动能力、日常体力活动水平和环境来调整他们的运动计划。

尽管减少较大强度运动中心血管事件发生次数的策略仍未被系统的研究过，但当个体希望增加体力活动、增加体适能或提高体力活动、体适能水平时，健康/体适能和临床运动专业人士有责任提高警惕，特别是进行极大强度的体力活动时。尽管很多静坐少动的个体可以安全地开展一项低至中等强度的体力活动项目，但各年龄个体均应进行危险分层，以备未来医学评估和筛查、决定运动测试的数据（极量或刺激量）以及测试中需要的医学监督时使用。

静坐少动的个体或平日不经常运动的个体应以较低强度的活动开始他们的运动项目，并以较慢的进度增加运动量，因为此类人群中心脏事件发生率是异常高的。个体患有确诊或可疑的心血管、肺部、肾脏或代谢性疾病时，应在参加较大强度运动计划之前获得医生许可。监督较大强度项目的健康、体适能和临床运动的专业人士应定期接受有关心脏支持和急救程序的培训。急救过程应在固定的时间内有规律地练习。最后，人们都应当接受有关心血管疾病相关的症状和体征的教育，也应该通过内科医师来评估远期是否存在出现这些症状的可能性。

表 2-22　　心血管、肺部疾病或者代谢性疾病的主要症状或体征

症状或体征	解释/意义
疼痛，由局部缺血引起的胸部、颈部、臀部或其他部位的疼痛、不舒服（或其他类似于心绞痛的感觉）	心脏疾病，尤其是冠状动脉疾病表现出局部缺血的主要特征包括： 性质：收缩感、压榨感、烧灼感、"沉重感" 位置：胸骨下、胸部正中前面、单侧或双侧臀部、肩部、颈部、面颊、牙齿、前臂、手指、肩胛间 诱发因素：运动或竭力、兴奋、应激、冷环境、餐后发生 非局部缺血的主要特征包括： 性质：钝痛、"刀割样"、锐痛、刺痛、呼吸时刺激加重 位置：左侧乳腺部位、左半胸 诱发因素：运动后、某一特定的身体动作
休息或轻微用力时气短	呼吸困难（反常不适的呼吸感觉）是心脏病或肺部疾病的一个主要症状。通常发生在健康而训练有素的个体进行较大强度运动时和健康未经训练的个体进行中等强度运动时。然而，如果某人在做原本不该引起呼吸困难的体力活动时发生这种情况，则为异常现象。异常的劳力性呼吸困难表明心肺功能失调，特别是左心室功能紊乱或慢性阻塞性肺部疾病。
头晕眼花或晕厥	晕厥（定义为意识丧失）通常由脑部血流减少引起。头晕眼花，特别是运动过程中晕厥，可能是由于心脏功能失调阻碍了心输出量的正常上升引起。这种心脏功能失调有潜在的致命危险，包括严重的冠状动脉疾病、肥厚型心肌病、主动脉狭窄和严重的室性心律失常。不应该忽视运动后即刻发生的头晕眼花或晕厥，但是也应知道，这些症状会发生在静脉回流减少的健康人中。
端坐或夜间阵发性呼吸困难	端坐呼吸困难是发生在卧位休息时的呼吸困难，坐起或站立时能得到缓解。夜间阵发性呼吸困难通常在睡眠2~5小时后开始发生，能通过坐在床边或下床得到缓解。两者都是左心室功能紊乱的症状。虽然夜间呼吸困难也可以发生在慢性阻塞性肺部疾病的患者中，但是两者是有区别的。慢性阻塞性肺部疾病的呼吸困难通常在排除痰液后得到缓解，而不是通过坐起来缓解。
脚踝水肿	夜间明显的双侧脚踝水肿是心力衰竭或双侧慢性静脉功能不全的典型体征。单侧下肢水肿通常是由该肢体的静脉血栓或淋巴回流障碍引起的。无显著特点的水肿（全身水肿）通常发生在有肾病综合症、严重的心力衰竭或肝硬化的患者中
心悸或心动过速	心悸（定义为心脏快速或强有力地跳动产生的不舒服感觉）可以由各种心律失常引起。心律失常包括心动过速、突然发作的心动过缓、异位节律、代偿间歇或瓣膜反流引起的每搏输出量增加。心悸通常是由于焦虑或高心输出量（或功能亢进）引起的，如贫血、感冒、甲状腺功能亢进、动静脉瘘和先天性心脏功能亢进综合征

续表

症状或体征	解释/意义
间歇性跛行	间歇性跛行是外周动脉供血不足（通常是动脉硬化的结果）引起的肌肉疼痛，运动后加重。在站位或坐位时疼痛不发生，每天重复发生，上楼梯或爬山时加重，长被描述为"抽筋"，停止运动后1~2分钟内症状消失。冠状动脉疾病在有间歇性迫性的人中更常见。糖尿病增加了间歇性跛行的风险。
明确的心脏杂音	心脏杂音可能意味着有瓣膜疾病或其他心血管疾病。从运动的安全角度出发，要特别注意排除由肥厚型心肌病和主动脉狭窄引起的心脏杂音，因为它们是大强度运动相关猝死比较常见的原因。
日常活动时异常疲劳或呼吸困难	虽然这些症状可以由正常原因引起，但是它们也可能标志着心血管、肺部疾病或代谢性疾病的发生或这些疾病状态的变化。

对于健康来说，体力活动是一把双刃剑。在活动量和强度提高的同时，运动相关损伤发生的风险也相应增加，尤其是骨骼肌肉损伤与心血管并发症。当我们希望获取健康效益的最佳活动剂量时，强度是尤其应关注的要素，但强度同时也是活动中诱发各种运动风险的主要因素。因此，在评定体力活动与健康的量效关系时，不但要考虑其健康收益，还要考虑该剂量产生的健康风险，做到健康风险最小化，健康收益最大量。较高强度的体力活动或许在改善某一具体的健康指标方面能获得更多效益，但是中等强度的活动因其具有低风险特征，能提供更为全面的健康效益。

大量科学证据支持体力活动可以降低早期死亡率，并降低多种慢性疾病和健康问题的风险的说法。同时存在明确的有关体力活动与健康量效关系的证据。因此，鼓励任何量的体力活动。

理想的基本目标为：

(1) 每周150分钟中等强度的有氧运动；

(2) 75分钟较大强度的有氧运动；

(3) 较大强度和中等强度相结合的有氧运动达到相同的能量消耗水平。

为了降低肌肉骨骼的损伤，应将体力活动分散在一周内。尽管运动中，尤其在较大运动强度的运动中，运动风险暂时增高，但规律的体力活动的健康收益远超过了运动的风险。

二、降低大强度运动心脏风险的策略

由于与较大强度运动有关的心血管事件发生率很低，因此对降低心血管事件发生的有关策略的有效性的检测十分困难。美国运动医学学会（ACSM）和美国心脏协会（AHA）的声明中，提出了数种降低较大强度运动中心脏事件发生率的策略：

(1) 专业健康护理人员应了解运动相关事件的病理基础，从而可以对参与体力活动的儿童和成年人进行大致评估。

(2) 体力活动活跃的个体应了解心脏病的前驱症状（如极度不寻常的疲劳感和胸部和肩背部疼痛），并在类似症状出现时及时获取医学治疗。

(3)高中和大学运动员应接受有认证的专业人员进行的运动前健康筛查。

(4)运动员了解其心脏状况,或通过已有的指南在竞赛前对家族史进行评估。

(5)健康护理机构应确认其工作人员接受过心脏急诊的训练,并有专门的计划及相关急救设备。

(6)体力活动活跃的个体应根据他们不同的运动能力、日常体力活动水平和环境来调整他们的运动计划。

第三章 运动前健康评估与危险分层

如前所述，参加规律的体力活动可以获得很多生理、心理以及代谢上的健康益处。但是体力活动仍然存在很多已经证实的危险因素。总的来说，健康个体进行中等强度体力活动引起心脏骤停或心肌梗死等心血管事件的风险低。然而，对于具有已诊断的或隐匿性心血管疾病的个体，在较大强度体力活动时心脏骤停或心肌梗死的风险短暂而迅速的上升。公共健康的主要目的是促使个人参与规律的中等至较大强度的体力活动。为了达到这个目标，必须认识个体在运动过程中增加的与运动相关的不良事件的风险。因此，运动前的健康筛查和风险评估对于需要参加运动，且希望通过体力活动来获得最大健康收益的人群来说是一种安全保障，可使不良事件的风险最小化。

第一节 运动前健康评估

一、健康评估概述

1. 定义

健康评估指对所收集到的个体、群体健康或疾病相关信息进行系统、综合、连续的科学分析与评价的过程，其目的是为诊治疾病、维护、促进和改善健康，管理和控制健康风险提供科学依据。

由于运动的益处和风险并存，为了使运动对健康的收益最大化，运动风险最小化，在参与运动之前，应对参与者进行健康筛查。筛查的因素包括表现、体征、症状和多种心血管、肺部疾病的危险因素以及代谢性疾病和其他状态（如妊娠、运动系统损伤）。因此，要特别注意：增强运动测试中的安全性，制定并实施一个安全有效的运动处方。

运动前健康筛查的目的包括以下几项：

（1）有医学禁忌证者在其症状减弱或得到控制前应鉴别和排除；

（2）鉴别有一种或多种临床疾病或状况者，嘱其参加有医疗监护的运动计划；

（3）探查由于年龄、症状或危险因素等增加疾病风险的原因，并让此类人群在开始运动前或在增加运动的频率、强度、持续时间前进行医学评估和运动测试。

（4）对可能影响运动测试或计划的其他特殊需要进行鉴别。

2. 健康评估的目标

（1）理解对即将参加运动锻炼者进行健康状况评估的目的；

(2）表述适用于中等强度运动和剧烈运动者的全面体格检查；

(3）为不同类型的体育活动参加者进行分类，确定他们在进行运动试验前或开始健身计划前是否需要接受医学甄别，并确定运动试验和体育锻炼的绝对和相对禁忌证；

(4）列举某些在健身锻炼过程中可能需要医务监督或特别需要注意的特殊情况和测试得分；

(5）确定需要接受相关知识教育的个人；

(6）确认需要变更运动计划的某些状况，并表述参加者的某些需要将运动计划加以延期、推迟或终止的身体信号和状况。

3. 评价健康状况

运动指导专业人员可以通过 5 个方面的检查来帮助个人评价他们的健康状况：

(1）已经被确诊的疾病；

(2）具备某些使疾病发生的危险性增加的特质；

(3）显示健康存在问题的症候或症状；

(4）增进或损害健康的生活方式或行为习惯；

(5）体适能测试结果。

二、运动前健康筛查的过程

1. 筛查原则

(1）不再强调必须将医学评价（如：体格检查和运动测试）作为健康无症状个体运动前健康筛查过程的一部分。

(2）根据有无心血管疾病(CVD)危险因素、症状和体征，和确诊的心血管、肺部、肾脏或代谢性疾病分为低危、中危和高危人群。

(3）重点筛查出那些确诊了疾病的人，因为他们发生运动相关心血管事件的风险最高。

(4）对确诊 CVD 的个体使用美国心血管和肺脏康复协会的危险分层方案进行分层，因为它涵盖了所有病人的预后和康复的可能性。

(5）支持公共健康倡议，即所有个体都应该坚持活跃的生活方式。

运动前健康筛查是为了确定个体的医学禁忌证，排除有禁忌证人群，在这些情况减少或得到控制后开始运动计划。重视个体的临床疾病及其在参与有医务监督的运动计划时的情况。

2. 综合健康评估内容

主要包括以下几个方面（表 3-1）：

表 3-1　　健康评估的内容和目的

	内容	目的
问卷/评估模式	PAR-Q	确定健身者初始的运动强度
	疾病症状和体征筛查	确定个体是否需要医疗治疗以及作为运动试验或运动参与的依据
	冠心病危险分析	确定健身者是否存在 CHD 某种风险因素
	疾病风险分层	把健身者分成低、中、高三层风险
	医疗史	了解健身者过去、现在和家庭健康史；主要集中在医疗介绍和确诊的疾病
	生活方式评估	获取健身者的生活习惯
	告知同意测试	解释体适能测试的目的、风险和益处同时获得健身者对运动各项体适能测试的同意
临床测试	体格检查	检查某些疾病体征和症状
	全血检查	确定血液各项指标是否正常，另外对血液胆固醇作为冠心病风险评估的检查
	血压测试	诊断健身者是否是高血压患者，同时也可用于冠心病风险因素评估
	12-ECG	评估心脏功能和排除因心肌异常的运动禁忌
	逐级递增负荷试验（GXT）	评估有氧运动能力和监测由于运动是否会诱发心肌异常
	其他实验室补充监测	进一步评估健身者的健康状况，特别是那些具有已知某些疾病的患者

3. 全面健康评估筛查过程

(1) 迎接受试者。

(2) 解释健康评估和生活方式评估的目的。

(3) 获得受试者的知情同意后对健康进行筛检检查。

(4) 自我筛查方法：通过体力活动准备问卷(PAR-Q)(见后文)，或 AHA/ACSM 健康/体适能机构修正的运动前的筛查问卷(见后文)，以及其他健康问卷进行评价；如果需要，可参考内科医生的意见。

(5) 监测和评价受试者的病史，重点在体征、症状和疾病的病人，如果需要，可以咨询顾客的医生作参考。

(6) 评价受试者的生活方式，如吸烟、运动习惯等。

(7) 对受试者进行血液生化指标的测试，并对结果进行评估。

(8) 通过有资质的健康/体适能、运动医学或健康管理专业人士进行 CVD 危险因素评价和分级。

(9) 通过有资质的健康管理专业人士进行医学评价，包括体格检查和运动负荷测试。

三、运动前健康筛查工具

1. 体力活动准备问卷（PAR-Q）

体力活动准备
问卷-PAR-Q
(2002 年修订)

问卷 3-1　体力活动准备问卷
PAR-Q 和你
（适用于 15～69 岁）

规律的体力活动可以促进健康并令人愉悦，从而促使越来越多的人参加到运动中来。对于大多数人来说，运动是很安全的，但是对有些人来说，在明显增加体力活动之前应该征求医生意见。

如果你想比现在更助于运动，请从回答下方框的 7 个问题开始。如果你的年龄是在 15～69 之间，PAR-Q 会告诉你在开始运动之前是否需要征求医生的意见。如果你超过了69岁，而且你以前不怎么活动，请征求医生意见。

回答问题时最好依据你的一般感觉。请仔细阅读并诚实回答每一个问题：请选择是或否。

是否	
□□	1. 医生是否告诉过你患有心脏病并且仅能参加医生推荐的体力活动？
□□	2. 当你进行体力活动时，是否感觉有胸痛？
□□	3. 自上个月以来，你是否在没做体力活动时有胸痛？
□□	4. 你是否曾因为头晕跌倒或曾失去知觉？
□□	5. 你是否有因体力活动变化而加重的骨或关节问题（例如背部、膝关节或臀部）？
□□	6. 近来医生是否因为你的血压或心脏问题给你开药（例如水丸药物）？
□□	7. 你是否知道一些你不应进行体力活动的其他原因？

对一个或者更多问题回答"是"

如果你的答案
- 在你开始更多体力活动或接受体适能评估以前，给医生打电话或面谈，告诉医生 PAR-Q 的事以及你对哪些问题回答了"是"。
- 你可能能够做任何你想做的运动，但是要慢慢开始并循序渐进。否则，你只能做些对你来说是安全的活动。告诉医生你希望参与的活动，听从他（她）的建议。
- 找出哪些社区运动计划是安全的并对你有帮助。

对全部问题回答"否"

如果你对全部问题都诚实地回答了"否"，那么你有理由确信你：
- 开始做更多的运动，但是要缓慢开始并循序渐进，这是最安全、最容易的方法。
- 参加一次体适能评估，这是确定你的基础体适能很好的方法，并使你能够确定实现活跃生活方式的最佳途径。也强烈建议你测量血压，如果读数超过了 144/94mmHg，那么在你开始比以前更勤于活动前应该向医生咨询。

延缓进行更多的运动
- 如果你由于暂时的疾病如感冒或者发热而感觉不适时——等待，直至感觉良好。或者
- 如果你是或可能是怀孕了——在你开始积极运动以前向医生咨询。

请注意：如果你的健康状态改变了，使你对上述任何一个问题回答"是"——告知你的运动指导员，询问是否需要调整体力活动计划。

PAR-Q 使用告知：加拿大运动生理协会（the Canadian Society for Exercise Physiology）、健康加拿大人（health Canada）和他们的代理人声明，对从事体力活动的人不具有责任，如果在完成问卷后有疑问，请在进行体力活动前向你的医师咨询。

不允许改动。支持您影印 PAR-Q，但只能使用完整形式。

注：如果在某人参加体力活动或进行体适能评估以前把 PARQ 给了他（她），此部分可能用于法律或管理目的。

"我已经阅读、理解并完成了这份问卷，对我任何问题的答复都令我完全满意"

姓名_____

签字_____　　日期_____

父母签字或监护人（对未成年人的运动参与）_____　　证人_____

注：这个表的有效期限是从问卷完成之日开始到最多 12 个月之内，而且如果你的健康状况改变了，使你对上述 7 个问题中的任何一个回答了"是"，这个调查表就无效了。

来源：体力活动问卷（PAR-Q），经加拿大公共健康部、运动生理协会允许有加拿大公共工作和政府服务部再版，2007.

2. AHA/ACSM 健康/体适能机构的运动前筛查问卷（表3-2）

表3-2　　　　　　　　AHA/ACSM 健康/体适能机构的运动前筛查问卷

通过如实陈述下列问题评价你的健康状况	
病史 你曾经有过 ——一次心脏病发作 ——心脏手术 ——心脏导管插入术 ——经皮冠状动脉成形术（PTCA） ——起搏器/植入式心脏除颤/复率器 ——心瓣膜疾病 ——先天性心脏病 ——心力衰竭 ——心脏移植	如果你在这一部分中有陈述的任何情况，请在运动前咨询内科医生或健康管理人士。你可能需要在某个经过认证的医务人员的监护下进行健身。
症状 ——在用力时有过胸部不适 ——有过不明原因的呼吸困难 ——有过头昏眼花、晕倒或眩晕 ——有过脚踝肿胀 ——有过因为快而强的心跳而导致感觉不适 ——正在服用治疗心脏病的药物 其他健康问题 ——有糖尿病 ——有哮喘或其他肺部疾病 ——短距离行走时，你的小腿有发热或抽筋的感觉 ——有限制体力活动的肌肉、骨骼问题 ——关心过运动的安全性 ——正在服用处方药 ——怀孕了	如果你在这一部分有两个或两个以上的情况，则需要咨询内科医生或其他健康管理人士，作为医疗管理的一部分，逐步发展你的运动计划。在有资质的职业运动指导员指导下，你将在运动计划中得到更多益处。
心血管危险因素 ——男性≥45 岁 ——女性≥55 岁 ——吸烟或戒烟不足 6 个月 ——血压≥140/90mmHg ——不知道自己的血压 ——正在服用降压药 ——血浆胆固醇≥200mg/dl ——不知道自己的血浆胆固醇水平 ——有一个近亲有心脏病或做过心脏手术，其中父亲或兄弟≤55 岁，母亲或姐妹≤65 岁 ——很少进行体力活动（如每周运动<3d，每天<30min） ——体重指数≥30kg/m^2 ——糖尿病前期 ——不知道是否处于糖尿病前期	

续表

通过如实陈述下列问题评价你的健康状况	
——以上内容没有选择任何一项	你可以安全地开始自我指导的运动计划,不用咨询内科医生或其他健康管理人士,也可以在几乎所有能满足你的运动计划需要的场所运动。

注:有资质的职业运动指导员是指:有训练理论、实践经验、技能和能力,并有专业机构的认证,能很好的指导运动训练的专业人士。

3. 动脉粥样硬化性心血管疾病(CVD)的风险因素和判断标准(表3-3)

表3-3　　　　动脉粥样硬化性心血管疾病(CVD)的风险因素和判断标准

危险因素	判 断 标 准
年龄	男性≥45岁,女性≥55岁
家族史	心肌梗死、冠状血管重建或猝死:发生于55岁前的父亲或其他男性近亲属;母亲或其他女性近亲属65岁前
吸烟	吸烟或戒烟不足6个月或吸二手烟
静坐少动的生活方式	至少3个月没有参加每周至少三天,每天不少于30分钟的中等强度体力活动(40%~60%摄氧量储备)
肥胖	BMI≥30kg/m² 或男性腰围大于102cm 女性腰围大于88cm
高血压	收缩压≥140mmHg 和/或舒张压≥90mmHg,至少进行两次测量确定,或正服用降压药
血脂异常	低密度脂蛋白(LDL)胆固醇≥130mg/dl(3.37mmol/L),或高密度脂蛋白(HDL)胆固醇<40mg/dl(1.04mmol/L),或正在服用降脂药。血清总胆固醇≥200mg/dl(5.18mmol/L)
糖尿病前期	空腹血糖受损(IFG),即空腹血糖≥100mg/dl(5.55mmol/L)并且≤125mg/dl(6.94mmol/L);或葡萄糖耐量受损(IGT),即口服葡萄糖耐量试验(OGTT)2h 血糖≥140mg/dl(7.77mmol/L)并且≤199mg/dl(11.04mmol/L),至少进行两次测量确定
负性危险因素:	判断标准
高密度脂蛋白(HDL)胆固醇	≥60mg/dl(1.55mmol/L)

注:1. 对于不能明确或不易获得的 CVD 危险因素,应将其计为危险因素(糖尿病前期除外)。如果糖尿病前期的诊断标准缺失或不知道,那么对满足以下条件的人应将糖尿病前期记为危险因素。(1)年龄≥45岁,BMI≥25kg/m²;(2)年龄<45岁,BMI≥25kg/m²,并有其他糖尿病前期人群 CVD 危险因素。然后计算正性危险因素的数量。

2. 高 HDL 是有利因素。如果 HDL≥60mg/dl(1.55mmol/L),可以从正性危险因素总数中减去1。

在计算 CVD 危险因素时将风险因素作直接加减，是在临床判断时常见的做法。若高密度脂蛋白胆固醇水平较高，则可抵消一个高风险因素，因为较高的高密度脂蛋白胆固醇水平，能降低冠状动脉硬化性心脏病的风险。

CVD 危险因素评估可以为健康/体适能、运动医学和健康管理专业人士提供重要信息，为病人或顾客制定运动处方。在决定体检健康水平、是否需要进行运动测试，以及运动测试和参加运动项目时的监督水平时，结合各种心血管、肺部、肾脏疾病和代谢性疾病进行 CVD 危险因素评估是很重要的。

4. 评估心血管、肺部或代谢性疾病的疑似临床病症（表3-4）

表3-4　　心血管、肺部疾病或者代谢性疾病的主要疑似临床症状或体征[a]

症状或体征	解释/意义
疼痛，由局部缺血引起的胸部、颈部、臀部或其他部位的疼痛、不舒服（或其他类似于心绞痛的感觉）	心脏疾病，尤其是冠状动脉疾病表现出局部缺血的主要特征包括： 性质：收缩感、压榨感、烧灼感、"沉重感" 位置：胸骨下、胸部正中前面、单侧或双侧臀部、肩部、颈部、面颊、牙齿、前臂、手指、肩胛间 诱发因素：运动或竭力、兴奋、应激、冷环境、餐后发生 非局部缺血的主要特征包括： ◆ 性质：钝痛、"刀割样"、锐痛、刺痛、呼吸时刺激加重 ◆ 位置：左侧乳腺部位、左半胸 ◆ 诱发因素：运动后、某一特定的身体动作
休息或轻微用力时气短	呼吸困难（反常不适的呼吸感觉）是心脏病或肺部疾病的一个主要症状。通常发生在健康而训练有素的个体进行较大强度运动时和健康未经训练的个体进行中等强度运动时。然而，如果某人在做原本不该引起呼吸困难的体力活动时发生这种情况，则为异常现象。异常的劳力性呼吸困难表明心肺功能失调，特别是左心室功能紊乱或慢性阻塞性肺部疾病。
头晕眼花或晕厥	晕厥（定义为意识丧失）通常由脑部血流减少引起。头晕眼花，特别是运动过程中晕厥，可能是由于心脏功能失调阻碍了心输出量的正常上升引起。这种心脏功能失调有潜在的致命危险，包括严重的冠状动脉疾病、肥厚型心肌病、主动脉狭窄和严重的室性心律失常。不应该忽视运动后即刻发生的头晕眼花或晕厥，但是也应知道，这些症状也会发生在静脉回流减少的健康人中。
端坐或夜间阵发性呼吸困难	端坐呼吸困难是发生在卧位休息时的呼吸困难，坐起或站立时能得到缓解。夜间阵发性呼吸困难通常在睡眠 2~5 小时后开始发生，能通过坐在床边或下床得到缓解。两者都是左心室功能紊乱的症状。虽然夜间呼吸困难也可以发生在慢性阻塞性肺部疾病的患者中，但是两者是有区别的。慢性阻塞性肺部疾病的呼吸困难通常在排除痰液后得到缓解，而不是通过坐起来缓解。

续表

症状或体征	解释/意义
脚踝水肿	夜间明显的双侧脚踝水肿是心力衰竭或双侧慢性静脉功能不全的典型体征。单侧下肢水肿通常是由该肢体的静脉血栓或淋巴回流障碍引起的。无显著特点的水肿(全身水肿)通常发生在有肾病综合症、严重的心力衰竭或肝硬化的患者中。
心悸或心动过速	心悸(定义为心脏快速或强有力地跳动产生的不舒服感觉)可以由各种心律失常引起。心律失常包括心动过速、突然发作的心动过缓、异位节律、代偿间歇或瓣膜反流引起的每搏输出量增加。心悸通常是由于焦虑或高心输出量(或功能亢进)引起的,如贫血、感冒、甲状腺功能亢进、动静脉瘘和先天性心脏功能亢进综合征。
间歇性跛行	间歇性跛行是外周动脉供血不足(通常是动脉硬化的结果)引起的肌肉疼痛,运动后加重。在站位或坐位时疼痛不发生,每天重复发生,上楼梯或爬山时加重,常被描述为"抽筋",停止运动后1~2分钟内症状消失。冠状动脉疾病在有间歇性跛行的人中更常见。糖尿病增加了间歇性跛行的风险。
明确的心脏杂音	心脏杂音可能意味着有瓣膜疾病或其他心血管疾病。从运动的安全角度出发,要特别注意排除由肥厚型心肌病和主动脉狭窄引起的心脏杂音,因为它们是大强度运动相关猝死比较常见的原因。
日常活动时异常疲劳或呼吸困难	虽然这些症状可以由正常原因引起,但是它们也可能标志着心血管、肺部疾病或代谢性疾病的发生或这些疾病状态的变化。

a 这些症状或体征必须在它们所表现出来的临床内容的范围内解释,因为它们不是心血管、肺脏或代谢性疾病的特异性表现。

5. 代谢性疾病症状

代谢综合征描述心血管疾病的危险因子有:高血压、血脂异常、胰岛素抵抗、腹部肥胖组合。根据临床标准采用国家胆固醇教育计划(2001),有3个或更多心血管风险因素可认为有代谢性疾病综合征(表3-5)。

表3-5　　　　　　　　　　　　**代谢综合征的危险因素**

危险因素	危险评价标准
腰围	男≥90cm;女≥80cm
血压	收缩压≥130mmHg 和或舒张压≥85mmHg
空腹血糖	≥100mg/L 或者≥6.1mmol/L
甘油三酯	≥150mg/dL 或者≥1.6 mmol/L
高密度脂蛋白胆固醇	男:<40mg/L 或者<1.04mmol/L 女:<50mg/L 或者<1.29mmol/L

第二节 危险分层

一、危险因素的确定

近年来，对于运动前健康筛查的方向发生了些许的转变，其中对健康无症状个体的医学检查已经不再作为健康筛查过程的必要部分，而是根据已确诊的疾病、症状、体征以及心血管疾病(CVD)危险因素将个体分为高、中、低三个等级，从而判定各层次人群是否需要进行运动前相应的医学检查、运动测试及是否需要运动测试时对其进行医务监督。

对于不能明确或不易获得的 CVD 危险因素，应将其记为危险因素（糖尿病前期除外）。关于 CVD 的危险因素和判断标准见表 3-3。

CVD 危险因素评估可以为健康/体适能、运动医学和健康管理专业人士提供重要信息，进而为病人和顾客制定合理的运动处方。根据得出的 CVD 危险因素数量，可进一步对个体进行低、中、高危等危险分层，然后根据危险分层提出不同等级运动时，运动前的医学检查、运动测试和医务监督是否必要。

二、危险分层

基于医学检查、体力活动/运动、运动测试和内科医生指导所提供的适当建议，将运动者分为三个危险类别：低危、中危、高危（表 3-6）。将个体划分为这些危险类别的过程称为危险分层，危险分层的依据是：

(1) 是否存在已知的心血管、肺脏和代谢性疾病；
(2) 是否存在心血管、肺脏和代谢性疾病的症状或体征；
(3) 是否存在心血管疾病的危险因素。

表 3-6　　ACSM 关于动脉粥样硬化性心血管疾病危险分层的类别

低危	没有症状，仅有<2 个表 3-3 列出的 CVD 危险因素的男性和女性
中危	没有症状，有≥2 个表 3-3 列出的 CVD 危险因素的男性和女性
高危	已知患有心血管[a]、肺[b]或代谢性疾病者[c]，或者有一个或多个在表 3-3 中列出的体征或者症状

ACSM：美国运动医学会；CVD：心血管疾病

[a] 心脏的、外周血管的或脑血管的疾病；[b] 慢性阻塞性肺病、哮喘、间质性肺病或肺囊性纤维化；

[c] 糖尿病(1 型或 2 型)、甲状腺功能失调、肾或肝脏疾病

低危：低危组的个体是指没有心血管、肺脏或代谢疾病的症状/体征或已经诊断的疾病，以及少于 2 个心血管疾病的危险因素。急性心血管事件在此类人群中的危险性很低，体力活动/运动项目可在没有必要的医学检查和许可的情况下安全的进行。

中危：中危组的个体是指没有心血管、肺脏或代谢疾病的症状/体征或已经诊断的疾

病，但具有 2 个或以上心血管疾病的危险因素。急性心血管事件在此人群中的危险性是增加的。尽管如此，多数中危人群仍可在没有必要医学检查和许可的情况下安全地参加低至中等强度的体力活动。但在参加较大强度运动之前（如>60% VO_2R），有必要进行医学检查和运动测试。

高危：高危组的个体是指有 1 个或多个心血管、肺脏或代谢疾病的症状/体征或已经诊断的疾病。急性心血管事件在此人群中的危险性已增加到较高程度，在参加任何强度的体力活动或运动前均应进行全面的医学检查并且获得许可。

健身教练、健康管理师或体适能专业人员通过合理的分析某运动者的医疗或健康史信息，按照危险分层的过程将该运动者合理的分配到适当的危险类别中。因此，健身教练、健康管理师或体适能专业人员应该具有全面的专业知识，包括：

（1）心血管、肺脏和代谢性疾病的诊断标准；
（2）能够描述上述疾病的症状和体征；
（3）确定特异性心血管疾病危险因素的诊断标准；
（4）每个危险类别的分类标准。

危险分层的流程图见图 3-1。

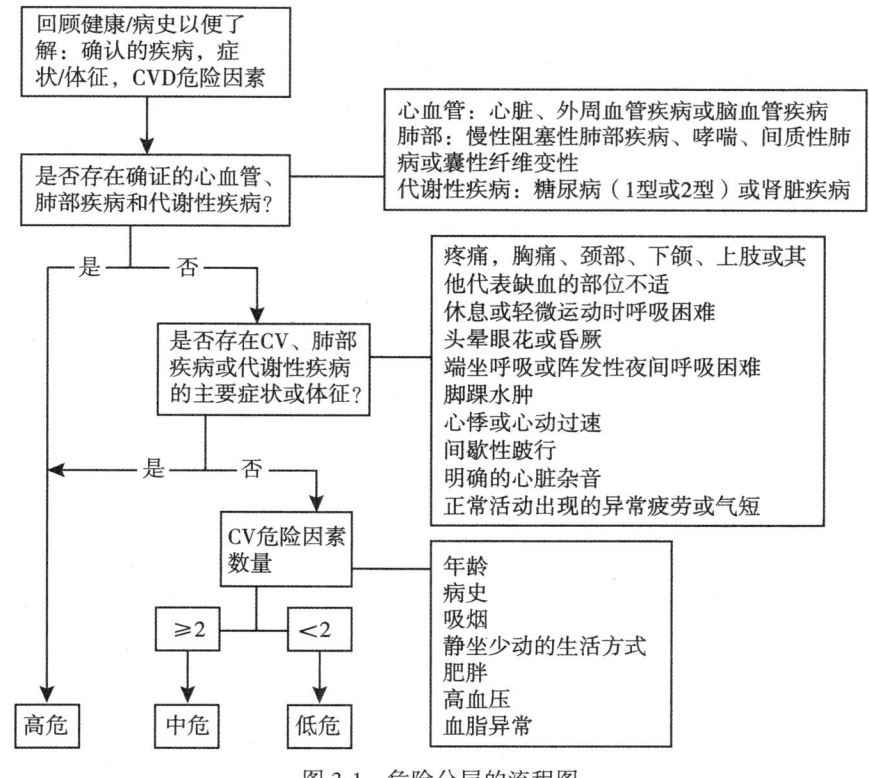

图 3-1　危险分层的流程图

没有参加体力活动的所有个体都应该通过自述病史或健康风险评价问卷如 PAR-Q 或

修正的 AHA/ACSM 健康/体适能运动前筛查问卷来筛选。在执行运动处方时，需特别注意评估各种心血管、肺部、肾脏疾病和代谢性疾病等危险因素，或其他状况，如怀孕、外伤等。通过运动前健康筛查的自我筛查方法得到的答案决定了在开始体力活动或参加运动计划前，是否需要以及在多大程度上需要有资质的健康/体适能、临床运动专业人士或健康管理人士的管理和监督。

三、危险分层注意的问题

1. 未明确或不易获得的心血管疾病危险因素信息

进行危险分层时，尤其是当危险因素的信息缺失或诊断某一特异危险因素是否存在的标准未明确或不易获得时，应鼓励健康/体适能和运动专业人士采用谨慎的诊断心血管疾病危险因素的方法。若不能明确或不易获得特殊危险因素是否存在，应将其计为危险因素，糖尿病前期除外（见糖尿病前期的诊断标准）。

如果糖尿病前期的诊断标准缺失或者不知道，那么对于满足以下条件的人应将糖尿病前期计为危险因素：

(1) 年龄≥45 岁，体重指数（BMI）≥25kg/m² 的个体；

(2) 年龄<45 岁，体重指数（BMI）≥25kg/m²，并伴有其他糖尿病前期人群 CVD 危险因素（如糖尿病家族史），虽未诊断为糖尿病前期也应计为危险因素。

因为高密度脂蛋白（HDL）胆固醇有保护心脏的作用，因此认为 HDL 是 CVD 的负性危险因素。所以，当 HDL≥60mg/dL（1.55mmol/L）的个体可以从危险因素总数中减去 1。

2. 已知的心血管、肺脏和代谢疾病

内科医师诊断的心血管、肺脏和代谢疾病包括以下几种情况：

(1) 心血管疾病（CVD）：心脏、外周动脉或脑血管疾病。

(2) 肺脏疾病：慢性阻塞性肺病（COPD）、哮喘、间质性肺病或囊性纤维化。

(3) 代谢疾病：糖尿病（1 型或 2 型）、甲状腺异常和肾脏或肝脏疾病。

3. 心血管、肺脏和代谢疾病可能出现的主要症状/体征

表 3-4 列出了心血管、肺脏和代谢疾病可能出现的主要症状/体征。这些症状/体征绝大部分是通过 AHA/ACSM 问卷调查确定的，某些症状/体征（如端坐呼吸、踝部水肿和心脏杂音）需要更全面的医疗史和（或）检查。这些症状/体征必须在其可能出现的相应临床背景下阐述，因为它们并非心血管、肺脏和代谢疾病必须具备的特异性表现。

4. 动脉粥样硬化性心血管疾病的危险因素

表 3-3 列举了动脉粥样硬化性心血管疾病的危险因素及其诊断标准，但并不包含所有可能增加心血管疾病危险的因素。更确切地说，表 3-3 包含了临床相关的能够增加心血管疾病危险的因素的标准，在制订以下决策时应全面考虑：

(1) 医疗许可的等级；

(2）参与运动前需要运动测试；

(3）对参与运动测试和运动项目人群的监督水平。

应用表 3-3 列出的心血管疾病危险因素是为了协助对潜在的冠状动脉疾病的鉴别。此表的范围和每个危险因素的界限与其他健康机构通过长期随访制定的用于预测冠状动脉事件的其他危险的列表是一致的。

此外，其他危险因素，如炎性标志物 C 反应蛋白和纤维蛋白原，也被认为是阳性的和显性的心血管疾病危险因素，但此表未包括在内。

四、危险分层的案例分析

案例分析 1：

女性，21 岁，周末社交吸烟（10～20 支），每周饮酒 1～2 次，通常在周末。身高 160cm，体重 56.4kg，BMI（体重指数）= 22kg/m²，RHR（安静心率）= 76 次/分钟，RBP（安静血压）= 118/72mmHg，总胆固醇 = 178mg/dl（4.61mmol/L），LDL-C（低密度脂蛋白胆固醇）= 98mg/dl（2.54mmol/L），HDL-C（高密度脂蛋白胆固醇）= 57mg/dl（1.48mmol/L），FBG（空腹血糖）未知。常规服用口服避孕药。每周参加 2～3 次运动。无自觉症状。双亲在世，且均身体健康。

案例分析 2：

男性，44 岁，不吸烟，身高 177.8cm，体重 98.2kg，BMI = 31.0kg/m²，RHR = 62 次/分钟，RBP = 128/84mmHg，总胆固醇 = 184mg/dl（4.77mmol/L），LDL-C = 106mg/dl（2.75mmol/L），HDL-C = 44mg/dl（1.14mmol/L），FBG 未知。每周步行 2～3 次，每次步行 3.2～4.8km。父亲患有 2 型糖尿病，67 岁死于心脏病发作，母亲健在，无心血管疾病。无用药史。无自觉症状。

案例分析 3：

女性，36 岁，不吸烟，身高 162.6cm，体重 49.1kg，BMI = 18.5kg/m²，RHR = 61 次/分钟，RBP = 114/62mmHg，总胆固醇 = 174mg/dl（4.51mmol/L），胰岛素注射后血糖正常。7 岁时诊断为 1 型糖尿病。每周三次有氧舞蹈课，每周步行 4 次，每次约 45 分钟。无自觉症状。双亲体健，且无心血管病史。

记录如下表 3-7：

表 3-7　　　　　　　　　　　　危险分层分析实例

	案例分析 1	案例分析 2	案例分析 3
确诊的心血管、肺部和代谢性疾病	无	无	有；诊断为 1 型糖尿病
主要症状和体征	无	无	无
心血管危险因素：			
年龄	无	无	无
家族史	无	无	无

续表

	案例分析 1	案例分析 2	案例分析 3
正在吸烟	是	否	否
静坐少动的生活方式	否	否	否
肥胖	否	是	否
高血压	否	否	否
高胆固醇血症	否	否	否
糖尿病前期	未知，无年龄和肥胖等危险因素	未知，肥胖	诊断为 1 型糖尿病
总结	无确诊疾病 无相关症状/体征 1 个 CVD 危险因素	无确诊疾病 无相关症状/体征 2 个 CVD 危险因素	已诊断为代谢性疾病
危险分层	低危	中危	高危

注：年龄、家族史、吸烟、静坐少动的生活方式、肥胖、高血压、血脂异常、糖尿病前期等判断标准均见表 3-3。危险分层流程及标准见图 3-1。

案例 1、2 中，个体均在确诊的心血管、肺部和代谢性疾病、主要症状和体征两项中为否定。在心血管危险因素中，案例 1 吸烟，案例 2 的 BMI>30kg/m² 为肥胖，因此，两人各具备一项 CVD 风险因素，且两人的糖尿病前期均未知，但根据上述"对于不能明确或不易获得的 CVD 危险因素，应将其记为危险因素（糖尿病前期除外）。如果糖尿病前期的诊断标准缺失或不知道，那么对满足一下条件的人应将糖尿病前期记为危险因素：年龄≥45 岁，体重指数（BMI）≥25kg/m²；年龄<45 岁，BMI≥25kg/m²，并有其他糖尿病前期人群 CVD 危险因素（如糖尿病家族史）"的原则，案例 2 的个体，年龄<45 岁，但其 BMI≥25kg/m²，将其危险因素增加 1 个，记为 2 个。因此，根据图 3-1，案例 2 的危险分层为中危，而案例 1 的危险分层是低危。案例 3 诊断为 1 型糖尿病，根据图 3-1，直接划分为高危人群。

五、心血管疾病病人的危险分层

为保证心脏病患者的运动安全性，可以对心脏病患者的运动安全性做进一步的分层。以下介绍美国心肺康复协会（AACVPR）制定的针对心脏病患者的危险分层标准，见表3-8。此外，也可参阅健康个体美国心脏协会（AHA）制定的危险分层标准。

表 3-8　　**美国心肺康复协会（AACVPR）的心脏病病人危险分层标准**

低危
参加体力活动的低危病人的特征（要确定患者处于低危水平，所有特征必须同时具备）：
（1）运动测试和恢复期没有严重的室性心律失常
（2）没有心绞痛或其他主要症状（如：在运动测试和恢复期出现异常的呼吸困难、头晕或头晕眼花）

续表

(3)运动测试或恢复期血流动力学反应正常(即随着工作负荷的增加或降低,心率和收缩压适度的上升或下降)

(4)功能能力≥7METs

非运动测试结果:

(1)安静时射血分数≥50%

(2)没有并发症的心肌梗死或血管重建术

(3)安静时没有严重的室性心律失常

(4)没有充血性心力衰竭

(5)发病后/手术后没有局部缺血的症状或体征

(6)没有抑郁症

中危

参加体力活动的中危病人的特征(有其中一项或几项特征即可确定病人属于中危):

(1)有心绞痛或其他主要症状,例如:只在高强度运动时(≥7 METs)出现异常的呼吸困难、头晕或头晕眼花

(2)运动测试或恢复期有轻微到中等水平的局部缺血(ST 段比基线压低<2 mm)

非运动测试结果:

(3)安静时射血分数为 40%~49%

高危

参加体力活动的高危病人的特征(有其中一项或几项特征即可确定病人属于高危):

(1)运动测试或恢复期有严重的室性心率失常

(2)有心绞痛或其他主要症状,例如:在低强度运动时(<5METs)或恢复期有异常的呼吸困难、头晕或头晕眼花

(3)运动测试或恢复期有严重的局部缺血(ST 段比基线压低≥2 mm)

(4)运动测试时有异常的血流动力学反应(即随着工作负荷的增加,有心率变异、心跳无力或收缩压下降)或恢复期间有反常的血流动力学反应(如严重的运动后低血压)

非运动测试结果

(5)安静时射血分数<40%

(6)心脏骤停或突然死亡

(7)安静时严重的心率失常

(8)有并发症的心肌梗死或血管重建术

(9)有充血性心力衰竭

(10)发病后/手术后有局部缺血的症状或体征

(11)有抑郁症

引自:Williams MA. Exercise testing in cardiac rehabilitation. Exercise prescription and beyond Cardiol Clin. 2001;19:415-31

第三节 基于危险分层的运动测试和医务监督建议

一、基于危险分层的运动测试和医务监督建议

按照如上方法,一旦将个体分为低、中或高危类别后,应考虑以下相关建议:

(1)在参加运动锻炼或完全改变现有的运动锻炼的 FITT 模式(即运动频率 Frequency、

运动强度 Intensity、运动持续时间 Time 和运动类型 Type)前,有必要进行医学检查和声明。

(2)在参加运动锻炼或完全改变现有的运动锻炼的 FITT 模式前,有必要进行运动测试。

(3)有必要在参与极量或次极量运动测试时进行医务监督。

没有一套运动测试和运动指导方针能够涵盖所有状况。为了给参与中到较高强度运动项目前的医学检查和运动测试提供指导,ACSM 提出了用以评价医学检查和诊断性运动测试是否适当,以及何时需要进行医务监督的建议,见图 3-2。

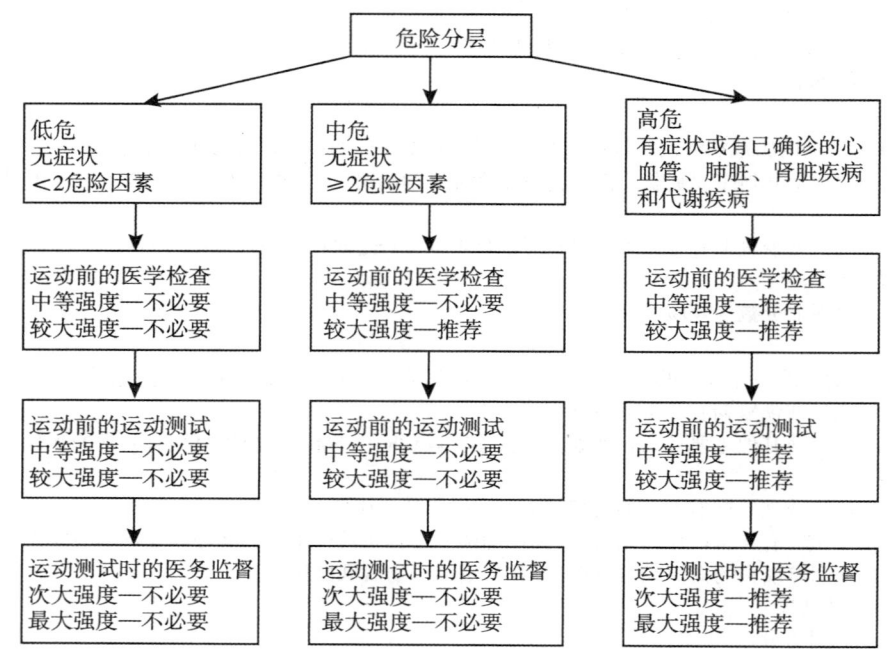

中等强度运动:40%~60%VO$_2$R;3~6METs,能引起心率和呼吸增加。

较大强度运动:≥60%VO$_2$R;≥6METs,能引起心率和呼吸显著增加。

不必要:反映医学检查、运动测试和运动测试时的医务监督不作为运动前筛查的基本条件。但是,存在危险时或制定运动处方需要更多信息时,和为病人或顾客提议建议时,可以考虑将它们作为运动前筛查的基本条件。

推荐:在健康筛查的过程中,建议进行医学检查、运动测试和医务监督。

图 3-2 基于危险分层的医学检查、运动测试和医务监督建议

在决定体检健康水平、是否需要进行运动测试,以及运动测试和参加运动项目时的监督水平时,重要的是要结合各种心血管、肺部、肾脏疾病和代谢性疾病进行 CVD 危险因素综合评估。

从图 3-2 来看,尽管低危组人群不必要进行运动测试,但是从测试中收集到的信息有利于为低危人群建立一个安全、有效的运动处方。因此,如果测试的目的是为了制订一个科学有效的运动处方为,则推荐中低危人群进行运动测试。

另外,从图 3-2 可以看出,心血管事件的危险性受运动强度的大小(即:较大强度>中

等强度>低强度)和 CVD 危险因素的直接影响。尽管图 3-2 对中等和较大运动强度的标准进行了界定,但是在开始一个运动计划之前健康/体适能和临床运动专业人士在决定运动前的健康筛查水平和运动测试期间的医务监督级别时,也应根据人群及其具体情况选择最适宜的绝对和相对强度范围。

还应注意的是,针对中危人群的医学检查和运动测试的建议也可适用于大强度运动,这与近年在美国心脏协会(AHA)指南中提出的那些建议是一致的。健康个体美国心脏协会(AHA)危险分层的标准参见表 3-9。

表 3-9　　　　　　　　　　健康个体美国心脏协会(AHA)危险分层的标准

A 级:健康个体	◆包括以下人群: (1)儿童、少年、男性<45 岁、女性<55 岁,没有心脏病症状或已知存在的心脏病或主要冠状动脉疾病危险因素。 (2)男性≥45 岁,女性≥55 岁,没有心脏病症状或已知存在的心脏病,有<2 个心血管危险因素。 (3)男性≥45 岁,女性≥55 岁,没有心脏病症状或已知存在的心脏病,有≥2 个心血管危险因素。 运动指南:除基本指南外,没有其他限制。 心电图和血压监测:不要求。 医务监督要求:无,只是建议划分为 A-2 级,特别是 A-3 级的人在进行高强度运动前做医学检查,并尽可能做医务监督下的运动测试。
B 级:有已知稳定的心血管疾病的个体,进行较大强度运动时发生并发症的风险略大于健康个体	包括有下述任何诊断个体: (1)冠状动脉疾病(心肌梗死、冠状动脉搭桥术、经皮冠状动脉腔内成形术、心绞痛、运动测试异常及异常冠状血管造影片)病情平稳并有下述临床特征。 (2)心脏瓣膜病,包括严重的瓣膜口狭窄或瓣膜口反流,并有下述临床特征。 (3)先天性心脏病。 (4)心肌病,射血分数≤30%,包括有下述任何一项临床特征的稳定性心力衰竭患者,但不包括肥厚型心肌病或新近发生的心肌炎。 (5)运动测试异常,并且不符合 C 级中列出来的标准。 临床特征: (1)运动能力≤6METs。 (2)无充血性心力衰竭的证据。 (3)无心肌局部缺血的证据或休息时、运动测试≤6MET 时无心绞痛。 (4)运动时收缩压适度上升。 (5)休息或运动时无持续性或非持续性心室性心动过速。 (6)能够令人满意地自我检测活动强度。 运动指南:活动应该个性化,采用有认证人员制定的运动处方并且得到初级保健人员的许可。 心电图和血压监测:在实施运动处方的早期有帮助,通常监测 6~12 次运动。 医务监督要求:在实施运动处方的开始阶段有医务监督是有利的,在此后的过程中应该有经过适当培训的非医务人员的监督,直至运动者懂得怎样检测本人的活动。医务人员应该得到培训并且获得高级心脏生命支持资格,非医务人员应该得到培训并且获得基本生命支持资格(其中包括心肺复苏 CPR)。

	续表
C级：运动期间发生心脏并发症的危险性中等或高危险的个体和不能自我管理活动或不能理解推荐的活动强度水平的个体	包括有下述任何诊断个体： (1)冠状动脉疾病，并有下述临床症状特征。 (2)心脏瓣膜病，包括严重的瓣膜口狭窄或瓣膜口反流，并有下述临床特征。 (3)先天性心脏病，应根据第27次贝塞斯达会议意见进行危险分层。 (4)心肌病，射血分数≤30%，包括有下述任何一项临床特征的稳定性心力衰竭患者，但不包括肥厚型心肌病或新近发生的心肌炎。 (5)没有得到良好控制的复杂的心室性心律失常。 临床特征： (1)运动测试结果：运动能力≤6METs，工作负荷<6METs时出现心绞痛或局部心肌缺血性ST段压低；运动时收缩压下降，低于休息时的水平；运动时有非持续性心室性心动过速。 (2)原发性心脏停搏(即不是发生在急性心肌梗死或心脏手术过程中的心脏停止)的前期阶段。 (3)有医生认可可能致命的医学问题。 运动指南：活动应该个性化，采用有认证人员制定的运动处方并且得到初级保健人员的许可。 心电图和血压监测：运动各阶段持续性进行，直至保证运动的安全性，通常监测≥12次运动。 医务监督要求：运动全过程进行医务监督，直至保证运动的安全性。
D级：有活动限制的不稳定性疾病的个体	包括有下述问题的个体： (1)不稳定性局部心肌缺血。 (2)严重的、有症状的瓣膜口狭窄或瓣膜口反流。 (3)先天性心脏病，应根据第27次贝塞斯达(Bethesda)会议意见中禁止运动的危险标准。 (4)失代偿性心力衰竭。 (5)没有得到控制的心律不齐。 (6)可能因运动加重的其他医学情况。 运动指南：不建议做任何以健身为目的的活动；注意力应该集中到治疗患者，并使其恢复到C级或更好水平；必须以医师对患者的评估为基础规定患者的每日活动。

二、开始体力活动前的医学检查推荐

有些人在参加不习惯的特别是较大强度的体力活动时，运动相关事件(如猝死)的风险会达到最大。但是，低到中等强度体力活动的CVD风险与安静时差不多。因此，在身体还没有适应时进行体力活动，应该先进行低强度到中等强度的运动，逐渐改善体适能。

ACSM对开始体力活动前的医学检查推荐如下：

推荐有两个或更多CVD危险因素的中危人群进行较大强度运动前咨询内科医生，然后逐渐增加运动强度。虽然他们在进行较大强度运动时需要医学评估，但是不用咨询内科医生也能进行低强度到中等强度的运动，如步行等。

有症状或诊断为某些疾病的高危人群，应在运动前咨询内科医生。

ACSM 的以上推荐是基于研究观察到的现象确定的,即:一些人参加低强度到中等强度运动,并逐渐增加运动强度时,运动相关 CVD 事件的绝对风险很低。但对于那些有确诊的疾病、症状不稳定或有极高可能性患有隐匿性疾病的个体则相反。

三、开始体力活动前的运动测试推荐

ACSM 对开始体力活动前的运动测试推荐见表 3-10。

表 3-10　　**ACSM 在运动诊断心血管疾病前进行运动测试的最新推荐**

不稳定、新出现或可能出现心血管疾病症状的情况。
糖尿病或下面各项中至少一项:
年龄>35 岁
或 2 型糖尿病超过 10 年
或 1 型糖尿病超过 15 年
或高胆固醇血症(总胆固醇≥240mg/L,6.62mmol/L)
或高血压(收缩压≥140mmHg,舒张压≥90mmHg)
或吸烟
或<60 岁的近亲属中有 CAD(冠状动脉疾病)家族史
或微血管疾病
或外周动脉疾病
或自主神经疾病
或肾脏疾病晚期
有症状的或已经诊断的肺部疾病,包括慢性阻塞性肺部疾病(COPD)、哮喘、间质性肺疾病或囊性纤维化

鉴于现实情况的复杂性和多样性,没有哪种体力活动前的运动测试指南适用于所有情况。应根据当地的环境和政策不同,详细的测试方案也有所不同。

由于低到中等强度体力活动中 CVD 风险与安静时差不多,为了给参加中等强度到较大强度运动前的人进行医学检查和运动测试提供指导,ACSM 针对何时进行适当的医学检查和运动测试,以及在运动测试时何时需要医务监督给出了推荐(图 3-2)。

图 3-2 可见,仅推荐高危人群进行中等以上强度的体力活动前进行常规运动测试。高危人群包括:确诊 CVD 的病人、有症状提示发生 CVD 或 CVD 病情变化、糖尿病、其他 CVD 危险因素、晚期肾脏疾病和特定肺部疾病的病人。

除高危人群外,对于中低危人群一般不推荐参加体力活动前的运动测试。然而,对于中低危人群来说,运动测试的信息有利于制定安全有效的运动处方。因此,如果运动测试的目的是制定有效的运动处方,则推荐中低危人群参加体力活动前的运动测试。

四、运动测试的医务监督推荐

运动测试的医务监督程度有两种：有内科医生在场的运动测试和没有内科医生在场的运动测试。最重要的一点是要区分参加体力活动前需要运动测试的病人和进行运动测试时需要内科医生在场的病人。

已经达成的共识是：内科医生以外的健康管理专业人士也可以对运动测试进行监督，只要这些专家经过有关临床运动测试并且内科医生在需要的时候能够马上赶到。

详细情况可分为以下三种：

(1) 非内科医生监督低危病人的运动测试时不需要内科医生的直接参加。

(2) 中危人群的运动测试则建议有内科医生参加，如果专业人员在运动医学上受过专业训练，中危人群的运动测试也可以在内科医生以外的健康管理专业人士的监督下进行，而内科医生是否必须到达运动测试现场，主要看当地的政策和情况、病人的健康状况以及实验室人员的训练水平和经验，进行综合考虑。

(3) 如果专业人员在运动医学上受过专业训练，并且需要时内科医生也可以马上赶到，那么高危人群的运动测试也可以在内科医生以外的健康管理专业人士的监督下进行。

负责运动测试医务监督的内科医生应达到或超过 AHA 规定的最低监护和评价能力。在所有进行运动测试地方，在场的测试人员至少应具备基本的生命支持能力如心肺复苏术(CPR)等，并接受过使用自动体外除颤仪(AED)的训练。最好其中一个或多个工作人员有急救和高级生命支持(ACLS)的认证。无论有无内科医生的监督，所有运动测试都应准备应急方案，每个季度至少演习一遍应急方案，并保证配备的除颤仪或 AED 有专业人员操作。

第四章 运动前评价

临床上，全面的运动前测试评价通常包括医疗史、体格检查和实验室测试。而在健康/体适能计划中，中危和低危人群可应用一套相对简单的运动前评价方法。因此，本章所介绍的简单运动前评价方法只适用于希望进行低强度到中强度运动的中危和低危人群。而高危人群不管是在健康/体适能计划还是在临床计划中，均需要在运动前进行更详细的医学评价，以确保运动训练的安全性。

因此，运动前评价的范围取决于前述的危险分层的等级及体力活动计划中运动强度的大小。对于高危人群，建议将体格检查和运动测试作为运动前评价的一部分，以便制定安全、有效及个性化的运动处方。对于中低危人群进行低强度到中等强度运动（如步行）时，通常不推荐进行包含运动测试的运动前评价。但是，当关注心血管疾病风险时，或者健康/体适能和运动处方专业人士为低危人群设计运动处方需要更多信息时，以及在没有医学评价的情况下打算用任意强度开始运动计划时，中危和低危人群也可以进行运动前评价，包括医疗史、体格检查、运动测试和实验室检查。

一、医疗史

运动前测试评价中的医疗史应该是既往史、现病史、家族史、用药史等的总和。医疗史的组成应包括以下内容：

（1）医学诊断。心血管疾病危险因素包括高血压、肥胖、血脂异常、糖尿病和代谢综合征；心血管疾病包括心衰、瓣膜功能紊乱、心肌梗死和其他急性冠状动脉综合征；经皮冠状动脉手术包括血管成形术和冠脉支架、冠状动脉旁路移植术和其他心脏手术如瓣膜手术；心脏移植；植入起搏器和或植入式复率除颤仪，心率失常射频消融术；外周血管疾病；肺部疾病包括哮喘、肺气肿和支气管炎；脑血管疾病包括一过性脑缺血和脑卒中；贫血和其他血液系统异常（如红斑狼疮）；静脉炎、深静脉血栓或栓塞；癌症；怀孕；骨质疏松；骨骼肌功能紊乱；精神紊乱、饮食紊乱等方面的医学诊断。

（2）以前的体检结果。包括是否心脏听诊异常、肺部异常、血液生化指标和其他实验室检查结果异常、高血压、水肿等。

（3）症状。是否有身体不适（如：胸部、下颌、颈部、背部和上肢等处有压榨感、疼痛、麻木、沉重感、紧缩感、烧灼感、挤压感等感觉）；是否有头痛、头晕眼花或昏厥；暂时性视觉或语言能力丧失；是否存在呼吸困难、心率加快或心悸、尤其是在体力活动、饮食过量、心情沮丧、或暴露在寒冷环境（或这些因素的综合作用）时出现。

（4）近期患病史、住院史、最新的医学诊断或外科手术史。

（5）运动习惯。习惯的体力活动水平和准备改变的内容：运动时间、频率、强度、类型。

（6）生活习惯。喝咖啡、饮酒、抽烟、服用违禁药物等。

（7）工作经历。强调当前的情况或期望达到的身体要求，记录最高或最低限度的要求。

（8）家族史。包括：心脏病、肺部疾病、代谢性疾病、脑卒中和猝死。

二、常规体格检查内容

运动前的评价所包含的常规体格检查主要从如下几个方面入手：

1. 一般形态

在多数情况下，一般形态检查是必要的，主要检查身高、体重、胸围差、腹围、臀围、体重指数（BodyMassIndex，BMI）、身体成分（体脂百分比）等，评估营养、形态发育等一般情况。成年人的体脂百分比正常范围分别是女性20%~25%，男性15%~18%。若体脂率过高，体重超过正常值的20%以上就可视为肥胖。运动员的体脂率可随运动项目而定。一般男运动员为7%~15%，女运动员为12%~25%。根据世界卫生组织定下的标准，亚洲人的BMI若高于22.9便属于过重。由于亚洲人和欧美人属于不同人种，WHO的标准不是非常适合中国人的情况，为此制定了中国参考标准表4-1。

表4-1　　　　　　　　**BMI 参考标准及相关疾病发病危险性**

	WHO 标准（kg/m²）	亚洲标准（kg/m²）	中国标准（kg/m²）	相关疾病发病危险性
偏瘦	<18.5			低（但其他疾病危险性增加）
正常	18.5~24.9	18.5~22.9	18.5~23.9	平均水平
超重	≥25	≥23	≥24	
偏胖	25.0~29.9	23~24.9	24~27.9	增加
肥胖	30.0~34.9	25~29.9	≥28	中度增加
重度肥胖	35.0~39.9	≥30	≥32	严重增加
极重度肥胖	≥40.0			非常严重增加

注：最理想的体重指数是22。

2. 肺功能检查

对于45岁以上吸烟者和有呼吸困难（即呼吸短促）、慢性咳嗽、哮鸣音或有较多粘痰者，应通过肺活量测定法进行肺功能测试。通过肺功能测试得出的数据包括：用力肺活量（FVC）、第1s最大呼气量（$FEV_{1.0}$）、$FEV_{1.0}$/FVC 和呼气量峰值（PEF）、最大通气量（MVV，可用于评估最大强度运动时的呼吸储备）。这些检查可以用于识别病人是否出现限制性或阻塞性呼吸异常，有时可在出现某种疾病的症状或体征前发现。气道阻塞性疾病

(如哮喘、慢性支气管炎、肺气肿和慢性阻塞性肺部疾病COPD)患者,$FEV_{1.0}/FVC$降低;气道受限时(如脊柱后侧凸、神经肌肉疾病、肺纤维化和其他间质性疾病),$FEV_{1.0}/FVC$仍保持正常。

当慢性支气管炎和肺气肿单独存在或同时存在时称为慢性阻塞性肺部疾病(COPD),COPD患者测定肺活量会有阻塞性异常。美国胸科协会(ATS)和欧洲呼吸协会(ERS)肺功能标准工作组采用不同方法对阻塞性和限制性缺陷的严重程度进行分类,见表4-2、表4-3。

表4-2 基于支气管扩张后$FEV_{1.0}$值将COPD肺活量测试进行严重程度分级的慢性阻塞性肺部疾病全球倡议

阶段 I	轻度	$FEV_{1.0}/FVC<0.7$ $FEV_{1.0} \geqslant 80\%$预测值
阶段 II	中度	$FEV_{1.0}/FVC<0.7$ $50\% \leqslant FEV_{1.0}<80\%$预测值
阶段 III	重度	$FEV_{1.0}/FVC<0.7$ $30\% \leqslant FEV_{1.0}<50\%$预测值
阶段 IV	非常严重	$FEV_{1.0}/FVC<0.7$ $FEV_{1.0}<30\%$预测值,或$FEV_{1.0}<50\%$预测值+慢性呼吸衰竭

表4-3 美国胸科协会(ATS)和欧洲呼吸协会(ERS)基于$FEV_{1.0}$的肺活量异常严重程度分级

严重度	$FEV_{1.0}\%$预测值
轻度	<LLN,但≥70
中度	60~69
中重度	50~59
重度	35~49
非常严重	<35

注:LLN:正常值下限;呼吸衰竭:在海平面呼吸空气的条件下,动脉氧分压(PaO_2)<8.0kPa(60mmHg),并伴有或不伴有动脉二氧化碳分压($PaCO_2$)<6.7kPa(50mmHg)。

引自:Pellegrino R, Viegi G, Brusasco V, et al. Interpretative strategies for lung function tests. Eur Respir J. 2005;26(5):948-68. Rabe KF, Hurd S, Anzueto A, et al. Global strategy for the diagnosis, management, and prevention of chronic obstructive pulmonary disease:GOLD exercise summary. Am J Respir Crit Care Med. 2007;176(6):532-55.

ATS/ERS工作组应用的最大肺活量(VC),可以通过吸气肺活量(IVC)、慢肺活量(SVC),或用力肺活量(FVC)获得。阻塞性缺陷是指FEV1.0/FVC低于预测值5%。用

$FEV_{1.0}/FVC$ 或 $FEV_{1.0}/FVC$ 固定值小于 0.7 作为划分正常与异常的界限,用低于预测值 5% 作为正常下限,不会引起老年人阻塞性异常的过度评价。在一项肺容量研究中,测得限制性缺陷的特点是肺总量(TLC)降低,低于预测值 5%,$FEV_{1.0}/FVC$ 正常。

3. 内、外科检查

主要检查安静时血压、心率、心肺听诊、腹部触诊、神经反射等项目。

(1)安静时血压。可选择坐位、仰卧位或站立位。血压与心血管疾病风险相关,并独立于其他危险因素。40~70 岁的人血压在 115/75~185/115mmHg 范围内时,收缩压每升高 20mmHg 或舒张压每增加 10mmHg,心血管疾病的风险就增加 1 倍。收缩压在 120~139mmHg,或舒张压在 80~89mmHg 之间属于高血压前期,应该选择健康的生活方式,预防心血管疾病的发生。

生活方式的调节包括体力活动、减轻体重、高血压饮食控制(即:增加水果蔬菜的摄入,坚持饱和脂肪酸和总脂肪含量低的低脂饮食)、低钠饮食(每日钠摄入量不超过 100mmol/L 或 2.4g)、控制酒精摄入量、坚持高血压治疗。

正常收缩压(SBP)、舒张压(DBP)血压范围见表 4-4。

表 4-4 成人血压分类和管理[a]

血压分类	SDP	DBP	早期药物治疗		
	mmHg	mmHg	生活方式调整	无并发症	有并发症
正常	<120	<80	鼓励		
高血压前期	120~139	80~89	调整	无需药物治疗	药物治疗[b]
1 级高血压	140~159	90~99	调整	抗高血压药物	药物治疗[b] 其他抗高血压药物
2 级高血压	≥160	≥100	调整		抗高血压药物 多数人使用两种药物[c]

[a] 治疗依据高血压分类

[b] 并发症包括心力衰竭、陈旧性心肌梗死、冠心病高危人群、糖尿病、慢性肾脏疾病和脑卒中再发预防。对慢性肾脏疾病或糖尿病病人,血压要降到 130/80mmHg 以下。

[c] 对存在直立性低血压风险的人群,药物联合治疗应谨慎。

引自:The Seventh Report of the Joint National Committee on Prevention, Detection, Evaluation, and Treatment of High Blood Pressure (JNC7) [Internet]. Bethesda, (MD): National High Blood Pressure Education Program; 2004[cited 2012 Jan 7]. 104 p. Available from: http://www.nhlbi.nih.gov.guidelines/hypertension.)

(2)心尖触诊,心脏听诊,注意有无杂音、奔马率、喀啦音和摩擦音。

(3)肺部听诊,注意肺各个部位的呼吸音是否一致(有没有水泡音、哮鸣音或其他呼吸音)。

(4)颈动脉、腹部动脉和股动脉的触诊和听诊。
(5)腹部触诊,对腹部肠鸣音、肿块、内脏肿大和柔软度进行评价。
(6)神经功能检查,包括反射和指定的认知能力。
(7)下肢浮肿和外周动脉搏动的触诊和检查。
(8)与骨关节和其他限制运动测试的医学情况相关联的进一步检查。
(9)检查皮肤、淋巴结、脊柱四肢、肛门、疝气等。尤其对糖尿病病人进行足部检查。

三、实验室测试

实验室检查包括对血清生化、全血细胞计数、血脂、脂蛋白、炎性标记物、空腹血糖、AIC(糖化血红蛋白百分比)等多种血液指标进行监测,但不限于此内容。表4-5列举了根据危险分层和临床评估推荐的实验室测试。以下就血常规、血清生化指标测试等内容进行阐述。

表4-5　　　　　　　　根据危险分层和临床评估推荐的实验室测试

低危到中危人群:
(1)空腹血清总胆固醇、低密度脂蛋白胆固醇、高密度脂蛋白胆固醇和甘油三酯。
(2)空腹血糖,尤其是45岁以上的人、年轻的超重者(BMI≥25kg/m^2)和有一个或多个2型糖尿病危险因素的人:近亲属中有糖尿病者,高危种族人群(如亚洲裔美国人、拉丁美洲人、本土美国人、亚裔美国人和天平洋岛民),生育4.0kg以上婴儿者或有妊娠糖尿病病史的人,高血压(成人BP≥140/90 mmHg),HDL-C<40 mg/dl(1.04mmol/L)和/或甘油三酯≥150 mg/dl(1.69mmol/L),糖耐量或空腹血糖异常[空腹血糖≥100 mg/dl(5.55mmol/L)],习惯性体力活动缺乏,多囊卵巢综合征和血管疾病史。
(3)甲状腺功能检查,作为一种筛查评估,特别是存在血脂异常时。

高危人群:
(1)以上的检查结合相关的心血管实验室测试(如:静态12导心电图、动态心电图监控、冠脉造影、放射性核素检查或超声心动图、运动测试)。
(2)颈动脉和其他外周血管的超声检查。
(3)考虑检查脂蛋白(a)、高敏C反应蛋白、LDL-C颗粒的大小和数量、HDL亚型(特别关注那些有冠心病家族史,但无心血管危险因素的年轻人)。
(4)存在或怀疑有心力衰竭的病人应进行胸部X线检查。
(5)既往史和体格检查发现需要进行的全面的血清化学成分和血常规测试。

肺部疾病病人:
(1)肺部X线。
(2)肺功能测试。
(3)一氧化碳扩散能力。
(4)其他特殊的肺部检查(如血氧饱和度或血气分析)。

1. 血常规

血常规是指通过观察血细胞的数量变化及形态分布从而判断血液状况及疾病的检查。

第四章 运动前评价

血常规检查包括有红细胞计数、血红蛋白、白细胞、白细胞分类计数及血小板等,通常可分为三大系统,即红细胞系统、白细胞系统和血小板系统。

血常规中的许多项具体指标是一些常用的敏感指标,对机体许多病理改变都有敏感反映,其中又以白细胞计数、红细胞计数、血红蛋白和血小板最具有诊断参考价值,许多患者在病因不明时可以通过做血常规检查对其进行辅助诊断。此外,血常规检查还是观察治疗效果、用药或者停药、继续治疗或停止治疗、疾病复发或痊愈的常用指标。血常规各项指标的正常范围见表4-6。

表4-6 血常规各项指标的正常范围

指标	男性	女性
血红蛋白(g/L)	120~160	110~150
红细胞计数($\times 10^{12}$/L)	4.0~5.5	3.5~5.0
红细胞压积(%)	40~50	37~48
平均红细胞体积(fL)	80~100	
平均红细胞血红蛋白含量(pg)	27~34	
平均红细胞血红蛋白浓度(g/L)	320~360	
红细胞分布宽度(%)	10.1~16.0	
网织红细胞计数(%)	0.5~1.5	
血小板计数($\times 10^9$/L)	108~273	148~257
白细胞计数($\times 10^9$/L)	4~10	
中性粒细胞百分比(%)	杆状核:0~5;分叶核:50~70	
淋巴细胞百分比(%)	20~40	
单核细胞百分比(%)	3~8	
嗜酸性粒细胞百分比(%)	0.5~5.0	
嗜碱性粒细胞百分比(%)	0~1	
单核细胞百分比(%)	3~8	
中性粒细胞绝对值($\times 10^9$/L)	杆状核:0.04~0.5;分叶核:2~7	
淋巴细胞绝对值($\times 10^9$/L)	0.2~0.4	
单核细胞绝对值($\times 10^9$/L)	0.08~0.8	
嗜酸性粒细胞绝对值($\times 10^9$/L)	0.05~0.5	
嗜碱性粒细胞百分比($\times 10^9$/L)	0~0.1	

2. 血液生化检测

多种血液生化指标分析广泛应用于临床运动计划中。这些分析为全面了解病人的健康状况和运动能力提供信息，也有助于解释某些心电图异常。表4-7列出了部分血液生化指标的正常值。

表4-7　　　　　　　　　　　　　　部分血液生化指标的正常范围

分类	男性	女性
比重(g/L)	1.055~1.063	1.051~1.060
pH	7.34~7.44	
GLU 空腹血糖(mmol/L)	3.61~6.11	
TG 甘油三酯(mmol/L)	0.56~1.7	
TC 总胆固醇(mmol/L)	2.84~5.68	
HDL-C 高密度脂蛋白胆固醇(mmol/L)	>1.04	
LDL-C 低密度脂蛋白胆固醇(mmol/L)	<3.12	3.63
总胆红素(umol/L)	3~24	
TP 总蛋白(g/L)	60~80	
ALB 白蛋白(g/L)	35~55	
球蛋白(g/L)	20~40	
ALP 碱性磷酸酶(U/L)	40~160	
GGT r-谷氨酰转肽酶(U/L)	0~50	
TBIL 总胆红素(umol/L)	1.7~17.1	
DBIL 直接胆红素(umol/L)	0~6.0	
血尿素氮(BUN)(mmol/L)	1.8~7.1	
Crea 肌酐(μmol/L)	44~133	
Ua 血尿酸(μmol/L)	150~420	90~357
钠(mmol/L)	135~145	
钾(mmol/L)	3.5~5.5	
渗透压(mOsm/kg)	278~302	
钙(mmol/L)	2.25~2.75	
磷(mmol/L)	0.97~1.62	
血清铁(mmol/L)	10.7~27	
谷草转氨酶(AST)(IU/L)	0~45	
谷丙转氨酶(ALT)(IU/L)	0~40	

(1) 血脂和脂蛋白

血脂是血清中的胆固醇、甘油三酯（TG）和类脂（磷脂、糖脂、固醇、类固醇）等的总称，广泛存在于人体中，与临床密切相关的血脂是胆固醇和 TG。在人体内胆固醇主要以游离胆固醇及胆固醇酯的形式存在；TG 是甘油分子中的 3 个羟基被脂肪酸酯化而形成。它们是生命细胞的基础代谢必需物质，甘油三酯参与人体内能量代谢，而胆固醇则主要用于合成细胞浆膜、类固醇激素和胆汁酸。胆固醇主要包括低密度脂蛋白胆固醇（LDL-C）、高密度脂蛋白胆固醇（HDL-C）。血脂不溶于水，必须与特殊的蛋白质即载脂蛋白（apolipoprotein，Apo）结合形成脂蛋白才能溶于水。

脂蛋白（lipoprotein）是一类由富含固醇脂、甘油三酯的疏水性内核和由蛋白质、磷脂、胆固醇等组成的外壳构成的球状微粒。脂蛋白对于昆虫和哺乳动物细胞外脂质的包装、储存、运输和代谢起着重要作用，脂蛋白代谢异常（通常伴随着脂质组分和蛋白质组分的改变）与动脉硬化症、糖尿病、肥胖症以及肿瘤发生密切相关。脂蛋白的核心成分是甘油三酯，周围包绕一层磷脂、胆固醇、蛋白质分子。脂蛋白分为：乳糜微粒（CM）、极低密度脂蛋白（VLDL）、中间密度脂蛋白（IDL）、低密度脂蛋白（LDL）、高密度脂蛋白（HDL）。此外，还有一种脂蛋白称为脂蛋白（a）[lipoprotein（a），Lp（a）]。

临床上血脂检测的基本项目为 TC、TG、LDL-C 和 HDL-C。其他血脂项目如 ApoA1、ApoB 和 Lp（a）的临床应用价值也日益受到关注。

①TC

TC 是指血液中各种脂蛋白所含胆固醇之总和。因为 LDL 通常是胆固醇的主体成分，因此高水平的 TC 也是冠心病的风险因素。但是，TC 对动脉粥样硬化性疾病的危险评估和预测价值不及 LDL-C 精准。

②TG

TG 水平受遗传和环境因素的双重影响，与种族、年龄、性别以及生活习惯（如饮食、运动等）有关。TG 轻至中度升高常反映 VLDL 及其残粒（颗粒更小的 VLDL）增多，这些残粒脂蛋白由于颗粒变小，可能具有直接致动脉粥样硬化作用。但多数研究提示，TG 升高很可能是通过影响 LDL 或 HDL 的结构而具有致动脉粥样硬化作用。调查资料表明，血清 TG 水平轻至中度升高者患冠心病危险性增加。

③LDL-C

由于胆固醇占 LDL 比重的 50% 左右，故 LDL-C 浓度基本能反映血液 LDL 总量。影响 TC 的因素均可同样影响 LDL-C 水平。LDL-C 增高是动脉粥样硬化发生、发展的主要危险因素。LDL 通过血管内皮进入血管壁内，在内皮下层滞留的 LDL 被修饰成氧化 LDL（oxidized low-density lipoprotein，Ox-LDL），巨噬细胞吞噬 Ox-LDL 后形成泡沫细胞，后者不断增多、融合，构成动脉粥样硬化斑块的脂质核心。动脉粥样硬化病理虽表现为慢性炎症性反应特征，但 LDL 很可能是这种慢性炎症始动和维持的基本要素。一般情况下，LDL-C 与 TC 相平行，但 TC 水平也受 HDL-C 水平影响，故最好采用 LDL-C 作为 ASCVD 危险性的评估指标。

④HDL

HDL 能将外周组织如血管壁内胆固醇转运至肝脏进行分解代谢，即胆固醇逆转运，可减少胆固醇在血管壁的沉积,起到抗动脉粥样硬化作用。因为 HDL 中胆固醇含量比较稳定,故目前多通过检测其所含胆固醇的量,间接了解血中 HDL 水平。大量的流行病学资料表明,血清 HDL-C 水平与 ASCVD 发病危险呈负相关。ACSM 认为 HDL-C 含量在 60mg/mL 以上就能够在一定程度上对抗冠心病的发生。另外,TC/HDL-CD 的比值也与冠心病的危险有关,比值越高则冠心病的危险越大。TC/HDL-CD>5 危险增加,TC/HDL-CD<3.5 危险很低。

⑤ApoA1

正常人群血清 ApoA1 水平多在 1.2~1.6g/L 范围内,女性略高于男性。HDL 颗粒的蛋白质成分即载脂蛋白约占 50%,蛋白质中 ApoA1 占 65%~75%,而其他脂蛋白中 ApoA1 极少,所以血清 ApoA1 可以反映 HDL 水平,与 HDL-C 水平呈明显正相关,其临床意义也大体相似。

⑥ApoB

正常人群中血清 ApoB 多在 0.8~1.1g/L 范围内。正常情况下,每一个 LDL、IDL、VLDL 和 Lp(a)颗粒中均含有 1 分子 ApoB,因 LDL 颗粒占绝大多数,大约90%的 ApoB 分布在 LDL 中。故血清 ApoB 主要反映 LDL 水平,与血清 LDL-C 水平呈明显正相关,两者的临床意义相似。ApoB 有 ApoB48 和 ApoB100 两种,前者主要存在于 CM 中,后者主要存在于 LDL 中。除特殊说明外,临床常规测定的 ApoB 通常指的是 ApoB100。

⑦Lp(a)

血清 Lp(a)浓度主要与遗传有关,基本不受性别、年龄、体重和大多数降胆固醇药物的影响。正常人群中 Lp(a)水平呈明显偏态分布,虽然个别人可高达 1000mg/L 以上,但 80%的正常人在 200mg/L 以下。通常以 300mg/L 为切点,高于此水平者患冠心病的危险性明显增高。即使 Lp(a)可能具有致动脉粥样硬化作用,但尚缺乏临床研究证据。此外,Lp(a)增高还可见于各种急性时相反应、肾病综合征、糖尿病肾病、妊娠和服用生长激素等。在排除各种应激性升高的情况下,Lp(a)被认为是 ASCVD 的独立危险因素。

《中国成人血脂异常防治指南(2016 年修订版)》指出我国人群(主要适用于 ASCVD 一级预防目标人群)血脂成分合适水平及异常切点的建议见表 4-8,血脂异常分类见表 4-9。

表 4-8 中国动脉粥样硬化性心血管疾病一级预防人群血脂合适水平和异常分层标准

分层	血脂项目[mmol/L(mg/dl)]				
	TC	LDL-C	HDL-C	非-HDL-C	TG
理想水平		<2.6(100)		<3.4(130)	
合适范围	<5.2(200)	<3.4(130)		<4.2(160)	<1.7(150)
边缘升高	≥5.2(200)且<6.2(240)	≥3.4(130)且<4.1(160)		≥4.1(160)且<4.9(190)	≥1.7(150)且<2.3(200)
升高	≥6.2(240)	≥4.1(160)		≥4.9(190)	≥2.3(200)

续表

分层	血脂项目[mmol/L(mg/dl)]				
	TC	LDL-C	HDL-C	非-HDL-C	TG
降低			<1.0(40)		

各血脂项目测定数值的表达单位按国家标准为 mmol/L，国际上有些国家用 mg/dl，其转换系数如下：TC、HDL-C、LDL-C：1mg/dl=0.0259mmol/L；TG：1mg/dl=0.0113mmol/L。

表 4-9　　血脂异常的临床分类

	TC	TG	HDL-C	相当于 WHO 表型
高胆固醇血症	增高			IIa
高 TG 血症		增高		IV、I
混合型高脂血症	增高	增高		IIb、III、IV、V
低 HDL-C 血症			降低	

《中国成人血脂异常防治指南（2016 年修订版）》同时指出：

①极高危和高危人群不需要按危险因素个数进行中国动脉粥样硬化性心血管疾病（ASCVD）危险分层。

已诊断 ASCVD 者直接列为极高危人群；符合下列条件之一者列为高危人群：a. LDL-C≥4.9 mmol/L（190 mg/dl）。b. 1.8 mmol/L（70 mg/dl）≤LDL-C≤4.9 mmol/L（190 mg/dl）且年龄在 40 岁以上的糖尿病患者。

②需要按照危险因素个数进行 ASCVD 危险分层时，可按照下表 4-10。

表 4-10　　**按照危险因素个数进行 ASCVD 危险分层**

	危险因素个数	血清胆固醇水平分层(mmol/L)		
		3.1≤TC≤4.1 或者 1.8≤LDL-C≤2.6	4.1≤TC≤5.2 或者 2.6≤LDL-C≤3.4	5.2≤TC≤7.2 或者 3.4≤LDL-C≤4.9
无高血压	0-1	低危(<5%)	低危(<5%)	低危(<5%)
	2	低危(<5%)	低危(<5%)	中危(5%~9%)
	3	低危(<5%)	中危(5%~9%)	中危(5%~9%)
有高血压	0	低危(<5%)	低危(<5%)	低危(<5%)
	1	低危(<5%)	中危(5%~9%)	中危(5%~9%)
	2	中危(5%~9%)	高危(≥10%)	高危(≥10%)
	3	高危(≥10%)	高危(≥10%)	高危(≥10%)

注：危险因素包括：1. 吸烟；2. 低 HDL-C；3. 男性≥45 岁或女性≥55 岁。

③年龄<55岁中危者还要评估余生危险

对10年ASCVD发病危险为中危且年龄小于55岁者，还应评估余生危险。具有以下任意2项及以上危险因素者，其ASCVD余生危险为高危。这些危险因素包括：a. 收缩压（SBP）≥160或舒张压（DBP）≥100mmHg；b. 非-HDL-C≥5.2mmol/L（非-HDL-C是指除HDL以外其他脂蛋白中含有的胆固醇总和。计算公式：非-HDL-C = TC-HDL-C）；c. HDL-C<1.0mmol/L；d. 身体质量指数（BMI）≥28kg/m^2；e. 吸烟。

(2) 其他血液指标

对于本身就有心血管疾病的病人，普遍会使用某些药物来控制血脂和血压。这些药物作用于肝脏和肾脏，因此，这类病人更应该进行肝功能（包括总蛋白、白蛋白、球蛋白、白蛋白、白球比、总胆红素、直接胆红素、间接胆红素、转氨酶等指标）和肾功能（包括肌酐、尿素氮等指标）测试。同时还可测定乳酸脱氢酶、肌酸激酶等反映心肌有无受损，测定血清钾、钠可用于确定体液量和血钾异常。

3. 运动测试禁忌证

对于某些个体来说，运动测试带来的风险会超过收益。这部分人在决定是否应该进行运动测试时，认真的评价运动测试的风险与收益是非常重要的。对于有绝对禁忌证的病人在病情稳定或进行适当治疗后才可以进行运动测试；有相对禁忌证的人只有在仔细评估风险和收益后才可以决定是否进行测试（表4-11）。

表4-11　　　　　　　　　　　　　　运动测试的禁忌证

绝对禁忌证	近期安静心电图显示有严重心肌缺血、近期心肌梗死（2天内）或其他急性心脏事件
	不稳定型心绞痛
	可引起症状或血流动力学改变的未控制的心律失常
	严重的有症状的心力衰竭
	急性肺栓塞或肺梗死
	急性心肌炎或心包炎
	怀疑或已知动脉瘤破裂
	急性全身感染，伴发热、全身疼痛或淋巴结肿大
相对禁忌证	冠状动脉左干支狭窄
	中度狭窄性心瓣膜病
	电解质紊乱（如：低钾血症、低镁血症）
	严重高血压（收缩压>200mmHg或舒张压>110mmHg）
	心动过速或心动过缓
	肥厚型心肌病或其他形式的流出道狭窄

	续表
相对禁忌证	运动中加重的神经肌肉、肌肉骨骼疾病和风湿性疾病
	重度房室传导阻滞
	室壁瘤
	未控制的代谢性疾病(如：糖尿病、甲状腺功能亢进或粘液性水肿)
	慢性感染性疾病(如：艾滋病)
	精神或躯体障碍导致的运动能力显著下降

运动测试可以在运动能力、肺功能、运动中心律失常和血液动力学反应等方面提供有用的信息。需要强调的是，禁忌证评价不能用于某些特殊的临床情况，如：急性心肌梗死后、血管成形术或旁路移植术后、确定是否需要应用某些药物或药物治疗是否有益等。运动测试中还存在一些可能影响有诊断意义和心电图信息的情况(如左束支传导阻滞、洋地黄治疗)。有这些情况的病人在运动测试中应同时使用通气过程中的气体分析、超声心动图、放射性核素显像等技术来提高运动测试的敏感性、特异性和诊断能力。

4. 知情同意书

运动测试前获取参与者的知情同意书是重要的伦理和法律问题。知情同意书的形式和内容不同，但必须包含足够的信息，确保参与者知道并理解运动测试或运动项目的目的和相伴的风险。知情同意书应给予语言上的解释，并说明病人可以对运动过程提出问题，并从知情同意书上获得更多信息。在知情同意书的相应位置应注明参与者的特殊问题和相关责任。在知情同意书中必须指出参与者可以随时退出测试。如果参与者是未成年人，要由其父母或监护人签署知情同意书。通过权威机构(如风险管理机构、伦理委员会和法律顾问)的检查来决定参与者可接受的知情同意书的内容是否合理。但应尽可能地保护参与者的隐私。知情同意书模板见表4-12。

表4-12	运动测试知情同意书
1. 测试目的和说明	
你将在功率车或跑台上进行运动测试，运动强度从低强度开始，根据你的体适能水平逐级递增。我们将根据疲劳体征、心率、心电图、血压变化或可能出现的症状及时终止测试。当你感到疲劳或其他不适时，可以要求停止测试，这一点很重要。	
2. 可能出现的风险和不适	
测试过程中可能出现某些情况，包括血压异常、头晕、心率过快、过慢或心律不齐，以及心脏病、脑卒中和死亡等罕见情况。我们会通过测试前对健康和体适能相关信息的评价和测试中的仔细观察，最大限度的降低风险。测试现场有相应的急救设备和接受过训练的专业人员以保证及时处理异常情况。	

续表

3. 参与者的责任
参与者应知道身体用力时自己的健康状况和曾经历过的心脏相关症状(如：低强度的体力活动引起的呼吸困难，胸部、颈部、下颌、后背和手臂等处的疼痛、压榨感、沉重感)可能影响你在运动测试中的安全性。应及时报告在努力完成运动测试的过程中出现的这些症状和其他异常感觉。你有义务提供全部病史和在试验中可能出现的症状。此外，你还要提供所有的药物治疗记录(包括非处方药)，尤其是最近和当天服用的药物。
4. 预期获得的益处
运动测试结果可能有助于疾病诊断、评价药物治疗效果或者评价在低风险状态下你能从事哪种类型的体力活动。
5. 咨询
你可以提出任何有关测试步骤和结果的问题。如果你有顾虑和问题，请咨询我们，并得到进一步的解释。
6. 医疗记录的用途
像1996医疗保险通用性和责任法案(HIPAA)中描述的那样，我们会尽最大努力保护运动测试中获得的参与者的信息的权利和隐私(如：病史、测试结果)。没有受试者的书面同意书，不得将相关信息透露给医生以外的任何人。在保护个人隐私的前提下，可以将测试中所获得的信息用于统计分析和科学研究。
7. 自愿参加
我同意参加运动测试，确定我的运动能力和心血管健康状况。我承诺参加这个运动测试是自愿的，如果我要求停止，测试可以随时终止。
我已阅读这份知情同意书，清楚测试流程和可能出现的风险和不适，我有随时提问的机会直到获得满意答案。我愿意参加这项测试。 日期：　　　　　　　　受试者(病人)签名： 日期：　　　　　　　　担保人签名： 日期：　　　　　　　　内科医生或授权代表签名：

　　如果运动测试的目的不是为了诊断和运动处方所需(即：以完成实验为目的)，应在知情同意书的内容中加以说明，并反映在知情同意书中，而且必须根据人体实验的原则执行。如果进行运动测试是以科研为目的，健康管理人士应该获得制度上的支持。

　　由于大多数知情同意书中包括急救的过程和所需的设备，因此必须确保救护人员受过相应培训并得到使用相关急救设备的授权。应该张贴急救原则和过程，急救演习至少每隔3个月练习一次。如果出现人员变动，则需更频繁的进行急救演习。

5. 受试者说明

　　在运动测试前对参与者进行指导，可以提高测试的有效性和数据的准确性。在预先约定中应提供包含评价描述的书面说明书，使测试人员和受试者都能做好充分准备。进行测试时，在评价的过程中应努力确保运动测试过程持续进行。以下几点是受试者说明书的基本内容，根据测试的类型和目的的不同，还应提供特殊的说明书。

(1) 在测试 3 小时以内，受试者应禁食，不吸烟、不饮酒、不喝咖啡。

(2) 在测试当天，受试者要注意休息，避免明显费力的体力活动或运动。

(3) 应当穿运动自如的衣裤，包括合适走路或跑步的鞋。女性受试者要穿宽松短裤、前开式衣服，不要穿紧身内衣。

(4) 如果是评价门诊病人，受试者要了解测试可能会导致的疲劳，受试者可能需要有人陪伴参加测试，并在测试结束后送其回家。

(5) 如果测试是出于诊断的目的，病人最好停止服用心血管处方药，但必须得到内科医生许可。所用的抗心绞痛处方药能改变血流动力学对运动的反应，并明显降低心电图对缺血性变化的敏感性。对于服用中等或大剂量 β 受体阻断剂的病人，要求在 2~4 小时内逐渐减量，以减少肾上腺功能亢进的反跳现象。

(6) 如果测试是出于评价功能或制定运动处方的目的，病人可以继续按日常需要服药。测试中的运动反应将是实际运动训练中的预期反应。

(7) 受试者要提供所服药物的名称、剂量和次数，尤其是测试前最后一次的实际服药量。受试者可以把药带在身边以便测试人员记录。

(8) 测试前 24 小时，要喝足够的水，确保测试前正常的水平衡。

四、运动心电图试验

心脏是推动血液循环的器官，其病变是运动性猝死的主要原因之一。因此，用专门的器械检查心脏，包括阐明心功能储备、探测冠心病和各种心率失常，特别是保证运动安全具有一定价值。

1. 运动心电图测试方法及注意事项

(1) 方法。受试者在功率自行车或跑台上，从低负荷等级（200kg·m 或 0 坡度）开始进行逐级递增负荷运动，每级负荷运动持续 3 分钟，直到力竭或年龄预算最大心率的 85% 为止。也可进行心电图两级梯双倍或改良梯级运动试验。持续检测运动前、中和 9 分钟恢复期的心率、血压和心电图。达到 85% 最大心率或出现症状、体力衰竭和心电图异常时马上停止运动试验。

(2) 注意事项。本实验的禁忌症包括：各种急性疾病，特别是急性心肌梗死；近 2 周内有较频繁的心绞痛发作；严重肺部疾病；电解质紊乱；严重的心律失常、高血压；老年（>65 岁）体衰、行动不便，或伴有骨骼、关节疾病者；安静心电图已明确冠状动脉供血不足者。同时试验时必须有医师参加，并要准备急救药品和器械。

2. 运动心电图的评定

ST 段下移>0.05mV、持续两分钟和在 R 波占优势的导联中 T 波平坦、双相或倒置为心肌缺血阳性。

运动过程中由规则变为不规则，心律失常加重或发生严重心律失常（心房颤心室性期前收缩），揭示器质性心脏病。

心房颤动的心电图特征是：P 波被连续的细小、形态不一致的频率及不规则的 f 波替代，速度为 400~600 次·min^{-1}；QRS 波群和 T 波大致正常，但不规则。

心室性期前收缩的心电图特征是：QRS 波群和 T 波提前出现，其前面无过早的 P 波；QRS 波群形态异常，时限>0.12s，下波方向与 QRS 主波方向相反；期前收缩前后两个窦性心搏相隔的时限，等于正常两个心动周期。

年龄预测的最大心率约为：30~39 岁 182 次·min^{-1}，40~49 岁 178 次·min^{-1}，50~59 岁 167 次·min^{-1}，60~69 岁 164 次·min^{-1}。

第五章　心肺适能及其测评

心肺适能综合反映人体摄取、转运和利用氧的能力。它与心脏泵血功能、肺部摄氧及交换气体能力、血液循环系统携带氧气至全身各部位的效率，以及肌肉等组织利用氧气的能力有关。心肺适能的好坏是身体的保证。

第一节　心肺适能概述

一、心肺适能的定义

心肺适能是指全身大肌肉进行长时间运动的持久能力，是体适能的重要组成部分。它反映了呼吸系统和血液循环系统向肌肉运送氧气和能量物质，维持机体从事运动的能力，因此心肺适能可以说是机体的心脏、肺脏、血管和组织细胞有氧能力的指标。由于拥有良好心血管适能的人通常也具有较好的运动耐力或有氧运动能力，因此，心肺适能有时也称为心血管适能(cardiovascular fitness)或者有氧适能(aerobic fitness)。

二、影响心血管适能的因素

心血管适能是人体呼吸、血液和循环系统功能的综合表现，因此也受以上各个组成系统功能能力的直接影响(图5-1)。

1. 心脏功能

心脏功能是影响心肺适能的最主要生理因素。心脏作为心血管系统的动力器官，其主要生理功能是收缩射血，推动全身血液循环，以适应体力活动和其他生命活动的需要。一般情况下，心脏功能的强弱主要由心输出量(cardiac output, CO)的大小来反映，CO是每搏输出量(stroke volume, SV)和心率(heart rate, HR)的乘积。

2. 血管功能

血管功能改变对心血管适能的影响主要是通过以下几种机制实现的。一是运动时外周血管阻力下降，减少了心室射血的后负荷，使得心室射血变得更加顺畅，CO增加；二是运动时骨骼肌小动脉血管反射性舒张，内脏和皮肤小动脉血管反射性收缩，从而使血流分布模式发生改变，使得运动肌获得更多的血液，更好地满足其活动的需要；三是受长期体育锻炼和运动训练的影响，外周肌细胞毛细血管分布的密度增加，这一变化有助于改善肌肉组织的微循环状态，从而增强肌肉耐力。

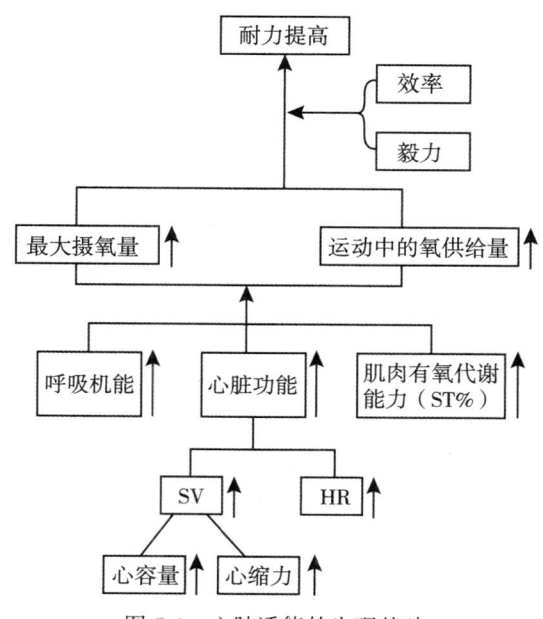

图 5-1 心肺适能的生理基础

3. 呼吸与血液

机体的生命活动和运动所需要的氧和营养物质以及新陈代谢的产物，都是在呼吸和血液循环的作用下进行的。安静时，人体的肺通气量为 6~8 L/min，极限运动时的最大肺通气量可达 150 L/min 以上，而判断最大摄氧量的肺通气量标准通常为 110~120 L/min，可见通常情况下肺通气功能具有较大的功能储备，一般不构成对心肺适能的明显影响。相反，在组织呼吸方面，由于长期从事体育锻炼或耐力训练能够明显增加肌肉线粒体数量和氧化能力，因此能够一定程度上增加外周肌肉的氧利用能力，从而影响肌肉运动的耐力。

血液氧气的运输与红细胞中的血红蛋白与氧气结合成氧合血红蛋白的数量有关。研究发现 1g 血红蛋白可与 1.34~1.36 mL 的氧气结合，因此，红细胞数量或血红蛋白的浓度越高，所能携带的氧气就越多。长期从事耐力性运动能够增加血液中血红蛋白的含量和血氧运输能力，从而改善外周肌肉的氧气供应，提高肌肉活动的耐力。

4. 遗传

遗传是影响心血管适能的重要因素。以最大吸氧量（VO_{2max}）为例，研究证明遗传因素对 VO_{2max} 有较大的决定作用。Bouchard 与同事发现，遗传可决定最大摄氧量 25%~50% 的变化。这意味着在所有影响最大摄氧量的因素中，单是遗传就占据了 1/4~1/2 的比例。世界级运动员停止耐力训练多年后，在久坐生活型态和体能不好的状态下他们的最大摄氧量仍然很高。他们的最大摄氧量可以从 85 下降至 65 ml/kg/min，但是这个在体能不佳时的数值仍是非常高的。

从 20 世纪 60 年末期至 70 年代初期，最大摄氧量的基因基础研究已经展开。最近的研究显示，同卵（单合子）双胞胎的最大摄氧量基本相同，而异卵（双合子）双胞胎的差别较大。图5-2显示，每一个符号代表一对孪生兄弟，孪生兄弟A的最大摄氧量对应于符号的X轴上，孪生兄弟B的最大摄氧量对应于符号的Y轴上。孪生兄弟的最大摄氧量通过符号的X和Y坐标进行比较（即落在图上x=y对角线的接近距离）。同样的结果也出现在耐力能力上，它是通过在自行车记功计上进行90分钟一次性力竭运动来检测的。

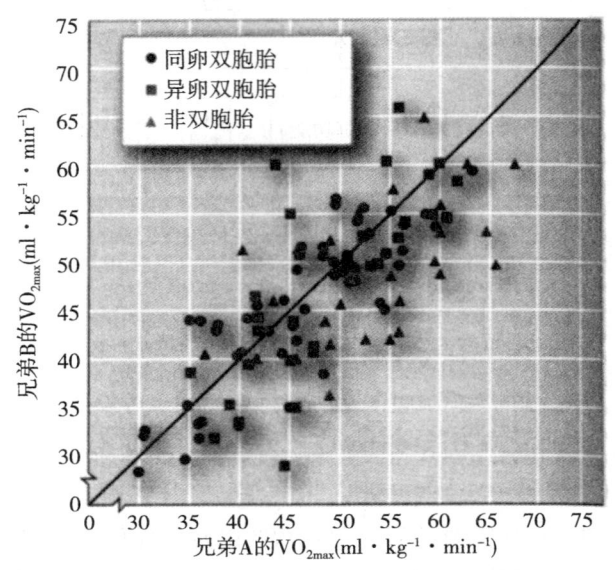

图5-2 比较双胞胎（同卵和异卵）与非双胞胎兄弟的最大摄氧量

Bouchard, et al. Aerobic performance in brothers, dizygotic and monozygotic twins. Medicine and Science in Sports and Eercise, 1986, 18: 639-646

遗传可以解释为什么有些人即使没有经过耐力训练，却也会具有很高的摄氧量。一项研究比较了未经训练的男子的最大摄氧量，一组低于49 ml/kg/min，另一组高于62.5 ml/kg/min。结果显示最大摄氧量较高组有较多的血容量，在最大强度运动下可产生较高的每搏输出量和心输出量，这种血容量较多的原因可能是因为遗传所决定的。此外，最大通气量、红细胞和血红蛋白、慢肌纤维的百分比等都与遗传有关。

因此，遗传和环境因素都影响最大摄氧量。遗传因子可能确定了运动员最大摄氧量的范围，但是耐力训练可以推进最大摄氧量到范围的上限。奥斯特朗是20世纪中期以后最被大家所认可的运动生理学家之一，他在许多重要的场合中提到要成为奥林匹克冠军最基本的一个因素是取决于自己的双亲。

5. 年龄和性别

发育过程中，VO_{2max}的绝对值随年龄增长而增加，男子约在16岁时达到峰值，女子约在14岁达到顶峰（图5-3）。25岁以后，VO_{2max}以每年约1%的速度递减，55岁时VO_{2max}

较 20 岁时平均减少约 27%。也有研究指出，30 岁以后，活动少的人 VO_{2max} 每 10 年降低 8%~10%，而活动多的人，每 10 年只降低 4%~5%。长期坚持耐力运动者，每 10 年甚至只降低 1%~2%。

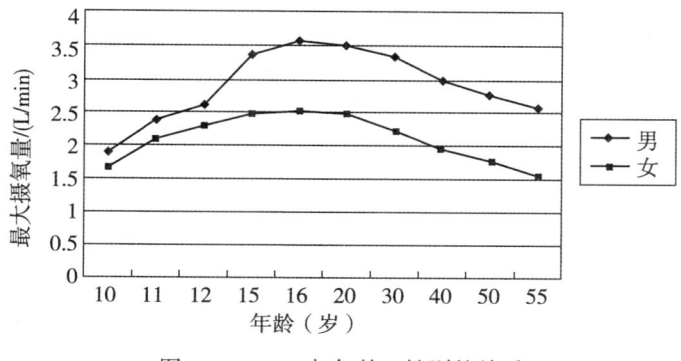

图 5-3　VO_{2max} 与年龄、性别的关系

VO_{2max} 存在性别差异。女子 VO_{2max} 较男子小，14 岁时，男女 VO_{2max} 的绝对值的差异约为 25%，16 岁时高达 50%。这与女子心泵功能低于男子、血红蛋白含量低于男子以及体脂含量多余男子等因素有关。VO_{2max} 的性别差异也取决于 VO_{2max} 的表示方法。当以绝对值表示 VO_{2max} 时。其性别差异为 43%，以体重相对值表示时差异为 20%，当以瘦体重相对值表示时差异只有 9%（表 5-1）。

表 5-1　　VO_{2max} 的表示方法与性别差异

表示方法	女性	男性	差异/%
绝对值（L/min）	2.0	3.5	-43
体重相对值（ml/kg/min）	40	50	-20
瘦体重相对值（ml/kg/min）	53.3	58.8	-9
体重（kg）	50	70	-29
体脂率（%）	25	15	+10
瘦体重（kg）	37.5	59.5	-37

另外，研究发现未训练过的健康女性的 VO_{2max} 要显著低于未训练过的健康男性（低 20%~25%）。而高训练水平女子耐力运动员的 VO_{2max} 和高水平男子耐力运动员相当接近（只低约 10%）。

6. 训练——高反应者和低反应者

有氧训练提高 VO_{2max} 的变化范围非常广泛。研究证实，即使相似的体能水平的受试者完成完全一样的训练计划，机体提高的 VO_{2max} 的范围可从 0%~50%或者更多。

过去，运动生理学家猜想这些变化是由于训练计划依从程度不同造成的。依从性高者应该提高百分比更高；依从性低者应该提高很少或者完全没有。然而，即使给予相同的训练刺激和完全依从训练计划，不同的人 VO_{2max} 提高的百分比还是有很大的差异。

目前的证据表明对训练计划的反应也是由遗传决定的。图 5-4 显示有 10 对同卵双胞胎完成 20 周的耐力训练计划。VO_{2max} 的提高用百分比表示，每一个点代表一对双胞胎，双胞胎 A 在 X 轴，双胞胎 B 在 Y 轴。可见每一对双胞胎的反应相似。表明不同群体的人参与完全相同的训练计划，可能会出现高反应者（提高较大）和低反应者（提高很少或没有提高）两种现象。

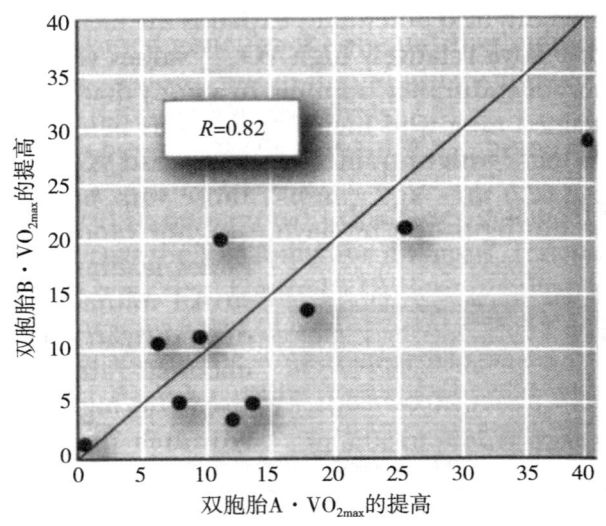

图 5-4　同卵双胞胎进行 20 周的训练计划后最大摄氧量提高百分比的变化

家庭遗传研究结果也支持耐力训练后 VO_{2max} 的提高幅度受遗传的影响。且高反应的受试者倾向于聚集在同一个家庭，低反应者也是如此（见图 5-5）。

体脂率也是影响 VO_{2max} 的一个因素，体重增加，心肺适能就会降低。30 岁以后心肺耐力适能随年龄增长而降低，有一半是由体脂的增加引起的。所以保持或改善心肺耐力适能水平的最简易的方法就是减少多余的脂肪。

三、心肺适能对长期运动的适应

生理学家通常建立各种模型来解释不同的生理因素共同对某特定结果或者成绩构成的影响。Donna H Korzik 博士是宾夕法尼亚大学的一名运动生理学家，他构建了一个心血管对长期耐力训练适应的统一模式图（图 5-6）。

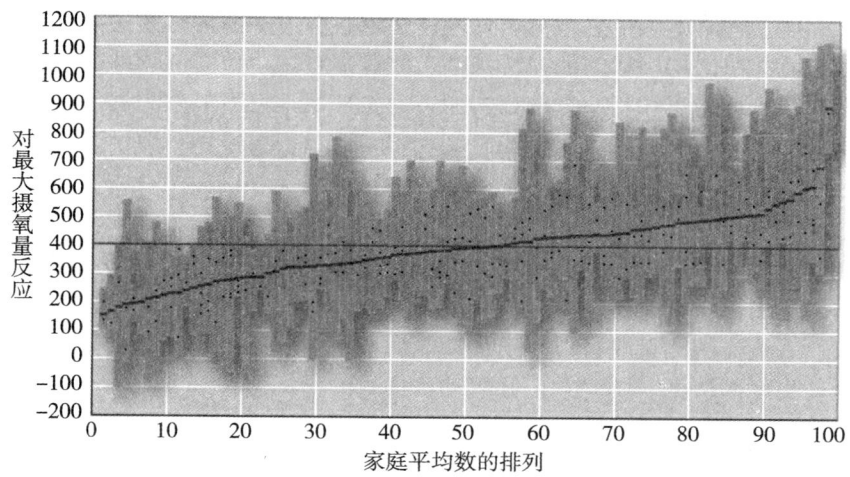

图 5-5　家庭经过 20 周耐力训练后 VO_{2max}（ml/min）的变化

每一个家庭的数据以柱状表示，每一个家庭成员的数值以柱内远点表示。VO_{2max} 平均提高 393 ml/min。Bouchard C et al. 1999.

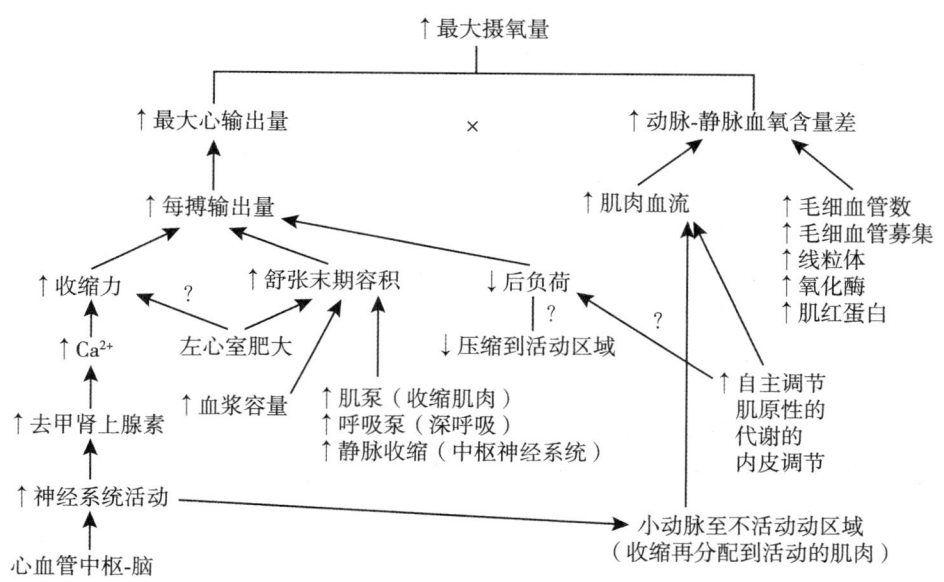

图 5-6　心血管对长期耐力训练的适应

第二节　心肺适能的测评

心肺适能与心脏、血管、肺以及肌肉利用氧的能力有关。测试安静状态下的心肺机能所获取的信息是远远不够的，而必须通过运动测试来观察心脏和呼吸系统的反应，以对心肺机能有更加深入的了解。最大摄氧量是人体在进行有大量肌肉群参与的长时间剧烈运动中，当心肺功能和肌肉利用氧的能力达到本人的极限时，单位时间内所摄取的氧量。它反映了机体吸入氧、运输氧和利用氧的最大能力，是评定人体有氧耐力和心肺适能的标准测量指标。

一、心肺适能测评的意义

通过心肺适能的测量可以评价受试者的心肺血管机能状况，通过和健康标准得分进行对比，从而确定受试者的个人健康状况，为制订运动处方提供数据支持。对于运动员而言，通过心血管适能的测量既可以评定运动能力和机能状态，也可以评定训练效果，以此作为制定运动强度的依据，同时它也是运动员选材的指标之一。

二、心血管适能测评的方法

要对心血管适能作出比较全面的评价，应当测量在相对安静状态，定量负荷状态及最大负荷状态下的机能反应。因为在安静状态下，普通人和经常锻炼者或运动员的心脏机能表现无显著性差异，只有在强度较大的负荷下，才能表现出明显的差异。在定量负荷下测评的方法较多，最大摄氧量和无氧阈是心肺适能测评的标准测量指标。测评方法分为间接测评法和直接测评法，有直接反映心脏泵血功能的最大心输出量测量和反映机体氧气摄取和利用能力的最大吸氧量，也有间接推测心血管适能的台阶试验、20 米往返跑试验、12 分钟跑走试验等各种运动负荷试验。

当不可能或不需要进行最大摄氧量直接测试时，可用次极量或极量强度的运动测试来推算最大摄氧量，目前已经证实这些测试的有效性。

采用极量强度或亚极量强度运动测试很大程度上取决于测试的目的、可使用的设备及受试者的状况及推算公式的标准误差。极量强度测试可使无症状冠心病患者诊断的敏感性增加，并能获取最准确的最大摄氧量，能够很简单的区分两个人心血管适能的差异。其不利之处是要求受试者运动到力竭，实验过程中存在一定的危险因素，在筛查受试者时要特别注意，需要在医务监督下进行，并配有急救设备。对于不适合通过极量强度运动来测试最大摄氧量的人群，通常采用亚极量强度运动测试来评价其心肺功能。对于心肌梗塞后 4~7 天病情稳定的病人，建议进行亚极量运动测试以评价院内药物治疗的效果。

亚极量运动负荷试验中采用的负荷低于受试者所能达到的最大负荷，用预期目标心率和测试结果，推测出受试者可能达到的最大负荷、最大摄氧量，最后推算出受试者的心肺机能。如果能满足以下假设，则可通过亚极量运动测试中的心率来准确地评价受试者的最大摄氧量。

(1) 在每级运动负荷下可以获得稳定心率。
(2) 心率和运动负荷之间存在线性关系。
(3) 最大负荷量可以预测最大摄氧量。
(4) 与给定年龄人群的最大心率保持一致。
(5) 每个人的机械效率相同 (例如在给定负荷下的最大摄氧量)。

（6）受试者不存在影响心率的因素，包括药物、浓咖啡、心理压力、生病或高温环境。

三、安静状态下心血管适能的测评

1. 安静时心率的测量与评价

心率是心脏每分钟跳动的次数，心脏搏动沿着动脉向远端传播形成脉搏，在正常生理状态下，心率的节律整齐，并与脉搏保持一致。心率与心脏的搏动速率和人体代谢水平有关。心率的测量方法主要有脉搏触摸法、听诊法、心率遥测法、心电图记录法四种。另外，由于平时人们的"安静"程度并不一致，测量安静心率的个体差异很大，直接影响评价的准确性。因此，建议重复测量基础心率，将测量结果记录下来或描记在心率坐标纸上，通过周期变化来评价心脏机能的好坏。

（1）脉搏触摸法。

测量部位：凡浅表、靠近骨骼的大动脉均可测量脉搏，最常选用桡动脉，其次为颞动脉、颈动脉。

测量仪器：秒表

测量方法（以桡动脉为例）：被测者取舒适卧位，检查者用食指、中指、无名指的指端按于被测者手腕内侧桡动脉处，手指压力以清楚触到脉搏为宜。其他动脉的测量，用食指、中指和无名指的指腹轻压在动脉处，测量出10秒或者30秒动脉跳动的次数，然后换算成一分钟脉搏记录。测试前，先连续测量三个10秒的脉搏数，以判断是否处于相对安静状态。如果三次测量值相同或者其中两个值相同并与另一个相差不超过一次，即可正式测量，并换算成一分钟脉搏次数，记录单位为次/分。

（2）听诊法。

测量部位：心前区左侧第五肋间心尖部位

测量仪器：听诊器、秒表

测量方法：受试者取坐位或者卧位，检查者坐在受试者对面或者站在受试者卧床的右侧。检查者将听诊器耳件塞入外耳道，使耳件的弯曲方向与外耳道一致，向前弯曲。用右手拇指、食指、中指持听诊器胸件，紧贴受试者心尖搏动处，听取心率，与触摸法同样的方法计数。

（3）心率遥测法。

测量部位：心率表、心率带

测量方法：受试者将配对好的心率带用酒精擦拭后佩戴在受试者身上，要求心率带的位置在受试者第四五肋之间，发射装置放在身体胸前正中间。心率表佩戴在检查者的手上。检查者佩戴的心率表上随后可显示每1秒、2秒、5秒、15秒、60秒的心率。

（4）心电图记录法。

测量部位：心电图机

测量方法：将心电图机的连接线连接好，受试者摘下眼镜、手表等金属物品及微型电器，在安放的电极夹及相应的身体部位用酒精棉球擦拭以方便导电。按照标准导联的方式接好电极，电极夹安放在手部腕关节屈侧上方 3~5cm 处，足部在小腿下端内踝上方约 3~5cm 处。电极放置后开始观察并记录心电图，截取波形稳定的几个连续周期，打印出来。心电图记录纸上的横向每小格 0.04 秒，每大格 0.2 秒，然后算出 P-P 间期折算为多少秒，用 60 去除即为每分钟的心率次数。也可以记住常用的数字，5 大格等于 60 次/分，4 大格等于 75 次/分，3 大格 100 次/分。

（5）评价。一般用基础心率均线和波动差来评价安静时心率。而安静心率要求受试者经过至少 5 分钟以上时间静坐休息后，连续测量 3 次 30 秒心率，以判断受试者是否处于相对安静状态。三次测量结果一致时，换算成一分钟脉搏。安静心率在一些定量负荷试验前进行测量。

基础心率指的是每天清晨、静卧、空腹、清醒状态的晨脉。针对 7~18 岁的健康青少年，可连续记录 7 天的晨脉，将 7 天之和除以 7 就可以得到平均基础心率，对照均值评价表作出评价（表 5-2）。将 7 天基础心率的最大值减去最小值，求得心率波动差值，对照基础心率波动差值评价表作出评价（表 5-3）。

表 5-2 　　　　　　　　　　　　基础心率均线与评价表

心率	一	二	三	四	五	六	日	均 值 评 价
95								
94								
93								
92								基础心率太快，心脏功能很差，建议到医院做进一步检查。评价等级：差
91								
90								
89								
88								
87								
86								
85								
84								
83								基础心率很快，心脏功能较差，平时太缺乏锻炼。评价等级：下
82								
81								
80								
79								
78								

续表

心率	一	二	三	四	五	六	日	均 值 评 价
77								
76								
75								基础心率较快，心脏功能一般，可以承受一定运动强度的负荷锻炼。
74								
73								评价等级：中
72								
71								
70								
69								
68								
67								基础心率正常，心脏功能较好，保持锻炼。
66								
65								评价等级：良
64								
63								
62								
61								
60								
59								
58								基础心率较慢，心脏功能好。评价等级：优秀
57								
56								
55								

表 5-3　　　　　　　　　　　**基础心率波动差值评价**

等级	周基础心率均值（次/min）	周基础心率波动值（次）
优	55	1~3
良	65	4~6
中	75	7~9
下	85	10~12
差	90	13 以上

2. 立、卧位姿势脉搏差的测量与评价

测量方法参照脉搏触摸法。受试者仰卧至脉搏安定后，测量1分钟脉搏为卧位脉搏；站立待脉搏安定后，测量1分钟脉搏为立位脉搏。立、卧位脉搏差等于立位脉搏减去卧位脉搏，差值越小，表明心机能越好。

评价：6~11次为好；12~19次为一般；20次以上为差。

3. 安静时血压的测量与评价

血压是指血液在血管内流动时，对单位面积血管壁产生的侧压力。一般是测量动脉血压。世界卫生组织规定，14岁以下儿童舒张压以变音点为准，15岁以上少年和成人舒张压以消音点为准。中国青少年血压的正常值范围见表5-4。正常成人安静状态下的血压范围较稳定，理想血压范围收缩压100~120mmHg，舒张压60~80mmHg，脉压30~40mmHg。国际上通用的成年人血压分级标准见表5-5。

表5-4　　　　　　　　　　中国青少年血压的正常值范围　　　　　　　　（单位：mmHg）

指标	性别	界限	年龄(岁)											
			7	8	9	10	11	12	13	14	15	16	17	18	19~22
收缩压	男	上	113	115	118	120	121	122	120	131	134	138	140	140	139
		下	86	87	88	89	90	90	91	91	95	99	100	100	100
	女	上	113	116	120	121	121	126	127	130	131	131	131	131	126
		下	86	87	88	89	90	91	91	92	94	94	95	94	90
舒缩压	男	上	80	81	81	82	82	83	84	86	88	90	91	91	90
		下	51	51	51	52	53	54	55	57	60	60	60	61	61
	女	上	81	81	82	83	83	85	85	86	87	88	88	88	85
		下	51	51	51	52	54	57	57	59	60	60	60	60	59

表5-5　　　　　　　　　成年人(≥18周岁)的血压分级值　　　　　　　　（单位：mmHg）

类别	收缩压		舒张压	
	kPa	mmHg	kPa	mmHg
理想血压	13.3~16	100~120	8~10.6	60~80
正常血压	<17.3	<130	<11.3	<85
正常偏高血压	17.3~18.5	130~139	11.3~11.8	85~89
一级高血压(轻度)	18.6~21.2	140~159	12~13.2	90~99
二级高血压(中度)	21.3~23.8	160~179	13.3~14.5	100~109

续表

类别	收缩压		舒张压	
三级高血压(重度)	>23.9	180	>14.6	>110
低血压	<12	<90	<8	<60

注：1kPa=7.52mmHg，1 mmHg=0.133 kPa

测量仪器：水银血压计或电子血压计、听诊器

测量方法：测量前，检查血压计的水银柱是否在零位，若水银柱面高于或低于零位时，应予以校正；认真观察水银柱有无气泡，若有气泡应及时排除。根据受试者上臂长度选用不同宽度的袖带，袖带以覆盖受试者上臂长的1/2~2/3处为宜。令受试者坐于测试者的右侧，右臂自然前伸平放桌面上。使血压计零位应与受试者心脏和右臂袖带处于同一水平，平整地捆扎袖带，松紧适度，肘窝暴露，将听头放其肱动脉上。然后，拧紧螺栓打气入袋使水银柱上升，直到听不到肱动脉搏动声，打气再升高20~30mmHg。拧开螺栓缓慢放气，放气至第一次听到搏动声时，此时水银柱的高度为收缩压。继续放气，搏动声突然从洪亮声变为模糊声时，水银柱的高度为舒张压变音点。继续放气至搏动声消失，此时水银柱高度为舒张压的消音点。以毫米汞柱为单位记录测量结果。力求一次测准，实在听不清，可测量第二次。

4. 克林普顿测量与评价

克兰普顿测量是根据姿势改变引起脉搏和血压的变化来评价循环机能的方法。测试方法如下：

(1) 受试者仰卧至脉搏安定，测量仰卧状态受试者1分钟脉搏，并测量收缩压。
(2) 受试者站立至脉搏安定，测量站立状态受试者1分钟脉搏，并测量收缩压。
(3) 计算评价指数：

$$脉搏差 = 站立1分钟脉搏数 - 卧位1分钟脉搏$$
$$血压差 = 站立收缩压 - 卧位收缩压$$

脉搏差越小，血压差越大，表明心血管机能越好。

四、运动状态下心血管适能的测评

1. 运动中心率的测量与评价

测量仪器：心率带、心率分析系统

测量方法：打开心率分析系统软件，心率带的佩戴参照安静时心率测量的心率遥测法，所不同的是，心率带搜集到的心率直接被接收器传导到心率分析系统软件记录并储存。测试结束，软件可自行分析数据。

评价：一般情况下，运动时的心率与运动强度成正比(表5-6)。在定量负荷中，运动中的心率较安静时心率增加不多，心血管机能较好。在递增负荷试验中，同一心率水平负

荷强度越高、负荷量越大，则心血管机能越好。

表 5-6　　　　　　　　　　　运动强度与心率的关系

运动强度	心率（次/min）	
	男	女
低强度	130 以下	135 以下
中强度	131~155	136~160
大强度	156~175	161~180
亚极限强度	176~185	180 以上
极限强度	186~220	181~220

运动后的心率测量分为运动后即刻心率和恢复期心率。运动后恢复期心率的测量需多次测量，反映心率恢复到运动前状态所需的时间。一般来说，恢复期心率下降的速率越快，恢复时间越短，心血管机能越好。

运动后即刻心率可用心率潜力评价，心率潜力 = 220 - (年龄 + 运动后即刻心率)。评价标准见表 5-7。

表 5-7　　　　　　　　　　　运动后心率潜力的评价表

评价等级	优	良	中	下	差
心率潜力（次/min）	50 以上	30~49	20~29	10~19	0~9

五、心血管适能的间接测量与评价

1. 定量负荷试验

令受试者承受一定的定量负荷后，根据恢复期的脉率、血压等生理指标的不同变化，评定受试者心血管系统机能的试验，统称为定量负荷试验。

定量负荷试验，主要包括如下几个步骤：首先，测量相对安静状态下的脉搏与血压等生理指标；其次，测量运动后即刻脉率或恢复期的脉率和血压；最后，计算评定指数或描记生理指标曲线图，并根据评定标准予以评价。

（1）30 秒钟 20 次蹲起测试。

测试仪器：秒表、节拍器或事先录制好的录音带

测试方法：令受试者静坐 3~5 分钟，测量 10 秒的稳定脉率，再换算成 1 分钟的脉率记录。然后按口令（节拍器或录音节奏）做 30 秒 20 次蹲起动作。蹲起动作由直立姿势开始，两足自然开立与肩同宽，两肩自然下垂。下蹲时必须全蹲，而且足跟不许离地，同时两臂前摆成前平举，起立时还原，最后一个蹲起动作一结束，即取坐位连续测量恢复期

1~3分钟的前10秒脉率,共测3次,再把它换算成1分钟脉率记录。

评价:由于定量负荷的运动量不大,脉率变化不甚显著,恢复期也较短。负荷后的即刻脉率比安静脉率增加70%以上,若3分钟内不能回复到安静水平者,其心血管机能适应能力较差。

(2)30秒钟30次蹲起测试。

30秒钟30次蹲起,是瑞典体育联合会制订的一种测量运动员心脏机能的简易方法,由于该方法简便实用,广泛应用于测量一般人及运动员心血管机能。

测试方法:受试者静坐5分钟,然后测定15秒钟相对稳定的脉搏P_1。接着按每秒1次的节奏口令做30次蹲起动作,要求双手前平举,全蹲时脚跟不离地,站立时站直,在最后一次蹲起时即可测量15秒的脉搏P_2,休息1分钟再测15秒钟的脉搏P_3,都换算成一分钟脉搏。代入下列公式进行评定。

$$指数 = \frac{P_1 + P_2 + P_3 - 200}{10}$$

评价:指数越小,说明心脏功能越好。

指数小于"0"或等于"0"则心脏功能最好;0~5为很好;6~10为中等;11~15为不好;大于16以上为很不好。

(3)布兰奇心功指数测试。

测量仪器:秒表、血压计、听诊器。

测量方法:受试者采取坐位,待完全安静后,测1分钟的心率,然后测量血压。将数据代入公式:

$$布兰奇心功指数 = 心率 \times (收缩压 + 舒张压)/100$$

这一方法的特点是在测量心率的同时,考虑了血压的因素,因而能较全面地反映心血管机能。

评价:布兰奇指数在110~160范围内为心血管机能正常,平均数为140;如果超过200应进行心血管机能检查。

(4)二阶梯指数测试。

测量仪器:双层阶梯(每层高23cm,宽30cm,长70cm)、节拍器或事先按不同年龄、性别和体重规定的运动频率录制好的录音带、收音机和秒表。

测量方法:先测量相对安静状态下的10秒钟稳定脉率,换算成1分钟脉率P_1。然后按表5-8规定的频率连续登踏双层二阶梯3分钟,测量恢复期第2、第4分钟前10秒钟的心率,再换算成1分钟心率,分别为P_2和P_3。然后代入下式计算二阶梯指数k。

表5-8　　　　　　　　　　二阶梯试验蹬梯频率参考表

体重(kg)	5~9岁		10~14岁		15~19岁		20~24岁	
	男	女	男	女	男	女	男	女
18.2~22.4		93		93		88		
22.5~26.8	88	88	93	88	85	85		

续表

体重(kg)	5~9岁 男	5~9岁 女	10~14岁 男	10~14岁 女	15~19岁 男	15~19岁 女	20~24岁 男	20~24岁 女
26.9~31.3	83	83	88	85	82	80		
31.4~35.9	74	74	85	80	80	77		
36.0~40.5	69	69	80	74	77	74	77	74
40.6~45.0	64	64	77	72	74	69	74	72
45.1~49.5	59	58	72	66	72	66	74	69
49.6~54.1	53	53	69	61	69	61	72	66
54.2~58.6	48	48	64	58	66	58	69	64
58.7~63.2	43	43	61	53	64	53	66	61
63.3~67.7			56	48	61	50	64	58
67.8~72.3			53	45	58	45	64	56
72.4~76.8			48	40	56	43	61	53
76.9~81.4				35	53	37	58	51
81.5~85.9					50	35	56	48
86.0~95.5					48	32	50	43
95.6~99.5							48	40
99.6~104.1							45	37

$$k = \frac{t}{P_1 + P_2 + P_3} \times 100$$

其中：t 为踏台上下台阶持续运动的时间。

评价：指数越大，心肺功能越好。男子均值为 56.0，女子为 51.5。

（5）体位平均血压指数。

$$卧位血压差 = \frac{收缩压 - 舒张压}{3} + 舒张压$$

$$立位血压差 = \frac{收缩压 - 舒张压}{3} + 舒张压$$

$$体位平均血压指数 = \frac{立位血压差 - 卧位血压差}{立位血压差} \times 100$$

评价：0.0 以上为上等；0.0~-18 为中等；-18 以下为下等。

（6）贝拉克能量指数。

贝拉克能量指数，反映心脏输出血液所消耗的能量，收缩压代表心脏本身所做的功。在坐位测量脉率和血压之后，代入下式计算心能量指数 E。

$$E = \frac{X_3(X_1 + X_2)}{100}$$

其中：X_1，收缩压（单位：mmHg）；X_2，舒张压（单位：mmHg）；X_3，心率。

评价：$E>200$ 为高度紧张；$90 \leq E \leq 200$ 为一般；$E<90$ 为低度紧张。

（7）耐力系数（克瓦斯公式）。

把心率、收缩压、舒张压视为一个整体值，求其系数。

$$耐力系数 = \frac{心率 \times 10}{脉压差}$$

评价：心功能越好，耐力系数越小。耐力系数的正常值为16，若系数增加，表明心血管机能下降；若系数减少，则表明心血管机能得到改善。

（8）克林普顿血液下垂法。

克林普顿血液下垂法是一种较为古老的心血管机能试验。它根据因姿势的变化而引起的脉率与血压的变化来评定心血管机能。具体方法如下：

令受试者仰卧休息3~5分钟，然后测量安静脉搏1分钟（P_1），同时测量收缩压（B_1）（mmHg）。令受试者起立，测量立位安静状态下的1分钟脉搏（P_2）及收缩压（B_2）（mmHg）。计算立位与卧位的脉搏与收缩压的差值。

$$脉搏差\ P = P_2 - P_1$$
$$高压差\ B = B_2 - B_1$$

评价：一般 P 越小而 B 越大，心血管机能越好。

美国的评定标准见表5-9，正常人的得分范围为60~100分。

表5-9　　　　　　　　　　克林普顿血液下垂法评定标准

P \ B	收缩压变化值（mmHg）										
	+10	+8	+6	+4	+2	0	−2	−4	−6	−8	−10
0~4	100	95	90	85	80	75	70	65	60	55	50
5~8	95	90	85	80	75	70	65	60	55	50	45
9~12	90	85	80	75	70	65	60	55	50	45	40
13~16	85	80	75	70	65	60	55	50	45	40	35
17~20	80	75	70	65	60	55	50	45	40	35	30
21~24	75	70	65	60	55	50	45	40	35	30	25
25~28	70	65	60	55	50	45	40	35	30	25	20
29~32	65	60	55	50	45	40	35	30	25	20	15
33~36	60	55	50	45	40	35	30	25	20	15	10
37~40	55	50	45	40	35	30	25	20	15	10	5
41~44	50	45	40	35	30	25	20	15	10	5	0

克兰普顿血液下垂法，一般能判断出心血管机能异常者，但不易判断健康人的心血管机能水平，所以不适合运动员的机能检查，但对于康复医疗有一定价值。

2. 最大运动负荷试验

最大运动负荷试验包括 Bruce 跑步试验、Balke 跑试验和 20 米往返跑法。可评定受试者在不同做功水平上心、肺、肺/体循环和肌肉对 O_2 的摄取、运输、利用以及 CO_2 的排出情况，从而判断心、肺、骨骼肌等的功能储备。测试中均要求受试者运动至力竭。

（1）Bruce 跑步试验。该试验要求受试者按照预先设定好的运动负荷程序（见表5-10）在跑步机上完成跑步运动，直至运动力竭，记录受试者最大持续运动时间 T(min)，然后分别依据以下的预测公式（表5-11）计算 VO_{2max}。Bruce 跑步试验是最为常见的冠心病诊断和 VO_{2max} 预测实验。

表 5-10 **Bruce 试验运动负荷方案**

阶段	持续时间(min)	速度(mph)	坡度(%)
1	3	1.7	10
2	3	2.5	12
3	3	3.4	14
4	3	4.2	16
5	3	5.0	18
6	3	5.5	20
7	3	6.0	22

表 5-11 **Bruce 试验中 VO_{2max} 的推算公式**

人群	推算公式
经常运动的男性	$VO_{2max} = 3.778 \times T(分钟) + 0.19$
不经常运动的男性	$VO_{2max} = 3.298 \times T(分钟) + 4.07$
心脏病人	$VO_{2max} = 2.327 \times T(分钟) + 9.48$
健康成年人	$VO_{2max} = 6.70 - 2.82 \times (性别) + 0.056 \times T(秒)$

注：VO_{2max} 单位为 ml/kg/min；经常运动的男性、不经常运动的男性和心脏病人的运动持续时间单位为分钟；健康成年人的运动持续时间单位为秒。男性为1，女性为2。

（2）Balke 跑试验。Balke 跑试验（Balke protocol）是一种恒定跑速的最大运动负荷试验。男性和女性受试者分别接受不同的运动负荷方案（见表5-12），男性：跑速为3.3英里/小时，起始坡度为0%，跑步开始1分钟后坡度升为2%，然后每过1分钟递增1%坡度，直至运动负荷试验结束，记录运动负荷总持续时间T。女性：跑速为3英里/小时，起始坡度为0%,跑步开始后每过3分钟递增2.5%坡度,直至运动负荷试验结束,记录运动负荷总持续时间T。然后,按照表5-13所示的公式计算VO_{2max}。

表5-12　　　　　　　　　　　**Balke跑试验运动负荷方案**

每级增量		男性	0	1	女性	0	2.5
时间(min)	等级	跑速(mph)		坡度(%)	等级	跑速(mph)	坡度(%)
0	1	3.3		0	1	3.0	0
1	2			2			--
2	3			3			--
3	4			4	2		2.5
4	5			5			--
5	6			6			--
6	7			……	3		5
……	8			……			……
T							

注意:运动持续时间T需要以小数表示,保留到小数点后面两位。如9分15秒应表示为9.25min。

表5-13　　　　　　　　**Balke跑试验推算VO_{2max}的经验公式**

人群	推算公式
男性	$VO_{2max} = 1.44×T+14.99$
女性	$VO_{2max} = 1.38×T+5.22$

注意:运动持续时间需要以小数表示,保留到小数点后面两位。如9分15秒应表示为9.25min。

(3)20米往返跑。20米往返跑方法是让受试者在两条相距20米的所划线内来回往返跑,跑速受音频节拍指挥,初级速度为8km/h,每1分钟增加一级(即增加0.5km/h),测试过程中,受试者通过间隔双音信号来控制并调整其速度,尽最大努力,如果连续三次不能跟上节拍到达终线,或自我感觉确实难以完成时即停止,记录最后阶段的速度级别。代入Leger回归方程式:

$$VO_{2max}(ml/kg/min) = 31.025+3.238×V_{max}-3.248A+0.1536×A×V_{max}$$

其中:V_{max}(最大跑速km/h)=8+0.5×最高级别;A:年龄(岁)。

王翔等以20米往返跑的最后一级跑速V_{max}为自变量,建立了适合于我国学生的VO_{2max}预测公式,即:

$$VO_{2max}(ml/kg/min) = 5.691×V_{max}(km/h)-21.672$$

$$V_{max}(最大跑速 km/h) = 8+0.5×最高级别$$

研究发现，20米折返跑与VO_{2max}的相关系数较高。其中8~19岁组的相关系数为0.89，20~45岁组相关系数为0.95。我国学者陈嵘等研究发现，20米折返跑与以绝对值、体重相对值和去脂体重相对值表示的VO_{2max}相关系数分别为0.796、0.799、0.698，相关程度明显优于台阶指数。

3. 亚极量运动试验

亚极量运动试验包括12分钟跑、Balke的15分钟跑法和Astrand-Ryhming的列线图法。

（1）12分钟跑。12分钟跑（12min running）是一种无需任何专门设备简便易行的亚最大运动负荷试验。测定时，要求受试者以均匀的速度，尽力连续跑12分钟，记录其跑的总距离（米），如果受试者完成12分钟跑很吃力，可以根据自身体能状态，采用"跑"或"跑走交替"的方式完成。然后按以下公式推算VO_{2max}。

$$VO_{2max}(ml/kg/min) = 35.97 \times 距离（英里）- 11.29$$

$$1 英里 = 1.609 千米；1 千米 = 0.62 英里$$

评价：评价标准见表5-14。

表5-14　　　　　　　　不同年龄、性别的心血管适能评定

性别	等级	年龄（岁）					
		13~19	20~29	30~39	40~49	50~59	60+
男子	1. 很低	<35.0	<33.0	<31.5	<30.2	<26.1	<20.5
	2. 低	35.0~38.3	33.0~36.4	31.5~35.4	30.2~33.5	26.1~30.9	20.5~26.0
	3. 一般	38.4~45.1	36.5~42.4	35.5~40.9	33.6~38.9	31.0~35.7	26.1~32.2
	4. 高	45.2~50.9	42.5~46.4	41.0~44.9	39.0~43.7	35.8~40.9	32.3~36.4
	5. 很高	51.0~55.9	46.5~52.4	45.0~49.4	43.8~48.0	41.0~45.3	36.5~44.2
	6. 超优秀	>56.0	>52.5	>49.5	>48.1	>45.4	>44.3
女子	1. 很低	<25.0	<23.6	<22.8	<21.0	<20.2	<17.5
	2. 低	25.0~30.9	23.6~28.9	22.8~26.9	21.0~24.4	20.2~22.7	17.5~20.1
	3. 一般	31.0~34.9	29.0~32.9	27.0~31.4	24.5~28.9	22.8~26.9	20.2~24.4
	4. 高	35.0~38.9	33.0~36.9	31.5~35.6	29.0~32.8	27.0~31.4	24.5~30.2
	5. 很高	39.0~41.9	37.0~40.9	35.7~40.0	32.9~36.9	31.5~35.7	30.3~31.4
	6. 超优秀	>42.0	>41.0	>40.1	>37.0	>35.8	>31.5

Cooper研究表明，12分钟跑成绩与直接法测出的VO_{2max}高度相关，相关系数达到0.897。

也可用推算公式：

$$VO_{2max}(ml/kg/min) = (12\text{分钟跑的距离}(m) - 506) / 45$$

适用范围：这一公式只适用于跑完了12分钟的成年人。对于儿童，因为在跑步时会消耗更多的氧，该公式的估计值可能偏低。而对于训练有素的运动员，由于他们能更好地实现能量节省化，该公式计算的值可能偏高。

12分钟耐力跑测试也可以在一个标准篮球场(长28米，宽15米，周长86米)进行。准备18个标杆筒，按照图5-7所示，在标准篮球场上摆放好标杆筒。

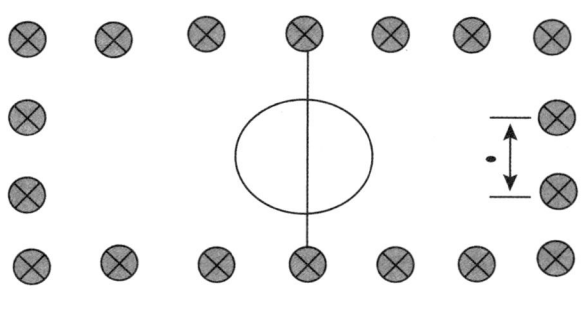

⊗ 标杆筒　● 每两个标杆筒之间约相隔5米

图5-7　12分钟耐力跑篮球场标杆筒摆放位置

测试中，二人一组，其中一人跑，同伴为其数圈/距离。被试者在热身运动之后，同伴发令"预备""开始"，尽量在12分钟内完成最多距离，途中如有需要的话可暂停或步行。同伴每圈都要报告圈数，然后在12分钟终止时，记下他此时所到的最近标杆筒，并计算最后一圈所完成的距离，然后加上先前总圈数的86倍，便得到他所完成的总距离(米)并记录。测试中，同伴可以在每分钟报时。

评价：12分钟内跑的距离越长，其心肺耐力越好。也可以参阅表5-15根据12分钟跑的距离查阅对应的最大摄氧量，也可直接通过12分钟跑的距离参照表5-16来评价心肺耐力。

表5-15　　　　　　　　　**12分钟跑的距离推算最大摄氧量**

12分钟跑距 (m)	最大摄氧量 (ml/kg/min)	12分钟跑距 (m)	最大摄氧量 (ml/kg/min)	12分钟跑距 (m)	最大摄氧量 (ml/kg/min)
1000	14.0	2000	35.3	3000	56.5
1100	16.1	2100	37.4	3100	58.5
1200	18.3	2200	39.5	3200	60.8
1300	20.4	2300	41.6	3300	62.9
1400	22.5	2400	43.8	3400	65.0
1500	24.6	2500	45.9	3500	67.1

续表

12分钟跑距（m）	最大摄氧量（ml/kg/min）	12分钟跑距（m）	最大摄氧量（ml/kg/min）	12分钟跑距（m）	最大摄氧量（ml/kg/min）
1600	26.8	2600	48.0	3600	69.3
1700	28.9	2700	50.1	3700	71.4
1800	31.0	2800	52.3	3800	73.5
1900	33.1	2900	54.4	3900	75.6

表5-16　　12分钟耐力跑评价标准　　（单位：m）

	年龄/岁	欠佳	尚可	一般	良好	优异
男士	13~19	<1900	1901~2100	2101~2400	2401~2600	>2601
	20~29	<1900	1901~2100	2101~2400	2401~2600	>2601
	30~39	<1800	1801~2000	2001~2300	2301~2500	>2501
	40~49	<1700	1701~1900	1901~2200	2201~2450	>2451
	50~59	<1600	1601~1800	1801~2100	2101~2300	>2301
	>60	<1300	1301~1600	1601~1900	1901~2100	>2101
女士	13~19	<1400	1401~1600	1601~1800	1801~2000	>2001
	20~29	<1500	1501~1700	1701~2000	2001~2200	>2201
	30~39	<1450	1451~1650	1651~1900	1901~2100	>2101
	40~49	<1400	1401~1550	1551~1800	1801~2000	>2001
	50~59	<1300	1301~1400	1401~1700	1701~1900	>1901
	>60	<1200	1201~1300	1301~1500	1501~1700	>1701

（2）Balke 15分钟跑。Balke15分钟跑法是根据受试者在15分钟内跑和走的最大距离，并通过以下关系计算 VO_{2max} 的：

跑速为150m/min时的平均 VO_2 为33.3ml/kg/min。跑速超过150m/min部分，跑速每增加1.0m/min，VO_2 增加0.178 ml/kg/min。

例如：某人在15分钟内跑完2819米，则其平均跑速为189.5m/min，超过平均跑速150m/min部分为39.5m/min，这部分的 VO_2 为39.5×0.178＝7.013 ml/kg/min，此人的 VO_{2max} ＝33.3ml/kg/min＋7.013 ml/kg/min＝40.331ml/kg/min。

（3）Astrand-Ryhming列线图法。这一方法是让受试者在完成亚最大负荷时 VO_{2max} 与HR之间的关系基础上建立的一种预测方法。该方法的运动负荷试验既可以是台阶试验，也可以是自行车功量计试验。

在台阶试验中，男子在40cm高的台阶上，女子在33cm高的台阶上，以22.5次/min的频率上下台阶 5 分钟，测量运动结束后第一个 10 秒的 HR，然后乘以 6 转换为 bpm，作为恢复期第 1 分钟的 HR，在列线图上（图 5-8）将受试者的体重（kg）与心率相连，相交于 VO_{2max} 斜线上的点即为该受试者的 VO_{2max}。

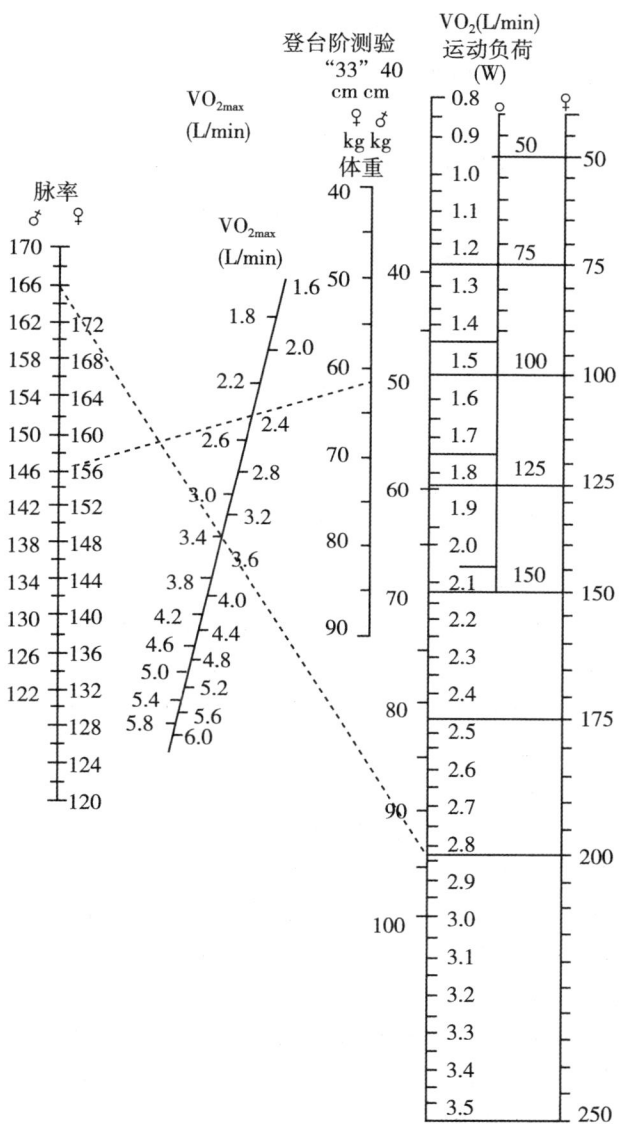

图 5-8 Astrand-Ryhming 列线图

在自行车功量计试验中，让受试者以某一输出功率的负荷强度，以 50 或 60rpm 的频率连续踏车 6 分钟，记录第 5~6 分钟的平均 HR。受试者的负荷强度可视其身体健康或体能水平而确定，通常情况下需要使受试者在完成运动负荷试验时的 HR 介于 130~170bpm 之间。运动负荷试验结束后，连接受试者 HR 与自行车功量计的输出功率，相交于 VO_{2max}

斜线上的点，即为该受试者的 VO_{2max}。

注意通过 Astrand-Ryhming 列线图法获得的 VO_{2max} 还应通过年龄系数进行校正，因为 VO_{2max} 随年龄增大而减小。年龄校正系数见图 5-8 和表 5-17。

表 5-17　　　　　　　　　　　　　　年龄、心率校正表

年龄	校正因素	HR_{max}	校正因素
15	1.10	210	1.12
25	1.00	200	1.00
35	0.87	190	0.93
40	0.83	180	0.83
45	0.78	170	0.75
50	0.75	160	0.69
55	0.71	150	0.64
60	0.68		
65	0.65		

基于性别和个体的体适能状态，建议运动测试中的功率如下：

男，无训练经历者：300kg/m/min 或者 600kg/m/min（50 瓦或 100 瓦）

男，有训练经历者：600kg/m/min 或者 900kg/m/min（100 瓦或 150 瓦）

女，无训练经历者：300kg/m/min 或者 450kg/m/min（50 瓦或 75 瓦）

女，有训练经历者：450kg/m/min 或者 600kg/m/min（75 瓦或 100 瓦）

（4）台阶试验。台阶试验是评定心肺耐力的主要测定方法，主要是通过观察定量负荷所持续运动的时间以及运动后心率恢复的速度来评定心肺功能。

台阶试验又称为哈佛台阶试验，最初只用于大学男生的心血管机能评定，而且指数评定标准也是根据约 8000 名大学男生的测定结果确定的，所以不论是台阶的高度、运动时间或评定标准，均有很大的局限性，为了扩大适用范围，相继对该试验做了一些改良，如 Queens 学院台阶试验和 Siconolfi 台阶试验等。

①哈佛台阶试验（Harvard step test）。该试验的运动负荷工具为跑步机，要求受试者在 8% 坡度的跑步机上以 7mph 的跑速持续运动 5 分钟。运动结束后，检测恢复期第 1~1.5 分钟、2~2.5 分钟和 4~4.5 分钟的 HR，然后根据以下公式计算评价指数，用以评价心血管系统的功能。

台阶指数＝运动负荷的持续时间（秒）÷[2×(1~1.5 分钟 HR+2~2.5 分钟 HR+3~3.5 分钟 HR)]×100

后来又依据同样的原理以上下小凳（高度 50.8cm）的方法取代跑步机进行运动负荷试验，并按照 Bill 的算法计算评价指数。这一试验后来被称作哈佛台阶试验，用以评价机体对剧烈运动的适应能力和运动后身体机能的恢复能力（表 5-18）。

表 5-18　　　　　　　　　　　　哈佛台阶试验评定标准

哈佛台阶指数	评价等级
< 55	差
55~64	中下
65~79	中上
80~90	良
> 90	优

测试器材：50cm 高的台阶（成年男子）、42cm 高的台阶（成年女子），节拍器或事先录制好的录音带和秒表。

测试方法：受试者从相对安静状态开始，以每分钟 30 次的节律连续登台阶 150 次，持续 5 分钟。若中途不能以规定节律完成动作，即应令其停止运动，并记录已完成登台阶运动的实际时间。上下一次台阶的运动共由 4 个动作构成：由直立姿势开始，将一足放在台阶上面，在台阶上成直立姿势，一足落于地面，还原成开始姿势。每次上下台阶后，须伸直双腿，挺直躯干。定量负荷一结束，便请受试者取坐位休息，并测量恢复期第 2 分钟（P1）、3 分钟（P2）、4 分钟（P3）前 30 秒的脉率，代入下式求评定指数：

$$台阶指数 = \frac{登台阶运动持续时间(s)}{2 \times (第 2、3、4 分钟前 30 秒脉率之和)} \times 100$$

如果因疲劳不能完成 5 分钟运动，可中途中止，但要记录下持续运动的时间 D（秒），并测量恢复期第 2 分钟（P1）、3 分钟（P2）、4 分钟（P3）前 30s 的脉率。

则：哈佛台阶指数 = 100D/5.5P2 + 0.22(300-D)。

②Queens 学院台阶试验：

台阶高度：41cm

节拍：男性 24 次/分；女性 22 次/分

运动时间：3 分钟

心率测试：运动结束后测试第 5 秒~20 秒心率，乘以 4 作为恢复期心率

VO_{2max}：按下列公式计算为：

$$VO_{2max} = 65.81 - (0.1847 \times 恢复期心率\ bpm)$$

之后，McArdle 等进一步将试验用于男性大学生，蹬台阶的频率改为 24bpm，VO_{2max} 的预测公式如下：

$$VO_{2max} = 111.33 - (0.42 \times 恢复期心率\ bpm)$$

Queens 学院台阶试验评价标准见表 5-19。

表 5-19　　　　　　　　　　　Queens 学院台阶试验评价标准

分值	恢复期心率	分值	恢复期心率	分值	恢复期心率
100	128	65	162	30	172

续表

分值	恢复期心率	分值	恢复期心率	分值	恢复期心率
95	140	60	163	25	176
90	148	55	164	20	180
85	152	50	166	15	182
80	156	45	168	10	184
75	158	40	170	5	196
70	160	35	171	0	216

③Siconolfi台阶试验。该台阶试验要求受试者完成3个阶段的蹬台阶运动,台阶高度25.4cm,每阶段运动3分钟。第一阶段的蹬台阶频率为17次/min,记录最后30秒钟心跳次数。第一阶段蹬台阶运动结束后,坐位休息1分钟,同时检测HR。如果恢复末期HR低于65%最大心率(最大心率=220-年龄),然后开始下一阶段练习;如果恢复末期HR大于65%最大心率,停止试验。第二阶段的蹬台阶频率为26次/min,记录最后30秒钟心跳次数。第二阶段蹬台阶运动结束后,坐位休息1分钟,同时检测HR。如果恢复末期HR低于65%最大心率,继续进行下一阶段练习;如果恢复末期HR大于65%最大心率,停止试验。第三阶段的蹬台阶频率为34次/min,记录最后30秒钟心跳次数。

通过Siconolfi台阶试验预测VO_{2max}包括以下三个步骤:首先确定最后阶段的耗氧量绝对值,其方法是将三个阶段的耗氧量标准值(第一阶段16.29ml/kg/min;第二阶段24.91ml/kg/min;第三阶段33.53ml/kg/min)按照以下的公式换算成绝对值:

最后阶段耗氧量绝对值=(最后阶段耗氧量相对值×体重kg)/1000

然后,根据Astrand-Ryhming列线图连接台阶试验最后阶段的耗氧量绝对值与最后阶段心率值,在VO_{2max}测度线上确定其VO_{2max}绝对值。最后,根据以下公式进行年龄校正:

VO_{2max}(L/min)= 0.302×(列线图显示的VO_{2max}绝对值)-0.019×年龄+1.593

④儿童台阶试验。台阶高度为35.5cm,运动时间:7岁2分钟,8~12岁3分钟,其他要求同哈佛台阶试验。台阶指数的计算与评定标准也与哈佛台阶试验相同。

⑤青少年台阶试验。体表面积为1.82m^2以下者用46cm高的台阶;体表面积为1.85m^2以上者用50cm高的台阶。

上下台阶的频率为每分钟30次,持续运动4分钟。

台阶指数的计算与评定标准与哈佛台阶试验完全相同。

⑥我国国民体质测试台阶试验。方法:台阶高度为男子30cm,女子25cm;上下台阶频率为30次/min;持续运动3分钟。完成后,受试者立即静坐在椅子上,测量并记录运动后60~90秒,120~150秒,180~210秒的3次脉搏数。如果受试者不能坚持运动3分钟,应立即停止运动,记录运动持续时间并以同样方法记录3次脉搏数。该方法适用于20~59岁的成年人。

将记录结果带入到下列公式计算台阶指数,评价标准见表5-20。

台阶指数=[运动持续时间(s)/(3次测量脉搏之和×2)]×100

表5-20　《国民体质测试标准》台阶指数评价标准

性别	年龄/岁	1分	2分	3分	4分	5分
男	20~24	42.1~46.1	46.2~52.0	52.1~58.0	58.1~67.6	>67.6
	25~29	42.1~46.1	46.2~51.9	52.0~58.3	58.4~68.1	>68.1
	30~34	41.4~46.1	46.2~52.2	52.3~58.3	58.4~68.1	>68.1
	35~39	41.3~46.1	46.2~52.2	52.3~58.7	58.8~68.1	>68.1
	40~44	37.8~46.5	46.6~53.5	53.6~59.9	60.0~70.2	>70.2
	45~49	35.5~46.3	46.4~53.5	53.6~60.3	60.4~70.2	>70.2
	50~54	31.5~45.8	45.9~53.5	53.6~59.9	60.0~69.7	>69.7
	55~59	29.9~44.7	44.8~53.2	53.3~59.9	60.0~69.7	>69.7
女	20~24	40.9~46.1	46.2~52.2	52.3~58.0	58.1~67.1	>67.1
	25~29	40.7~46.8	46.9~53.2	53.3~59.1	59.2~68.6	>68.6
	30~34	39.5~47.0	47.1~53.7	53.8~59.9	60.0~69.1	>69.1
	35~39	37.0~46.8	46.9~53.8	53.9~60.3	60.4~69.7	>69.7
	40~44	31.5~46.8	46.9~54.8	54.9~61.5	61.6~71.3	>71.3
	45~49	30.0~45.6	45.7~54.4	54.5~61.5	61.6~71.3	>71.3
	50~54	27.9~43.8	43.9~54.1	54.2~61.5	61.6~71.3	>71.3
	55~59	27.3~39.8	39.9~52.8	52.9~60.3	60.4~70.2	>70.2

(5) 1英里(1.609km)步行测试。测试时受试者在跑道上尽可能快地步行，测量运动结束即刻的心率(取15秒的心率，然后乘以4)。然后按照如下公式推算最大摄氧量。该方法适用于所有年龄和体适能水平的人群。

VO_{2max}推算公式：

$$VO_{2max} = 132.853 - 0.0769 \times (体重) - 0.3877 \times (年龄) + 6.315 \times (性别) - 3.2649 \times (时间) - 0.1565 \times (心率)$$

公式中体重单位为磅(1磅=0.4536kg)，年龄单位是年，性别赋值为女性=0，男性=1，心率单位：次/分。

该测试也可在标准篮球场上进行。标准篮球场(长28米，宽15米，一周86米)。1.609km(1英里)相当于18圈+61米。在一个标准篮球场摆放好标杆筒，如图5-9。二人一组进行，一人负责为同伴数圈，记录步行时间及测量运动后心率(取15秒的心率，然后乘以4)。受试者在开始后，应以既快又稳的步行速度来完成整段距离。同伴在受试者经过转角点(完成一周)，报上其已完成的圈数，在报完18圈后，数圈同伴便应立刻到正确的终点线以记录受试者过终点的时间，然后尽快开始测量其运动后心率。

评价：计算出的VO_{2max}越高，表示心肺耐力越好。

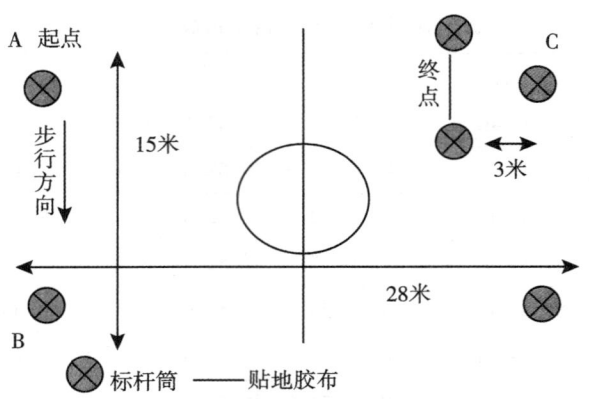

图 5-9　1 英里步行测试篮球场标杆摆放位置

（6）PWC170 机能试验。PWC_{170} 机能试验表示 HR 达到 170 次/min 时受试者的身体作功能力。该试验有多种运动负荷方式，目前常用的有 McMaster 提出的亚最大连续踏车运动和二次运动负荷试验。前者是一个渐增强度的运动负荷试验，其起始负荷一般为 25 瓦特，每级运动持续 2 分钟，递增幅度为 25 瓦特（女生）或者 50 瓦特（男生），于每次负荷后即刻测定 HR；后者是一种间断性运动负荷试验，每次负荷持续 3~5 分钟（以负荷时 HR 相对稳定为依据，一般 3 分钟即可），两次负荷休息之间 5 分钟。于每次负荷后即刻测定 HR。第一次负荷的强度应使 HR 达到 120 次/min 左右为宜，第二次负荷应使受试者的 HR 尽可能接近 170bpm。然后，通过作图法（图 5-10）或者计算法获得 HR 达到 170bpm 时的机体做功功率。

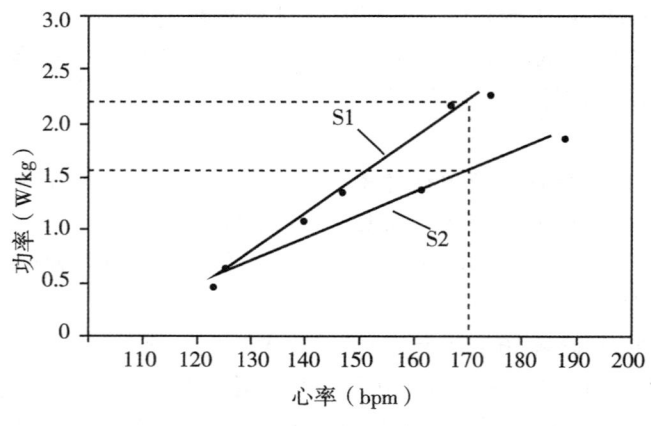

图 5-10　PWC_{170} 机能试验测定原理
S1：受试者 1；S2：受试者 2

评价：PWC_{170} 越大，表示受试者身体包括心脏的做功能力越强。

(7) 三分钟踏车运动试验(YMCA Cycle Ergometer Test)

测量仪器：遥测心率表、功率自行车

测量方法：

①估算最大心率：$HR_{max} = 220 - age$

②计算85%最大心率：$85\%HR_{max} = HR_{max} \times 0.85$

③将$85\%HR_{max}$设为上限，测试过程中一旦心率超过这个值，测试结束！

④每三分钟递增一级负荷，记录每分钟心率于表5-21中，如果每级负荷下两分钟间的心率差值不超过6bpm可以进入下一级负荷，如果超过差值则继续此等级不递增。直至最后两分钟差值不超过6bpm并未超过$85\%HR_{max}$。

表5-21　　　　　　　　　三分钟踏车运动试验心率记录表

Stage 1		Stage 2		Stage 3		Stage 4	
Time (min)	Heart Rate (bpm)	Time (min)	Heart Rate (bpm)	Time (min)	Heart Rate (bpm)	Time (min)	Heart Rate (bpm)
1		1		1		1	
2		2		2		2	
3		3		3		3	
4		4		4		4	
5		5		5		5	
Final Minute HR							

VO_{2max} ☐ L/min　VO_{2max} ☐ ml/kg·min^{-1}

Rating ☐

⑤负荷方案见下图5-11、图5-12。

⑥在图5-13中以最大心率作一条水平横线。

⑦每级负荷最后一分钟的心率及负荷作一个点(共2~4个点)，并画一条最适合的线通过这些点。

⑧两条线交叉点对应的负荷即为最大摄氧量。

六、心血管适能的直接测评

心血管适能的实验室直接测评通常包括最大摄氧能力、外周肌肉氧利用能力和最大心输出量三个方面，常用检测指标包括VO_{2max}、无氧阈、有氧运动效率和CO_{max}等。

1. VO_{2max}的直接测定

该测定通常是在实验室条件下进行，测定时让受试者在一定的负荷工具上进行渐增强

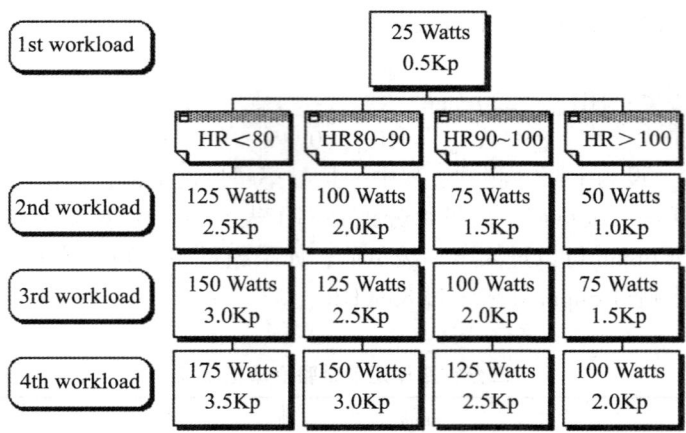

图 5-11 女性运动负荷方案

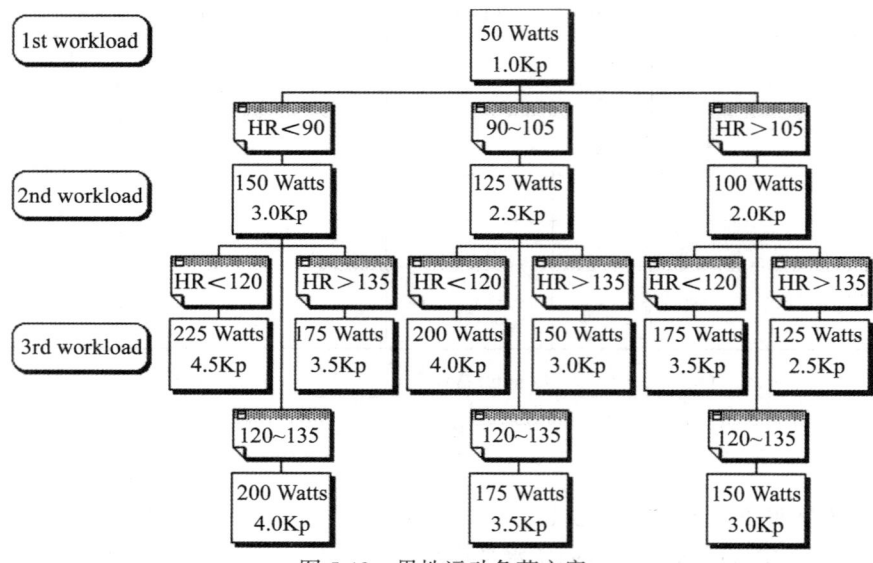

图 5-12 男性运动负荷方案

度的运动负荷试验(graded exercise testing，GXT)。运动过程中收集并定量分析呼出气体的容量，即肺通气量和 O_2 及 CO_2 的气体含量，计算各级运动时的吸氧量，然后根据 VO_{2max} 的判别标准确定 VO_{2max}。一般情况下，GXT 中 VO_2 是否达到最大值，一般是以 VO_2-负荷强度关系曲线上 VO_2 达到平台或下降为判别依据的(见图 5-14)。但是在实际检测中发现，只有不足 5% 的人能够达到这一标准。大部分人在 GXT 终止时，VO_2 处于峰值状态，即峰吸氧量(VO_2peak)。在此条件下，VO_{2max} 的判别还应符合以下三条标准：

①继续运动后，摄氧量的递增值小于 150ml/min 或 2ml/kg·min；
②呼吸商>1.15；

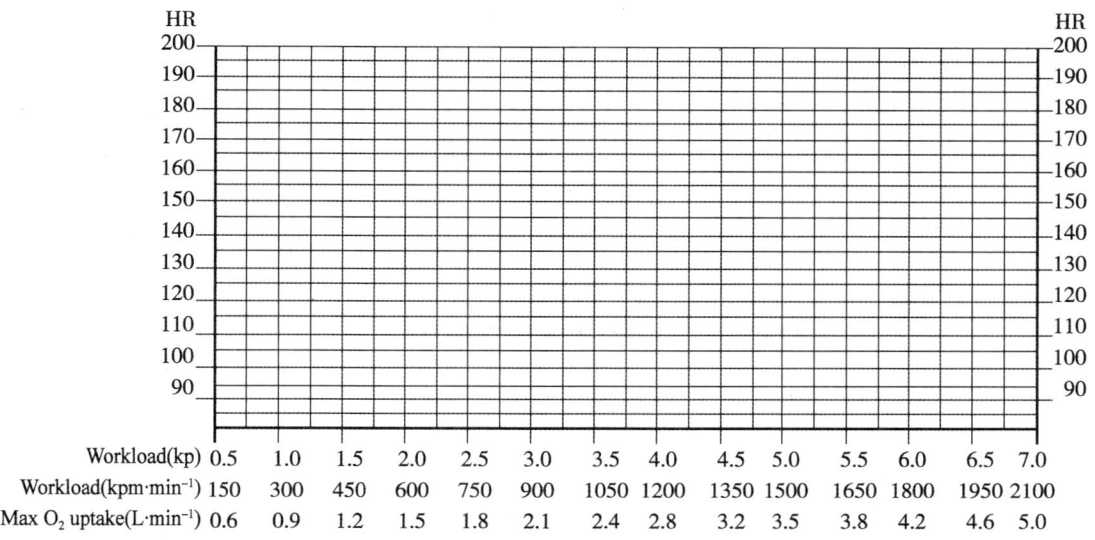

图 5-13 三分钟踏车运动试验心率绘制图表

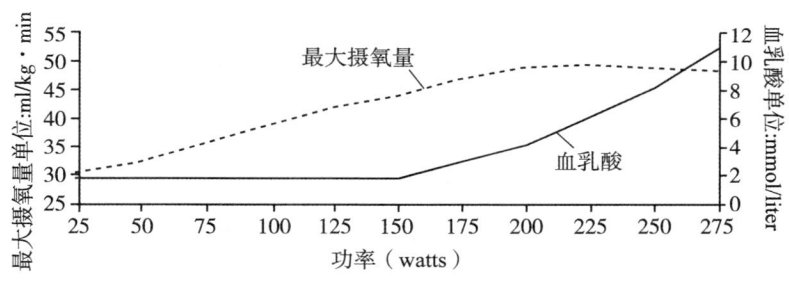

图 5-14 GXT 过程中的机体吸氧量和血乳酸动态变化示意图

③HR 达到本人年龄预测的最高值。

(1) VO_{2max} 测试顺序和方法。在运动测试中,首先测试安静时心率、血压、心电图、主观疲劳感觉(RPE),在最初的筛查后,应该在运动测试开始前选择基线测试项目。

RPE 是一个有价值的指标,可联合其他指标共同监控运动强度。不同强度运动的 RPE 分值乘以 10,大约相当于当时的心率值,这一规律在年轻人中比较适用,在有训练经验的人群中使用较在无训练经验的人群中使用可靠性强。对于运动中出现的不良症状,一般情况下主观指标要早于客观指标,所以用 RPE 来控制运动强度也是很有必要的。

测试仪器:cortex 心肺功能测试系统、遥测心率表、记功仪。

测试方法:

①运动测试开始前要进行 2~3 分钟的热身运动,使受试者熟悉记功仪,并能适应第一级测试强度。

②佩戴设备,打开软件(图 5-15)点击 🔲 新建受试者输入受试者的个人信息(图 5-16),面罩的选择根据受试者面颌骨的大小选择,一般情况下,亚洲男性选择成人中号,女性选择成年小号,面颌较小者则选择成年超小号。

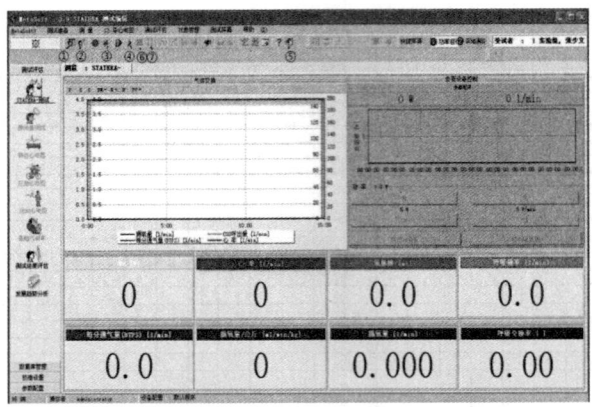

图 5-15　MetaSoft 界面

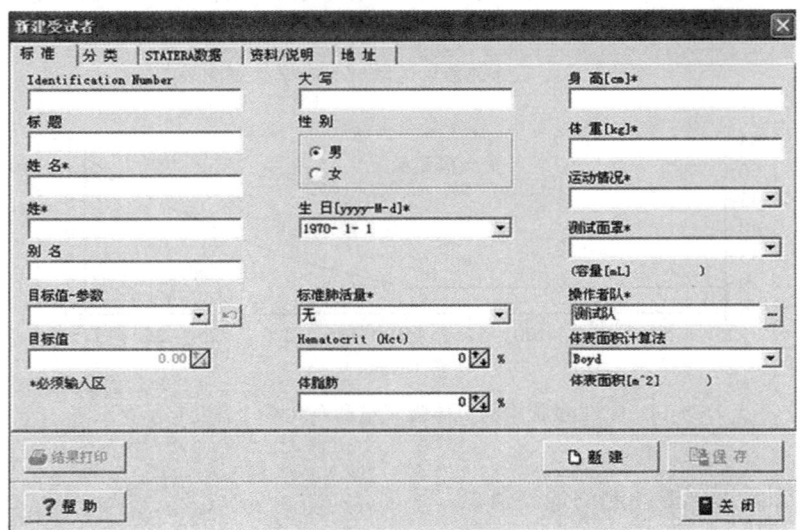

图 5-16　新建受试者界面

测试开始前,设备采样暴露于空气中,点击 进行周围气体检测(图 5-17),检测完毕后即进入测试界面(图 5-18)。

③运动测试方案应由每 2~3 分钟一级到若干级,以及相对应的递增负荷(见负荷设置参考)组成。

④通过佩戴胸部电极的心率遥测仪测心率。在每级测试中,至少在每一级第 2 分钟末监测 2 次心率。如果心率大于 110 次/min,在增加负荷前要达到稳定心率(如两次心率相差不到 5 次/min)。

⑤运动过程中测量血压要求受试者手臂放松下垂,可监测到运动血压。

⑥运动测试过程中每 2 分钟评定一次 RPE,见表 5-22。

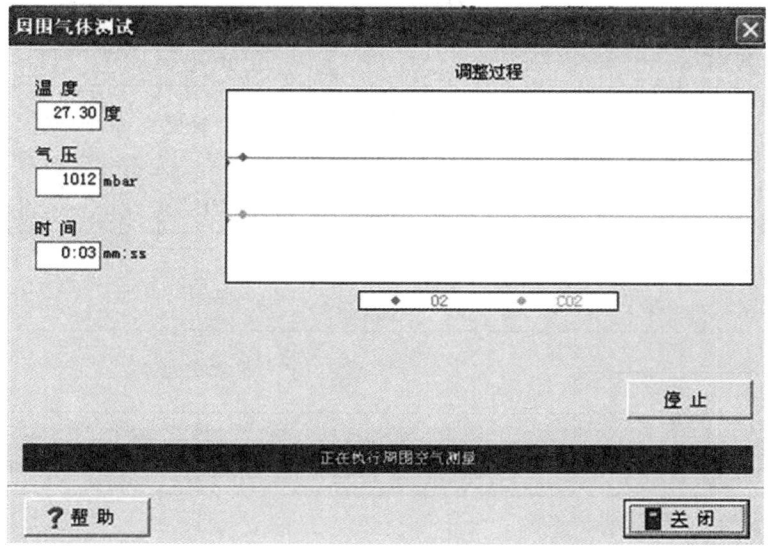

图 5-17　周围气体检测

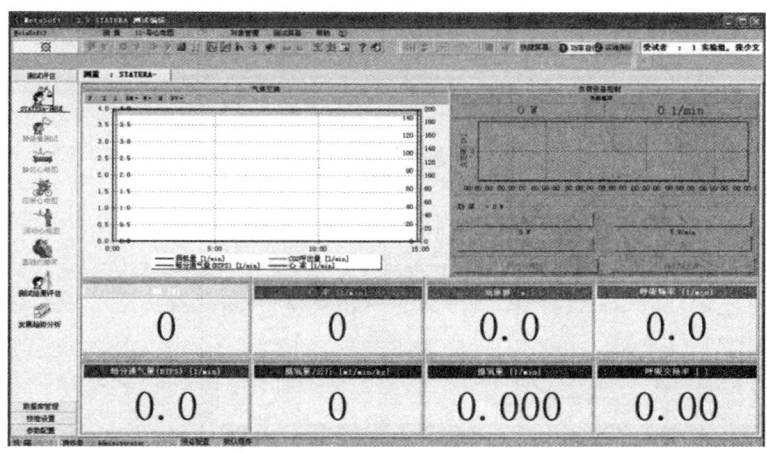

图 5-18　心肺功能测试界面

表 5-22　　　　　　　　　　　　　　**RPE 分级表**

RPE 级别	自 我 感 觉
6	非常非常轻松
7	
8	
9	非常轻松
10	

续表

RPE 级别	自 我 感 觉
11	尚且轻松
12	
13	有点吃力
14	
15	吃力
16	
17	非常吃力
18	
19	非常非常吃力
20	

⑦受试者采集的各项数据达到实验要求后,即可点击软件上▇按键停止测试。

⑧测试停止后点击▇退出测试界面,按照图 5-19 的数字序号顺序点击,进入数据分析界面(图 5-20)。

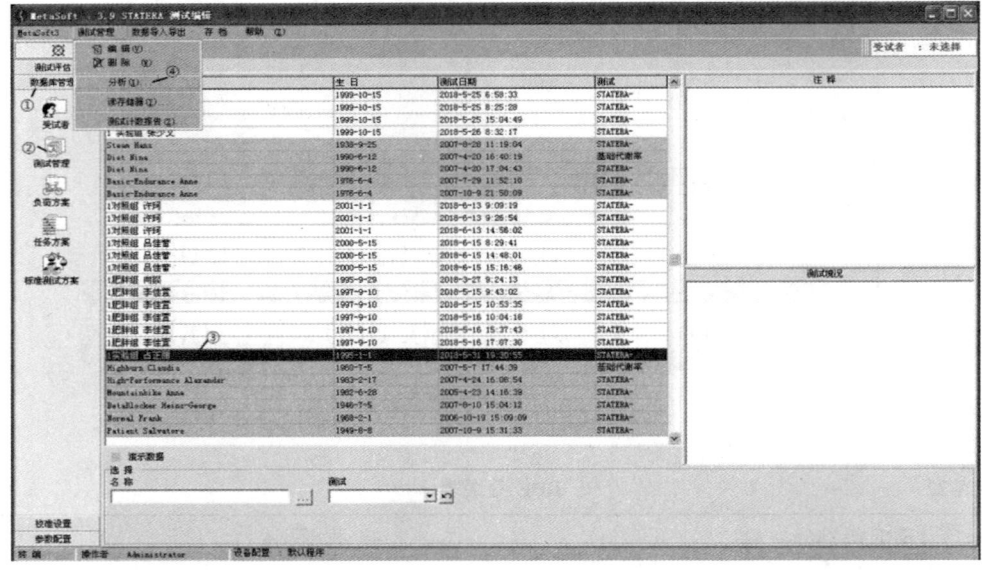

图 5-19 进入数据分析步骤

(2)负荷设置参考:

①不同运动项目 VO_{2max} 测试的起始负荷。

a. 常见项目 VO_{2max} 测试的起始负荷基本在心率 120~140bpm 的速度。

b. 场地测试时,普通人:120~100s/400m;长跑运动员:100~90s/400m。

第二节 心肺适能的测评

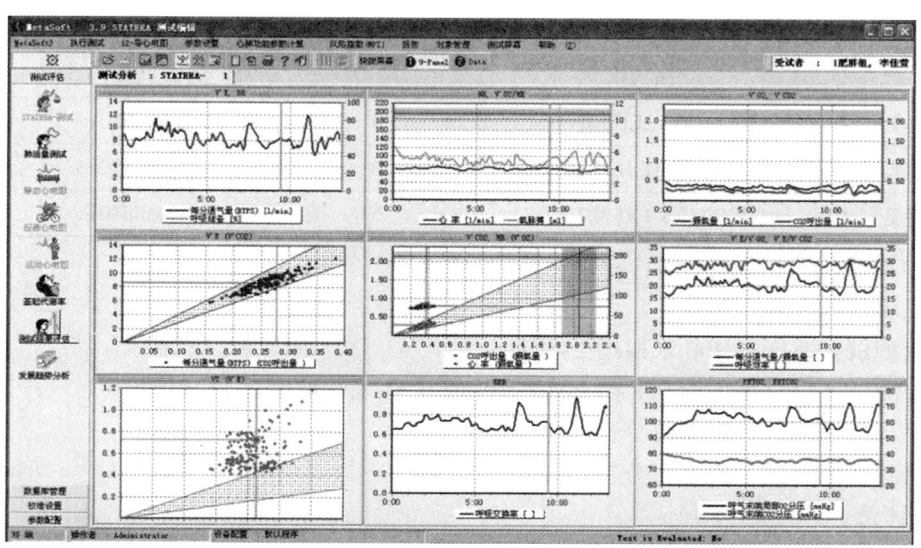

图 5-20 数据分析界面

c. 跑台测试(表 5-23):

表 5-23　　　　　　　跑台运动测试 VO_{2max} 的起始负荷

	速度(km/h)	坡度
普通人	8~9	0~1
长跑运动员	9~10	0

d. 功率自行车测试(表 5-24):

表 5-24　　　　　　功率自行车运动测试 VO_{2max} 的起始负荷

	阻力(W)	转速(r/m)
普通人	0~60	50~70
长跑运动员	60	90

e. 划船项目(表 5-25):

表 5-25　　　　　　划船测功仪测试 VO_{2max} 的起始负荷

	测功仪	阻力	起始负荷(h/km)
男子皮艇	Dansprint I Bergmann A/S	6	5min20sec
女子皮艇	Dansprint, I Bergmann A/S	4	5min40sec

139

续表

	测功仪	阻力	起始负荷(h/km)
男子划艇	CONCEPT II	4	5min40sec
男子赛艇	CONCEPT II 测功仪	8	4min20sec
女子赛艇	CONCEPT II 测功仪	5	4min40sec

②递增负荷方式。

实地测试：速度每 400 米递增 2~4 秒

跑台测试：每分钟递增 0.8~1.0km 速度或 0.5~1.0 坡度

功率自行车测试：阻力每分钟递增 20~30w

划船测功仪测试：速度每分钟递增 6~10s/km

（3）评价：

①不同运动方式对最大摄氧量的影响（表 5-26）。

表 5-26　　　　　　　　不同运动方式对最大摄氧量的影响

负荷方式	百分比
跑台	100%
功率自行车	82.0~97.0%
升降台	94.1~96.6%
游泳测功仪	94.7~87.5%

②不同运动人群与最大摄氧量的关系。

普通人和非长跑运动员，倾斜跑 VO_{2max} 最大；长跑运动员，平地跑 VO_{2max} 最大。专业自行车运动员，用功率自行车测得的 VO_{2max} 大于跑台。专业划船运动员用划船测功仪测得的 VO_{2max} 约等于跑台。

③不同年龄和性别人群 VO_{2max} 的评价标准参见表 5-27。

表 5-27　　　　　　　　不同年龄和性别人群 VO_{2max} 的评价标准

性别	男子(ml/kg/min)						女子(ml/kg/min)					
年龄	18~25	26~35	36~45	46~55	56~65	>65	18~25	26~35	36~45	46~55	56~65	>65
优秀	>60	>56	>51	>45	>41	>37	>56	>52	>45	>40	>37	>32
良好	52~60	49~56	43~51	39~45	36~41	33~37	47~56	45~52	38~45	34~40	32~37	28~32
较好	47~51	43~48	39~42	35~38	32~35	29~32	42~46	39~44	34~37	31~33	28~31	25~27
一般	42~46	40~42	35~38	32~35	30~31	26~28	38~41	35~38	31~33	28~30	25~27	22~24
较差	37~41	35~39	31~34	29~31	26~29	22~25	33~37	31~34	27~30	25~27	22~24	19~22

续表

性别	男子(ml/kg/min)						女子(ml/kg/min)					
差	30~36	30~34	26~30	25~28	22~25	20~21	28~32	26~30	22~26	20~24	18~21	17~18
非常差	<30	<30	<26	<25	<22	<20	<28	<26	<22	<20	<18	<17

④常见指标分析。

RQ：呼吸商 $=\dfrac{CO_2}{O_2}$。运动过程中消耗不同呼吸底物，呼吸商的值有所不同。

AT：通气阈

RCP：呼吸补偿点，出现时间越晚代表肺毛细血管、肺泡的换气能力越好。

VE/VCO_2 斜率：二氧化碳当量或通气效率，代表换气能力，斜率越小越好。

2. 乳酸阈

乳酸阈是指在渐增负荷运动中，血乳酸浓度随着运动负荷的递增而增加，当运动强度达到某一负荷时，血乳酸浓度出现急剧增加的那一点（乳酸拐点）称为乳酸阈，这一点对应的强度即为乳酸阈强度，它反映了机体的代谢方式由有氧代谢为主过渡到无氧代谢为主的临界点或转折点。最大摄氧量和乳酸阈是评定人体有氧工作能力的重要指标。最大摄氧量主要反映心肺功能，乳酸阈主要反映骨骼肌的代谢水平。用乳酸阈来评价有氧耐力比用最大摄氧量更准确。目前，乳酸阈检测方法主要分为乳酸阈、通气阈和心率阈三种。

（1）乳酸阈（LAT）测试。乳酸阈又称乳酸无氧阈，是指在递增运动负荷中，人体运动达到某一强度后，机体内出现氧需要量大于氧供给量，细胞进入无氧氧化过程中，体内的供能方式由有氧代谢为主开始向无氧代谢转换的临界点，用乳酸的开始升高来表示。也有以血乳酸含量达到4mmol/L时所对应的强度或功率来表示。LAT的判别方法如图5-21。

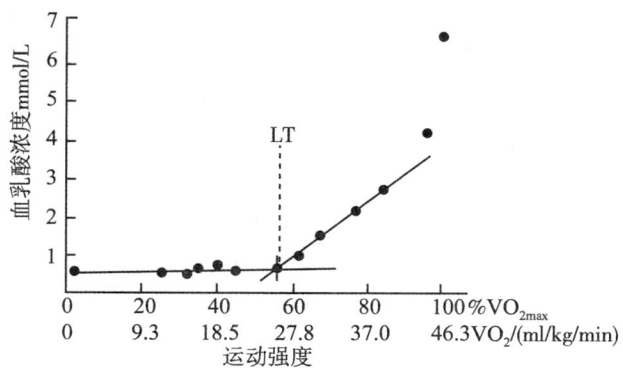

图5-21 LAT的判别方法

测量仪器：血乳酸仪

测量方法：在每级负荷末取指尖末梢血测血乳酸，在恢复期第2、3、4、5、6、8分钟各时刻采集指尖末梢血测血乳酸。将测试的血乳酸值及负荷强度曲线图绘制在坐标纸上找出曲线的拐点，此点的血乳酸值（2~4mmol/L）对应的功率即是无氧阈强度，并对比训练前后乳酸阈曲线图进行评价。

评价：受试者血乳酸浓度"拐点"出现的越晚，表明受试者的有氧能力越高。

（2）通气阈（AT）测试。测量方法：最大摄氧量的直接测量结束后，打开软件数据分析，找到通气指标 VE、VCO_2、$PETO_2$、$PETCO_2$ 和 RQ。观察这几个数据之间的变化，按通气阈辨别标准找到通气阈出现时对应的摄氧量、运动负荷和心率等指标。

通气阈的判别标准，即：

①VE 非线性增加；

②VCO_2 非线性增加；

③$PETO_2$ 增加而 $PETCO_2$ 不变；

④RQ 快速增加。

（3）心率阈（HRT）测试：

测量仪器：遥测心率表

测量方法：令受试者佩戴好心率表胸带，测试开始，受试者做逐级递增负荷运动，运动过程中连续记录每级的功率、心率。

运动负荷设置：男子起始负荷为 100W，女子为 50W。每级负荷运动 1 分钟，递增 20W，共 5 个等级。

心率阈的判别标准，即：

①心率与运动强度开始呈非直线性增加点；

②心率维持一或二个运动强度不变；

③运动强度增加而心率下降；

④心率在一或二个强度的运动负荷时呈非直线性增加。

测试过程中，凡 HR 符合上述四项标准中的任何一项，即可确定为 HRT。

目前，有许多研究证实 HRT 的大小与耐力性项目运动成绩之间有较高的相关，且 HRT 测量也有很好的重复性。另外也有一些研究表明在正常情况下 HRT 与乳酸阈呈高度正相关，故可作为乳酸阈预测的指标。心率无氧阈的判别方法见图 5-22。

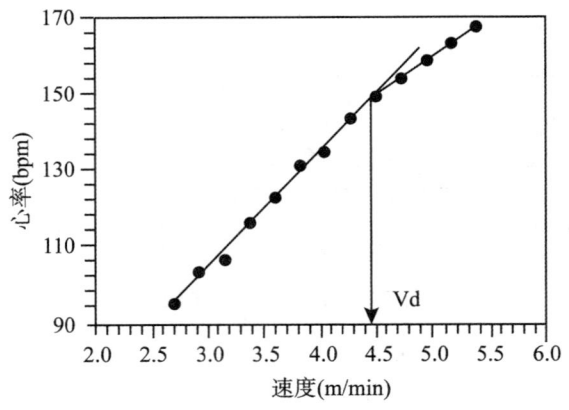

图 5-22 心率无氧阈的判别方法

第六章 肌肉适能及其测评

肌肉适能主要是指肌肉力量、肌肉耐力和肌肉功率。肌肉力量是指肌肉对抗某种阻力时所产生的力量，一般是指肌肉在一次收缩时所产生的最大力量。肌肉耐力是指肌肉维持使用某种肌力时，能持续用力的时间或重复次数。肌肉功率，又称快速力量，特指肌肉在短时间内快速发挥其收缩力量的能力，爆发力是肌肉功率的常见表现形式和评价指标。肌肉适能作为健康体适能的重要组成部分，其水平的高低和变化对于维持正常人体运动能力和增进人体健康水平有着极为重要的作用。

第一节 肌肉适能概述

一、肌肉适能的定义

肌肉适能是指机体依靠肌肉收缩克服和对抗阻力维持身体运动的能力，通常表现为肌肉力量和肌肉耐力等方面。肌肉力量是指在肌肉骨骼系统负荷的情况下，肌肉为维持姿势、启动或控制运动而产生一定张力的能力，也可认为是肌肉收缩时产生的最大力量，又称为绝对肌力。肌肉耐力是完成重复收缩以引起肌肉疲劳的能力。

二、影响肌肉适能的因素

影响肌肉适能的因素主要包括肌源性和神经源性两类，其他的还有年龄、性别、激素和阻抗训练等。关于力量的神经生物学基础可见图6-1所示。

1. 肌源性因素

"肌源性因素"由肌肉质量、肌纤维类型、肌肉收缩时的初长度、肌纤维代谢特点等部分组成。肌肉的质量指肌肉组织的数量，以某块肌肉的重量来表示。由于直接检测肌肉质量比较困难，因此通常以肌肉横断面积的大小来表示肌肉质量。肌纤维类型可根据其收缩特征不同分为快肌和慢肌两大类。肌肉中快肌纤维比例高的人，肌肉收缩力量较大；而慢肌纤维比例高的人，则肌肉耐力较好。影响人体肌肉生长的激素有生长分化因子、睾酮、生长素和甲状腺素。

2. 神经源性因素

"神经源性"因素包括中枢激活水平、神经系统的兴奋状态、中枢神经对肌肉的协调和控制能力等方面。肌肉活动受运动中枢的控制。中枢神经系统动员肌纤维参加收缩的能

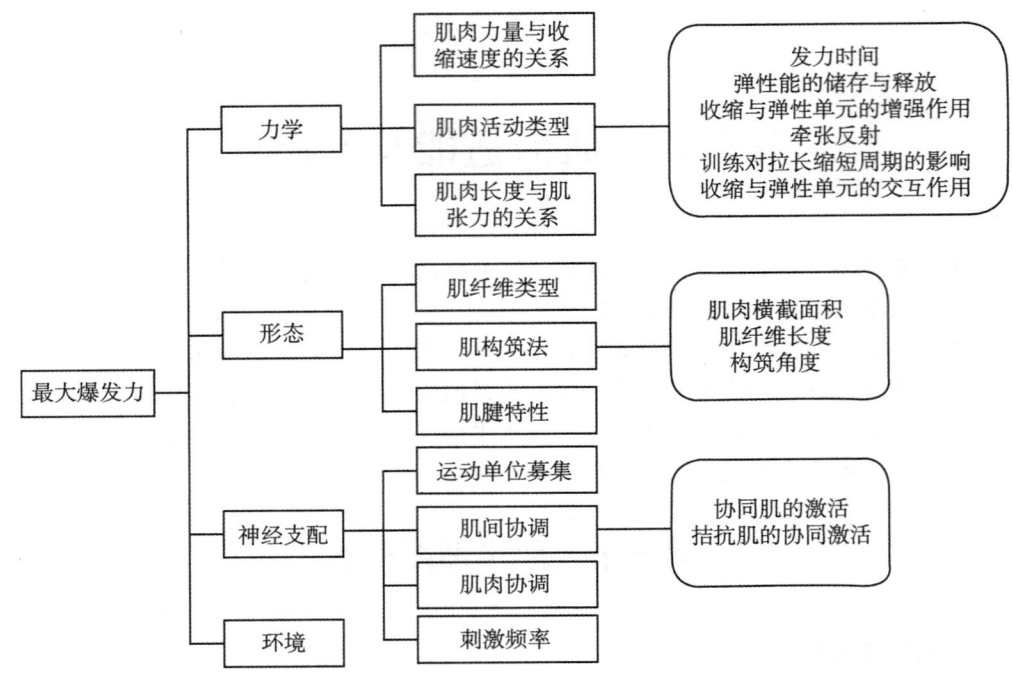

图 6-1 力量的神经生物学基础

力称为中枢激活。在肌肉进行最大用力收缩时，并不是所有的肌纤维都参加收缩，中枢激活动员参与收缩的肌纤维数量越多，肌肉收缩力就越大。反之，收缩力越小。

中枢神经系统的兴奋性是发挥高水平的中枢激活作用以及良好的中枢神经对肌肉活动的协调和控制能力的基础，对提高最大肌力有重要作用。中枢的兴奋性通过参与兴奋的神经元数量和兴奋神经元发放神经冲动的频率来体现。兴奋性越高，则参与兴奋的神经元多，所发出的动作电位频率高，可使更多的兴奋性较低的运动单位也参与到兴奋收缩中来，从而使肌力增大。研究表明，当肌肉克服相当于最大肌力的 20%～80% 的阻力负荷时，肌肉力量的增加主要靠神经系统不断募集动员更多的运动单位来完成；当阻力负荷超过最大肌力的 80% 时，肌肉力量的增加主要靠提高神经中枢发放冲动频率和有关肌肉中枢同步兴奋程度来实现。

完成一个运动所参与的数块肌肉分为原动肌、拮抗肌和协同肌。原动肌又称主动肌，是指发起和完成一个动作的主动作肌或肌群，如股四头肌是伸膝的原动肌。拮抗肌是指与原动肌作用相反的肌肉或肌群。例如伸肘时，肱三头肌使肘关节伸直，而肱二头肌的作用与之相反，为拮抗肌。协同肌又称合作肌，是配合原动肌并随原动肌一同收缩的肌肉或肌群。中枢神经系统在这些肌群之间起着协调和调控的作用，使其各司其职，协调一致，从而各自发挥适当的收缩力。最后，中枢神经系统兴奋性提高时，机体会释放肾上腺素、乙酰胆碱等生理活性物质，也是影响肌肉力量的重要因素。

3. 其他因素

肌肉力量的发展有明显的增龄性变化规律和性别差异。10 岁以前，男女区别不大。10 岁之后男性增长速度加快而女性增长缓慢。40 岁以后肌肉力量开始逐年衰退。在不排除这些影响因素的条件下，抗阻训练可以提高肌肉力量，改善肌肉耐力和爆发力。

三、肌肉适能与健康

肌肉是生命的重要动力，但是随着年龄的增长，肌肉减少和功能减退，表现出来就是人体的衰老。世界著名医学杂志《柳叶刀》最新发表的一篇来自加拿大的大型流行病学研究文章显示，握力是比血压能更好地预测未来心脏健康风险的指标。研究人员在十余年时间里对 17 个国家，14 万多人进行跟踪研究，发现女性在 20 几岁时握力约为 34 公斤，70 岁时下降到 24 公斤左右，男士们 20 几岁时握力为 54 公斤，70 岁时降到 38 公斤。握力和全因死亡率存在负相关关系，与心血管病死亡率、非心血管病死亡率、心肌梗死和中风都存在不同程度的负相关关系。握力每减少 5 公斤对应早亡的风险比就增长 16%，致命性心脏病风险比增加 17%，中风风险比增加 9%，也就是说手握力差的人得心脏病、中风、早逝的概率会显著增加。从表面上看，这个研究只是关于手掌握力变化与疾病的关系，事实上握力只是冰山一角，手握力的衰减意味着全身其他部分的肌肉力量都在下降，也就是说肌肉力量与健康、生命质量、生命长度息息相关。

第二节　肌肉适能的测评

一、肌肉适能测评的意义

肌力评估是测定受试者在主动运动时肌肉或肌群的力量，以此评估肌肉的功能状态。评价肌肉适能的意义表现在如下几个方面：
(1) 确定有无肌力减弱及肌力减弱的部位与程度；
(2) 辅助某些神经肌肉疾病的损伤定位诊断；
(3) 预防肌力失衡引起的损伤或畸形；
(4) 为康复方案的制订提供指导依据；
(5) 客观评价康复治疗、运动训练的效果。

二、肌肉适能测评的方法

1. 1RM 的测试

肌肉力量的测评通常用"抗阻"能力来表示，力量可以是静态的(无明显肌肉或肢体动作)也可以是动态的(外部负荷或身体某一部分运动，此时肌肉的长度发生改变)。静态力量测试是针对相关肌群和关节角度，可用最大随意收缩值(MVC)表示峰值肌肉力量。实践中还可用如 40% MVC、60% MVC、100% MVC 表示肌张力的大小,且与肌电振幅(IEMG)呈明显的线性关系。

1RM(one-repetition maximum,RM 表示最大重复次数)即在正确姿势和一定规则下全关节活动范围遇到的最大阻力值,已成为动态力量的评价标准,也可以用多次最大重复次数,如 4RM 或 6RM 作为抗阻练习负荷的表达方式。

1RM 的测试方法有直接测试法和间接测试法。

(1)直接测试 1RM 的基本步骤:

①使用较轻的重量进行 5~10 次练习。

②1 分钟休息。

③增加重量,受试者完成 3~5 次全幅度动作(上肢 4~9kg 或 5~10%负重;下肢 14~18kg 或 10~20%负重)。

④休息 2 分钟。

⑤增加重量,受试者完成 2~3 次全幅度动作(上肢 4~9kg 或 5~10%负重;下肢 14~18kg 或 10~20%负重)。

⑥休息 2~4 分钟。

⑦增加重量,受试者完成 1~2 次全幅度动作(上肢 4~9kg 或 5~10%负重;下肢 14~18kg 或 10~20%负重)。

⑧如果受试者只能完成 1 次,即测得 1RM。

⑨如果受试者能完成 1 次以上,休息 2~4 分钟,继续从步骤⑦开始。

⑩如果受试者 1 次都无法完成,休息 2~4 分钟,减少重量(上肢 2~4.5kg 或 2.5~5%负重;下肢 7~9kg 或 5~10%负重),直至⑨。

所有重复动作在运动速度和关节活动范围上要保持测试的一致性。

最后记录成功举起 1-RM 的绝对值。

(2)间接测试 1RM 的基本步骤:

①使用 6 RM 预测值的 50%重量进行 5~10 次练习。

②1 分钟休息。

③使用 6 RM 预测值的 70%重量进行 6 次练习。

④1 分钟休息。

⑤使用 6 RM 预测值的 90%重量进行 3~6 次练习。

⑥2~3 分钟休息,使用 6RM 预测值的 100~105%重量进行测试。

⑦休息 3~5 分钟,如果⑥能完成 2 次则增加 2.5~5%重量再进行测试,如果⑥无法完成则减少 2.5~5%重量再进行测试。

⑧如果受试者减少重量后依然无法完成,则休息 24 小时以后再进行一次测试。

再以疲劳次数推算 1RM。推算公式为:

$$1RM = 重量/(1.0278 - 0.0278 \times N)$$ 其中,$N = 最大重复次数$

也可参见表 6-1 进行 1-RM 和多个-RM 重量之间的换算。

表 6-1　　　　　　　　　　　　　1-RM 与多个 RM 之间的关系

RM 数值	相当于 1-RM 重量的百分比(%)
1-RM	100
3-RM	90~95
6-RM	85
10-RM	75
15-RM	65

2. 肌肉适能的测试类型

肌肉的收缩形式有三种：向心收缩、等长收缩和离心收缩。向心收缩又分为等张收缩和等动收缩。等张收缩有时也称为动力性收缩或时相性收缩，等动收缩也称等速收缩；等长收缩也称静力性收缩。依据肌肉的收缩形式，肌力的测试也可分为等长测试、等张测试和等动测试等。

(1) 等长测试。等长收缩即静力性收缩，是指肌肉收缩时，肌张力增加，但肌纤维长度基本无变化，不产生关节运动的收缩方式，这种方式有助于固定体位。等长测试是肌肉力量检测的主要手段，包括握力、背力、臂力和腿部力量等检测。常用的手段有握力计和背力计等，也可采用等速肌力测定仪和各种力量传感器进行测定。测定过程一般进行 2~3 次，取最好成绩。

(2) 等张测试。常用的等张测试方法包括屈臂、杠铃上举、仰卧蹬腿、半蹲起、仰卧屈膝等。有关测试详细内容见后文。评价标准参见表 6-2。

表 6-2　　　　　　　　　　　部分等张肌力的评价标准　　　　　　　　　　（单位：1bs)

屈臂	杠铃上举	仰卧蹬腿	半蹲起	俯卧屈膝	评价等级
女子					
>0.45	>0.50	>0.85	>1.45	>0.55	优秀
0.38~0.44	0.42~0.49	0.70~0.84	1.30~1.44	0.50~0.54	良好
0.32~0.37	0.32~0.41	0.60~0.69	1.00~1.29	0.40~0.49	一般
0.25~0.31	0.25~0.31	0.50~0.59	0.80~0.99	0.30~0.39	较差
<0.24	<0.24	<0.49	<0.79	<0.29	很差
男子					
>0.65	>1.00	>1.30	>1.85	>0.65	优秀
0.55~0.64	0.90~0.99	1.15~1.29	1.65~0.84	0.55~0.64	良好
0.45~0.54	0.75~0.89	1.00~1.14	1.30~1.64	0.45~0.54	一般

续表

屈臂	杠铃上举	仰卧蹬腿	半蹲起	俯卧屈膝	评价等级
0.35~0.44	0.60~0.74	0.83~0.99	1.00~1.29	0.35~0.44	较差
<0.34	<0.59	<0.84	<1.0	<0.34	很差

注：表中数值为 1-RM 力量与体重的比值

针对肌肉耐力测试，检测和记录肌肉持续工作时间，可以选择在特定百分比区间的负荷，也可以通过测试机体维持某一身体姿势的静态运动时间的长短来评价。

（3）等速测试。等速运动具有恒定速度和可调节阻力的特点，关节活动中任何一点的肌力均可达到最佳效果的优点，因此在肌力评定和训练上明显优于传统肌肉收缩运动。

①等速肌力的定义：等速运动又称为可调节抗阻运动或恒定角速度运动，即在预定角速度的前提下，利用专门的仪器，根据关节活动范围中的肌力大小变化相应地调节所施加的阻力，使瞬间施加的阻力与肌力相对等。整个关节活动只能依照预先设定的角速度运动，关节活动范围内肌肉的阻力仅使肌力增高，力矩输出增加，而不改变运动角速度的大小。

②测试仪器及测试原理：等速运动测定仪即为可测试上述等速运动的专门仪器，其核心部分是肌力感应系统和阻力反馈调节系统。在这个测试中，测力仪起到了控制速度的作用。它允许被试者在运动过程中可以加速至不超过所设定的动力轴向各个方向旋转的最高速度值，被测者可以在关节活动范围内的任何一个点上任意减速或改变运动方向。

测试仪器：等速肌力测试系统（图 6-2）

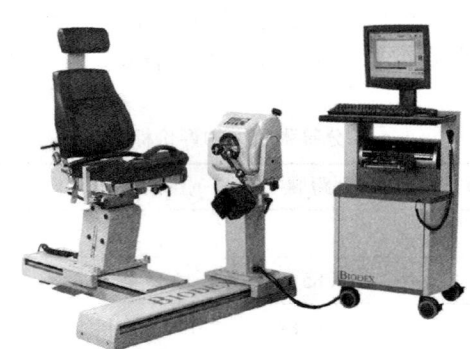

图 6-2　BIODEX 等速测试系统

③测试步骤：

系统的使用准备：

a. 将控制仪后面的主电源开关开至 On 的位置。接着将面板上的测力仪和计算机电源开关处在 On(I) 位置上。

b. 系统中所有的电源均接通后，系统状态窗口上便会出现"Remove Attachment, Press Start"（卸下配件，按开始键）。如果你尚未卸下配件，请将配件从测力仪上卸下，然后按下控制面板上的 Start 键。

c. 现在测力仪动力轴将开始转动，系统显示其正在对测力仪进行初始化的信息。自动初始化和校准程序结束后，按照系统状态窗口的提示按 Start 键。

d. 此时系统准备完毕，可以开始使用了。

设置方式（Setup）：

在这个方式中，测力仪起到了控制速度的作用。它允许被测者在运动过程中可以加速至不超过所设定的动力轴向各个方向旋转的最高速度值（调节阻力）。被测者可以在关节活动范围内的任何一个点上任意减速或改变运动方向。以下所做的程序介绍将清楚地讲解等速方式的具体使用方法。

测试：

a. 选择 Test 按键，点击左侧栏 ▦ 按钮，在右侧栏输入受试者个人信息（Last、Weight、Gender 和 ID 为必填），Dominant 为优势侧，Involved 为受试者受伤侧标注，填写完成后点 ▦ 按钮保存（图 6-3）。

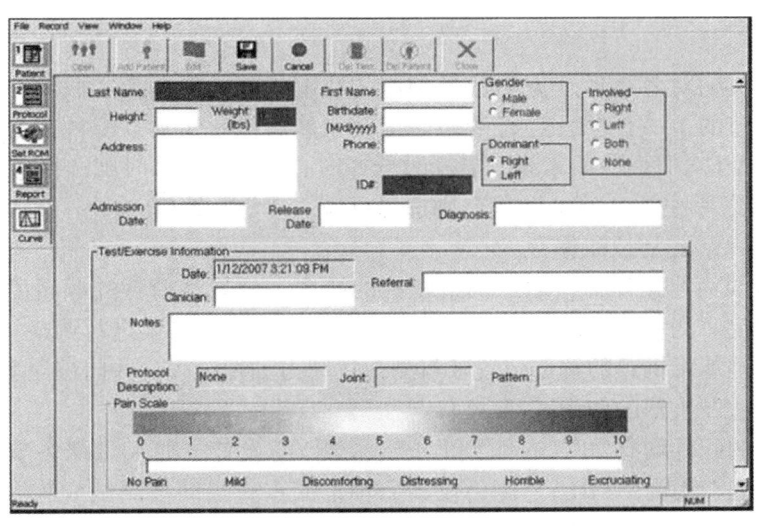

图 6-3 BIODEX 软件操作界面

b. 点击左侧栏 ▦ 按钮，在左侧栏 Mode 下拉栏选 Isokinetic（等速），Joint 下拉栏选择要测试的关节，Pattern 下拉栏选择关节运动方式，Contraction 下拉栏选择收缩类型（见设定收缩类型），Description 对这一次测试进行描述标记（必填）。Bilateral 和 Unilateral 选项选择的是受试者做单侧测试还是双侧测试，在这一选项下的具体参数设置见表 6-3。设定范围结束时缓冲度。使用 End Stop Cushion 按钮来设定被测者关节活动范围各个方向内减速度开始发生的点。被选定的缓冲度级别会显示在该按钮右边的窗口上。依照一般的规则，"Hard"（硬）缓冲（低数值）用于测试，而"Soft"（软）缓冲（高数值）则用于康复。见图 6-4。

设定收缩类型

Concentric/Eccentric（向心/离心）或 Eccentric/Concentric（离心/向心）。对于等速方式，系统自动设定为向心/向心运动。要想改变选择，可以使用 Contraction Away（展开）和

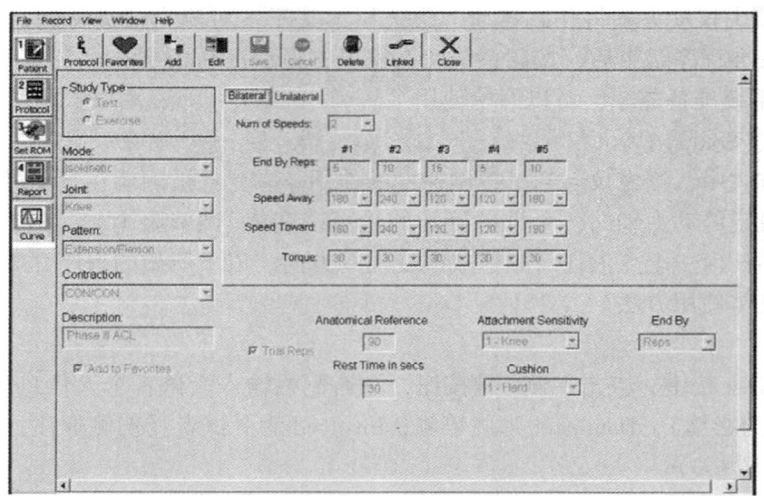

图 6-4　BIODEX 软件操作界面

Toward(收回)按钮对各个运动方向选择相应的收缩类型。使用离心收缩时,受试者必须先以力矩限度值的 10% 作功,进行的初始运动,然后停止运动。配件正在运动的方向将限定收缩的类型(对股四头肌来说,展开时选择向心收缩,收回时则选择离心收缩)。

注:如果要采用离心/离心收缩,则选择反应性离心收缩(Reactive Eccentric)方式。

设置完成后点击 ■ 按钮保存。

c. 命令受试者坐上座椅,通过调整座椅的高度、位置和椅背的倾斜度来正确地对被测者定位和固定。测力仪的高度、角度、旋转度和位置也有必要进行调整。正确地绑住固定带。确保正确地将推荐的解剖位置轴与测力仪动力轴相对齐。并向被测者说明手持的和测力仪上的舒适停止器的使用。

注:所有的配件均有"R"(右侧)和"L"(左侧)的设计。如果是踝关节和腕关节的配件,左、右两侧合而为一(RL)。测力仪动力轴上的点应当同被测试或练习一侧配件上相应的点连接在一起,这样才能保证正常的关节活动范围。

表 6-3 显示了针对不同关节的建议测试速度。测试过程中可视具体情况进行调整。

表 6-3　　　　　　　　　　　　建议的测试速度

关节	模式	普通人	运动员
膝	伸展/屈曲	(60),180,300	180,300,450
膝	胫骨外旋/内旋	(60)60,120	120,180,240
肩	外展/内收	(60)180,300	180,300,450
肩	屈曲/伸展	(60),180,300	180,300,450
肩	外旋/内旋	(60),180,300	180,300,450
肩	水平外展/内收	(60),180,300	180,300,450

续表

关节	模式	普通人	运动员
肘	屈曲/伸展	(60),180,300	180,300
腕	伸展/屈曲	60,120	120,180
腕	桡/尺侧偏	60,120	120,180
前臂	旋前/旋后	60,120	120,180,240
踝	跖屈/背屈	60,120	(60),120,180
踝	外翻/内翻	60,120	(60),120,180
髋	屈曲/伸展	(120),180,300	180,300,450
髋	外展/内收	(120),180,300	180,300,450
髋	内旋/外旋	60,120	120,180

d. 点击左侧栏按钮，弹出 Set Dynamometer Range of Motion 界面（如图 6-5），设定病人的 ROM（关节活动范围）。帮助受试者自己在合适的关节活动范围内作运动（展开 Away 或收回 Toward）。当病人达到了最大 ROM 后，按 Set Limit 按钮来锁定该方向的最大 ROM。再让受试者向相反的方向运动完成全关节活动范围。一旦受试者达到了理想的角度，按相应的 Set Limit 按钮。如果要清除受试者关节活动范围，可按〈Setup〉按钮。注意在两个方向的关节活动范围未设定之前，关节活动范围的设置不能被锁定。辅助受试者被测关节运动到↑两侧数字相同时，点击↑按钮对动力头进行定标。接着辅助受试者被测关节悬空与地平线保持水平，固定住动力头，命受试者放松，同时点击按钮对被测肢体进行称重。设置完成后点 Continue 键进入下一步（图 6-5）。

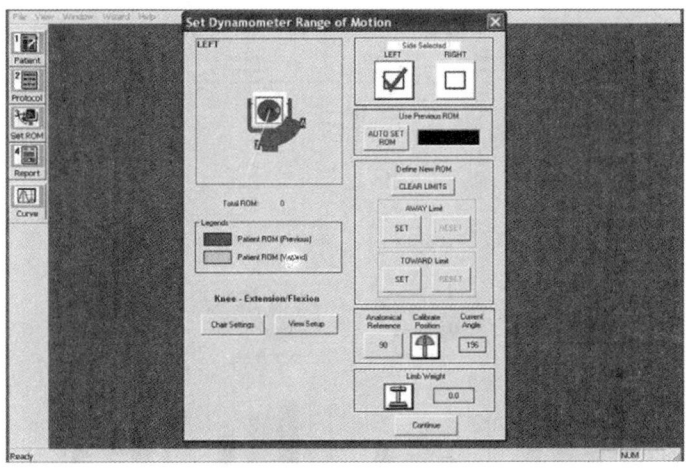

图 6-5 BIODEX 软件操作界面

e. 告诉受试者测试马上要开始了，测力仪的动力轴将会旋转。按下 Start 开始测试。

此时，受试者不会受到阻力，测力仪动力轴能够自由地转动。当受试者达到了预设的速度时，其力量输出与所遇到的阻力相等。如果被测者停止运动，阻力也随之停止。当被测者发出较小或较大的力量时，便会产生抗阻力的等值力。

注：在开始测试前要让受试者在关节活动范围内运动一下。在做完一个关节、一个受试者或一种配件后接着做另一个时，应当重新设定关节活动范围。

f. 测试结束后点击 按钮，查看实验报告（图6-6）。在 Choose Report 下拉栏选择测试报告类型，点击 Print Preview 可预览实验报告（图6-7、图6-8、图6-9、图6-10）。

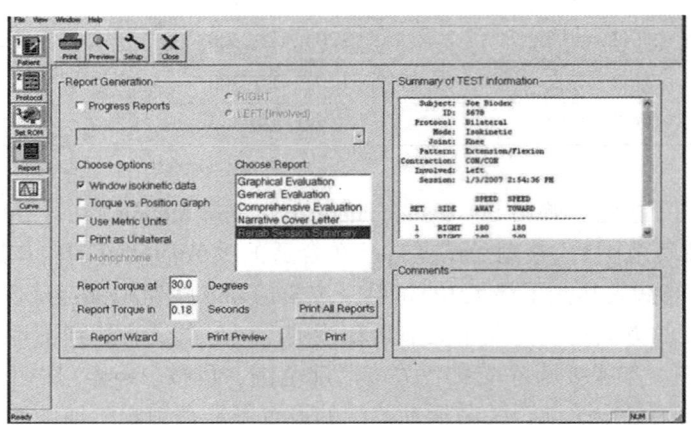

图6-6　BIODEX 软件操作界面

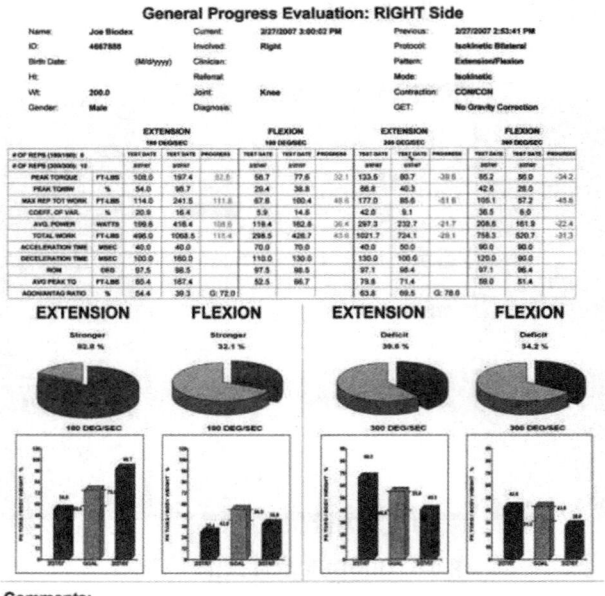

图6-7　测试报告

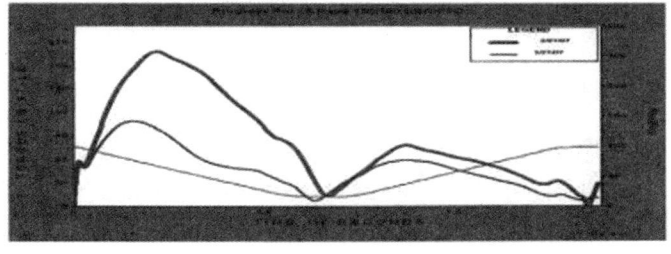

图 6-8　测试报告

注：允许受试者在测试时观察监视器会使受试者根据其感觉改变力量的输出，为保持测试的连贯性，我们建议不要让受试者观看监视器。

g. 点击左侧栏，打开曲线分析功能，这个功能可以以各种格式查看屏幕上的测试数据，包括单独的曲线、窗口曲线、过滤曲线和曲线日志(图 6-11)。

④评价指标：

a. 峰力矩(peak torque，PT)：指肌肉在一次收缩过程中达到的最大力矩输出，即力矩曲线上最高点处的力矩值(图 6-12)，反映测试者的肌力情况，是等速技术中的黄金指标。其数值随速度的增加而降低，即力矩-速度曲线(图 6-13)。单位：牛顿·米(N·m)。

b. 峰力矩体重比(peak torque/weight，PT/W)：指单位体重的峰力矩值，反映了肌肉的相对肌力，可用于不同体重人群之间的肌力对比。单位：百分比(%)。

c. 屈伸肌力矩比(flexion/extension)：一般以慢速运动时的峰力矩计算，也可在不同

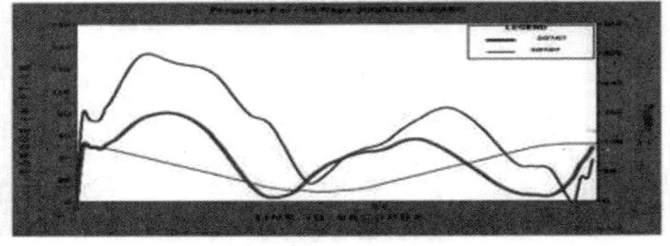

图 6-9　测试报告

速度及特定角度计算。此值主要反映主动肌和拮抗肌肌力平衡情况。

d. 峰力矩角度(peak torque angle, PTA)：PTA 出现时的关节角度，是关节的最佳用力角度。

e. 输出功率(power output, PO)：快等速测试通常比慢等速测试可更精准地反映肌肉输出功率。常被用于检测和评价肌肉耐力等动态肌肉功能。肌肉的输出功率除了受峰力矩影响外，还受运动幅度及力矩曲线形态的影响。

f. 平均功率(average power, AP)：肌肉单位时间内作的功。能敏感地反映肌肉实际工作能力，是最常用的动态肌肉耐力功能指标之一。其值在一定范围内随速度增加而增加，达到临界值时，反而随运动速度的加快而下降，因此它反映的是肌肉的爆发力。单位：瓦(W)。

g. 总功(total work, TW)：肌肉单次收缩所作的功，反映肌肉一次或一定次数运动所

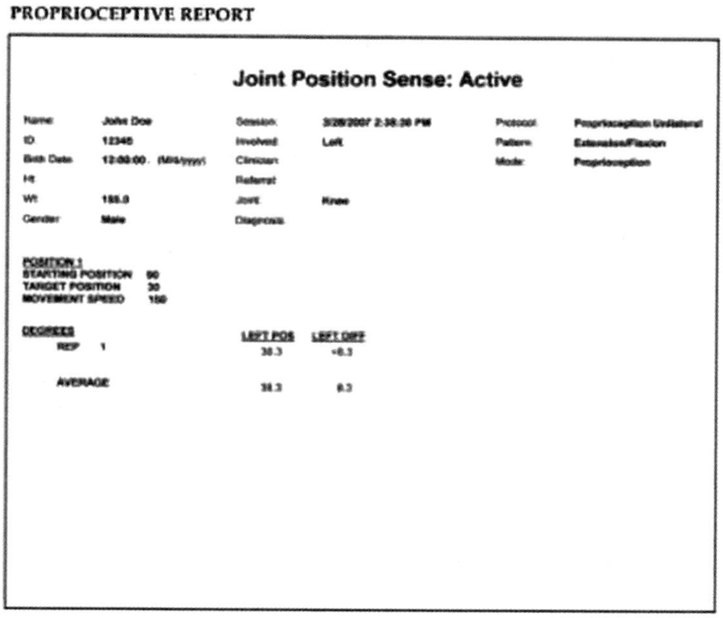

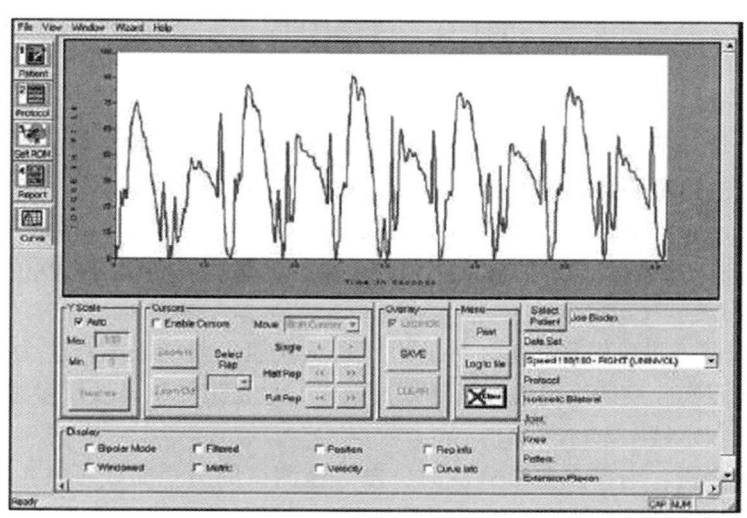

图 6-10 测试报告

图 6-11 BIODEX 软件操作界面

做功的总数。做功为力矩乘以距离，即力矩曲线下的总面积。做功与峰力矩值有较好的一致性，即峰力矩越高，做功量越高，但做功量还与关节活动范围有关。单位：焦耳(J)。

h. 主动肌与拮抗肌峰力矩之比(agon/antagrato)：指等速肌力测试中，主动肌与拮抗肌两组肌群峰力矩的比值。判断肌力平衡情况，对判断关节稳定性有一定意义，慢速测试

第六章 肌肉适能及其测评

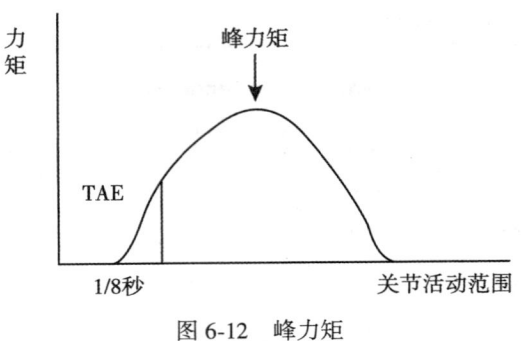

图 6-12 峰力矩

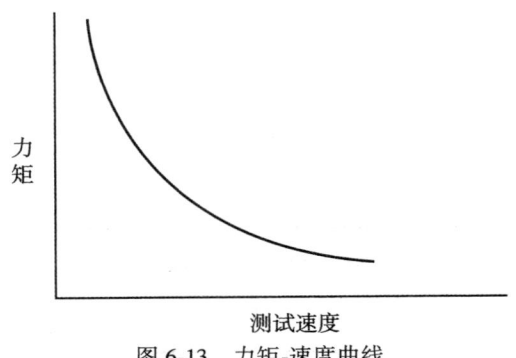

图 6-13 力矩-速度曲线

时较为准确。会给出一个理想比值 G 作参考。

i. 平均关节活动范围（average range of motion，AROM）：判断关节活动障碍情况，帮助判断两侧肌群做功量差异的原因。

j. 疲劳指数（work fatigue）：指肌肉重复收缩时的耐疲劳能力，用第一次最大肌肉收缩力矩值减去最后一次最大肌肉收缩力矩值比上第一次最大肌肉收缩力矩值。单位：百分比（%）。

k. 力矩加速度：指肌肉最初 1/8 秒的力矩。反映肌肉最初收缩产生力矩的速率和做功能力，可代表肌肉收缩的爆发力和活动的灵敏度，也是最具特异性及敏感性的肌肉功能指标之一。单位：牛顿·米（N·m）。

l. 力矩曲线分析：当存在关节病变时，慢等速测试的力矩曲线可发生相应的形态变化，如运动中发生疼痛，使肌肉收缩反射性抑制，以及关节不稳、关节面不规则等，可使力矩曲线出现切迹、波动、低平、不对称或其他变形；关节活动度受限，可使曲线中断或缩短（图 6-14）。

3. 不同肌群肌力的测评

（1）上肢肌及肩带肌力的测评：
①握力：

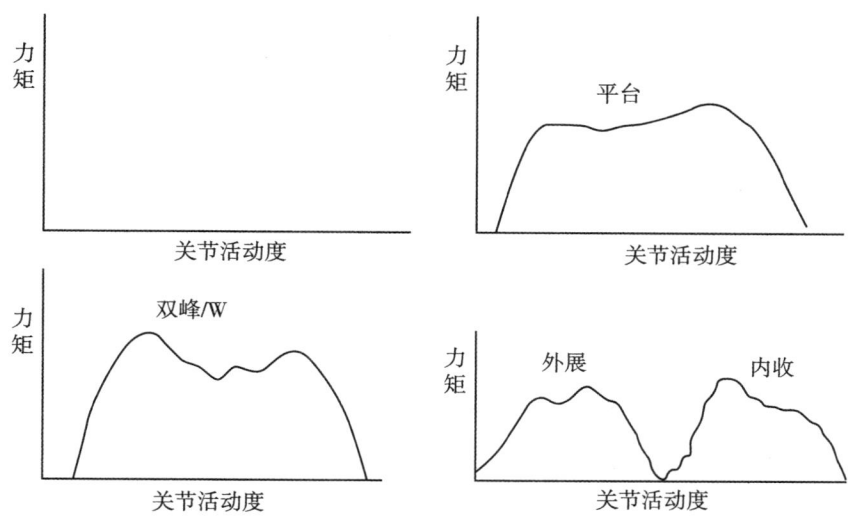

图 6-14　力矩曲线分析

目的：主要反映前臂及手部屈肌群的静力力量，是上肢力量的常用指标之一。

测量仪器：握力计。

测量方法：测试前，受试者应调试适宜的握距便于发力（以第二手指节紧握手柄为宜），并将指针拨回零位。受试者手握握力计（指针朝外），两臂自然下垂，以方便姿势站立，然后在无其他手部动作下以最大力量紧握握力计 1 次，并读取记录。左右手可交替各测 2~3 次，每次之间可休息 30 秒，各取最大值记录。见图 6-15。用力时不准屈臂、挥臂、弯腰或持握力计的手接触身体其他部位。

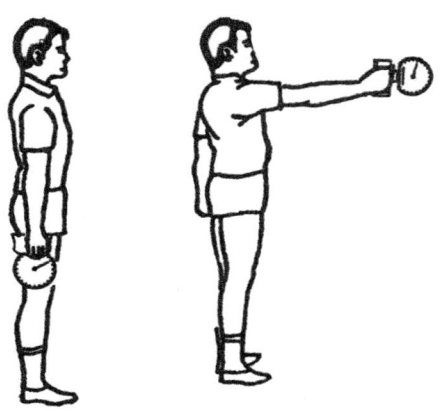

图 6-15　握力的测定

评价：一般男子的握力相当于自身体重的 47%~48%。测试中，数值越高，表示前臂肌肉力量越强，一般也表示上肢肌力强。评价标准见表 6-4。

表6-4　　　　　　　《国民体质测定标准手册》握力评价标准　　　　　（单位：kg）

性别	年龄/岁	1分	2分	3分	4分	5分
男	20~24	29.6~36.9	37.0~43.5	43.6~49.2	49.3~56.3	>56.3
	25~29	32.6~38.3	38.4~44.8	44.9~50.4	50.5~57.6	>57.6
	30~34	32.2~38.0	38.1~44.9	45.0~50.6	50.7~57.6	>57.6
	35~39	31.3~37.2	37.3~44.4	44.5~50.2	50.3~57.7	>57.7
	40~44	30.0~36.4	36.5~43.4	43.5~49.5	49.6~56.7	>56.7
	45~49	29.2~35.4	35.5~42.4	42.5~48.5	48.6~55.4	>55.4
	50~54	27.2~32.7	32.8~40.3	40.4~46.3	46.4~53.2	>53.2
	55~59	25.9~31.4	31.5~38.5	38.6~43.9	44.0~50.7	>50.7
	60~64	21.5~26.9	27.0~34.4	34.5~40.4	40.5~47.5	>47.5
	65~69	21.0~24.9	25.0~32.0	32.1~38.1	38.2~44.8	>44.8
女	20~24	18.6~21.1	21.2~25.7	25.8~29.8	29.9~35.0	>35.0
	25~29	19.2~21.7	21.8~26.1	26.2~30.1	30.2~35.3	>35.3
	30~34	19.8~22.3	22.4~26.9	27.0~30.9	31.0~36.1	>36.1
	35~39	19.6~22.3	22.4~27.0	27.1~31.2	31.3~36.4	>36.4
	40~44	19.1~22.0	22.1~26.9	27.0~31.0	31.1~36.5	>36.5
	45~49	18.1~21.2	21.3~26.0	26.1~30.3	30.4~35.7	>35.7
	50~54	17.1~20.1	20.2~24.8	24.9~28.9	29.0~34.2	>34.2
	55~59	16.3~19.2	19.3~23.5	23.6~27.6	27.7~32.7	>32.7
	60~64	14.9~17.1	17.2~21.4	21.5~25.5	25.6~30.4	>30.4
	65~69	13.8~16.2	16.3~20.3	20.4~24.3	24.4~29.7	>29.7

注：引自国家体育总局《国民体质测定标准手册》

②引体向上(男)：

目的：测量引体时肩臂的最大力量和力量耐力

测量仪器：单杠

测量方法：受试者跳起，双手采用正握方式握杆，握杆间距与肩同宽，呈直臂悬垂姿势。身体静止后，两臂同时用力向上引体(身体不得有任何添加动作，否则该次不计)，当引体上拉躯干到下颌超过横杠上缘，然后还原至直臂悬垂姿势为完成一次(图6-16)。按上述方法反复做至力竭为止。测1次，以"次"为单位记录完成次数。注意如受试者身体摆动，测试者可帮助其稳定。

评价：引体向上的次数越多，受试者的上肢肌群和肩带肌群的力量及动力性力量耐力就越好，应付日常工作也会觉得轻松。评价标准见表6-5。

图 6-16　引体向上测试

表 6-5　　　　　　　　《学生体质健康标准》(2014 版)引体向上评价标准　　　　　（单位：次）

年级	不及格	及格	良好	优秀
13	1~3	4~8	9~10	11~13
14	1~4	5~9	10~11	12~14
15	1~5	6~10	11~12	13~15
16	2~6	7~11	12~13	14~16
17	3~7	8~12	13~14	15~17
18	4~8	9~13	14~15	16~18
19~20	5~9	10~14	15~16	17~19
21~22	6~10	11~15	16~17	18~20

注：引自《学生体质健康标准》(2014 版)评价标准

③屈臂悬垂(女)：

目的：主要反映上肢屈肌群的静力性力量耐力。

测试仪器：单杠、秒表、凳子

测试方法：受试者站在凳子上，用双手正握单杠，屈臂，使下颌位于横杠之上(但不可触杠)，受试者双足离开凳面时开表计时。受试者尽量保持该姿势至力竭为止，当下颌低于横杠上缘时停表(图 6-17)。以"秒"为单位记录持续时间，精确至 0.1 秒。注意不同的握杆法对测试成绩有明显的影响，所以，握法要统一。若受试者身体前后摆动时，测试者可帮助稳定其身体，但不得助力。

评价：屈臂悬垂的时间越长，受试者上肢肌群和肩带肌群的静力性力量耐力就越好。评价标准见表 6-6。

图 6-17　屈臂悬垂

表 6-6　　　　　　　　　　　屈臂悬垂的评价标准　　　　　　　　　　（单位：秒）

很差	较差	一般	良好	优秀
<8	4~14	15~23	24~29	>30

④俯卧撑：

目的：测试上肢肌力/肌耐力。

测试仪器：平地

测试方法：测试前，受试者俯身两手撑地，两手分开与肩同宽，双臂伸直，手指向前。同时两足并拢，前脚掌着地，两腿向后伸直，身体保持平直。当测试者发出"开始"口令后，受试者屈臂使身体平直下降至肩与肘处在同一水平面上，然后将身体平直撑起至开始姿势，此时为完成一次俯卧撑动作（图 6-18）。按上述方法反复做至力竭为止。测 1 次，以"次"为单位记录其完成次数。

图 6-18　俯卧撑测试

评价：俯卧撑的次数越多受试者肩臂肌肉的力量耐力就越好，也有助于应付日常工作及特别需要。评价标准见表 6-7。

表6-7　　　　　　　　　《国民体质测定标准手册》俯卧撑评价标准　　　　　　　（单位：次）

性别	年龄/岁	1分	2分	3分	4分	5分
男	20~29	≤17	18~23	24~29	30~40	≥41
	30~39	≤13	14~18	19~23	24~31	≥32
	40~49	≤9	10~12	13~18	19~24	≥25
	50~59	≤6	7~9	10~13	14~23	≥24
	60~69	≤5	6~8	9~10	11~23	≥24
女	20~29	≤10	11~15	16~21	22~31	≥32
	30~39	≤9	10~13	14~20	21~30	≥31
	40~49	≤6	7~11	12~17	18~27	≥28
	50~59	≤2	3~8	9~12	13~22	≥23
	60~69	≤1	2~5	6~11	12~28	≥29

⑤跪卧撑：

目的：测试上肢肌力/肌耐力。

测试仪器：体操垫。

测试方法：女子或40~59岁男子可选用跪卧撑测试（图6-19）。受试者跪于体操垫上，双脚离地；两臂直撑于体操垫上，略宽于肩；髋关节挺直，成斜卧撑姿势。然后两臂尽量弯曲，使肘部高于背部，胸部贴近支撑面，然后用力撑起，还原为预备姿势。记录受试者1分钟所完成的动作个数。如果受试者出现提臀、塌腰、屈膝、臀未伸直，未保持身体平直或身体未下降至肩与肘处在同一水平情况时，该次动作不计数。评价标准见表6-8。

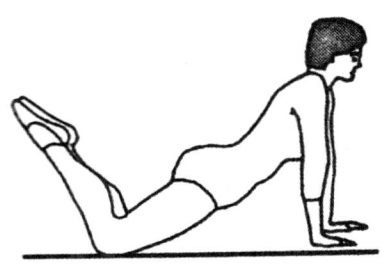

图6-19　跪卧撑

表6-8　　　　　　　《普通人群体育锻炼》1分钟跪卧撑评价标准　　　　　　（单位：次/min）

性别	年龄/岁	1分	2分	3分	4分	5分
男	40~44	15~18	19~25	26~40	41~50	≥51
	45~49	13~16	17~22	23~35	36~47	≥48

续表

性别	年龄/岁	1分	2分	3分	4分	5分
男	50~54	10~13	14~19	20~33	34~42	≥43
	55~59	8~11	12~16	17~29	30~38	≥39

⑥双杠双臂屈伸：

目的：测试受试者上肢肌群和肩带肌群的力量及动力性力量耐力。

测量仪器：高双杠。

测量方法：受试者双手握杠，呈直臂支撑后屈臂下落至双肘均成直角，然后用力上推成直臂支撑，即算完成一次。测量肩臂力量耐力时，记录连续屈伸的次数。测量肩臂最大力量时可负重推，记录推进附加的重量。注意上推时不得借助于身体摆动的力量。

评价：次数越多就越好，评价标准可参见表6-2。

⑦杠铃上举：

目的：测试上肢及肩臂力量。

测量仪器：杠铃。

测量方法：正手，即手面朝外手背朝里，将杠铃从地面抓起，平放在胸前。双臂用力，利用臂部、胸部及背部等处肌肉，将杠铃举至双臂与地面垂直、伸直为止。记录能一次举起的最大公斤数。

评价：一次举起最大公斤数比上自身体重公斤数，数值越大就越好，评价标准见表6-2。

（2）下肢肌力的测评：

①立定跳远：

目的：反映受试者向前跳跃时下肢肌肉的力量和爆发力。

测量仪器：量尺。

测量方法：受试者两脚自然分开站立，站在起跳线后，两脚尖不得踩线或过线。两脚原地同时起跳，并尽可能往远处跳，不得有垫步或连跳动作。丈量起跳线后缘至最近着地点后缘的垂直距离。以"cm"为单位记录成绩，不计小数。连续测3次，取最好成绩。注意受试者一律穿运动鞋或赤足，不得穿钉鞋、皮鞋和凉鞋测试。受试者起跳时不能有助跑或助跳动作。

评价：立定跳远的测量值越大，则受试者的下肢爆发力就越好。评分见表6-9。

表6-9　　　　　《学生体质健康标准》（2014版）立定跳远评价标准　　　（单位：cm）

	年龄	不及格	及格	良好	优秀
男	13	130~150	155~191	195~203	211~225
	14	145~165	170~206	210~218	226~240
	15	160~180	185~221	225~233	240~250

续表

	年龄	不及格	及格	良好	优秀
男	16	170~190	195~231	235~243	250~260
	17	175~195	200~236	240~248	255~265
	18	180~200	205~241	245~253	260~270
	19~20	183~203	208~244	248~256	263~273
	21~22	185~205	210~246	250~258	265~275
女	13	115~135	140~167	170~177	184~196
	14	119~139	144~171	174~181	188~200
	15	121~141	146~173	176~183	190~202
	16	123~143	148~175	178~185	192~204
	17	124~144	149~176	179~186	193~205
	18	125~145	150~177	180~187	194~206
	19~20	126~146	151~178	181~188	195~207
	21~22	127~147	152~179	182~189	196~208

注：引自《学生体质健康标准》（2014版）评价标准

②纵跳（20~39岁）：

目的：反映垂直向上跳跃时下肢肌肉快速收缩的能力。

测量仪器：电子纵跳仪。

测量方法：测试人员打开电源开关，按"按键"后，显示屏上出现闪烁信号，蜂鸣器发出声响，表明纵跳计进入工作状态。受试者踏上纵跳板，双足自然分开，呈直立姿势，准备测试。当看到显示屏上显示出"0.0"时，开始测试。受试者屈膝半蹲，双臂尽力后摆，然后向前上方快速摆臂，双腿同时发力，尽力垂直向上跳起（图6-20）。当受试者落

图6-20 纵跳测试

回纵跳板后，显示屏显示出测试数值。测试3次，记录最大值。以厘米为单位，精确至0.1cm。注意事项：起跳时，受试者双腿不能移动或有垫步动作。起跳后至落地前，受试者不能出现屈髋、屈膝等动作。如果受试者没有落回到纵跳板上，测试失败，需重新测试。每次测试前，须待仪器自动清空回零或按"按键"清空回零。

评价：纵跳测量值越大越好，评分标准见表6-10。

表6-10 《国民体质测定标准手册》纵跳评价标准 （单位：cm）

性别	年龄（岁）	1分	2分	3分	4分	5分
男	20~24	19.9~24.8	24.9~32.3	32.4~38.4	38.5~45.8	>45.8
	25~29	19.6~23.9	24.0~31.3	31.4~36.8	36.9~43.6	>43.6
	30~34	18.4~22.3	22.4~29.3	29.4~34.7	34.8~41.1	>41.1
	35~39	17.8~21.4	21.5~27.9	28.0~33.0	33.1~39.5	>39.5
女	20~24	12.7~15.8	15.9~20.5	20.6~24.7	24.8~30.0	>30.0
	25~29	12.4~15.0	15.1~19.7	19.8~23.4	23.5~28.5	>28.5
	30~34	12.0~14.5	14.6~18.7	18.8~22.6	22.7~27.7	>27.7
	35~39	11.5~13.7	13.8~17.8	17.9~21.3	21.4~26.1	>26.1

注：引自国家体育总局《国民体质测定标准手册》

③原地纵跳摸高（20~39岁）：

目的：反映垂直向上跳跃时下肢肌肉快速收缩的能力。

测量仪器：电子摸高计或者画有标志的立墙、白粉末、皮尺。

测量方法：受试者立于摸高器下或立墙前，用右手中指沾些白粉末，身体直立，右侧足靠墙根，右臂尽量上举，身体轻贴墙壁，手伸直，脚跟不许离地，用中指尖在板上点一个指印。测试者先丈量其原地摸高的高度，然后令受试者在离墙20cm处，用力向上起跳摸高（图6-21）。取纵跳手摸高度与原地手摸高度之差作为其测试成绩。以"cm"为单位丈量高度，精确到0.1cm。测3次，取最佳成绩。

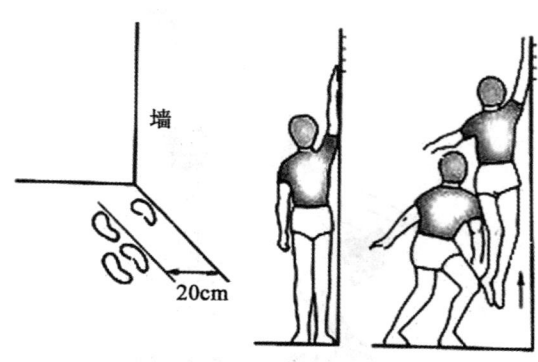

图6-21 原地纵跳摸高测试

评价：原地纵跳摸高数值越大，受试者的下肢爆发力就越好。评分标准见表6-11。

表6-11　　　　　　　《普通人群体育锻炼标准》原地纵跳摸高评价标准　　　　　（单位：cm）

性别	年龄/岁	1分	2分	3分	4分	5分
男	20~24	32.0~38.0	38.1~47.0	47.1~57.0	57.1~64.0	≥64.1
	25~29	31.0~37.0	37.1~46.0	46.1~56.0	56.1~62.0	≥62.1
	30~34	29.0~35.0	35.1~44.0	44.1~54.0	54.1~60.0	≥60.1
	35~39	27.0~34.0	34.1~42.0	42.1~52.0	52.1~58.0	≥58.1
女	20~24	17.0~23.0	23.1~29.0	29.1~36.0	36.1~45.0	≥45.1
	25~29	16.0~21.0	21.1~27.0	27.1~34.0	34.1~43.0	≥43.1
	30~34	14.0~18.0	18.1~25.0	25.1~32.0	32.1~41.0	≥41.1
	35~39	13.0~16.0	16.1~23.0	23.1~30.0	30.1~39.0	≥39.0

注：引自国家体育总局《普通人群体育锻炼标准》

④仰卧蹬腿：

目的：评价下肢肌肉的收缩能力。

测量仪器：下肢肌力测量仪。

测量方法：受试者仰卧位坐在测量仪座椅上，下肢双脚蹬踏在测量仪登踏测力板上，膝关节屈曲做蹬腿动作，测三次，读取显示屏读数，取最大值。

评价：蹬腿测量值越大越好，评分标准见表6-2。

⑤半蹲起(负重)：

目的：评价下肢肌肉的收缩能力。

测量仪器：杠铃。

测量方法：受试者两脚平行开立同肩宽或略比肩宽，立于凳前，杠铃重量调好后，测试者辅助将杠铃置于受试者肩颈后。令受试者两手抓稳杠，下蹲端坐于凳上，然后用力站起，恢复站立姿势。两助手抬下杠铃，调整重量后按上述步骤重测，直至不能承担所增加的负荷为止。记录下能负重的最大负荷数值。测试时应注意保护帮助，选择的重量要适当，尽量减少测试次数(图6-22)。

评价：负重公斤数值越大越好，评分标准见表6-2。

⑥靠墙蹲

方法：后背靠住墙，下蹲，使大腿与地面平行，膝盖不要超过脚尖。计保持这个姿势的时间。

评价标准：女性：≥1分钟　　　为良好；

　　　　　　　30秒~1分钟　　为一般；

　　　　　　　<30秒　　　　　为危险

　　　　　男性：≥2分钟　　　为良好；

图 6-22 半蹲起

　　1~2 分钟　　为一般；
　　<1 分钟　　为危险

（3）背部肌力的测评：

①背力的测评：

目的：评价背部肌力。

测量仪器：背力计。

测量方法：受试者直立在背力计的底盘上，两脚尖分开约 15cm，两臂和两手伸直下垂于同侧大腿的前面。调整背力计拉链的长度，使背力计握柄与两手指尖接触，以此高度固定（国民体质测试中用此高度，体适能测试中也可使背力计握柄与受试者髌骨同高）。测试时，受试者两臂伸直，掌心向内，紧握握柄，两腿伸直，上体绷直抬头，尽全力做背伸动作（注意：应向上用力，非向后用力）。测试 2 次，记录最大值，以 kg 为单位，不计小数。注意：测试前应做腰背部的准备活动，以中等速度牵拉，不能过慢或用力过猛，以免拉伤肌肉。上拉背力计时不得屈膝、屈臂或身体后倒。每次测试前，背力计须回"0"（见图 6-23）。

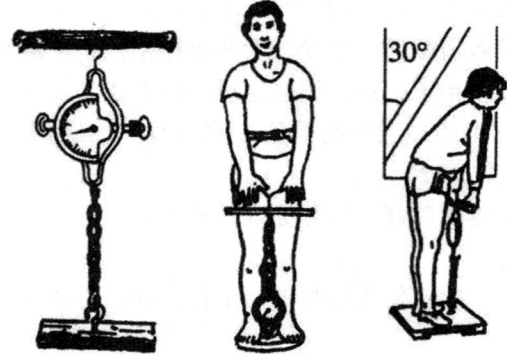

图 6-23 背力测定

评价：背力评价标准见表 6-12。

表6-12　　　　　　　　　　　　背力评价标准　　　　　　　　　　　　（单位：kg）

性别	年龄	1分	2分	3分	4分	5分
男	20~24	80~89	99~112	113~144	145~161	≥162
	25~29	84~102	103~116	117~149	150~166	≥167
	30~34	82~102	103~117	118~150	151~168	≥169
	35~39	76~100	101~116	117~149	150~166	≥167
女	20~24	38~47	48~58	59~82	83~93	≥94
	25~29	39~49	50~61	62~84	85~95	≥96
	30~34	40~50	51~62	63~86	87~97	≥98
	35~39	40~52	53~63	64~87	88~100	≥101

②俯卧背伸（40~59岁）：

目的：评价背部肌耐力。

测量仪器：体操垫、秒表。

测试方法：受试者俯卧于体操垫上，胸部垫一块厚10cm，长20cm，宽10cm的海绵，双手背于身后，一名辅助测试者双手握住受试者足踝，并向下压住。受试者尽力上抬上肢离开海绵，随即还原，此为完成一次动作。记录受试者在1分钟内完成的动作个数，见图6-24。能完成的个数越多，背肌耐力越好。

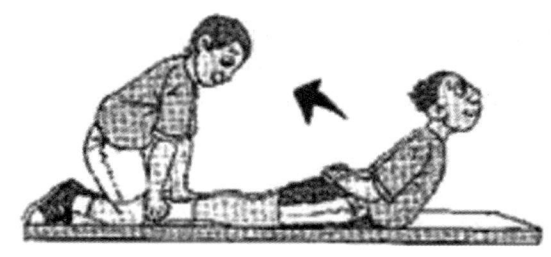

图6-24　俯卧背伸

评价标准见表6-13。

表6-13　　　《普通人群体育锻炼标准》1分钟俯卧背伸评价标准　　　（单位：次/min）

性别	年龄/岁	1分	2分	3分	4分	5分
男	40~44	20~26	27~39	40~55	56~70	≥71
	45~49	18~23	24~37	38~52	53~67	≥68
	50~54	18~23	24~37	38~52	53~67	≥68
	55~59	12~18	19~30	31~45	46~61	≥62

续表

性别	年龄/岁	1分	2分	3分	4分	5分
女	40~44	19~23	24~34	35~47	48~58	≥59
	45~49	17~20	21~32	33~44	45~55	≥56
	50~54	14~19	20~30	31~41	42~51	≥52
	55~59	11~15	16~28	29~38	39~48	≥49

注：引自国家体育总局《普通人群体育锻炼标准》

(4) 腹肌力的测定与评价：

① 1分钟仰卧起坐：

1分钟仰卧起坐，一般以1分钟仰卧起坐的次数衡量腹肌力。1分钟仰卧起坐分直腿和屈腿两种形式，从测量的有效性及安全角度考虑，我们一般提倡屈腿仰卧起坐。

目的：评价腹肌耐力。

测量仪器：垫子、秒表（适用于9岁以上）

测试方法：测试前，受试者两手手指交叉抱于脑后，两腿稍分开，屈膝呈90°，仰卧于铺放平坦的软垫上。另一同伴压住受试者两侧踝关节处，固定下肢。当受试者听"开始"口令后，双手抱头、收腹使躯干完成坐起动作，双肘关节触及或超过双膝后，还原至开始姿势，为完成一次仰卧起坐动作。受试者须连续不断的重复此动作，持续运动1分钟。测试人员在发出"开始"口令的同时，开表计时，并记录受试者在1分钟内完成仰卧起坐的次数。以"次"为单位。

注意事项：a. 测试时，如果受试者借用肘部撑起或臀部上挺后下压的力量完成起坐，或双肘未触及或未超过双膝，该次仰卧起坐不计数；b. 测试中，测试人员要随时向受试者报告已完成次数；c. 受试者双脚必须放在垫子上，并由同伴固定。

评价：标准见表6-14，表6-15。

表6-14　《学生体质健康标准》(2014版)仰卧起坐评价标准　　（单位：厘米）

性别	年龄/岁	不及格	及格	良好	优秀
男	9	6~14	16~34	36~39	42~48
	10	7~15	17~35	37~40	43~49
	11	8~16	18~36	38~41	44~50
	12	9~17	19~37	39~42	45~51
女	9	6~14	16~34	36~39	42~46
	10	7~15	17~35	37~40	43~47
	11	8~16	18~36	38~41	44~48

续表

性别	年龄/岁	不及格	及格	良好	优秀
女	12	9~17	19~37	39~42	45~49
	13	10~18	20~38	40~43	46~50
	14	11~19	21~39	41~44	47~51
	15	12~20	22~40	42~45	48~52
	16	13~21	23~41	43~46	49~53
	17	14~22	24~42	44~47	50~54
	18	15~23	25~43	45~48	51~55
	19~20	16~24	26~44	46~49	52~56
	21~22	17~25	27~45	47~50	53~57

注：引自《学生体质健康标准》(2014版)评价标准

表6-15　　　《普通人群体育锻炼标准》1分钟仰卧起坐评价标准　　（单位：次/min）

性别	年龄/岁	1分	2分	3分	4分	5分
男	20~24	23~27	28~35	36~47	48~55	≥56
	25~29	20~25	26~33	34~45	46~50	≥51
	30~34	16~20	21~28	29~39	40~46	≥47
	35~39	12~18	19~25	26~35	36~42	≥43
女	20~24	12~21	22~28	29~38	39~47	≥48
	25~29	10~19	20~26	27~35	36~44	≥45
	30~34	8~17	18~24	25~32	33~41	≥42
	35~39	6~14	15~22	23~28	29~38	≥39

注：引自国家体育总局《普通人群体育锻炼标准》

②仰卧举腿(40~59岁，女)：

测量仪器：体操垫、标杆、皮筋。

测量方法：仰卧于体操垫上，两臂置于身体两侧两腿并拢伸直、垫侧放置一个双柱标杆，位于髋关节两侧，标杆高50cm，用一皮筋连于两杆。受试者做收腹、直腿抬高动作，两腿必须碰到皮筋，然后还原成开始姿势（见图6-25）。记录受试者在1分钟内所完成动作的个数。评价标准见表6-16。

图 6-25　仰卧举腿

表 6-16　　　　《普通人群体育锻炼标准》1 分钟仰卧举腿评价标准　　　（单位：次/min）

性别	年龄/岁	1 分	2 分	3 分	4 分	5 分
女	40~44	13~19	20~26	27~34	35~40	≥41
	45~49	12~18	19~25	26~33	34~39	≥40
	50~54	11~17	18~24	25~32	33~38	≥39
	55~59	10~15	16~23	24~31	32~36	≥37

注：引自国家体育总局《普通人群体育锻炼标准》

③仰卧卷腹：

目的：评价腹部肌力/肌耐力。

测量仪器：体操垫、节拍器、颜色胶纸、记录纸。

测量方法：二人一组，受试者仰卧于垫子上，屈膝约 90°。另一同伴按住其双踝，以固定身体，并为同伴记录次数。受试者双手伸直放于两旁，在手指前贴一胶纸，在这一胶纸前方 8 cm 处（45 岁以上），或 12cm 处（45 岁以下）贴另一张胶纸。将节拍器调校至每分钟 40 拍，受试者跟着节拍起、落、起、落，每分钟做 20 次卷腹。同伴发令："预备""开始"。受试者由仰卧开始，背部先平直，慢慢卷腹至肩离开垫子，约成 30°，手指一直接触地面，并要碰到前面的贴纸。肩部放松，不可刻意探肩（见图 6-26，图 6-27）。然后还原至仰卧姿势（手指触回先前的贴纸）为一次。同伴计数，受试者尽力跟着节拍做，不可停顿，跟不上节拍便停止。完成 75/70 次（男/女）者可得满分。

图 6-26　仰卧卷腹

图 6-27　仰卧起坐

评价：完成次数越多，腹肌耐力便越强，越持久，便越容易维持身体正确的坐、立、行姿势，也可降低患腰背痛及脊椎变形的机会。评价标准见表6-17。

表6-17　　　　　　　　　　　　仰卧卷腹评价标准　　　　　　　　　　（单位：次）

性别	年龄/岁	1分	2分	3分	4分	5分
男	20~29	≤19	20~26	27~40	41~74	≥75
	30~39	≤18	19~30	31~45	46~74	≥75
	40~40	≤25	26~38	39~66	67~74	≥75
	50~59	≤18	19~26	27~44	45~73	≥74
	60~69	≤5	6~15	16~25	26~52	≥53
女	20~29	≤16	17~26	27~36	37~69	≥70
	30~39	≤11	12~20	21~33	34~54	≥55
	40~49	≤13	14~24	25~32	33~49	≥50
	50~59	0	1~8	9~22	23~47	≥48
	60~69	≤2	3~12	13~23	24~29	≥50

注：Faulkner RA（1999）. A partial curl-up protocol for adults based on an analysis of two procedures. Canada Journal of Sports Sciences, 14, 135-141

需要注意的是：仰卧卷腹时平躺的姿势和仰卧起坐一样，不同的是，仰卧卷腹在整个动作过程中要求下背部始终贴紧地面，不能离开地面，是上半身的上半部向上弯曲，可以明显地体会到腹肌被挤压的感觉。整个动作完全是由腹肌的收缩和伸展带动完成，真正地把力量集中在腹肌上。对于两者的区别简单理解就是：仰卧起坐是想着用胸口去挨自己的腿，仰卧卷腹是想着用额头去挨自己的小腹（虽然挨不上）（见图6-26，图6-27）。

第七章 身体成分及其测评

随着人类生存条件和生活方式的明显改变，高热量、高脂肪食物的过量摄入及体力活动的日渐减少已经成为威胁人类健康的危险因素，对身体成分的测试已成为健康适能测试的一个重要组成部分。身体成分已被认为是与健康相关的体质评价标准，可用于检测营养状况、体液平衡状况和评价生长发育等。在运动员体重控制、减肥以及健美等方面，也有着十分重要的指导意义。

第一节 身体成分概述

一、身体成分

身体成分是指组成人体各组织、器官各种成分的含量（肌肉、骨骼、脂肪、水和矿物质等），常用体内各种物质的组成和比例表示。因此，身体成分是反映人体内部结构比例特征的指标。人的身体是由水、蛋白质、脂肪、无机质四种成分构成的，其正常比例是：水（body water）占 55%，蛋白质（protein）占 20%，体脂肪（body fat）占 20%，无机物（mineral）占 5%。人体成分的均衡是维持健康状态的最基本条件。

①身体成分：身体的脂肪、瘦体重等成分的组合比例。

②瘦体重：指除去脂肪以外的体重，有时被称为去脂体重，包括肌肉、骨骼、内脏、血液及皮肤等重量。其值可用体重减去脂肪重量来表示。

③体脂百分比：身体脂肪重量占总体重的百分比。脂肪百分比的大小常可作为肥胖的评价指标。

④总体重：总体重=瘦体重+脂肪重量（通过身体成分测量来计算）。

⑤体重指数：身体质量指数（body mass index，BMI），亦称克托莱指数，是目前国际上常用的衡量人体胖瘦程度以及是否健康的一个标准。是用体重公斤数除以身高米数平方得出的数值。

⑥标准体重：指某一身高相对理想的体重范围。通常根据身高和体格类型来推算。具体推算公式见后文。

二、身体成分的平衡

1. 水的平衡

水是人体重要的组成成分之一，是维持生命活动必需的营养物质。成人体内的含水占体重的 50%~60%，是体内所占份额最大的成分。其中细胞内液约占 40%，细胞外液约占 20%（血浆占 5%，组织间液占 15%），两者的比例保持 2∶1。水分布于各种组织器官和体液中。血液等体液含水量最多，可高达 90%；肌肉、心、肝、脑、肾等含水量 70%~80%；皮肤含水量 60%~70%；骨骼及脂肪组织含水量最少，12%~15%。人体的含水量受饮水量及排汗量的影响较大，还因年龄、性别而异，新生儿含水量为体重的 75%~80%，随着年龄的增长，体内的含水量减少。

水在体内有两种存在形式：一是游离水，游离水可以自由流动，如血液、组织液；二是结合水，结合水与无机盐及蛋白质、糖原等亲水胶体颗粒结合，参与构成器官组织，如心肌所含有的 79% 的水分即为结合水。游离水仅占体内水的小部分，3~4 升。体内绝大部分水以结合水的形式存在，发挥着溶剂和载体等功能，为组织细胞提供营养和氧气，并将二氧化碳和体内代谢产物运送到人体的各器官进行化学处理。

水在人体内要保持动态平衡状态，这与其来源和去路保持恒定有关。人体的水有三种来源：（1）饮水，每日约 1.2 升；（2）食物摄取，每日约 1 升；（3）代谢内生水，由体内物质氧化代谢产生，每日约 0.3 升，运动时主要来自糖和脂肪的氧化分解。水在体内的排除途径包括：（1）通过肾脏以尿液的形式排出，每日约 1.5 升；（2）经消化道随粪便排出，每日 0.1~0.15 升；（3）呼吸蒸发，每日约 0.35 升，运动中呼吸加深加快，水分排出增多，例如，根据测定马拉松跑由呼吸道排出的水分可比安静状态加大 10 倍；（4）皮肤排汗，每日排出非显性汗约 0.5 升，运动中或高温条件下排汗量增加。一次马拉松比赛，运动员由汗液丢失的水分达 5 升左右（表 7-1）。

表 7-1　　　　　　　　　普通成人每日水的摄入与排出量　　　　　　　　（单位：L）

摄入途径	摄入量	排出途径	排出量
引用水	1.2	经肾脏（尿液）排出	1.5
食物水	1.0	皮肤排出	0.5
代谢水	0.3	经肺排出	0.35
		粪便排出	0.15
合计	2.5		2.5

人体如果新陈代谢发生了异常，就会出现浮肿或脱水现象，原来的水分分布（细胞内液∶细胞外液 = 2∶1）将失去均衡。一般来讲，出现这种现象时细胞外液的变化更为明显。换言之，出现浮肿时虽然细胞内液会有所增加，但细胞外液的增幅会非常大，以致在体液总量中扩大细胞外液的比例。同样道理，脱水时细胞外液的减少量比细胞内液大得多。这是由于从维持生命的角度上看，细胞内液更为重要。

各种疾病会扰乱正常的分布，可使细胞外液增多，出现浮肿。例如，造成肌肉萎缩的老年性疾病和慢性疾病患者，从表面上看不出浮肿来，但人体内的细胞外液也会相对增多，可出现营养缺乏型浮肿。

2. 蛋白质的平衡

蛋白质是生命的物质基础，约占细胞干重的80%。蛋白质是构成肌肉、器官以及内分泌腺的主要材料，同时也是骨质、牙齿、皮肤、指甲、头发、红细胞以及血清的基本原料。事实上，每一活细胞及体液均含有蛋白质。在体内的代谢过程中，每日的摄取量与消耗量基本相等。根据每日食物中摄取蛋白质的含氮量与排泄物中的含氮量，可以了解蛋白质代谢的情况。一般成年人氮的收支保持平衡状态称为氮平衡。儿童少年、孕妇、病后恢复期及运动训练过程中，蛋白质的摄入多于排出，称为氮的正平衡。饥饿、营养不良、患消耗性疾病、衰老和大运动量训练期间，机体蛋白质的消耗大于摄入，称为氮的负平衡。蛋白质在体内缺乏30%以上，将会影响正常生命活动。蛋白质的摄入量必须至少与生理需要量保持平衡。

成人体内每天总计有600g蛋白质被分解及再合成，其中肌肉蛋白质占450g。肌肉蛋白质中，肌纤维蛋白更新一半的时间是7.2天，其他肌蛋白更新一半的时间是2.8天。肝组织中蛋白质更新速度最快，其他组织则慢得多。蛋白质的匮乏意味着四肢的肌肉及形成脏器的肌肉不足。如果肌肉是利用人体的能源活动身体和脏器的器官的话，那么肌肉的不足就意味体质弱，没有活力。癌症及慢性病患者中有很多人的直接死因是由于缺乏营养导致特定器官停止运动。

3. 脂肪的平衡

体内脂肪是将体内多余营养浓缩储藏在皮下和腹部内脏周围的体成分。人体脂肪的贮存量很大。人体内的糖以糖原形式主要储存在骨骼肌和肝脏细胞内，并且糖储存时必须结合水，每储存1g糖原大约需要结合2.7g水，占据较大的空间，故储存不够集中。另外，糖原储存在肌肉或肝细胞内，在储存空间上受到限制。以体重80kg男子骨骼肌总量28kg计算，肌糖原储量约占肌肉重量的1%~1.5%，其总储量约400g；肝糖原占肝重约5%，成人肝重1.5~5kg，肝糖原总储量75~100g；全身体液包括血糖在内糖含量约20g左右（其中血糖5~6g）。故全身糖总量500g左右。脂肪主要储存于脂肪细胞，脂肪储存几乎不含水，所占的体积小，储存集中。因脂肪细胞体积变动范围很大，脂肪在脂肪细胞内的储量几乎不受限制。而且，每1g碳水化合物或蛋白质可释放4 kcal的热量，而脂肪却能释放9.3 kcal的热量，可以高密度储存。

一般认为，最适宜的体脂含量，男性为体重的15%~20%，女性为18%~28%。17岁以下的男子，7岁时为20%，以后每年减少0.5%，到17岁为15%。体内脂肪是人体维持生命所必需的营养成分，充沛的脂肪贮备为机体提供了丰富的能源。若男性体脂>20%，女性>30%则属于肥胖。但当身体脂肪比率比标准比率低时，有两种情况：一类是运动量多的肌肉型体格是理想的体格；一类是营养缺乏为不健康状态。但一般不以缺少脂肪来判断营养缺乏，而以肌肉量不足来判断，其原因是缺乏营养的症状首先出现在肌肉量的减少即蛋白质的减少。人体处于缺乏营养或饥饿状态，就会先将蛋白质分解补充不足的营养素，所以蛋白质不足现象一般先于脂肪不足而出现营养缺乏症状。

脂肪主要通过食物获取，糖和蛋白质在体内达到一定量后均可转变为脂肪被储存。因此，体脂含量可以通过调整食物摄入量及增加机体活动程度加以控制。但是体内脂肪的聚集趋势具有一定的遗传特性。

身体内脂肪分布的状况，对人体的体型和健康有着重要的形态学和医学意义。过胖或过瘦，都会给人的健康带来很大的影响。现代社会的许多文明病，如高血压、心血管疾病、肥胖症和营养不良症等，都与人体内脂肪的含量和分布状态有密切的关系。一般说人体脂肪的分布50%在四肢，肌肉中有5%，躯干有45%。体成分测试报告中的腹部脂肪比率是用WHR方法测量的腰臀周径率（即腰围与臀围之比）。男子正常值为0.75~0.85，女子正常值为0.70~0.80。

通常人们认为肥胖就是单纯意义上的胖，而胖就说明脂肪多，但是这并不是绝对的。体重很重的摔跤运动员就不能说他胖，而不少体重很轻的年轻女性中也有不少脂肪过多的人。肥胖的正确定义应该以脂肪量和肌肉的比例来解释。脂肪是储存和释放能量的体成分而肌肉是使用能量进行运动的成分。两个成分之间的协调关系被打破，脂肪相对增多的情况叫做真正的肥胖。

年轻女性和儿童青少年中常见的情况是虽然并不胖，体重处于标准或偏低的状态，但体成分检测发现脂肪率较高，也就是说低肌肉型肥胖者居多。若体内脂肪与肌肉相比偏多，那么多余肌肉比例的脂肪成分就会在血液里流转终至附在血管壁上，导致动脉硬化，动脉管壁逐渐变厚，管变窄就导致高血压，粘在血管壁上的血栓脱落随血液流转中堵塞脑血管或使其破裂，最终发展至中风。

4. 无机盐的平衡

人体内电解质主要指无机盐，无机盐是维持身体架构的支柱，总量超过人体体重的0.01%。自然界存在的92种元素中，目前的人体已经检出81种。依其在体内含量的不同，可分为宏量元素和微量元素两大类。日需要量大于100mg的元素称为宏量元素，除作为机体主要构成成分的氧、碳、氢、氮（共占人体质量的96.6%）外，还包括钾、钠、钙、镁、氯、磷、硫等7种，一般以离子形式存在（见表7-2）。它们的重要生理意义在于维持机体内的渗透平衡、酸碱平衡及电解质平衡，并称为维持神经肌肉兴奋性的主要因素。

表7-2　　　　　　　　　　人体各部分体液中电解质含量（mmol/L）

电解质	血浆	组织液	细胞内液
Na^+	142	145	12
K^+	4.3	4.4	139
Ca^{2+}	2.5	2.4	<0.001（游离）
Mg^{2+}	1.1	1.1	1.6（游离）
Cl^-	104	117	4
HCO_3^-	24	27	12

续表

电解质	血浆	组织液	细胞内液
$HPO_4^{2-}/H_2PO_4^-$	2	2.3	29
蛋白质(mEq/L)	14	0.4	54
其他	5.9	6.2	53.6
总计	149.9	152.9	152.6

（引自：Greger R and Windhorst U，1996）

微量元素是指在组织中存在而表现功能的浓度可用 μg/g 或 μg/L 来表示，或者只少于人体质量的 0.01%，日需要量在 100mg 以下的元素。WHO 确认的人体必需的微量元素有 14 种，包括锌、铜、铁、碘、硒、铬、钴、锰、钼、钒、氟、镍、锶、锡。必需微量元素是人体中的主要功能元素，其功能主要包括构成金属酶的必需成分、构成激素或维生素的必需成分及辅酶因子、形成具有特殊功能的金属蛋白，其生物学意义多与维生素、激素、酶等的生物学活性有关。微量元素，特别是必需微量元素，与人体健康密切相关，缺乏或过量都会导致疾病。

大量研究证实，中国长寿地区百岁老人的锶、锰、锌等微量元素含量高于其他地区。例如，长寿老人的发锰含量均值可达 22.47±13.13μg/g，比普通人群高约 10 倍。微量元素的抗衰老作用已越来越多地引起世界各国学者的关注。目前认为，微量元素抗衰老作用机制包括：(1)影响核酸和有机遗传物质的代谢。例如，锌缺乏时使 DNA 聚合酶活性降低，并导致 DNA 转录和 RNA 转译失常；(2)调节氧自由基代谢、防止过氧化损伤。各种组织细胞在需氧代谢过程中，不断生成的氧自由基对细胞有毒性作用。生物体内的氧自由基水平随年龄增长不断积累，造成机体组织的老化。机体依赖消除氧自由基的酶，如超氧化物歧化酶(Mn-SOD)、过氧化氢酶等来调节自由基代谢的平衡。微量元素通过与这些酶的结合而发挥作用；(3)调节免疫机能的铁、锌、锰、铜、硒等元素含量异常，均可严重影响免疫功能；(4)微量元素有促进细胞浆发育、调节物质代谢和延缓衰老的作用。

5. 维生素

维生素是维持细胞正常生理功能所必需但需要量极小的低分子有机化合物。这类物质由于体内不能合成或者合成不足。必须由食物供给。

维生素可以分为脂溶性和水溶性两类。脂溶性维生素包括 A、D、E、K，它们是油样物质，难溶于水。水溶性维生素包括硫胺素(B1)、核黄素(B2)、烟酸及烟酰胺(合称 PP)、吡哆素(B6)、泛酸(B5)、生物素、叶酸、钴胺素(B12)、抗坏血酸(C)。

大多数维生素、特别是 B 族维生素，能够激活能量生成过程。运动中机体对能量的需求量增大，B 族维生素的作用也就更加重要。维生素 A、C 和 E 是作用很强的抗氧化剂，能防止细胞膜的脂质过氧化，防止红细胞膜受损，维持运动中细胞的正常功能。维生素 D 是钙代谢的调节剂，钙在肌肉的兴奋-收缩耦联中具有重要的中介作用，因而与运动中肌肉收缩做功密切相关。此外，维生素还能协助调节神经系统的功能，保持能量供给系统的适宜状态。人体每日维生素的建议摄入量见表7-3。

表7-3　　　　　　　　　　　人体每日维生素(13种)建议摄入量

维生素	婴儿	儿童	青少年	成年男性	成年女性	妇女和哺乳期	使用上限
A	——	2000~3500IU		5000IU	4200IU	6000IU	10000IU
B1	0.4mg	1.1~1.5mg		1.2~1.5mg	1~1.1mg	1.5mg	无
B2	——	——	——	1.2~1.8mg	1~1.5mg	1.6~2.0mg	无
B3	——	16~18 mg		14~2 mg	12~17mg	15~17mg	35mg
B5	——			4~7mg		——	无
B6	——	1.0~1.4mg	1.4~2.0mg	2.0mg	1.6mg	2.1mg	60~80mg
B9	——			200μg			无
B12	0.3μg	0.7~1.0μg	2.0μg	3μg			无
C	——	45mg	50~6mg	60~100mg		70~96mg	无
D	300IU	400IU	400IU	400IU		500IU	1000IU
E	30IU	——		140~210IU			400IU
H	——			100~200mg			无
K	5~10μg	15~30μg	45~65μg	65~80μg			无

由于部分维生素不能在体内贮存,比如水溶性维生素B、C,通过血液检测只能代表检查的这个时段的浓度,所以检测的意义不大,而脂溶性维生素A、E由于它们贮存在体内内脏脂肪组织中,检测也比较困难。目前,最新技术是用LCMS/MS串联质谱法检测人体血清维生素,可同时检测人体维生素A、D、E、K、B1、B6、B9含量,这也被国际检验医学溯源委员会认定为维生素检测的"金标准"。这种检测方法大多还是应用于食品的维生素检测中,人体的检测大多趋向于脂溶性维生素的研究和应用。

脂溶性维生素正常值:

维生素A,视黄醇:0.5~2.1μmol/L

维生素D,

25-二羟维生素D:

成人:5.0~11.8nmol/L,儿童:3.1~10.8nmol/L;

夏季:38~200nmol/L,冬季:35~105nmol/L;

1.25-二羟维生素D:成人:58~108pmol/L,>60岁:41~77pmol/L;

维生素E,生育酚:11.6~46.4μmol/L;

维生素K:2.88±1.4nmol/L

三、身体成分与健康

人体成分均衡是维持身体健康状况的一个最基本的条件。

人体内水分以细胞膜为界线，存在于细胞内部和外部，其含量在一定范围内变化调整。当短期内体液丧失量达体重的5%时（即丧失细胞外液的25%），即出现脉搏细速、肢端湿冷、血压不稳定或下降、血容量不足等症状，若体液丧失达体重的7%时，出现休克伴代谢性酸中毒，甚至危及生命。

蛋白质与水分一起主要构成肌肉层，分布在四肢、内脏及人体其他各个部位。人体内蛋白质缺乏会有消化不良、免疫力降低、反应变慢、靡萎不振等现象，严重的影响到人体对营养物质的吸收。

人体脂肪存在于皮下和腹部内脏中，分解后释放出正常生理活动所需的能量。如果脂肪过多，就会积累在体内，导致肥胖问题。健康人的脂肪成分保持一定比例，相反健康欠佳就有可能出现肥胖、缺乏营养、浮肿、骨质疏松症等人体成分不均衡状态。脂肪过多可引起肥胖，进而引发很多疾病，例如：心脏病、高血压、高脂血症、动脉粥样硬化、脑中风、糖尿病、肾病、脂肪肝、肝硬化、胆囊炎、恶性肿瘤等。

表7-4和表7-5分别列出了基于不同人群男女的体脂百分比百分位数。

表7-4　　　　　　　　男性不同年龄身体成分分类（体脂百分比）

百分数		年龄（y）					
		20~29	30~39	40~49	50~60	60~69	70~79
99	非常瘦[a]	4.2	7.3	9.5	11.0	11.9	13.6
95		6.4	10.3	12.9	14.8	16.2	15.5
90	出色	7.9	12.4	15.0	17.0	18.1	17.5
85		9.1	13.7	16.4	18.3	19.2	19.0
80		10.5	14.9	17.5	19.4	20.2	20.1
75	良好	11.5	15.9	18.5	20.2	21.0	21.0
70		12.6	16.8	19.3	21.0	21.7	21.6
65		13.8	17.7	20.1	21.7	22.4	22.3
60		14.8	18.4	20.8	22.3	23.0	22.9
55	一般	15.8	19.2	21.4	23.0	23.6	23.7
50		16.6	20.0	22.4	23.6	24.2	24.1
45		17.5	20.7	22.8	24.2	24.9	24.7
40		18.6	21.6	23.5	24.9	25.6	25.3
35	较胖	19.7	22.4	24.2	25.6	26.4	25.8
30		20.7	23.2	24.9	26.3	27.0	26.5
25		22.0	24.1	25.7	27.1	27.9	27.1
20		23.3	25.1	26.6	28.1	28.8	28.4

续表

百分数		年龄(y)					
		20~29	30~39	40~49	50~60	60~69	70~79
15	很胖	24.9	26.4	27.8	29.2	29.8	29.4
10		26.6	27.8	29.2	30.6	31.2	30.7
5		29.2	30.2	31.3	32.7	33.3	32.9
1		33.4	34.4	35.2	36.4	36.8	37.2
n=		1844	10099	15073	9255	2851	522

总 n=39644

[a]非常瘦：男性不少于3%的体脂含量。

表7-5　　女性不同年龄身体成分分类(体脂百分比)

百分数		年龄(y)					
		20~29	30~39	40~49	50~60	60~69	70~79
99	非常瘦[a]	11.4	11.2	12.1	13.9	13.9	11.7
95		14.0	13.9	15.2	16.9	17.7	16.4
90	出色	15.1	15.5	16.8	19.1	20.2	18.3
85		16.1	16.5	18.3	20.8	22.0	21.2
80		16.8	17.5	19.5	22.3	23.3	22.5
75	良好	17.6	18.3	20.6	23.6	24.6	23.7
70		18.4	19.2	21.7	24.8	25.7	24.8
65		19.0	20.1	22.7	25.8	26.7	25.7
60		19.8	21.0	23.7	26.7	27.5	26.6
55	一般	20.6	22.0	24.6	27.6	28.3	27.6
50		21.5	22.8	25.5	28.4	29.2	28.2
45		22.2	23.7	26.4	29.3	30.1	28.9
40		23.4	24.8	27.5	30.1	30.8	30.5
35	较胖	24.2	25.8	28.4	30.8	31.5	31.0
30		25.5	26.9	29.5	31.8	32.6	31.9
25		26.7	28.1	30.7	32.9	33.3	32.9
20		28.2	29.6	31.9	33.9	34.4	34.0

续表

百分数	年龄(y)					
	20~29	30~39	40~49	50~60	60~69	70~79
15	30.5	31.5	33.4	35.0	35.6	35.3
10	33.5	33.6	35.1	36.1	36.6	36.4
5	很胖 36.6	36.2	37.1	37.6	38.2	38.1
1	38.6	39.0	39.1	39.8	40.3	40.2
n=	1250	4130	5902	4118	1450	295

总 n=17145

a非常瘦：女性不少于10%~13%的体脂含量

无机盐对组织和细胞的结构很重要，硬组织如骨骼和牙齿，大部分是由钙、磷和镁组成，而软组织含钾较多。缺磷会引起骨骼、牙齿发育不正常，骨质疏松、软骨病、食欲不振等症状。

第二节　身体成分的测评

一、身体成分测评的意义

身体各组成成分的数量及其分布，不但影响体质的强弱，其异常的数量增长和分布还会对人体的健康产生不利的影响。因此用它可以监测营养状况、体液平衡状况和评价生长发育等。身体成分在临床和基础研究中具有重要价值，越来越受到人们的重视。身体成分测评在减肥、健美、运动员体重控制、慢病防治等方面都有十分重要的意义。

二、身体成分的测评方法

身体成分测评一般分为全身测量法与局部测量法：全身法为电阻抗法、钾含量法、体水分量、DXA法、密度水分并用法、脂肪溶解气体法、水下称重法、红外线法、人体测量估计法等；局部法可采用皮脂厚度法、超音波法、CT法、MRI法。各种测量方法之间的比较见表7-6。

表7-6　　　　　　　　　各种测量方法之间的比较

	测量方法	费用	难易度	精确度	脂肪分布	部位
1	密度法(水下称重法)	中	中	高	不能	全身
2	稀释法	高	中	高	不能	全身
3	总钾量推定法	极高	男	高	不能	全身

续表

	测量方法	费用	难易度	精确度	脂肪分布	部位
4	双能X线吸收法	高	易	高	不能	全身
5	皮脂厚度法	低	易	低	能	局部
6	超声波法	中	中	中	能	局部
7	生物电阻抗法	中	易	高	不能	局部,全身
8	CT法	极高	难	高	能	局部,全身
9	核磁共振法	极高	难	高	能	局部,全身
10	红外线法	高	中	高	不能	局部
11	人体测量推算法	低	易	低	能	局部,全身

1. 身体密度法

密度法包括水下称重法和空气置换法。水下称重法被认为是最准确推定身体脂肪率的黄金法则，即以水中的体重求人体的体积，并用水中体重和空气中体重的比来求出身体密度，再通过身体密度来了解体内脂肪的比例。其理论基础为：假定所有的身体组织都划分为脂肪成分和非脂肪成分。非脂肪成分包含了除脂肪以外的所有身体组织，有时也称瘦组织，其密度为 $1.1g/cm^3$，脂肪密度为 $0.9g/cm^3$。

但这种方法需要被测人身着泳装将整个身体潜入水中保持静止状态并将肺中的空气完全排出来测量体重，且需要再水中呼气并闭气，推算的过程也比较复杂，不适合所有人士，且需要在实验室条件下进行，不适宜大面积地进行群体测量。

检测步骤如下：

(1) 残气量的估测。体内残气量包括：肺、支气管及消化道残存的气体。其估测方法有如下几种：

方法1：常数法，即把男子的残气量定为1300mL，女子定为1000mL。

方法2：肺活量法，该方法设定男子的残气量相当于肺活量的24%，女子的残气量为肺活量的28%。要求准确测量肺活量。

方法3：推算法。可根据身高(cm)和年龄(岁)计算体内残气量。

推算公式为：

男子：残气量=男子：(0.017×年龄)+(0.06858×身高)-3.447

女子：残气量=(0.009×年龄)+(0.08128×身高)-3.9

(2) 身体密度(body density, BD)的测量。令受试者着游泳衣(裤)测量空气中的体重。测量肺活量，换算成标准状态下的肺活量(见表7-7)。腰系重物沐浴，使全身及头发全部湿透。然后，进入水下称重器水箱，坐于称重器座位，排出身体表面及衣裤中的气体。深吸气后将肺内气体尽量呼出，然后闭气将头浸没在水中，至水中气泡全部排出，身体不要摆动，待称重仪上的指针稳定后立刻读数并记录(图7-1)。连续测量几次，当测量值稳定在一定范围时,取相邻数值接近的3个实测的平均数为水下称重的测量值。测量完毕,立刻记录即时水温。计算时,按照记录的即时水温查水密度表(表7-8)。注意水中测量时,要求受试者测试前4小时不得进食;排净大小便;尽量少穿衣物;使用肥皂清洗身体,下水后排净泳衣内气泡;浸没在水中时尽力呼气;在水下时尽量不动以保证测量准确。

表7-7　　　　　　不同室温标准状态下肺活量的体温容积(BTPS)修正

T(℃)	BTPS	T(℃)	BTPS
20	1.102	26	1.068
21	1.096	27	1.063
22	1.091	28	1.057
23	1.085	29	1.051
24	1.080	30	1.045
25	1.075		

BTPS:正常的身体问题(37℃),环境压力,饱和水蒸气。根据欧洲呼吸协会颁布的"肺功能测试标准",从嘴呼出的气体温度大约为33~34℃,呼出气体从37℃降低到33℃,BTPS的转换系数等于1.026。如果用3L校准筒进行正确的校准,肺功能仪的争取读数为3.00(FVC)×1.026(BTPS)=3.08L(BTPS)

依下列公式计算BD值。

$$BD = \frac{陆上体重(kg)}{\frac{(陆上体重(kg) - 水中体重(kg))}{水的密度(kg/mL)} - 残气量(mL)}$$

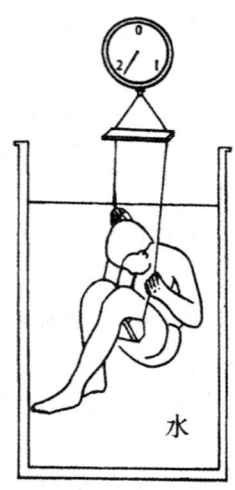

图7-1　水下称重模式

表 7-8　　　　　　　　　　　　　不同温度水密度常用值

温度(℃)	密度(g/mL)	温度(℃)	密度(g/mL)
21	0.9980	31	0.9954
22	0.9978	32	0.9951
23	0.9975	33	0.9947
24	0.9973	34	0.9944
25	0.9971	35	0.9941
26	0.9968	36	0.9937
27	0.9965	37	0.9934
28	0.9963	38	0.9930
29	0.9960	39	0.9926
30	0.9957	40	0.9922

(3) 根据身体密度推算体脂%的经验公式

Siri 公式(1956 年)：体脂% = (4.95/ BD−4.50)×100%

Brozek 等公式(1963 年)：体脂% = (4.570/ BD−4.142)×100%

体脂重(kg) = 体重(kg)×体脂%　　　瘦体重(kg) = 体重(kg)−体脂重(kg)

每一种方法在测量脂肪重量和去脂肪体重时均呈现出微小的差别。多个人群特异性的研究和正在进行的研究显示两成分模型理论的转换公式普遍适用(见表 7-9)。用身体成分的三至六成分理论也同样适用，与两成分理论相比还可提高体脂百分比推算的准确性。

表 7-9　　　　　　　　　特殊人群身体密度与体脂百分比的转换公式

	人　群	年龄	性别	%BF	FFBd[a](g/cm^2)
种族	非洲裔美国人	9~17	女	(5.24/DB)−4.82	1.088
		19~45	男	(4.86/DB)−4.39	1.106
		24~79	女	(4.86/DB)−4.49	1.106
	美国印第安人	18~62	男	(4.97/DB)−4.52	1.099
		18~60	女	(4.81/DB)−4.34	1.108
	日本人	18~48	男	(4.97/DB)−4.52	1.099
			女	(4.76/DB)−4.28	1.111
		61~78	男	(4.87/DB)−4.41	1.105
			女	(4.95/DB)−4.50	1.100
	新加坡人(华人、印度人、马来人)		男	(4.94/DB)−4.48	1.102
			女	(4.84/DB)−4.37	1.107

续表

人群		年龄	性别	%BF	FFBd[a](g/cm²)
种族	高加索人	8~12	男	(5.27/DB)-4.85	1.086
			女	(5.27/DB)-4.85	1.086
		13~17	男	(5.12/DB)-4.69	1.092
			女	(5.19/DB)-4.76	1.090
		18~59	男	(4.95/DB)-4.50	1.100
			女	(4.96/DB)-4.51	1.101
		60~90	男	(4.97/DB)-4.52	1.099
			女	(5.02/DB)-4.57	1.098
	西班牙人		男	无	无
		20~40	女	(4.87/DB)-4.41	1.105
运动员	抗阻训练后	24±4	男	(5.21/DB)-4.78	1.089
		35±6	女	(4.97/DB)-4.52	1.099
	耐力训练后	21±2	男	(5.03/DB)-4.59	1.097
		21±4	女	(4.95/DB)-4.50	1.100
	各种运动	18~22	男	(5.12/DB)-4.68	1.093
		18~22	女	(4.97/DB)-4.52	1.099
临床状况[b]	神经性厌食	15~44	女	(4.96/DB)-4.51	1.101
	肝硬化(Child 分级)A 级			(5.33/DB)-4.91	1.083
	B 级			(5.48/DB)-5.08	1.078
	C 级			(5.69/DB)-5.32	1.070
	肥胖	17~62	女	(4.95/DB)-4.50	1.100
	脊髓损伤(截瘫/四肢瘫)	18~73	男	(4.67/DB)-4.18	1.116
		18~73	女	(4.70/DB)-4.22	1.114

FFBD：去脂身体密度；[b]缺乏充分的多因素模型评价以下几种临床状况的 FFBD 均值：冠状动脉疾病、心/肺移植、慢性阻塞性肺疾病、囊性纤维化、糖尿病、甲状腺疾病、HIV 感染/艾滋病、癌症、肾衰竭(透析)、多发性硬化及营养不良；BF%：体脂百分比；无：无有效数据支持该亚组人群。
(引自：Heyward VH, et al. 2004)

2. 稀释法

这种方法的前提是脂肪不含水，瘦体重含水量较恒定，因而测定身体中的总水量，即可估算出瘦体重和体脂量。通常将能均匀扩散到体液中的某种化学物质如：安替比林、尿素、乙醇等物注入人体内，通过这种物质在短时间内被稀释的程度来推算人体总体液量，再计算出瘦体重和体脂量。一般认为成年人的瘦体重含水量为72%。

Ossermann等人对81人全身水分量的测定，发现瘦体重含水量为71.8±2.9%，且瘦体重含水量的个体差异较小，提出可根据体水分量来推算瘦体重。目前常用的计算方法是：瘦体重=总体液量/0.72。

3. 皮褶厚度法

皮褶厚度法用皮脂厚度计测身体某些部位的皮褶厚度，再计算体密度、体脂百分比、体脂重和瘦体重的方法。皮脂厚度法简便易行，仪器轻便容易携带，无创伤、适宜于群体测量，是最为常用的评价身体成分的方法。

此技术的测量原理是皮下脂肪与身体总脂肪量成一定比例，假设皮下脂肪占身体脂肪总量的1/3。当然，皮下脂肪与身体总脂肪量的确切比例受性别、年龄和种族的影响。用回归方程将皮褶厚度之和转化成体脂百分比时要考虑这些变量以获得最准确的结果。

有研究发现，通过皮褶厚度测量确定身体成分与水密度测量法确定身体高度相关（r=0.70-0.90）。皮褶厚度测量与水下称重法测得值相差一般在4%以内。

(1) 皮褶厚度的测量：具体测量方法如下：

①皮褶厚度计的校准校正压力。指针调到"0"位后，须将皮褶厚度计两个接点间的压力调节到国际规定的$10g/mm^2$的范围。左手持皮褶厚度计呈水平位置，在皮褶厚度计的下方测试臂顶端的小孔上挂200g重量的砝码。再将皮褶厚度计下主弓形臂的根部与该臂顶端的接点呈水平线，此时观察圆盘内指针偏离情况。如指针处在15~25mm范围内说明两接点的压力符合$10g/mm^2$的要求，无需调节旋扭；如果指针超出25mm以上，说明压力接点压力不足，需通过向左侧方向转动旋扭增加压力，直至指针调到15~25mm范围内为止。反之，则调节旋扭向右转动减少压力调节到指针在规定范围内。指针的±5mm的差异不会影响测定结果。参见图7-2。

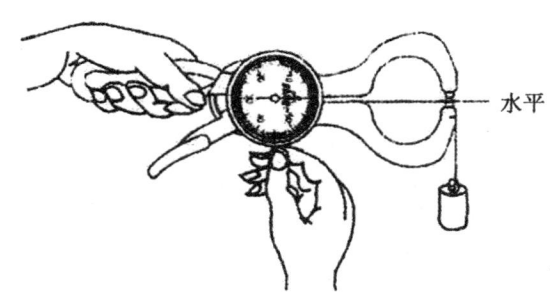

图7-2 皮褶厚度计的校准

②测量方法。受试者应着背心裤衩或短裤，自然站立，暴露测试部位。测试者选准测量点，用右手握皮褶计使两半形测试臂张开，左手拇指和食指、中指将皮褶捏起，右手持皮褶厚度卡钳，卡在捏起部位下方约1cm处，待指针停稳，立即读数并作记录。每个部位应重复测量三次，取中间值或取其均值，测量3次任两次测量误差不得超过5%，以mm为单位，取小数点后一位记录。

注意在测量时，左手捏皮褶时用力应均匀，并保持恒定；皮褶厚度计的位置要放正确；捏皮褶时，不应连带肌肉；测量过程中，皮褶厚度计的刻度盘和钳口应经常校准。

③测量部位和标准（参见图 7-3）。除下述部位外，根据研究需要还可以测颈部、腰部、大腿前后侧和小腿腓肠肌部位。应当指出：用皮褶计所测的皮下脂肪厚度是皮肤和皮下脂肪组织双倍的和。

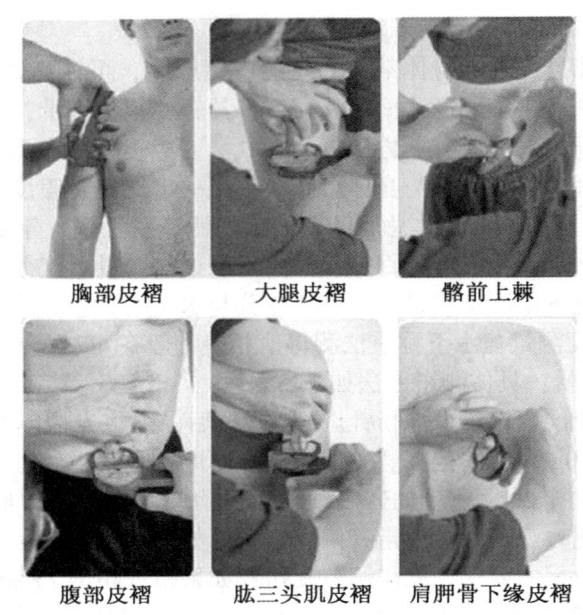

图 7-3 皮脂厚度测量部位

a. 上臂部（肱三头肌部位）：上肢自然下垂于身体两侧，于上臂后侧肩峰与尺骨鹰嘴突连线中点处，垂直捏起皮褶。

b. 二头肌：在上臂前侧二头肌肌腹上方，约三头肌皮褶点水平上 1cm 处，垂直捏起皮褶。

c. 肩胛下角：在肩胛下角下部 1~2cm 处与脊柱呈 45 度夹角斜捏起皮褶。

d. 髂前上棘：皮褶斜行；腋前线过髂前上嵴上方，沿髂骨翼自然走形处测量。

e. 腹部：在脐右侧 2cm 处，垂直捏起皮褶。

f. 大腿部：大腿前部中线、腹股沟中点与髌骨上缘中点连线的中点，皮褶方向与大腿纵轴平行。

g. 小腿内侧：在小腿最大围度和内侧面中线的交点处，纵向测量。

h. 胸部：在腋前线和乳头连线的中点（男性）、或中外 1/3 位置（女性）斜捏起皮褶。

i. 腋中线：皮褶垂直走向；在胸骨剑突水平线与腋中线交界处测量。另一种方法是剑突/胸骨水平与腋中线交界处水平捏起皮褶。

测量时注意如下几点：

a. 所有测量要在受试者右侧进行，受试者呈直立位。

b. 皮褶钳应置于皮肤表面，垂直于皱褶，测量点距离拇指和食指边缘处约 1cm，皮褶游离缘与基底部中间。

c. 读数时要捏住皮褶不能松开。
d. 读数前等 1~2s(不要太长时间)。
e. 每一个部分要进行两次测量,如果两次测量结果相差大于 1~2mm,应重新测试。
f. 更换测量点或给予充分时间让皮肤恢复正常纹理和厚度。

(2)由皮褶厚度计算身体密度的公式。将褶厚度(mm)测量数据带入相应身体密度(BD)计算公式,计算 BD 值,再将 BD 值带入 Siri 或 Brozek 预测公式,计算体脂%。以下介绍通过皮褶厚度推算 BD 的经验公式。公式中皮褶厚度单位为 mm,年龄单位:岁。

男性:

①7 点法(胸部、腋中线、肱三头肌、肩胛下角、腹部、髂前上嵴、大腿)身体密度公式:

$BD = 1.112 - 0.00043499 \times (7 处皮褶厚度之和) + 0.00000055 \times (7 处皮褶厚度之和)^2 - 0.00028826 \times (年龄)$

(估计标准误:0.008 或~3.5%脂肪)

②三点法(胸、腹、大腿)

$BD = 1.10938 - 0.0008267 \times (3 处皮褶厚度之和) + 0.0000016 \times (3 处皮褶厚度之和)^2 - 0.0002574 \times (年龄)$

(估计标准误:0.008 或~3.4%脂肪)

③三点法(胸、三头肌、肩胛下)

$BD = 1.1125025 - 0.0013125 \times (3 处皮褶厚度之和) + 0.0000055 \times (3 处皮褶厚度之和)^2 - 0.000244 \times (年龄)$

(估计标准误:0.008 或~3.6%脂肪)

女性:

①7 点法(胸部、腋中线、肱三头肌、肩胛下角、腹部、髂前上嵴、大腿)身体密度公式:

$BD = 1.097 - 0.00046971 \times (7 处皮褶厚度之和) + 0.00000056 \times (7 处皮褶厚度之和)^2 - 0.00012828 \times (年龄)$

(估计标准误:0.008 或~3.8%脂肪)

②三点法(三头肌、髂前上山嵴、大腿)

$BD = 1.099421 - 0.0009929 \times (3 处皮褶厚度之和) + 0.0000023 \times (3 处皮褶厚度之和)^2 - 0.0001392 \times (年龄)$

(估计标准误:0.008 或~3.9%脂肪)

③三点法(三头肌、髂前上山嵴、腹部)

$BD = 1.089733 - 0.0009245 \times (3 处皮褶厚度之和) + 0.0000025 \times (3 处皮褶厚度之和)^2 - 0.0000979 \times (年龄)$

(估计标准误:0.008 或~3.9%脂肪)

另外,张薇、徐冬青(1999)等对国人资料研究后初步建立的国人身体密度公式。

$BD(男) = 1.0991 - 0.0005 \times 腹部 - 0.0004 \times 肩胛下角 - 0.0005 \times 大腿 - 0.0003 \times 年龄$

$BD(女) = 1.0837 - 0.0004 \times 肱三头肌 - 0.0004 \times 腹部 - 0.0004 \times 大腿 - 0.0003 \times 年龄$

我国现阶段学龄儿童少年体脂%的调查也都采用皮褶厚度法来间接估算。常用公式有:

男生:体脂% = $6.93 + 0.428 \times (肱三头肌 + 肩胛下角)$

女生:体脂% = $7.896 + 0.458 \times (肱三头肌 + 肩胛下角)$

有学者以日本青少年为研究对象所得的身体密度计算公式为：

男性：

15~18 岁：BD = 1.0977 - 0.00146×(肩胛角下+肱三头肌)

19 岁以上：BD = 1.0913 - 0.00116×(肩胛角下+肱三头肌)

女子：

15~18 岁：BD = 1.0931 - 0.00160×(肩胛角下+肱三头肌)

19 岁以上：BD = 1.0897 - 0.00133×(肩胛角下+肱三头肌)

(3)评定皮下脂肪厚度的参考标准。根据皮下脂肪厚度计算所测的皮下脂肪厚度可以用评定一个人的肥瘦程度。正常成人肩胛皮肤皱壁厚度的平均值为 12.4mm，超过 14mm 就可诊断为肥胖。我国男性成人的肱三头肌皮肤皱壁厚度大于 10.4mm，女性大于 17.5mm 属于肥胖。正常成年男性的腹部皮肤皱壁厚度为 5~15mm，大于 15mm 为肥胖，小于 5mm 为消瘦；正常成年女性的腹部皮肤皱壁厚度为 12~20mm，大于 20mm 为肥胖，小于 12mm 为消瘦，尤其对 40 岁以上妇女测量此部位更有意义。

我国目前对身体成分评价尚未有统一标准，主要引用日本厚生省国民营养调查资料对日本儿童和成人肥瘦程度的评定标准作为参考，见表 7-10。

表 7-10 皮下脂肪厚度评价程度标准

性别	年龄(岁)	轻度肥胖		中度肥胖		高度肥胖	
		皮脂厚(mm)	体脂肪(%)	皮脂厚(mm)	体脂肪(%)	皮脂厚(mm)	体脂肪(%)
男	6~8	20	20	30	25	40	30
	9~11	23	20	32	25	40	30
	12~14	25	20	35	25	45	30
	15~18	30	20	40	25	50	30
	成年	35	20	45	25	55	30
女	6~8	25	25	35	30	45	35
	9~11	30	25	37	30	45	35
	12~14	35	25	40	30	50	35
	15~18	40	30	50	35	55	40
	成年	45	30	55	35	60	40

注：皮脂厚 = 臀部+肩胛部

(4)依据皮褶总厚度及年龄等因素来评价：

①先计算皮褶总厚度，计算方法如下，

男性：皮褶总厚度 = 胸部、腹部、大腿正中三个位置的皮褶厚度之和

女性：皮褶总厚度 = 肱三头肌、腰侧、大腿正中三个位置的皮褶厚度之和

②查阅表 7-11，对照性别及年龄对应的脂肪含量百分比，计算出体脂百分比。

表 7-11　　成人依皮褶厚度计年龄等因素估算的体脂百分比

皮褶总厚度（mm）	男性脂肪%	女性脂肪%		年龄	男性脂肪%	女性脂肪%
13~17	1.1	6.2		17~19	2.1	1.1
18~22	2.7	8.1		20~22	2.4	1.3
23~27	4.2	9.9		23~25	2.8	1.5
28~32	5.8	11.9		26~28	3.1	1.7
33~37	7.3	13.7		29~31	3.5	1.9
38~42	8.8	15.5		32~34	3.8	2.1
43~47	10.3	17.2		35~37	4.2	2.3
48~52	11.7	18.9		38~40	4.5	2.4
53~57	13.2	20.6		41~43	4.9	2.6
58~62	14.5	22.3		44~46	5.2	2.8
63~67	15.9	23.9		47~49	5.6	2.9
68~72	17.3	25.4		50~52	5.9	3.2
73~77	18.6	26.9		53~55	6.3	3.4
78~82	19.9	28.4		56~58	6.6	3.6
83~87	21.1	29.8		59~61	6.9	3.8
88~92	22.4	31.2		62~64	7.3	3.9
93~97	23.6	32.5				
98~102	24.7	33.8				
103~107	25.9	35.1				
108~112	26.9	36.2				
113~117	28.1	37.4				
118~122	29.1	38.5				
123~127	30.1	39.5				
128~132	31.1	40.5				

注：把根据皮褶总厚度推算出的脂肪%加上年龄因素对应的脂肪%即可得到总脂肪%。

例如：某男，35~37岁，皮褶总厚度为98~102mm，对应的脂肪%为24.7%，年龄对应的脂肪%为4.2%。则其总脂肪%为24.7%+4.2%=28.9%

③根据体脂%，按照表7-12评价受试者的体脂含量类型

表 7-12　　　　　　　　　　　　　身体脂肪含量标准　　　　　　　　　　　　（单位:%）

	年龄/岁	很低	低	平均	稍高	高
男	20~29	≤7	8~12	13~16	17~20	≥20
	30~39	≤11	12~16	17~19	20~22	≥22
	40~49	≤14	15~18	19~21	22~24	≥24
	50~59	≤15	16~20	21~23	24~26	≥26
	≥60	≤15	16~20	21~24	25~27	≥27
女	20~29	≤15	16~19	20~22	23~25	≥25
	30~39	≤16	17~20	21~23	24~27	≥27
	40~49	≤19	20~24	25~26	27~30	≥30
	50~59	≤22	23~27	28~30	31~34	≥34
	≥60	≤21	22~28	29~31	32~34	≥34

（5）儿童皮褶厚度测量。儿童皮褶厚度的测量位置为肩胛下角，肱三头肌及小腿内侧。其评价参见表 7-13。

表 7-13　　　　　　　　　　　　　儿童体脂百分比　　　　　　　　　　　　（单位:%）

	肱三头肌和小腿内测的皮褶厚度			肱三头肌和肩胛下的皮褶厚度		
	皮脂厚(mm)	脂肪(%)	评级	皮脂厚(mm)	体脂肪(%)	评级
男	≤5	≤6	极低	≤8	≤6	极低
	6~10	7~10	低	9~13	7~11	低
	11~25	11~20	理想	14~22	12~20	理想
	26~32	21~25	中高	23~29	21~25	中高
	33~40	26~31	高	30~39	26~31	高
	≥41	≥32	极高	≥40	≥32	极高
女	<20	<12	极低	<11	<11	极低
	20~29	13~15	低	12~15	12~15	低
	30~39	16~25	理想	16~26	16~25	理想
	40~49	26~30	中高	27~35	26~30	中高
	50~59	31~36	高	36~45	31~35.5	高
	≥60	≥37	极高	≥46	≥36	极高

4. 总钾量的测定

由于体内的钾主要分布在去脂体重(瘦体重)之中,而去脂体重中的钾浓度是恒定不变的,因而测出身体中钾的总含量,即可计算出去脂体重和体脂的含量。一般认为每公斤去脂体重含钾为 68.1 毫克。钾量的测定先要测放射性同位素 ^{40}K,因为 ^{40}K 占全钾中 0.00118%。Forbes 和 Lewis 对尸体进行了研究发现 ^{40}K 在总体钾中的比例相对恒定,钾总量测定后再计算去脂体重。但是,^{40}K 量的测定,需要使用 human counter 这种装置,该装置在世界上还为数不多,因此该法较少使用。

5. 双能 X 分析法

双能 X 分析法(DEXA)是一种能精确测量体成分的新方法,并具有无创、准确、重复性好和低辐射等优点。其原理是应用两种能透过机体的不同能量的光子,在不同密度的组织中,其衰减光子能量的程度不同,通过记录两种不同光子能量被不同组织衰减的程度即可计算出各种组织的含量,即获得体脂量、脂肪分布情况和骨密度。测量方法很简单,可把全身分成头、上肢、下肢、躯干等部位进行测量,只需要 15 分钟左右,所使用的放射剂量相当少(比一般 X 光照相少几百倍)(图 7-4)。这种方法被许多运动科学家认定为评估体成分的标准技术。但由于其基础数据的限制及测定费用的高昂,而且要求技术人员经过严格培训,因而很少用于常规健康/体适能测试,该法仅应于研究领域和医疗机构,在应用上有一定的局限。

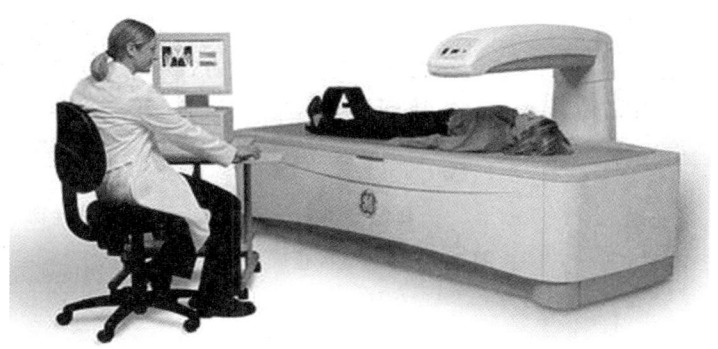

图 7-4 双能 X 分析法

测定方法为:人体横卧,探测头在体外,全身、局部快速扫描。

6. 生物电阻抗法(BIA)

BIA 法是通过测量电流通过身体脂肪和非脂肪组织时的差别来计算身体成分的一种方法。人体是电的导体,生物组织对外加电流场具有不同的导电作用,当人体表面加一固定低电频的电流时,含水 70% 以上的肌肉组织是良好的导体,而含水较少的脂肪组织近似为绝缘体,因此通过计算出阻抗值可以计算出身体成分。

该法有使用方便快速、简捷、成本低廉,无创和安全等特点,较适用于各类人群的健康/体适能测试,有广阔的应用前景。目前在医疗康复机构、健身俱乐部、营养研究机构、一般家庭中使用较为普遍。随着电阻抗技术的不断发展,已有站立式、手捏式、手脚并用式测量仪。

一般来说,BIA法的准确性和皮褶测量法相当,同时遵循严格的测试要求(如保证正常的水合状态)、输入到分析器的公式是正确的,则测试人群的测量结果应该是准确的。需要指出的是,尽管BIA法可测出肥胖个体较为准确的体脂百分比,但与正常体重者相比,无法区分身体水分分布。

(1)测量仪器:身体成分分析仪。

(2)测量方法:令受试者除去金属配饰,尽可能单薄着装,脱掉袜子,擦干脚底的汗液,除去脚底的异物。打开分析仪,输入个人信息,包括姓名、性别、年龄和身高等。受试者赤足站在分析底座电极板上,双脚与电极板充分接触,确保脚底与电极板之间没有衣物(图7-5)。等待设备称重以及核对个人信息,直至设备发出握住电极手柄口令。令受试者握住电极手柄,确保手上没有汗液和异物,手掌和手指充分接触两个电极,把大拇指放在开始按钮上(图7-6),自然垂下双臂,张开双臂30°左右,与躯体相分离,注意不要与躯体相接触(图7-7)。用拇指按开始按钮测试开始,整个测试需2分钟左右。进行测量的8个电极中,若有某一电极接触不良或未接触上,就有可能导致测量中断或降低数据的可信。保持相同的正确姿势直至测试结束。打印测试结果。

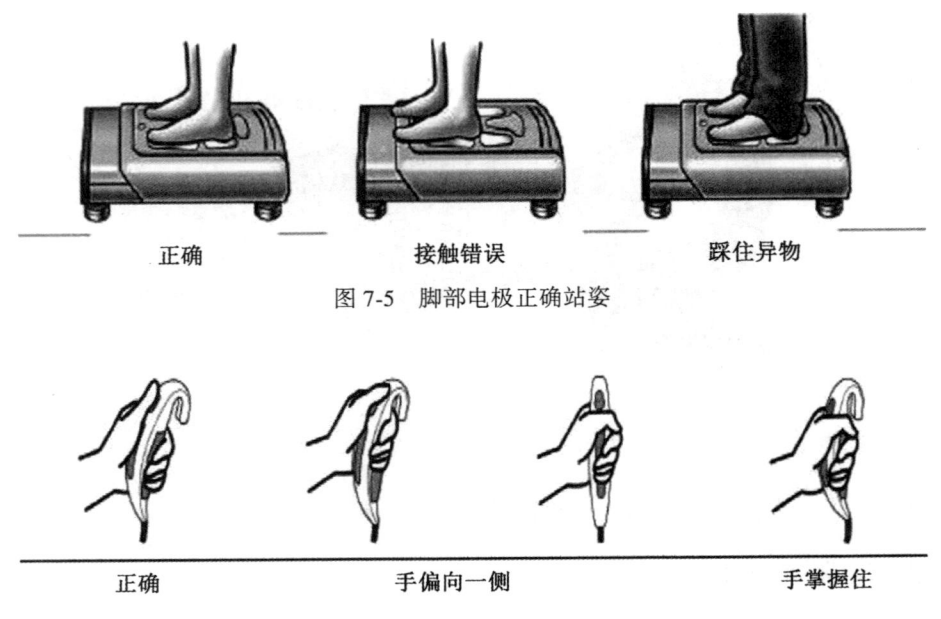

图7-5 脚部电极正确站姿

图7-6 手部电极正确握姿

(3)注意事项:

①测试过程结束前不能说话或移动身体,不能弯腰或者摇动手臂,且必须保持测试部

图 7-7　正确测量姿势

位与电极一直都接触,否则测试过程将停止。

②避免使用影响机体水合状态的因素,例如酒精饮料或利尿剂等都应在测试前至少 48 小时禁用。

③受试者在测试前 4 小时应限制饮食。

④在测试前 12 小时避免剧烈运动。

⑤月经期间应注明。

(4)测量结果分析:测量结束后,会出现表示测量结束的消息。出现各部位肌肉量图形。显示包括人体右上肢、左上肢、右下肢、左下肢和躯体肌肉的图形以及肌肉量和水分量数值等。图形显示完毕后,会出现"正在打印"消息。打印后才能切换到下一画面。开始打印后请按"下一步"按钮。可以看到综合评价、人体成分测量结果、体型判定、各部位肌肉量、人体成分分析等结果。包括腹部脂肪评估、调整项目等的最后结果。腹部脂肪包括将腰臀比(WHR)、内脏脂肪等级及评价、内脏脂肪量、皮下脂肪量等。调整项目为希望调整平衡时提示的目标值,比较标准值和当前分析值后。打印结果如图 7-8。

(5)生物电阻抗法的评价指标及参考范围:

体脂含量(MBF,mass of body fat):身体的实际脂肪重量。

脂肪百分比(PBF,percent of body fat):脂肪重量占身体总体重的百分比。正常范围:男性 15%~20%,女性 20%~30%。

瘦体重(LBM,lean body mass):身体瘦体重主要是水分、肌肉、蛋白质、骨骼矿物质和重要的器官的重量,代表体重中非脂肪部分的重量,瘦体重=体重−体脂含量。

身体水分总含量(TBW,total body water):由细胞内液及细胞外液组成,正常体内水分占体重的 50%~70%。细胞内液和细胞外液比例为 2:1。肾病、高血压、循环系统疾病、心脏病、全身或局部浮肿和营养不良患者都存在水分不均衡现象。

体重指数(BMI,body mass index):也称体质指数,BMI=体重(kg)÷(身高)^2,是国际上测量肥胖和过度肥胖的标准,与某些疾病的发病率紧密相关。研究表明,大多数个体

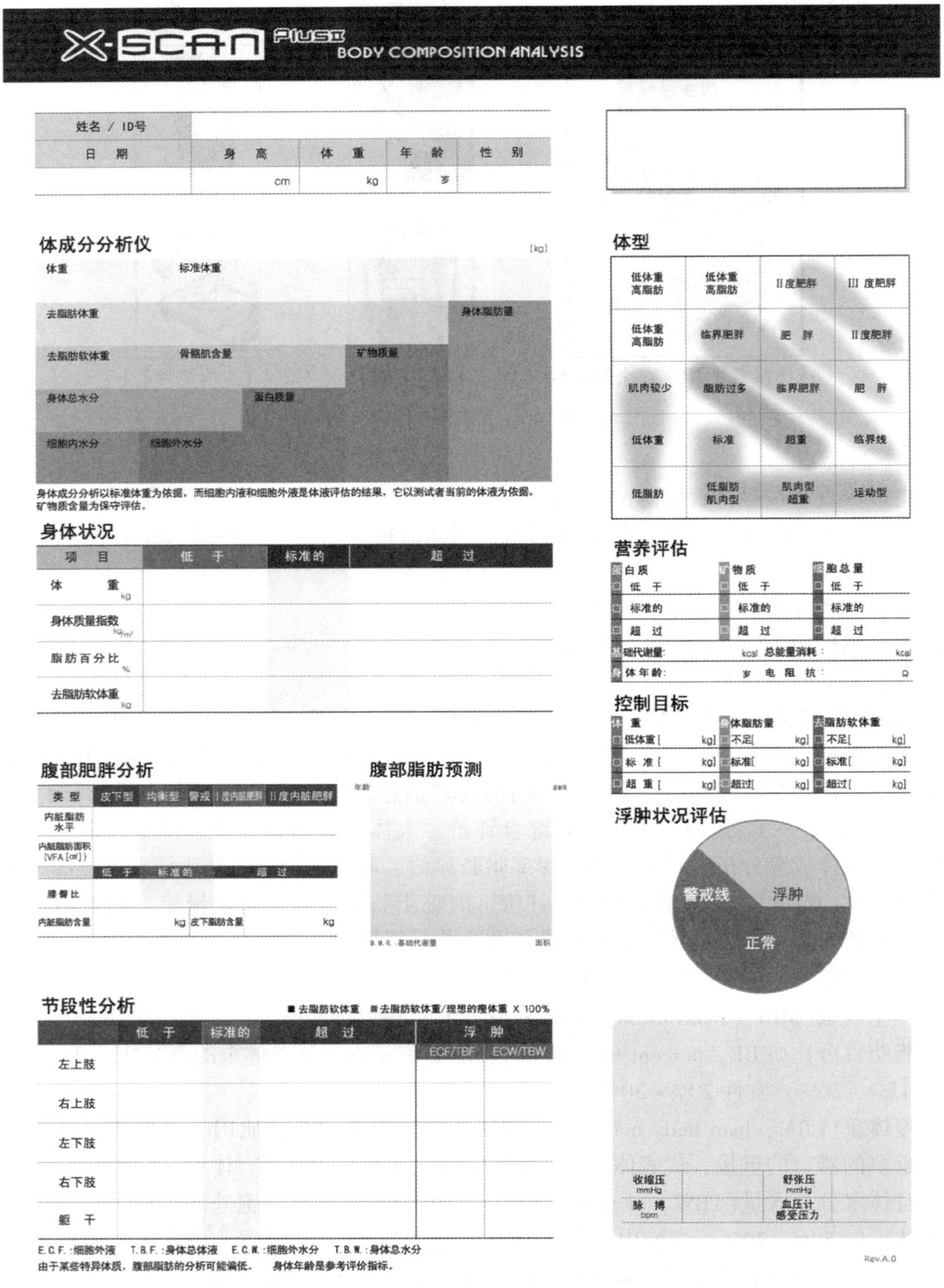

图 7-8　电阻抗法测定身体成分打印结果

的体重指数与身体脂肪的百分含量有明显的相关性,能较好地反映机体的肥胖程度。18.5~23 kg/m² 为普通人群 BMI 的正常范围。

肥胖(FATNESS):根据标准体重的百分比来判断身体肥胖的程度,FATNESS=(实测体重-标准体重)/标准体重×100%,标准体重±10%属于正常范围。

评价值(control value):实际值与标准值之间的差异,评价值=实际值-标准值,"+"号表示实际测量值高于标准值,要达到标准范围需要减少的量;"-"号表示实际测量值低于标准值,要达到标准范围需要增加的量。

标准体重(STD, weight):根据身高得出的标准的身体总体重,是由各个国家大量的数据统计处理结果得出的。

基础代谢率(BMR, basal metabolic rate):每天维持基础代谢所需要的能量值。

蛋白质(protein):体内蛋白质的重量,蛋白质=肌肉重量-身体水分含量,占总体重的 14%~19%。

肌肉(muscle mass):肌肉的重量=瘦体重的重量-矿物质的重量。肌肉重量为细胞内液、细胞外液及蛋白质的重量和。正常范围有个体差异。

矿物质(mineral):体内骨组织和电解质的重量。占体重的 5%~6%。

细胞内液(ICF):存在于细胞内的液体。占体重的 33%~47%,占细胞总水分的 2/3。

细胞外液(ECF):存在于细胞外的液体,包括血液和细胞间液。占体重的 17%~23%,占细胞总水分的 1/3。

腹部肥胖率(WHR):腰围与臀围的比值。正常范围:男性 0.75~0.90,女性 0.70~0.85。

电阻抗(IMPEDANCE):人体电阻值跟每个人的身体成分的含量和分布有关,脂肪组织的阻抗高,瘦体重的阻抗低。

7. 超声波法

超声波是频率高于 KHZ(千赫兹)的声波。由于超声波的频率超过人耳的听觉范围,因而人耳不能感觉超声。超声波诊断仪将人体某部位各层组织回声,通过探头回收到仪器内,并将声能再转换成电能,而显示在荧光屏上就成为声像图,所以能间接反应人体某部位各层组织的结构。B 超测定的优越性在于无创、价廉、简便、直观、精确、可靠。应用高频 B 超可测定体脂厚度和面积。

8. CT 法

CT 法即计算机断层摄像法。基本原理是利用 X 光射线穿过人体对一定厚度的层面进行扫描,由对侧探测器接收透过层面后的 X 线按其强度比例转换为可供记录的电信号,然后经过摸拟数字转换器转换为数字后进入计算机,计算机就把从各个方面获得的信息进行运算,排列成短阵,这些数字短阵可储存于磁盘或光盘中,最后再经过数字/模拟转换器,把数字或矩阵转换成矩阵排列的图像就形成了 CT 图像,可以显示,拍片。利用 CT 测量脂肪面积是迄今为止最准确的评价脂肪区域性分布的方法之一。

9. MRI 法

核磁共成像是 20 世纪 80 年代发展起来一种全新的影像检查技术,因为它完全不同于传统的 X 线和 CT,对人体无放射性操作。它是利用人体中的 H 质子(proton)在强磁场内受到射频脉冲的激发,产生核磁共振现象,经过空间编码技术,把以电磁形式放出的核磁共振信号接收转换,通过计算机最后形成图像。而身体的脂肪组织有较高的质子密度,它具有非常短的 T1 值,其信号强度大,故在常规 SE(自旋回波脉冲)序列成像中 T1 加权像呈高信号,T2 加权像呈低信号。因此易观察脂肪的含量、分布及变化。

10. 近红外线法

近红外线波长发光的同时,用光学检测器测出人体脂肪有多少光能的吸收。然后根据身高,体重算出体脂肪率。由于该方法能测定所有体脂(包括皮下脂肪与内脏脂肪)含量,因此反映的是完整机体的体脂率。而且近红外线技术测量身体成分的可信度和准确性需要进一步的研究证实。

11. 其他人体测量法

(1)根据身高计算标准体重:

根据身高计算标准体重的公式一:

男性:标准体重(kg)= [身高(cm)−80]×0.7

女性:标准体重(kg)= [身高(cm)−70]×0.6

我国成人标准体重参考计算公式见表 7-14。

表 7-14　　　　　　　　我国成人标准体重参考计算公式

身高(cm)	年龄	性别	标准体重(kg)计算公式
<165	成年人	男	标准体重(kg)= 身高(cm)−105
		女	标准体重(kg)= 身高(cm)−110
>165	<30 岁,>50 岁	男	标准体重(kg)= 身高(cm)−100
		女	标准体重(kg)= 身高(cm)−102.5
	30~50 岁	男	标准体重(kg)= 身高(cm)−105
		女	标准体重(kg)= 身高(cm)−107.5

上述计算公式只是考虑了身高、性别及体重因素,若再考虑骨骼类型大小因素,便要用以下方法来对照。

以惯用手的腕围(手腕最窄处的圆周长)来决定骨骼类型(表 7-15),然后在自己所属的骨骼类型栏内,依照性别与身高找出自己的理想体重范围(表 7-16)。

表 7-15　　　　　　　　　　　　　腕围-体型类型　　　　　　　　　　　　（单位：cm）

体型类型	男性	女性
小骨骼型	<16.5	<13.9
中骨骼型	16.5~17.7	13.9~16.5
大骨骼型	>17.7	>16.5

表 7-16　　　　　　　不同身高、骨骼类型的理想体重范围

性别	身高/米	理想体重/kg		
		小骨骼型	中骨骼型	大骨骼型
男性	1.625	54.9~58.5	57.6~63.0	61.2~68.9
	1.650	56.2~60.3	59~64.9	62.6~70.8
	1.675	58.1~62.1	60.8~66.7	61.4~73.0
	1.700	59.9~64.0	63.6~68.9	66.7~75.3
	1.725	61.7~65.8	64.4~70.8	68.5~77.1
	1.750	63.5~68.0	66.2~72.6	70.3~78.9
	1.775	65.3~69.9	68.0~74.8	72.1~81.2
	1.800	67.1~71.7	69.9~77.1	74.4~83.5
	1.825	68.9~73.5	71.7~79.1	70.8~85.7
女性	1.500	44.9~48.5	47.2~52.6	50.8~58.1
	1.525	40.3~49.9	48.5~54.0	52.2~59.4
	1.550	47.6~51.3	49.9~55.3	53.5~60.8
	1.575	49.0~52.6	51.3~57.2	54.9~62.6
	1.600	50.3~54.0	52.6~59.0	56.7~64.4
	1.625	51.7~55.8	54.4~61.2	53.5~66.2
	1.650	53.5~57.6	56.2~63.0	60.3~68.0
	1.675	55.3~59.4	58.1~64.9	62.1~69.9
	1.700	57.2~61.2	59.9~66.7	64.0~71.1

然后再依据如下标准进行评价。
正常体重：标准体重±10%
超重：大于标准体重 10%，小于标准体重 20%
轻度肥胖：大于标准体重 20%，小于标准体重 30%
中度肥胖：大于标准体重 30%，小于标准体重 50%
重度肥胖：大于标准体重 50%以上

消瘦：小于标准体重10%~20%

明显消瘦：小于标准体重20%

（2）根据身高、围度等推算体脂百分比。研究发现，将人体形态指标与精密测量法相结合，根据形态指标与体脂量相关程度，从中筛选对体脂成分相关度较高的形态指标，建立回归方程。这种方法适合于大范围的体脂调查研究。

①Sternw（斯特瓦）的推算公式：

$$去脂体重 = 98.42 + [1.082 \times (体重磅) - 4.15 \times (腰围英寸)]$$
$$\%Fat(体脂率) = [(体重-瘦体重)/体重磅] \times 100$$

②Ferock（斐迪克）的推算公式：

$$\%Fat = 63.0 + 0.3535 \times (体重) - 1.48 \times (身高)$$

③根据体重(kg)，腰围(cm)用图示法预测体脂百分比（男性）。

根据身高(kg)，臀围(cm)用图示法预测体脂百分比（女性）。

（3）体重指数，可以用来表示身高相对体重，其计算方法是以千克体重除以米为单位的身高的平方（kg/m^2）。对欧美国家的人来说，体重指数超过25，与肥胖相关的问题会增加（表7-17）。虽然体重指数不能区分身体脂肪、肌肉重量或骨骼，但是当体重指数超过30时，高血压、总胆固醇/HDL-胆固醇比率、冠心病、死亡率的风险升高。体重指数低于18.5kg/m^2也能增加患心血管疾病的风险，是BMI与心血管疾病风险J形曲线的低值部分。

表7-17　基于BMI的成人超重、肥胖的评价标准（中国、WHO和ACSM）

中国标准		WHO标准		ACSM标准	
组别	BMI	组别	BMI	组别	BMI
过轻	BMI<18.5	轻	BMI<18.5	轻	BMI<18.5
正常	18.5≤BMI<24	正常	18.5≤BMI<25	正常	18.5≤BMI<24.9
超重	24≤BMI<28	超重	25≤BMI<30	超重	25≤BMI<29.9
肥胖	BMI≥28	肥胖Ⅰ	30≤BMI<35	肥胖Ⅰ	30≤BMI<34.9
		肥胖Ⅱ	35≤BMI<40	肥胖Ⅱ	35≤BMI<39.9
		肥胖Ⅲ	BMI≥40	肥胖Ⅲ	BMI≥40

BMI是参照个体身高来评价其体重是否合理的简便易行的指标。对大多数成人来说，BMI指数的增高与不良健康后果之间的联系十分显著。然而，由于体重指数评价身体脂肪百分比还存在较大标准差（±5%脂肪），因此在体适能评估中还应该使用其他身体成分评价方法预测体脂百分比。

（4）围度测量。身体脂肪分布类型被认为是一个预测肥胖风险的重要指标。脂肪分布也是糖尿病发病的一个重要危险因素。即使BMI正常，腰围大于102cm时糖尿病发病率也会提高3.5倍。男女脂肪分布的差异是产生冠心病及其危险因素的性别差异的主要因素。

向心性肥胖是以脂肪堆积在身体躯干部位为特点（腹部肥胖），与离心性肥胖（肥胖分布在臀部和大腿）个体相比，高血压、2型糖尿病、血脂异常、冠心病、早期死亡的风险更高。

国外最新报道，腰围是评价脂肪分布，预测心血管疾病风险危险因素的最佳单项指标。甚至，腰围评价心血管疾病的发病率比腰臀比更为准确。国际健康协会和WHO认为男性腰围大于102cm，女性腰围大于88cm时各种疾病危险系数增加。

围度的测量方法如下：

①测量工具：皮尺

②测量方法：受测者避免含胸，驼背或身体紧绷，两腿微开自然站立，两肩放松。双臂自然下垂。测试时皮尺的松紧度应适宜，以对皮肤不产生夹挤为度。不要过紧或过松。测量受测者身体右侧部位，测量时皮尺与身体垂直轴垂直。不同部位围度测量方法见表7-18。

表7-18　　　　　　　　　　不同围度测量方法

部位	测 量 方 法
腹围	受试者直立、放松，水平测量腹部隆起明显处，通常在脐处水平测量
上肢	受试者直立、两臂自然下垂于身体两侧，掌心朝向大腿，在肩峰到尺骨鹰嘴连线中点处水平测量
臀围	受试者直立，两脚并拢，水平测量臀部隆起最明显处。此测量用于腰臀比中臀围测量
小腿围	受试者直立，两脚分开约20cm，水平测量膝与踝之间围度最大处，注意与纵轴线垂直
前臂围	受试者直立，两臂自然下垂稍离开躯干，掌心向前，垂直于纵轴线测量围度最大处
臀围或大腿围	受试者直立，两脚稍分开约10cm，水平测量臀部/靠近大腿围度最大处，臀横纹线下
大腿中围	受试者直立，一条腿踏在凳子上，使膝关节弯曲成90°，在腹股沟皱褶处到髌骨上缘连接线中点处测量，注意与纵轴线垂直。
腰围	受试者直立、两臂自然下垂于身体两侧，两脚并拢，水平测量躯干最细处（脐以上剑突以下）

成人腰围的评定标准见表7-19。

表7-19　　　　　　　　　　成人腰围的评定标准

风险类别	腰围（cm）	
	女性	男性
非常低	<70	<80
低	70~89	80~99

续表

风险类别	腰围（cm）	
	女性	男性
高	90~109	100~120
非常高	>110	>120

（Bray GA，2004）

对于中国及亚洲人群还没有明确的统计分析数据，部分学者认为中国男性腰围不超过88cm，女性不超过80cm。目前，亚太地区标准为男性腰围超过90cm，女性腰围超过80cm时，多种疾病危险性就开始增加。

另外，腰臀比（WHR）也是应用较多的围度测量指标，常用来反映男性肥胖，或者腹部脂肪堆积的程度。WHR增高的为向心型肥胖；WHR降低的为外周肥胖。男性变化范围在0.85~0.9；女性变化在0.75~0.8。腰臀比男子大于0.95，女子大于0.86被认为是腹部脂肪过多，并可能存在较大的不利于健康的危险性。

（5）BMI和腰围结合综合评价

由于体重指数评价肥胖和身体脂肪百分比还存在较大标准差（±5%脂肪），因此在体适能测评中还可将BMI与身体围度指标结合起来进行综合评价（表7-20，表7-21）。

表7-20　基于BMI及腰围的疾病风险分层（西方人群的参考标准）

BMI		相对正常体重指数及腰围的疾病风险*	
		≤102cm（男性） ≤88cm（女性）	>102cm（男性） >88cm（女性）
低体重	<18.5	—	—
正常	18.5~24.9	—	—
超重	25.0~29.9	增加	高
肥胖Ⅰ级	30~34.9	高	非常高
肥胖Ⅱ级	35~39.9	非常高	极高
肥胖Ⅲ级	≥40	极高	极高

＊表示2型糖尿病、高血压和心血管疾病的风险；—表示无风险，对于体重正常的人来说，腰围增加也是风险增加的标志。

表7-21　基于BMI及腰围的疾病风险分层（亚洲人群的参考标准）

BMI	合并症风险*	
	<90cm（男性） <80cm（女性）	≥90cm（男性） ≥80cm（女性）

续表

BMI		合并症风险*	
过轻	<18.5	低(但是其他临床问题的风险增加)	一般
正常	18.5~22.9	一般	增加
超重	≥23		
肥胖Ⅰ级	23~24.9	增加	中
肥胖Ⅱ级	25~29.9	中	高
肥胖Ⅲ级	≥30	高	极高

三、不同项目运动员的体脂百分比

脂肪对于人体维持生命活动和健康必不可少。对于提高运动成绩来说，瘦体重则显得更为重要。因此，不同运动项目运动员的理想体脂率要求各异。不同运动项目的青少年运动员理想体脂百分比及体脂百分比范围举例见表7-22，表7-23。

表7-22　　　　　　　　青少年运动员理想体脂百分比

项目	理想体脂(%)	
	男	女
长距离跑	6~10	7~11
短跑、投掷、跳跃	10~14	10~16
篮球	7~9	7~11
排球	7~9	7~11
足球、曲棍球	7~9	7~11
棒球、垒球	8~10	10~12
体操	5~7	5~10
游泳	6~10	6~12
摔跤	5~7	7~9

表7-23　　　　　　　　不同项目运动员的体脂百分比范围举例

项目	理想体脂(%)		项目	理想体脂(%)	
	男	女		男	女
健美	5~8	6~12	滑雪	7~15	10~18
橄榄球	6~16	—	击剑	8~12	10~16

续表

项目	理想体脂(%) 男	理想体脂(%) 女	项目	理想体脂(%) 男	理想体脂(%) 女
棒球、垒球	8~14	12~18	跳台滑雪	7~15	10~18
壁球	6~14	10~18	举重	5~12	10~18
自行车	5~11	8~15	游泳	6~12	
划船	6~14	10~18	摔跤	5~15	—
皮划艇	6~12	10~16	定向越野	5~12	8~16
滑冰	5~12	8~16	篮球	6~12	10~16
体操	5~12	8~16	网球	6~14	10~20
田径径赛	5~12	8~15	田径田赛	8~18	12~20
三项全能	5~12	8~15	排球	7~15	10~18
冰球	8~16	12~18	赛马	6~12	10~16
足球	6~14	10~18	高尔夫球	10~16	12~20

第八章 柔韧适能及评测

柔韧适能是指不造成身体伤害的前提下，决定一个关节或一组关节最大活动范围的人体肌肉骨骼系统特征，又称柔韧性。其大小与人体关节活动幅度的大小以及跨过关节的韧带、肌腱、肌肉、皮肤及其他组织的弹性和伸展能力有关。柔韧性在某些运动项目和日常活动能力中非常重要，因为保持所有关节的柔韧性有助于完成运动和动作。相反，如果运动时关节活动超出关节活动范围时，会导致组织损伤。也就是说柔韧性下降即是关节活动度的下降，甚至会影响到一个人的生活质量。

第一节 柔韧适能概述

一、柔韧适能及其特性

柔韧性是指关节在最大范围内活动的能力，可分为静态柔韧性与动态柔韧性。静态柔韧性指以关节为支点的活动范围，它度量的是一个关节或一组关节的运动范围。动态柔韧性指放松肌肉被动伸展时张力或阻抗增加的速率，即一个关节对于动作的抵抗或阻力。

柔韧适能具有关节独立性和解剖学平面特异性。

关节独立性。不同关节间的柔韧适能具有独立的肌肉关节特征。通常身体某一部位关节可以有极高的柔韧性，而其他部位的关节柔韧性可能很差。这一原则同样适用于训练对柔韧适能的影响，拉伸某一特定肌群的练习对身体其他部位肌群的柔韧适能基本没有影响。

解剖学平面特异性。一个关节在一个解剖学平面内可以有很好的柔韧性，而在另一个平面内可能是固定的或者僵硬的。

二、影响柔韧适能的因素

1. 主观因素

在实际测试中，静态柔韧性测量的界限是由受试者和测试者主观因素决定的。对于大多数静态柔韧性测试，动作的限度取决于受试者对伸展位置的耐受性。因此，静态柔韧性并不是柔韧性的真正客观度量，而带有一定的主观性。

2. 解剖生理学因素

关节本身的解剖结构是影响不同关节活动幅度的主要因素，特别是关节面的结构，基本是由遗传决定的，是影响柔韧性的最不容易改变的因素。研究证明，训练可以使关节软骨增厚，从而在一定程度上改变关节的柔韧适能。

其次是关节囊、韧带的伸展性及肌肉的延展性。关节周围体积过大，如皮下脂肪含量过大或结缔组织过多都将影响邻近关节的活动幅度，使柔韧性降低。相同关节的解剖结构，个体之间的差异不大，但柔韧性却有很大差异，这是因为关节周围软组织的差异是关节柔韧性好坏的决定因素，但是这些因素可以通过运动训练得到改变。关节周围软组织包括关节囊、关节周围韧带和肌肉的延展性等。一旦关节及周围软组织的解剖结构和功能发生病理性改变，会直接降低关节的活动度，柔韧性将受到很大的影响。如骨质增生、骨性僵硬，关节囊和韧带挛缩、肌肉痉挛、肌力改变、关节炎症、皮肤肌肉瘢痕组织挛缩等。

适宜的准备活动也会影响关节柔韧性。实验证明，除了肌肉体积可在一定程度上限制关节的运动，通过适当的准备活动提高肌肉温度可降低肌肉内部的粘滞性，加大伸展性从而使柔韧性出现高达20%的增加。

影响柔韧性的另一个生理因素是神经系统对骨骼肌的调节能力。神经系统对骨骼肌的调节能力，尤其是对主动肌与对抗肌之间的协调关系的改善，以及肌肉收缩与放松调节能力的提高，可以减少由于对抗肌紧张而产生的阻力，有利于增大运动幅度。此外，肌肉放松能力的提高，也是扩大动作幅度、降低动作阻力、提高柔韧性的重要因素之一。

3. 年龄、性别等其他因素

儿童期由于钙含量的影响和关节的发展，柔韧性相当好。12岁及以前，柔韧性会保持在同一水平或逐渐降低，然后开始增加，并在15~18岁间达到最高点。到成年期，静态柔韧性随着年龄的增加而出现降低，之后随着年龄的老化，运动系统经历自然衰老的过程，全身关节活动幅度减少，柔韧性素质进一步下降。如果同时存在长期缺乏运动，特别是柔韧性的运动锻炼，关节长期不在全关节范围内活动，或者因为疾病导致的被长期制动或长期卧床等，最终将导致柔韧性迅速下降。

三、全身主要关节活动范围

人体全身关节的活动范围见表8-1。

表8-1　　　　　　　　　全身主要关节活动范围　　　　　　　（单位：°）

躯干正常关节活动幅度	颈部	屈	0~60/70
		伸	0~35/45
		侧屈	0~45/55
		旋转	0~80/90
	脊柱	屈	0~80/90
		伸	0~30/35
		侧屈	0~35/45
		体转	0~25/30

续表

上肢各关节活动幅度	肩	屈	0~160/180
		伸	0~35/45
		内收	0~40/45
		外展	0~170/180
		内旋	0~80/90
		外旋	0~80/90
	肘	屈	0~135/145
		伸	0~5/15
	前臂	内旋	0~80/90
		外旋	0~80/90
	腕	屈	0~80/90
		伸	0~60/70
		内收	0~35/45(尺侧)
		外展	0~15/20(桡侧)
上肢各关节活动幅度	髋	屈	0~120/125
		伸	0~5/10
		内收	0~5/10
		外展	0~35/45
		内旋	0~35/45
		外旋	0~35/45
	膝	屈	0~130/140
		伸	0~10
	踝	屈	0~35/45
		伸	0~15/20
		内翻	0~35/45
		外翻	0~15/20

四、柔韧适能与健康

柔韧性是移动某一关节使其达到最大活动范围的能力。柔韧性在某些运动项目(如芭蕾、体操)和日常活动能力中非常重要。因此,柔韧性是反映身体体质好坏的重要标志之一。对于学习运动技能来说，与从事的运动项目相适应的柔韧性是重要的基础，很多运动项目的学习必须要有适当的柔韧性为基础才能完成学习。关节运动幅度的增加，对于提高动作质量十分重要，往往柔韧性越好，动作越舒展、优美和协调，并且有助于减少运动损伤。

过去认为柔韧性和健康无关，但是随着生活工作方式的改变，久坐极大加速了柔韧性素质的退化，而保持正常水平的柔韧性能够提高个体的生活质量。现代科学证明身体的"软"和"硬"是人体年轻和衰老，健康和不健康的重要标志之一，也决定一个人的身体年龄。当机体慢慢失去柔韧性，就会动作迟缓，不协调，工作学习效率低、产生各种不良的慢性退化性疾病，如严重肩周炎会影响生活质量。

第二节 柔韧适能的测评

一、柔韧适能测评的意义

正如肌肉力量是肌肉的特征一样，柔韧性是关节的特征。由于柔韧性具有关节特异性，因此不能用单一的柔韧性测试来评价整个身体的柔韧性。实验室测试中通常用关节活动度来量化关节的柔韧性。柔韧适能测试与评价的目的在于确定一个关节活动范围的基线水平。这一基线可用于与运动处方中的标准值进行对比，或保存下来作为未来的干预练习后个体再测试时的参考，或在损伤后的康复期作为参考值。所以，柔韧性测量项目与测量方法的选择应与测量目的相符。

二、柔韧适能测评的方法

柔韧适能的测试分为直接测量和间接测量法。直接测量具有准确的优点，适用于进行个体和组间比较，或评价关节活动范围以确定是否有关节损伤；间接测量具有简易快速、设备费用低的优点，适用于大规模调查或专门的柔韧性训练。无论是直接测量还是间接测量，都要求做准备活动，才能得到更为客观可靠的结果。在这种情况下，所做的准备活动就要求标准化，包括准备活动的类型、持续时间及作用的肌肉伸展技术等，要在测量方案中进行详细的说明和限定。

1. 直接测评

（1）测量工具：各种量角器（图8-1）和等速测力系统。

（2）测量方法：量角器测量。关节量角器由半圆型的量角器、固定臂与活动臂三个主要部件构成，活动臂的顶端连接指针，指针可以测量指示活动臂移动的角度。如测某关节的运动幅度，首先要根据骨性标志确定邻近肢体上的关节夹角的测量轴线及关节转动轴的位置，然后将测角器的轴固定于关节转动轴，并使用量角器的两个臂与轴线重叠成一条直线，当肢体的一端以关节轴为中心转动时，活动臂即随之转动（注意量角器的轴心不能移动），转动至最大限度时，指针所示角度即为该关节的运动幅度（图8-2）。各关节活动度的测量图解见表 8-2。通常要求测量 3 次，记录测得的最大值作为特定关节的柔韧性。也可取 3 次测试的平均值，这种方法特别适合做完准备活动后的测量。

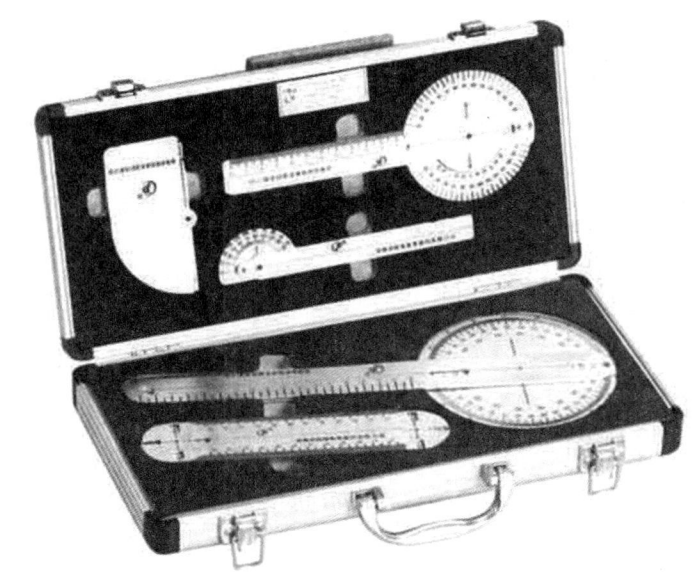

图 8-1 关节角度量角器

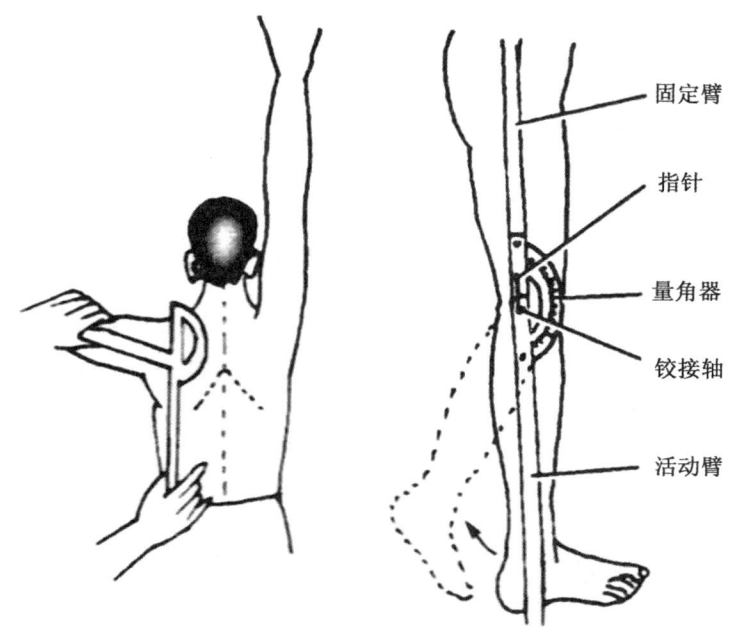

图 8-2 关节运动幅度的测量

表 8-2　　关节活动度测量图解

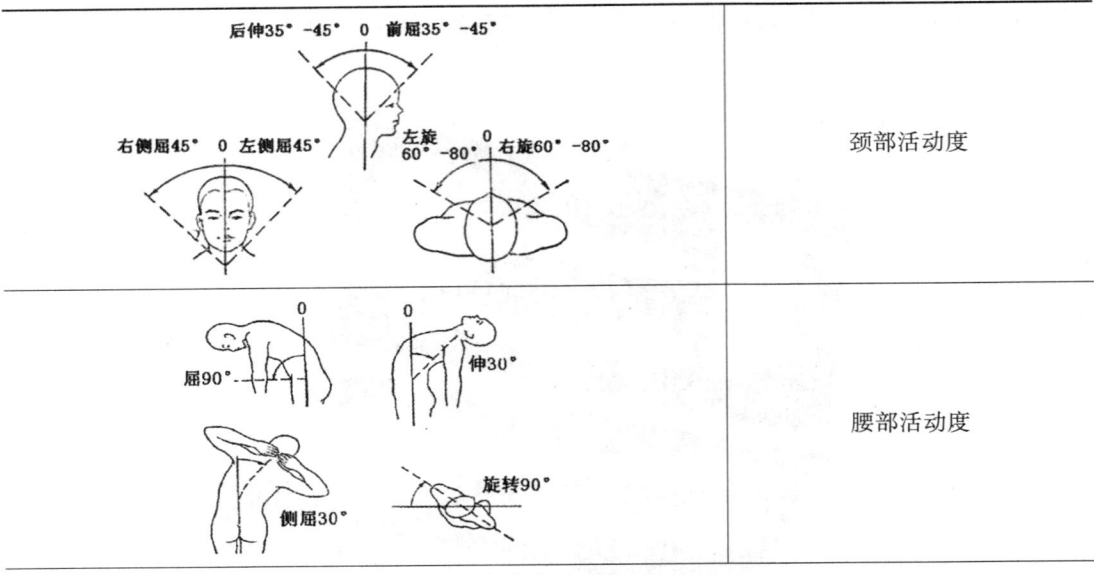	颈部活动度
	腰部活动度
肩关节活动度	
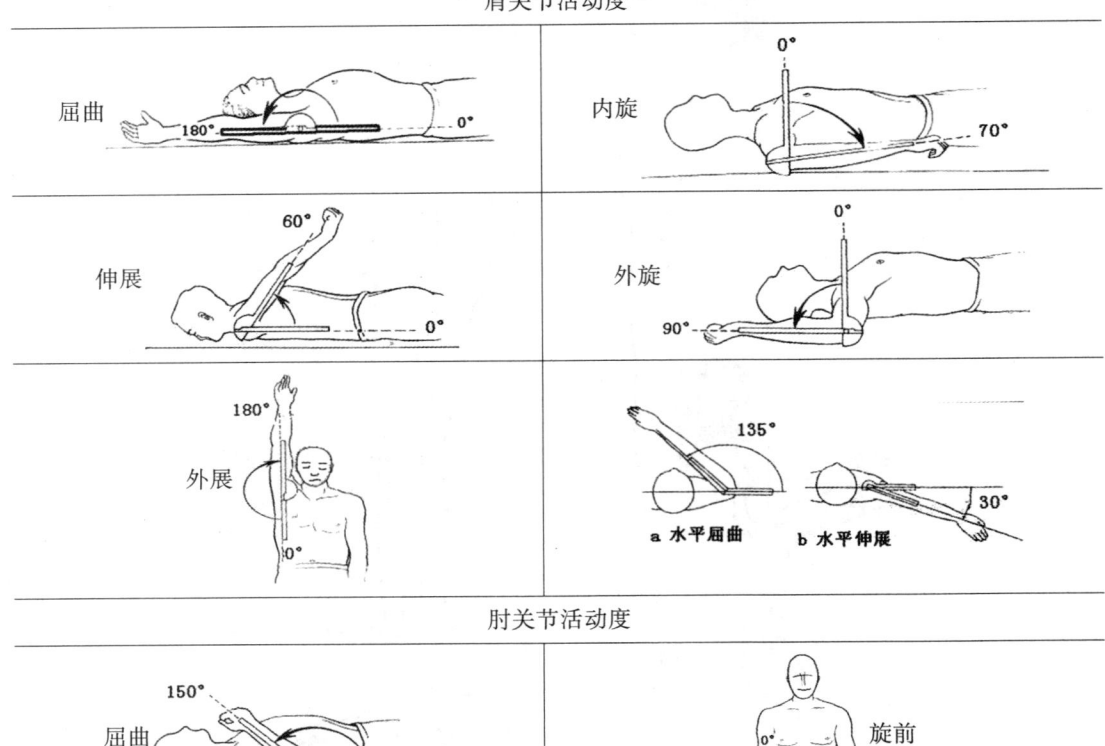	
肘关节活动度	

续表

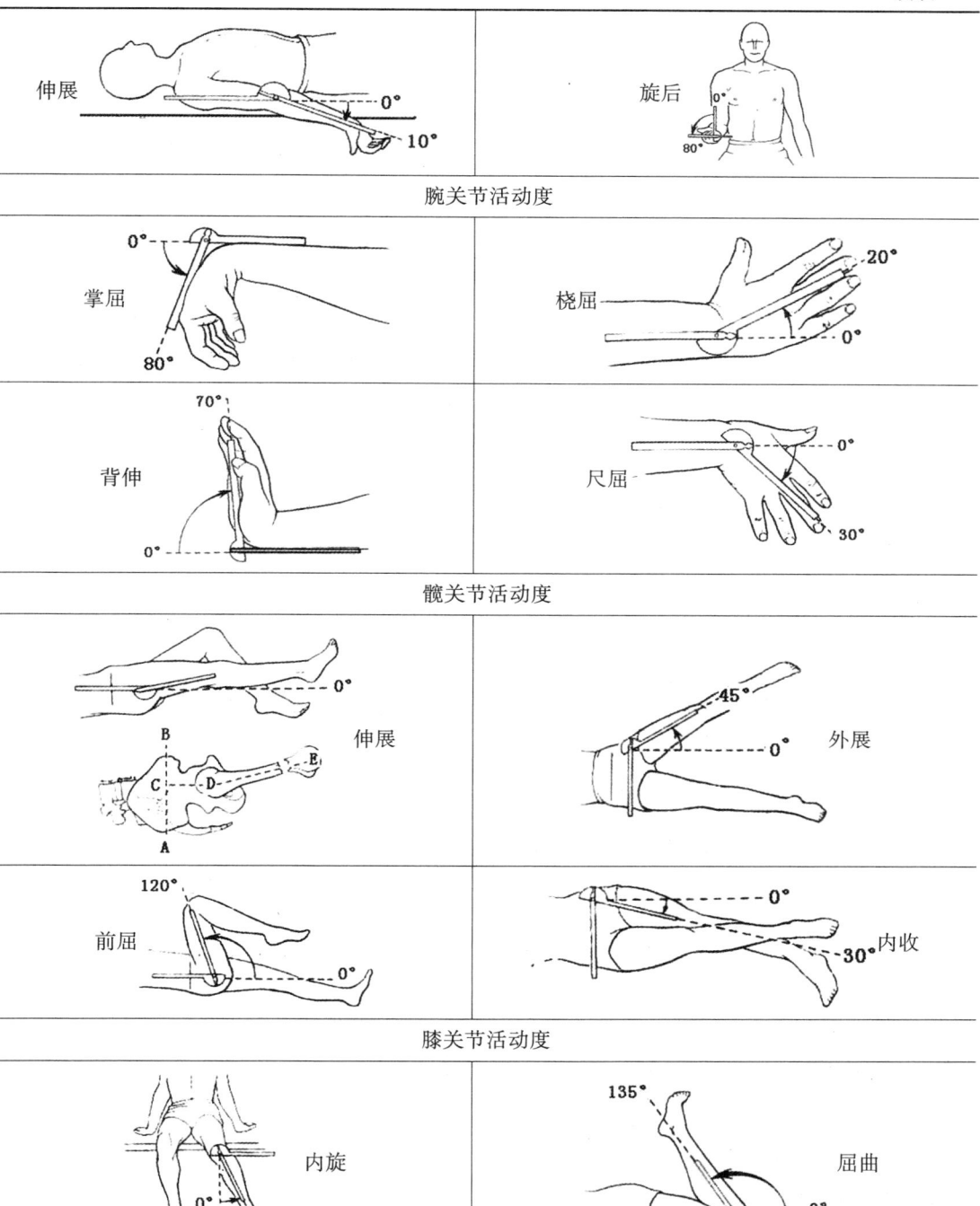

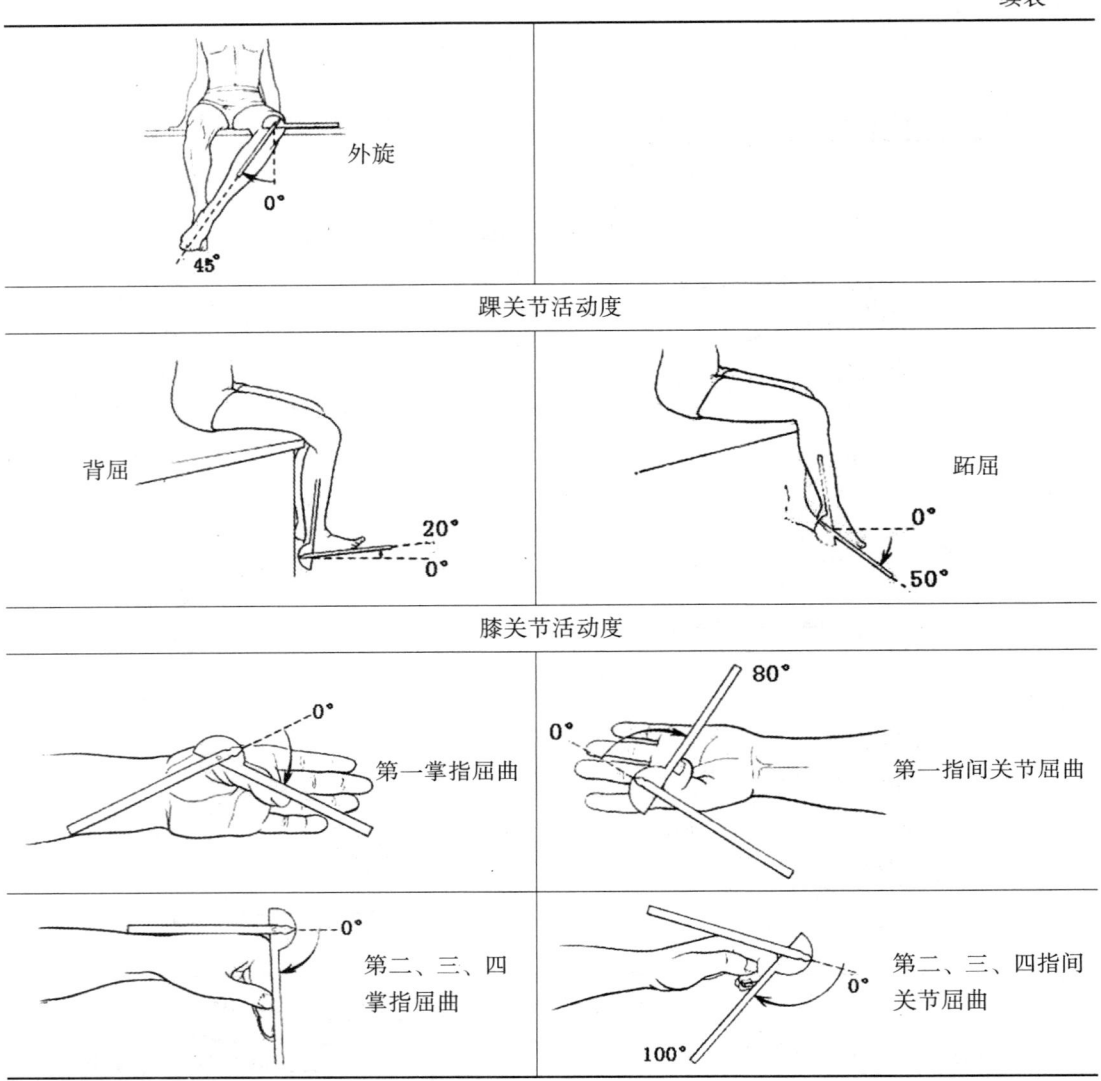

然而，由于该方法对测试者的技术要求较高，使得其应用受到一定的限制。

2. 间接测评

柔韧适能间接测试方法包括评价躯干和下肢柔韧性的坐位体前屈试验，肩关节的持棍转肩试验、双手背勾试验以及躯干旋转活动性的臂夹棍转体试验等，其中坐位体前屈是应用最多的一种间接测量方法。

（1）坐位体前屈：

目的：评价腰部和髋关节的柔韧性。

测试方法：测量时，受试者脱鞋后坐在坐位体前屈测量仪的垫子上，背及臀部仅靠在垂直面上，两腿并拢，膝关节保持伸直状态，脚尖向上，双手尽量伸直，以指尖触及测量仪滑板，身体带动手臂指尖向前缓慢推动（图8-3），直到不能继续前伸为止，不得做突然下振动作，以cm为单位记录滑板读数，精确至0.1cm。测2次，取最佳成绩。测量计"0"点以上为负值，"0"点以下为正值。

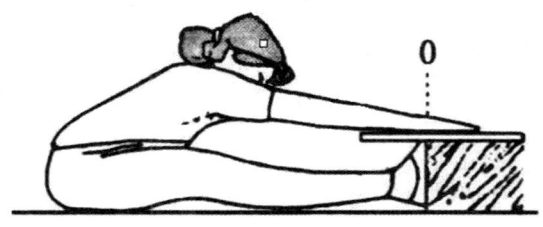

图8-3　坐位体前屈

评价：评价标准见表8-3、表8-4、表8-5。该指标数值越高，说明受试者腰部和髋关节的柔韧性越好，下肢肌群和韧带的伸展性和弹性也越好。坐位体前屈目前是我国国民体质测试和学生体质测试必测指标。不过，这种方法虽然简便易行，也有难以克服的弊端，测量结果在一定程度上受个体体型的影响。

表8-3　　　　　我国国民体质健康标准中幼儿坐位体前屈评价标准　　　（单位：cm）

性别	年龄	1分	2分	3分	4分	5分
男性	3	2.9~4.8	4.9~8.5	8.6~11.6	11.7~14.9	>14.9
	3.5	2.7~4.6	4.7~8.4	8.5~11.5	11.6~14.9	>14.9
	4	2.4~4.4	4.5~8.4	8.5~11.4	11.5~-14.9	>14.9
	4.5	1.8~4.1	4.2~7.9	8.0~10.9	11.0~14.4	>14.4
	5	1.1~3.4	3.5~7.5	7.6~10.9	11.0~14.4	>14.4
	5.5	1.0~3.2	3.3~7.5	7.6~10.9	11.0~14.4	>14.4
	6	1.0~3.1	3.2~7.0	7.1~10.4	10.5~14.4	>14.4
女性	3	3.2~6.2	6.3~9.9	10.0~12.9	13.0~15.9	>15.9
	3.5	3.5~6.2	6.3~9.9	10.0~12.9	13.0~15.9	>15.9
	4	3.4~5.9	6.0~9.9	10.0~12.9	13.0~15.9	>15.9
	4.5	3.0~5.9	6.0~9.9	10.0~12.9	13.0~16.0	>16.0
	5	3.0~5.4	5.5~9.6	9.7~13.1	13.2~16.6	>16.6
	5.5	3.0~5.4	5.5~9.6	9.7~12.9	13.0~16.7	>16.7
	6	3.0~5.3	5.4~9.5	9.6~12.9	13.0~16.7	>16.7

表8-4　　　　我国国民体质健康标准中成年人坐位体前屈评价标准　　　　（单位：cm）

性别	年龄	1分	2分	3分	4分	5分
男性	20~24	-3.5~1.7	1.8~8.9	9.0~14.1	14.2~20.1	>20.1
	25~29	-5.5~0.9	1.0~7.8	7.9~14.3	13.5~19.7	>19.7
	30~34	-7.0~0.1	0.0~6.4	6.5~11.9	12.0~18.3	>18.3
	35~39	-8.7~-2.4	-2.3~4.8	5.0~10.7	13.4~17.1	>17.1
	40~44	-9.4~-3.8	-3.7~3.9	4.0~9.9	10.0~16.2	>16.2
	45~49	-10.0~-4.40	-4.3~3.2	3.3~9.1	9.2~15.9	>15.9
	50~54	-10.7~-5.6	-5.5~2.1	2.2~7.9	8.0~14.8	>14.8
	55~59	-11.2~-6.3	-6.2~1.7	1.8~7.2	7.3~13.8	>13.8
女性	20~24	-2.1~2.8	2.9~9.4	9.5~14.3	14.4~20.2	>20.2
	25~29	-3.5~1.9	2.0~8.2	8.3~13.9	14.0~19.7	>19.7
	30~34	-4.0~1.6	1.7~7.9	8.0~13.3	13.4~19.2	>19.2
	35~39	-8.7~-2.4	-2.3~4.9	5.0~10.7	10.8~17.1	>17.1
	40~44	-5.9~0.1	0.2~6.5	6.6~11.9	12.0~17.9	>17.9
	45~49	-6.3~0.1	0.0~6.1	6.2~11.9	11.9~17.9	>17.9
	50~54	-6.5~0.6	0.5~5.9	6.0~11.4	11.5~17.9	>17.9
	55~59	-6.6~0.8	0.7~5.7	5.8~11.1	11.2~17.7	>17.7

表8-5　　　　我国国民体质健康标准中老年人坐位体前屈评价标准　　　　（单位：cm）

性别	年龄	1分	2分	3分	4分	5分
男性	60~64	-12.6~-7.8	-7.7~-0.9	1.0~6.7	6.8~13.1	>13.1
	65~69	-13.6~-9.4	-9.3~-1.6	-1.5~4.6	4.7~11.7	>11.7
女性	60~64	-7.5~-2.0	-1.9~5.2	5.3~11.3	11.4~17.7	>17.7
	65~69	-8.2~-3.1	-3.0~-4.0	4.1~10.0	10.1~16.4	>16.4

（2）立位体前屈：

受试者足跟并拢，足尖分开30~40度，并与平台前沿横线平齐，两腿伸直。上体尽量前屈，两臂及手指伸直，两手并拢，用两手中指尖轻轻推动标尺上的游标下滑，直到不能继续下伸为止，不得做突然下振动作（图8-4）。以cm为单位记录成绩，精确至0.1cm，测2次，取最佳成绩。测量计"0"点以上为负值，"0"点以下为正值。评价方法与坐位体前屈相同。简易评价标准见表8-6。

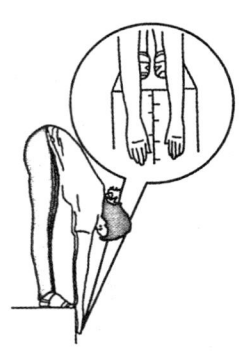

图 8-4 立位体前屈

表 8-6　　　　　　　　　　　立位体前屈简易评价标准

分值	男女标准相同
100	两手掌触到地面为 100 分
95	介于 100 分和 90 分之间为 95 分
90	两手握拳触到地面为 90 分
85	介于 90 分和 80 分之间为 85 分
80	两手指尖触到地面为 80 分
75	介于 80 分和 70 分之间为 75 分
70	两手指尖触到踝关节为 70 分
65	介于 70 分和 60 分之间为 65 分
60	两手指尖触到踝关节以上 10cm 为 60 分
55	介于 60 分和 50 分之间为 55 分
50	两手指尖触到踝关节以上 20cm 一律为 50 分
45	
40	
35	
30	
25	
20	
15	
10	
5	
0	

(3) 臂夹棍转体：

在平地上，画一直径 2m，标有角度刻度(最小刻度为 5°)、圆心和直径的圆。受试者自然直立，双脚分开与肩同宽，站在圆的中央，身体垂直轴位于圆心上，双肘关节弯曲，将长约1.5m，直径2cm~2.5cm的横杆棍夹于体后，两端长短一致，使横杆保持与地面平行，且与直径方向一致；身体沿垂直轴尽量做转体动作，脚不能动，膝关节不能弯曲，始终保持棍与水平面平行(图8-5)。测量夹棍转过的角度。评定标准见表8-7。该指标反映的是受试者脊柱伸展能力。

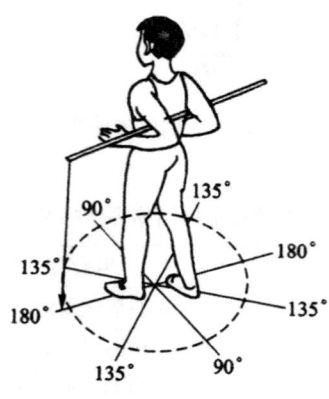

图 8-5 臂夹棍转体

表8-7　　　　　　　　　　　普通人群臂夹棍转体评价标准　　　　　　　　　　（单位：°）

性别	年龄	1分	2分	3分	4分	5分
男性	20~24	85~95	96~110	111~125	126~135	≥136
	25~29	80~90	91~110	111~120	121~130	≥131
	30~34	75~85	86~105	106~120	121~130	≥131
	35~39	70~80	81~100	101~110	111~120	≥121
	40~44	65~75	76~90	91~105	106~115	≥116
	45~49	60~70	71~90	91~105	106~115	≥116
	50~54	55~65	66~85	86~100	101~110	≥111
	55~59	50~55	56~80	81~100	101~110	≥111
女性	20~24	90~100	101~115	116~125	126~140	≥141
	25~29	90~100	101~115	116~125	126~135	≥136
	30~34	85~95	96~110	111~120	121~130	≥131
	35~39	89~95	96~110	111~120	121~130	≥131
	40~44	80~90	91~100	101~115	116~125	≥126
	45~49	80~90	91~100	101~115	116~125	≥126
	50~54	75~85	86~95	96~110	111~120	≥121
	55~59	75~85	86~95	96~105	106~120	≥121

(4) 持棍转肩：

测量需用长度 1.5m 左右、直径 2~2.5cm 的圆棍一根。身体直立，双脚与肩同宽，两肩向前伸直，双手虎口相对在体前握棍；然后双臂直臂上抬至头顶，从头顶处开始向体后下方做翻转动作，保持双臂自然伸直状态至体后，呈体后握杆姿势。测量能够完成转肩动作两手虎口间的最小握距(图 8-6)。评定标准见表 8-8，该指标反映的是肩关节的柔韧性。

图 8-6　持棍转肩

表 8-8　　　　　　　　　　普通人群持棍转肩评价标准　　　　　　　　　（单位：cm）

性别	年龄	1 分	2 分	3 分	4 分	5 分
男性	20~24	124.0~110.0	109.9~95.0	94.9~79.0	78.9~64	≤63.9
	25~29	125.0~113.0	112.9~98.0	97.9~82.0	81.9~70.0	≤69.9
	30~34	127.0~115.0	114.9~102.0	101.9~87.0	86.9~74.0	≤73.9
	35~39	130.0~120.0	119.9~106.0	105.9~90.0	89.9~76.0	≤75.9
女性	20~24	124.0~110.0	109.9~95.0	94.9~79.0	78.9~64.0	≤63.9
	25~29	125.0~113.0	112.9~98.0	97.9~82.0	81.9~70.0	≤69.9
	30~34	127.0~115.0	114.9~102.0	101.9~87.0	86.9~74.0	≤73.9
	35~39	130.0~120.0	119.9~106.0	105.9~90.0	89.9~76.0	≤75.9

该法还可以用皮尺来测量。受试者直立，测量肩宽后，令受试者两手正握皮尺（左手的虎口与皮尺"0"位对齐），两臂同时上抬，经头上绕至体后。两臂保持同一平面，两手间距应刚好能使两臂绕到体后绕至体前（图 8-7）。以 cm 为单位记录两虎口之间的距离，测 3 次，取最佳成绩，代入下列公式进行评价。转肩成绩越小，则受试者肩关节的柔韧性就越好。

$$转肩成绩 = 握距 - 肩宽$$

(5) 双手背勾：

此方法仅适用于 40~59 岁。受试者自然直立，抬头挺胸，首先一侧臂伸至头顶，屈肘，手掌向下尽力伸展；同时另一侧臂向后夹肩屈肘，手背贴在背侧，尽力向上伸展，触

图 8-7 握尺转肩

及上方的手指(图 8-8)。测试双手中指之间的最短距离。评定标准见表 8-9,该指标反映的是受试者肩关节的柔韧性。

图 8-8 双手背勾

表 8-9　　　　　　　　普通人群双手背勾评价标准　　　　　　（单位:cm）

性别	年龄	1分	2分	3分	4分	5分
男性	40~44	-15.0~-9.0	-8.9~0.8	0.9~5.7	5.8~10.5	≥10.6
	45~49	-17.7~-10.0	-9.9~-1.0	-0.9~5.0	5.1~10.1	≥10.2
	50~54	-20.0~-13.0	-12.9~-2.0	-1.9~3.5	3.6~9.5	≥9.6
	55~59	-25.0~-17.0	-16.9~-5.0	-4.9~2.3	2.4~9.0	≥9.1
女性	40~44	-15.0~-9.0	-8.9~0.8	0.9~5.7	5.8~10.5	≥10.6
	45~49	-17.7~-10	-9.9~-1.0	-0.9~5.0	5.1~10.1	≥10.2
	50~54	-20.0~-13	-12.9~-2.0	-1.9~3.5	3.6~9.5	≥9.6
	55~59	-25.0~-17	-16.9~-5.0	-4.9~2.3	2.4~9.0	≥9.1

(6)俯卧背伸：

受试者俯卧于垫上或床上，两手贴在脑后，两腿伸直，两脚分开约45cm。由同伴帮助固定受试者下肢。然后受试者尽力仰体抬头。测试人员用直尺测量受试者下颌至垫面的垂直距离。以cm为单位记录。距离越长，体展性越好（图8-9）。该指标反映的是受试者脊柱和颈部的伸展能力。评价标准参见表8-10。

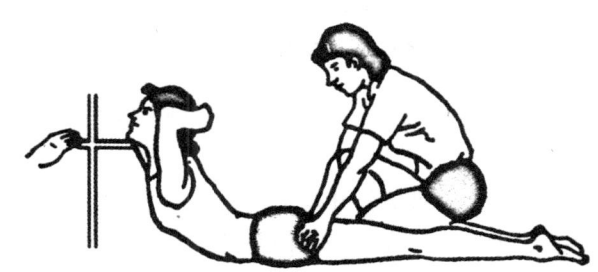

图8-9 俯卧背伸

表8-10 俯卧背伸评价表 （单位：cm）

性别	年龄	1分	2分	3分	4分	5分
男性	40~44	20~26	27~39	40~55	56~70	≥71
	45~49	18~23	24~37	38~52	53~67	≥68
	50~54	16~22	23~35	36~49	50~63	≥64
	55~59	12~18	19~30	31~45	46~61	≥62
女性	40~44	19~23	24~34	35~47	48~58	≥59
	45~49	17~20	21~32	33~44	45~55	≥56
	50~54	14~19	20~30	31~41	42~51	≥52
	55~59	11~15	16~28	29~38	39~48	≥49

(7)劈叉：

受试者两腿前后或左右缓慢分开至两脚间最大距离，尽量使分叉处靠近地面。测量分叉处离地面的垂直距离或两脚跟之间的水平距离（图8-10）。测量3次，以cm为单位，记录最好成绩。按分叉点离地面的垂直高度或两足跟间水平距离来评价，也可转换成指数进行评价。该指标反映受试者髋关节的柔韧性。

$$纵劈腿指数 = \frac{足跟间距}{下肢长 \times 2}$$

$$横劈腿指数 = \frac{足跟间距}{髋横径 + (下肢长 \times 2)}$$

(8)后屈体造桥：

测量受试者的脐高（地面至脐点间的距离）后，令受试者仰卧于地，两手分开与肩同

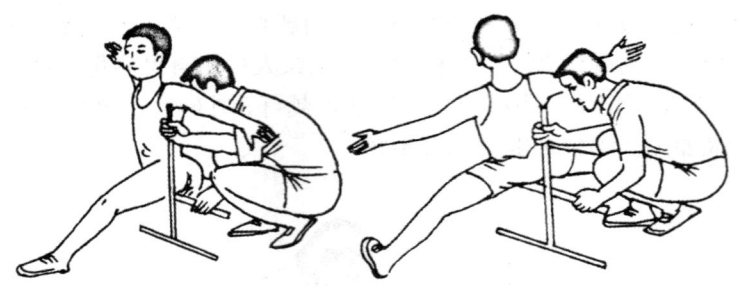

图 8-10 前后劈腿测量和左右劈腿测量

宽,双手在颈部两侧反撑,屈膝,两脚分开与肩同宽。手脚同时用力,缓慢撑起身体,头后仰,手脚尽量靠近,肘关节和膝关节伸直,使身体呈弓形。当受试者将身体撑起至最高点时,迅速测量地面至背弓内侧最高点的距离(图8-11)。测量2次,以 cm 为单位记录最佳成绩,代入下列公式进行评价。后屈体造桥的成绩越小,则受试者脊柱伸展的能力越好。

图 8-11 后屈体造桥

后屈体造桥的成绩=脐高−桥高

(9)俯卧抬臂:

测量受试者的臂长后,令受试者俯卧,下颌着地,两腿伸直,双臂前伸,两手正握木棍与肩同宽,然后两臂尽量上抬,也可伸髋。当受试者两臂抬至最高点时,迅速测量地面至木棍中央下缘的距离(图8-12)。测2次,以 cm 为单位记录最佳成绩,代入下列公式进行评价。俯卧抬臂成绩越小,则受试者肩关节和腕关节的伸展能力就越好。

俯卧抬臂的成绩=臂长−抬臂高

(10)简易评定方法介绍:

①颈部。颈部柔韧测试:测颈椎关节及周围软组织的柔韧性。受试者取坐位,背部紧靠椅背,尽量低头、抬头、左右转头、左右侧倾。理想幅度为低头时下颌可贴近胸部,抬头时可看到后上方天花板,侧倾时耳朵可贴近肩部(不得耸肩),转头时下颌可转至肩头

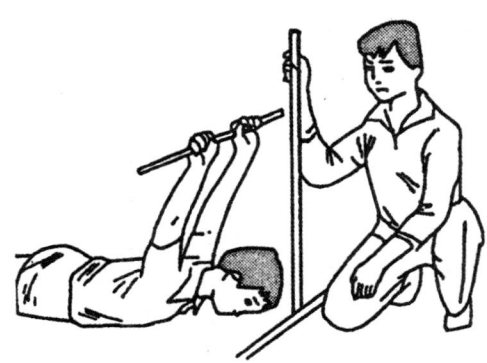

图 8-12 俯卧抬臂

的方向(达 90°)。测量时要求固定躯干,可令被测者坐在一个垂直靠背的椅子上,臀部尽量向后,两肩靠在椅背上,两上肢放在体侧,两脚固定在椅子腿的后方。采用这样的测试体位,可以限制身体其他部位的运动,较为准确地测定颈部各方向的活动幅度。

②躯干。取坐位,上体前倾时,躯干应能触到大腿,上体后屈时,观察被评定者在髋关节保持不动的前提下,上体能够向后屈曲的程度。测试上体左右旋转的幅度时,确保骨盆固定不动。上体的转动应能达到 90°。

③肩关节。取仰卧位,要求被评定者肩关节尽量屈曲,如能将上肢平放于床面,上臂贴近耳侧,说明肩关节屈曲、外展的关节活动度(ROM)正常。

坐或站立位,如果手可以摸到颈后,说明肩关节外旋功能基本正常;如果向后可以摸到对侧的肩胛骨,说明肩关节内旋功能基本正常。

④肘关节。坐在桌旁,将上肢平放于桌面,掌心向上,如果手臂能触摸桌面,说明伸肘的 ROM 正常。如果屈肘时,手指能触到同侧的肩部,说明屈肘时的 ROM 基本正常。

⑤髋关节。受试者仰卧位,抬起一侧下肢,膝关节伸直。如果被评定的下肢能达到垂直位,说明下肢的柔韧性正常。可用于评定下肢柔韧性。

⑥膝关节。受试者仰卧于床上,两脚伸出床外。小腿远端如果可以平放于床边,说明伸膝功能 ROM 正常。膝关节有功能障碍者,可进一步观察两足跟是否同高,足跟较高的一侧膝关节有伸膝功能障碍。该测试也可用于评定伸膝能力。

受试者坐位,双手抱膝,尽量使足跟靠近臀部。足跟能接近臀部,说明屈膝功能基本正常。观察两足尖位置,足尖在前的一侧,有屈膝功能障碍。可用于评定屈膝能力。

⑦踝关节。

a. 受试者取坐位,两腿伸直,踝关节尽量跖屈、背伸,观察踝关节活动幅度。赤足或穿平底鞋全蹲,如果足跟不能平放在地面上,说明踝关节背伸 ROM 不足,柔韧性,不足需要进行锻炼。可用于评定踝关节柔韧性。

b. 受试者面向墙站立,脚跟着地,上体前倾,要求下颌、前胸及双手着墙,两膝必须伸直,脚跟不能离地,测量下颌距离地面的高度,减去脚尖至墙壁的距离,所得差数越小,则屈踝功能越好。可用于评价小腿三头肌和跟腱的伸展能力。

c. 小腿内外旋测试。受试者双膝固定伸直，双脚拇指平行并拢，尽量使双脚跟向外分开，测量两脚之间后夹角的大小。可评价小腿及踝关节周围肌肉韧带的柔韧性。

⑧躯干下肢。直立体前屈测试，可评定体前屈、骨盆前倾、髋关节屈曲的活动幅度，以及下肢的柔韧性。受试者双膝、双脚并拢，双膝伸直保持直立，上体逐渐前屈时，不能抬脚跟，用双手尽量触及地面，尽量做最大范围内的动作，观察指间与地面的距离，或双手可以触及地面的方式。也可使用类似坐位体前曲测试仪的仪器，可以精确的测定。

评定：a. 双手只能触及踝关节以上的高度为差；b. 手指尖能触及脚尖为较差；c. 指腹能触及脚尖为正常；d. 指根能触及脚尖为良好；e. 掌根能触及地面为优秀。

年轻人应当能够达到手指尖可以触及地面的最低要求，30~40 岁的人应当能达到手指尖距离地面小于 12cm 的要求；50 岁以上的及老年人，手指尖距离地面小于 15cm，均为柔韧性正常。

第九章　骨密度及其测评

骨是人体重要的器官之一。骨组织主要由骨细胞、胶原纤维和基质等构成，具有一定的形态。外被骨膜，内容骨髓，含有丰富的血管、淋巴管及神经，具有一定的功能，对人体起支持、运动和保护作用，能不断进行新陈代谢和生长发育，并有修复、再生和重塑的能力。经常锻炼可促进骨的良好发育，长期废用则出现骨质疏松。骨基质中沉积有大量钙盐和磷酸盐，是人体钙、磷的储存库，参与体内钙、磷代谢。骨髓有造血功能。

成人共有206块骨，可分为颅骨、躯干骨和四肢骨三部分。前两者也称为中轴骨。骨按形状可分为长骨、短骨、扁骨和不规则骨。骨根据发生，可分为膜化骨和软骨化骨。有的骨由膜化骨和软骨化骨组成，成为复合骨，如枕骨；而在某些肌腱内发生的扁圆型小骨，则称为籽骨，如髌骨和第一跖骨头下的籽骨。

骨的基本结构包括骨膜、骨质、骨髓、骨的血管、淋巴管和神经等。

骨膜是一层坚韧的结缔组织膜。除关节面的部分外，新鲜骨的骨面都覆有骨膜，含有丰富的血管和神经，对骨的营养、再生和感觉有重要作用。骨膜分为内外两层，外层致密有许多胶原纤维束穿入骨质，使之固着于骨面；内层疏松有成骨细胞和破骨细胞，分别具有产生新骨质和破坏骨质的功能。幼年期功能非常活跃，直接参与骨的生成；成年时转为静止状态，但是骨一旦发生损伤，如骨折，骨膜又重新恢复功能，参与骨折端的修复愈合。如骨膜剥离太多或损伤过大，则骨折愈合困难。衬在髓腔内面和松质间隙内的膜称为骨内膜，是一层菲薄的结缔组织，也含有成骨细胞和破骨细胞，有造骨和破骨的功能。

骨质有骨密质和骨松质两种，前者质地坚硬致密，耐压性强，分布于骨的表层；后者呈海绵状，由许多片状的骨小梁交织而成，配布于骨的内部。骨小梁的排列与骨所承受的压力和张力的方向一致，因而能承受较大的重量。颅盖骨表层为密质，分别称为外板和内板，外板厚而坚韧，富有弹性，内板薄而松脆，骨颅骨骨折多见于内板。二板之间的松质，称为板障，有板障静脉经过。

骨髓填充在骨髓腔和骨松质的空隙内，分为红骨髓和黄骨髓，红骨髓有造血功能。胎儿和幼儿的骨髓内含有发育阶段不同的红细胞和某些白细胞，呈红色，称为红骨髓，有造血功能。成年后，长骨骨干内的红骨髓逐渐被脂肪组织代替，称为黄骨髓，失去造血功能。失血或重度贫血时又转为红骨髓，恢复造血功能，造血完后恢复。在椎骨、髂骨、肋骨、胸骨及肱骨和股骨的近侧端松质内，终生都是红骨髓，因此，临床常选髂后上嵴等处进行骨髓穿刺，检查骨髓象。

一、骨密度概述

骨密度全称是骨骼矿物质密度，是指矿物质在某一特定纯骨体积内的含量，如单一骨小梁内或皮质骨本身的矿物质密度。由于不可能把密度和结构分离出来，因此应认为骨密度是指单位组织或器官内矿物质的含量，是反映骨质状况的生理指标，也是反映骨质疏松程度和骨骼强度，预测骨折风险的一个重要指标。

骨密度用单位面积或单位体积内的骨矿含量表示，又可分为面积骨密度和体积骨密度。面积骨密度是指所测骨单位面积（cm^2）所含有的骨矿物质（g），单位用 g/cm^2 表示。由于目前的骨密度测量仪大都不能准确测量骨的厚度和体积，我们常说的骨密度就是指面积骨密度。体积骨密度是指所测骨单位体积（cm^3）所含有的骨矿物质（g），单位用 g/cm^3 表示。

二、骨密度测评的意义

人体骨矿物质含量与骨骼强度和内环境稳定密切相关，因而是评价人类健康状况和身体成分的重要指标之一。在生理状态下，人体骨骼中矿物质含量随年龄不同而异，在病理状态下，某些药物可导致骨矿物质含量改变。因此人体骨矿物质含量的定量测定已成为现代医学的一个重要课题。

骨矿的常规检测主要是通过对人体骨矿含量测定，直接获得骨矿物质（主要是钙）的准确含量，它对判断和研究骨骼生理、病理和人的衰老程度以及诊断全身各种疾病均有重要作用。正常人骨矿含量与性别、年龄密切相关。同年龄组不同性别之间存在差异，女性低于男性。同一性别随年龄增长发生相应的变化，35~40岁以后骨矿含量出现逐年下降趋势，女性尤为显著。这些生理性变化数据也为疾病的诊断及不同原因所致的骨矿含量改变提供了重要诊断依据。

三、影响骨密度的因素

年龄与性别是影响人骨矿含量的因素之一。婴儿至青春期骨矿物质含量随年龄增长而增加，无明显性别差异。青春期之后，骨矿含量的增加男性较女性显著，30~40岁达到最高峰值。以后骨矿物质含量随年龄的增长逐渐下降，女性下降幅度较男性大。有资料记载对50~65岁妇女桡骨远端进行测量，每年骨矿物质含量下降率为 0.0118g/cm/year——其桡骨远端的骨矿含量比骨峰值下降了39%左右。

体重、身高和骨横径也是影响人骨矿含量的因素之一。男性和绝经期前的妇女骨矿含量与身高呈正相关，绝经前和绝经后的妇女骨矿物质含量与体重呈正相关。由于骨横径的个体差异，使同龄人群的骨矿含量变化较大。若以骨矿含量/骨横径（$BMC/BW. g/cm^2$）对骨矿含量（BMC）进行修正，可使同龄人正常曲线变异系数由12%降为9%。用多元回归法处理，将身高、体重、骨横径考虑在内，则变异系数降至6%，老年人的变异系数由20%降至10%，儿童降至8%。

运动和饮食也影响人体骨矿含量。实际观测证明运动员桡骨及脊柱的骨矿含量明显高于对照组。摄入钙相同的情况下，从事体力劳动的人比不活动的人可保持较高的骨骼健康状态。骨专家的研究表明高钙饮食的妇女其平均桡骨骨矿含量高于低钙饮食的妇女，活动量大而低钙饮食的妇女可保持较好的骨骼指数。所以注意饮食调整，多吃含钙量多的食物，适度体力劳动或运动，可以减少骨量丢失和骨折的危险性。

吸烟是导致骨质疏松的危险因素之一。饮酒或过多摄入咖啡因也可导致骨量降低并使骨折危险性增加。动物实验结果显示酒精可导致低龄大鼠 BMD 降低。乙醇可阻断机体对钙的吸收，促进尿钙和镁的排泄，使钙的吸收不足，引起低血钙，骨骼生长所需的原料减少，破坏骨钙的平衡。

对正常人不同年龄段骨矿含量检测，以了解人体骨骼发育、成长和衰老过程中的骨矿含量变化规律。如果年轻人骨矿含量尚未达到高峰值，应采取饮食、药物同时补钙，加强锻炼，使骨矿含量达到高峰值水平。老年人除药物饮食补钙外，适当活动和晒太阳，能使骨矿物质含量提高或不继续降低。

四、骨密度测评的方法与评价标准

骨是代谢活跃组织，骨内矿物质含量在不同的生理和病理条件下会发生变化，当这种变化超过某一限度时，骨的完整性则遭到破坏，功能出现不同程度的丧失。一些代谢性骨病可引起骨矿物质含量减少，导致骨质疏松症。为找出不同情况下骨矿丢失规律，早期诊断骨质疏松，判断治疗效果及随访观察，临床上有许多骨矿测量的方法。

目前检测骨密度的方法主要有物理学、骨形态计量学和生物化学三种手段，其中仅物理学手段具有无创伤的特点。20 世纪物理学理论与技术的发展，使骨量的影像学检测技术有定性、半定量向定量化、高精度、智能化发展，为骨密度的检测与评定提供了高新技术手段。

1. 测量原理

人体骨骼被皮肤、肌肉等软组织包绕，它本身是一种非均匀的细胞组织，因此骨矿含量测定比其他物质的含量测定更为困难和复杂。骨密度测试，实际上并不是直接测出钙含量，而是利用仪器在体外对人体骨骼中的所有矿物质含量进行测定和定量分析。骨中矿物质包括钙、磷、镁等很多种，除其他成分外主要成分是钙，所以又叫骨钙。

2. 骨密度测评的方法

骨密度的测定方法很多，但是在临床上如何更合理地应用还没有统一。对于骨密度测量方法评价其优劣之前，应首先明确该测量方法的准确性、精确性和敏感性。准确性是指测定骨密度的能力，反映测定结果与骨密度真实值之间的差异；精确性是指方法的可重复性，通常是反映短时间内多次重复测定结果的差异；敏感性是反映骨密度真实变化的能力，我们在选择骨密度测定方法应该遵守三个原则：(1)明确测定意义；(2)估计骨质疏松的程度；(3)评价治疗是否有效。

(1)中子活化分析法(NAA)：

首先用核射线轰击人体内无放射性的^{48}Ca，使之成为具有活性的放射性^{49}Ca，再利用高分辨率的铬探测器对^{49}Ca发出的高能射线立即进行测量，利用公式计算原来稳定核素含量。中子活化分析法(NAA)测定人体骨密度在手骨、脊柱和躯干骨上进行，也可以进行全身 Ca 含量测量，但由于在试验中病人受到高剂量辐射，还需要中子源和好的防护设施，并且价格昂贵成本高。目前仅仅用于实验研究，没有得到推广。

(2) X线光吸收法(RA)：

该方法也称为X线片光密度测量法或经典骨密度法。此方法将原子序数与骨矿物质几乎相等的铝，做成一定长、宽，但厚度不同的标准体。根据纯铝等效值（即1mm厚度的铝等于$130mg/cm^2$的骨矿物质），比较已知不同厚度的铝梯对X线吸收的结果和所测部位的X线吸收程度，进而推测其骨矿含量。

该方法以测定皮质骨为主，一般选用尺骨下段进行测定，因该处皮质骨较多，测出数值较稳定。近年来，随着研究的深入，国内外专家提出了改良的RA法。大量研究表明，外周骨骼尤其是非优势手第3指骨骨密度也可用于骨质疏松的诊断，能预测脊柱、髋关节和跟骨的骨折危险性，因指骨不负重、周围组织干扰少，是优先选择的部位。人们还将计算机成像技术与RA相结合，从而大大减少了人为误差、提高了测量精度，即对非优势手指骨摄X线片后，经过数码处理技术分析给出骨密度，对骨折的危险性进行预测。有研究认为，该方法与双能X线吸收法(DXA)或单能X线吸收法(SXA)方法在测量骨密度和预测骨折危险性的准确性、精确性上是基本相当的，且具有价廉、便捷等优势。在美国，经过改良RA法所测得的骨质疏松患者已有十几万。目前，应用于临床的RA法有美国的指中节指节BMD测量、日本的第二掌骨BMD测量以及欧洲的第二指骨中节指节、近侧干骺段的测量等。

(3) 单光子吸收测定法(single photon absorp tionmetry, SPA)：

单光子吸收骨矿测定利用放射性同位素125碘或241镅发射的单能γ射线对管状骨做横行单线式扫描，透过骨质后，由于被骨矿物质吸收而减弱，减弱的程度由置于射线对侧同步移动的碘化钠探测器测量。依据γ射线吸收原理，由计算公式自动计算出骨骼矿物质含量，将测得的衰减值转换为骨矿含量(BMC)、骨宽度(BW)和骨密度(BMD)。检测部位常取易于体表定位的周围骨骼，一般选用部位为桡骨和尺骨中远1/3交界处（前臂中下1/3）作为测量点。一般右手为主的人测量左前臂，"左撇子"测量右前臂。此处密质骨占95%，松质骨占5%，骨质结构均匀，是测量骨矿物质含量的理想位置。因设备不同其扫描形式不一，还可对桡骨远端、跟骨及股骨远端进行测量。

它的优点是：①测试桡尺骨中、远1/3部位时，具有理想的重复精度；②照射剂量低；③国内已生产，价格便宜，便于普及应用。目前根据我国国情，SPA仍被认为是一种诊断骨质疏松的手段，可用于正常人群骨矿含量普查及骨代谢疾病的筛查。它的缺点是：①无法分别测量小梁骨及皮质骨。测量桡尺骨中远1/3部位时，主要反映了皮质骨的密度，测量结果几乎不包括代谢活跃的小梁骨。另外，尽管可以测量小梁骨成分较多的桡骨末端，但因定位困难，该部位小梁骨含量的不均质性，均使测量精度很不理想；②对以小梁骨为主体的跟骨骨矿值的测量尚有争议；③无法测量含有不恒定厚度软组织的部位（中轴骨、髋部及全身骨）；④须使用水囊以便校正软组织厚度差异造成的影响。

(4) 定量CT测定(CT/QCT)：

定量CT测定是目前唯一通过测量各部位骨在三维空间分布上的骨密度而获得真实骨密度的方法。它是利用XCT的成像原理，即人体组织对X射线吸收不同而导致X光子衰减，从而计算出任何部位的组织密度，能直接测量骨松质内部的骨密度。QCT测量可应用于全身各部位，扫描支段时需使用计算机帮助定位。由于其技术敏感性能高，在临床上较常用作预测脊柱骨质疏松性骨折的测定方法。目前定量 CT 的种类有单能 QCT（SEQCT）、双能 QCT（DEQCT）、周围骨 QCT（PQCT）三种。

QCT 的优点是：①可以将皮质骨和松质骨完全分离，单独测量小梁骨的变化；②不受体内重叠高密度的影响；③可以定量测定；④除骨密度外，还可提供被检层面的结构状况，并通过结构分析定量监测小梁骨结构变化和判定骨折。QCT 的缺点是：①放射剂量较大；②受体内无机盐、水和脂肪含量的影响对复杂结构测量不方便；③准确性及重复性较低；④扫描时间较长；⑤价格较贵。

(5) 光子散射法：

光子散射法的原理是在射线或 X 射线与物质作用时，辐射能量部分辐射到物质原子核外电子上，产生康普顿电子，光子能量减弱，方向改变。临床上使用放射性核素或射线作为辐射源。用高密度的探头测量人体外骨骼部位产生的康普顿射线，其强度主要取决于原子核外的电子密度。由于此方法病人受到的辐射量比较大，甚至比 QCT 法还要高，又不能测量中轴骨，所以未得到广泛的应用。

(6) X 线光束法：

X 线光束法是利用照射集束的 X 线光束，从其组织吸收率来计算骨密度的方法。因为其衰减程度和该部位的骨矿物质含量相关，此方法可分为单能 X 线吸收法和双能 X 线吸收法。单能 X 线吸收法主要用于跟骨和前臂上的测定，需要专用设备，测试时间短、精度高，而且体积小，重量轻，便于检查、缺点是只以末梢骨为对象。双能 X 线吸收法可测量全身任何部位的骨量，利用高低两种能量的 X 射线穿透人体，在软组织上差异较小，但在骨组织上较大，由相应的探头接收计数，经计算机处理，让高低能量的计数相减，消去软组织的计数。剩下的骨组织计数，再用计数方程来计算骨密度。使用这种方法的两种新技术有：①笔形束技术。笔形束扫描骨密度仪采用无散射及硬化的狭窄，线束及单一探测器。与可见光类似 X 线从球管的焦点以直线方式向各个方向辐射。这种辐射被严格集中于一条窄而直的线束范围内，在此系统中 X 线沿病人身体做直线运动。同时有一个探测器接收 X 线进行数据采集。每次在一个采样点采集一个数据。②扇形束技术。采用扇形束扫描的骨密度仪比传统的笔形束具有极其重要的临床诊断和研究价值。它采用一组排列紧密的探测器代替单一探测器。在 X 线的遮光器上开一个狭长切口，使之产生一束扇形 X 线束。扇形骨密度探测器的设计类似，一般都采用高密度排列的固体探测器。从机械上说，探测器和扇形波束对齐排列，这样扇形波束的长度与探测器的长度可以保持一致随着 X 线一起移动。同时探测器通过整个波束收集数据，进而通过扇形波束获取的扫描速度更快。扇形束技术的优点是具有目前最好的技术，设备扫描范围大，扫描条件可变，可以根据需要测定任何部位，图像更清晰，测量结果的准确度和精密度更高。总的来说双能 X 射线骨密度测试放射剂量低，检测一个部位的放射剂量相当于一张胸片的 1/30，QCT 的 1%，且具有精度高、误差小、诊断率和高等优点，是骨密度公认的"金标准"。

(7) 超声波测定法：

超声波测定法是利用超声原理测量骨矿物质密度和骨质，用宽波段超声衰减信号来评估骨密度的方法。超声波测定法又分为湿系和干系两类，湿系是将跟骨置于水槽中进行，而干系不需要水槽，利用耦合剂进行。目前使用的仪器有两种：

①跟骨超声骨质测量仪。这种仪器需要测量 3 个参数：声速，在骨组织中运动的速度，反映骨的弹性和密度；宽波段超声衰减；骨组织中的速度和宽波段超声衰减的组合参数。此仪器和双能 X 吸收法相关性良好，能更好地预测骨折。

②超声波骨密度分析仪。以西奈超声波骨密度分析仪为例，它利用双频超声技术，沿着长骨轴向检测骨密度、骨质，反映骨的弹性和脆性。其重复性好，误差小，精度高，运用超声波技术不但能测量骨密度，而且能反映骨强度和骨结构的情况。它不仅可以检测骨质量的减少和骨质的丢失，还适用儿童、妊娠以及哺乳期妇女，这将进一步促进它的发展，有着广泛的应用前景。

超声波骨密度测试仪主要用于测量桡骨、跟骨、髌骨、胫骨等部位的骨密度。测试结果不但可以准确反映骨密度水平，还能科学反映骨骼结构状况。具有无放射源、精度高、快速方便、费用低廉、便于搬动普查等优点。目前使用较为广泛。

3. 测试步骤

此处以广为使用的超声波骨密度测试为例，介绍骨密度测试的具体步骤：

（1）测试仪器：超声骨密度仪，见图 9-1。

图 9-1　超声波骨密度仪

（2）测试步骤：

①测试前准备：日常检测校准设备，仪器使用温度为 10~40 度。使用酒精棉球清洁探头的表面，并涂上耦合剂。

②个人信息输入：包括编号，身高，体重、性别、温度及左右脚的选择等。

③测试：用酒精棉球清洁受试者足跟两侧，并抹上大量耦合剂（图 9-2）。受试者将足部放入，并调整至正确位置，如图 9-3 所示。同时确保设备和身体在同一直线上，放好后可以开始测量。

④打印测试结果，见图 9-4。

参数定义：

BUA（宽带超声衰减）：通过穿透骨头的超声脉冲强度的衰减分析来表示骨密度和结构。

SOS（超声传导速度）：通过超声在骨骼内传播的速度反映骨密度。

BQI（骨质指数）：通常 SOS 与温度成正比，而 BUA 与温度成反比。

T 值：20 多岁青年人的平均 BQI。

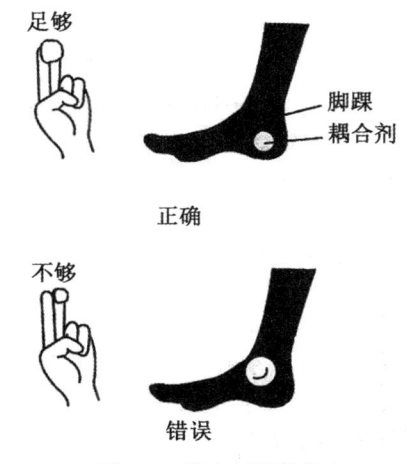

图 9-2　耦合剂的涂抹

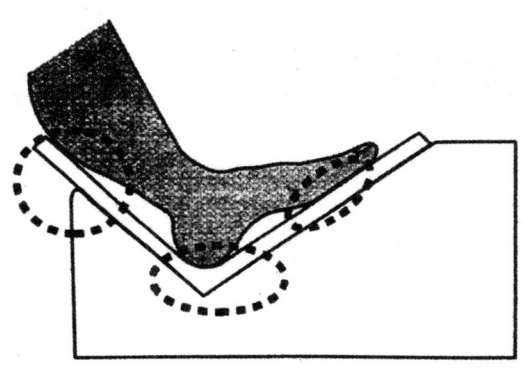

图 9-3　脚部正确摆放姿势

Z 值：相同年龄的平均 BQI。

4. 实验结果分析

检测报告中 SOS 数值越大，BUA 越小，BQI 数值越大，则骨量越大；反之则骨量越小。不同年龄 BQI 变化趋势见图 9-5。

骨密度检查结果需要与两个标准进行比较，"年轻人标准"（T 值）和"同龄人标准"（Z 值），见表 9-1。

表 9-1　　　　　　　　　　　　骨密度的两个评价标准

年轻人标准	通过 T 分数来判断，即检测结果与健康年轻人的平均值进行比较，确定骨折风险，数值越低骨折风险越高。
同龄人标准	通过 Z 分数来判断，即检测结果与健康同龄、同形体的人群的平均值进行比较。Z>-2 表示骨密度值在正常同龄人范围内；Z≤-2 表示骨密度低于正常同龄。

第九章 骨密度及其测评

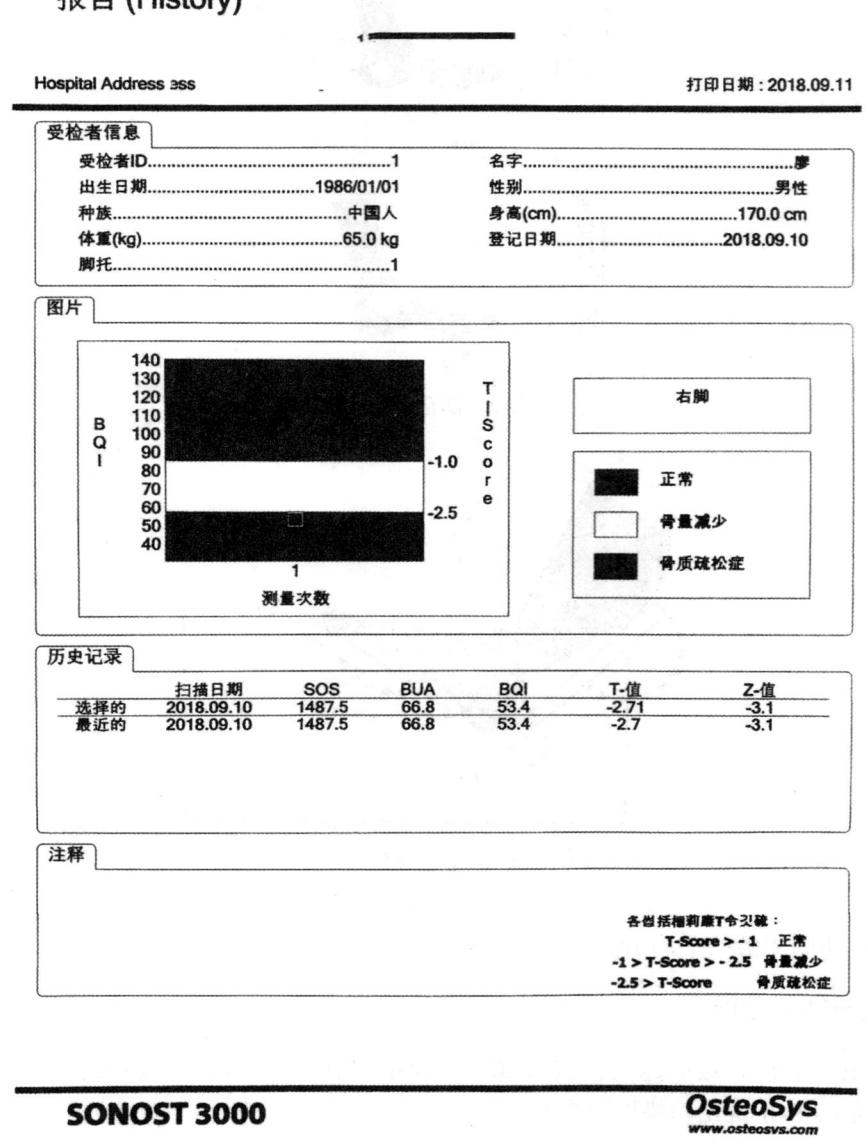

图 9-4 打印结果表格

骨密度仪会根据病人资料自动算出 T 值(表 9-2)数据。

T 值计算是根据不同国家、地区数据库和不同基准值换算而成。WHO 规定 T 值,是以 20~39 岁健康白种女性的标准化 BMD 平均值作为基准值,中国是以健康女性的标准化 BMD 的平均值作为基准值。用受检者标准化 BMD 值和平均 BMD 值比较,得到标准偏差值。正值说明受检者 BMD 值高于平均 BMD 值,而负值说明受检者 BMD 值低于平均值。T 值是诊断骨质疏松症最有意义的数值,它能反映骨质疏松的严重程度。

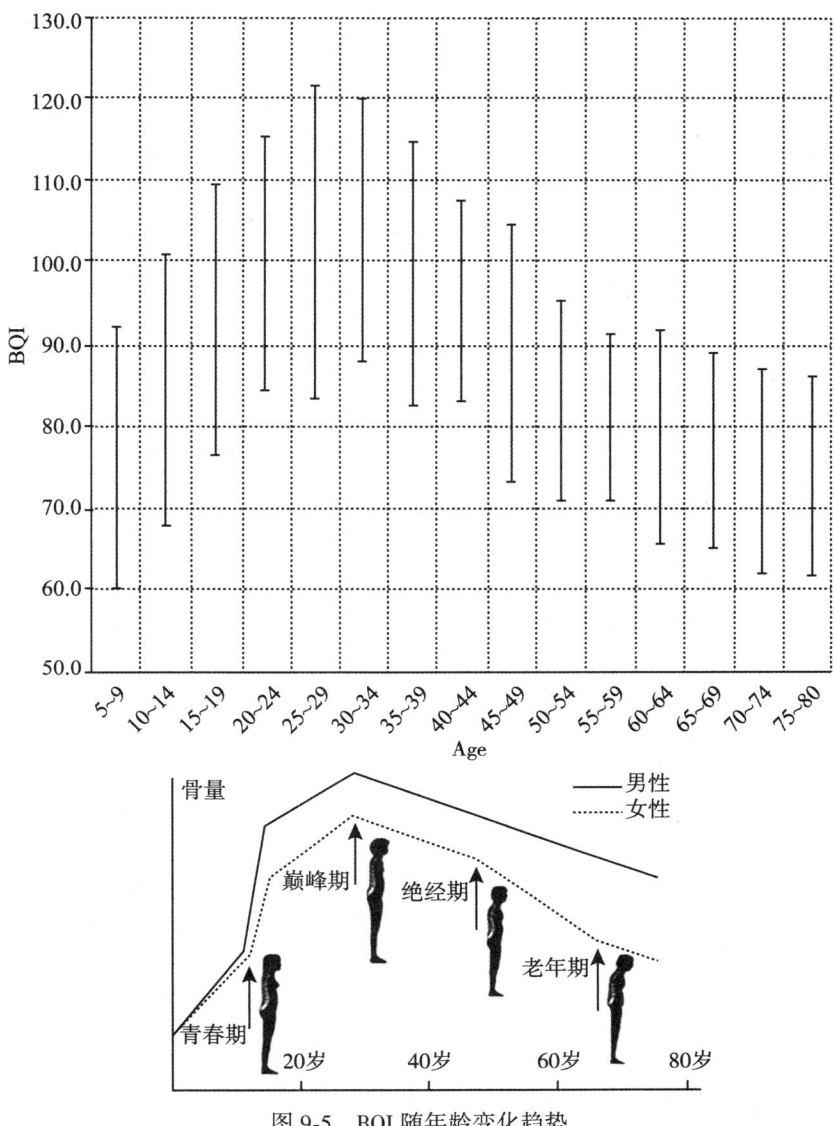

图 9-5 BQI 随年龄变化趋势

表 9-2　　　　　　　　　　　　　　T 值范围

标准	参考值
正常	>1.0
骨量减少	-1.0~-2.5
轻度骨质疏松症	-2.5~-3.0
中度骨质疏松症	-3.0~-3.5
严重骨质疏松症	<-3.5，同时伴有一个以上部位的骨折。

自轻度骨质疏松开始(-2.5以下)，绝大部分人的骨量丢失减少已超过20%，即随时都有发生骨折的危险。对骨质疏松的界定，除主要参考以上标准外，还要综合受检者的既往史，如某受试者根据其T、Z值评分应定为轻度骨质疏松，但如其曾经骨折过，则可直接判定为重度骨质疏松。下列是轻、中、重度骨质疏松的症状表现与后果(表9-3)。

表9-3 不同程度骨质疏松临床表现和后果

	临 床 表 现	后 果
轻度骨质疏松	A. 疲乏无力，初期腰背部常感疲乏无力，渐发展为慢性疼痛、偶尔剧痛。 B. 疼痛最常见，多见于腰背，久立、久坐时加剧，日轻夜重，弯腰、咳嗽，大便用力时加重。 C. 腿脚抽筋日轻夜重。	A. 不及时治疗或治疗措施不科学，很快会发展成中、重度骨质疏松。 B. 有一定的骨折风险。
中度骨质疏松	A. 无力，疼痛，抽筋等症状加重。 B. 身高变矮。 C. 驼背，呼吸功能下降，胸闷气短。 D. 易患骨质增生。 E. 易引发骨关节病，如颈、腰椎病，关节炎等。	骨头变脆，遇到较强外力撞击时，骨折风险增大。
重度骨质蔬松	无力，疼痛，抽筋，变矮，驼背，骨质增生等病情加重。	A. 骨头脆性很大，不堪一击，弯腰，转身，咳嗽，甚至轻轻一碰，都会发生骨折。 B. 重度骨质疏松的骨折不易治疗，不易恢复，往往造成长期瘫痪卧床或坐轮椅，丧失生活自理能力。 C. 长期卧床或坐轮椅，还会引发以下严重后果：褥疮，肺部感染，肺功能衰竭，尿路感染，肾功能衰竭，死亡。

骨密度检测主要应用于人群：(1)40岁以上人群；(2)亚健康状态人群；(3)雌激素缺乏而有骨质疏松危险的妇女；(4)椎骨显示有骨质疏松异常患者；(5)长期使用皮质激素治疗的患者；(6)原发性甲状腺功能亢进的患者；(7)正在接受骨质疏松药物治疗的患者。

第十章　我国国民体质测试标准

体质是人类生产和生活的物质基础。党和政府历来十分重视并不断采取有效措施增强人民体质，其中一项重要举措就是建立并施行国民体质测定制度。

第一节　我国幼儿国民体质测试标准

一、适用对象的分组与测试指标

1. 适用对象的分组

（1）分组和年龄范围：

《国民体质测定标准》（幼儿部分）的适用对象为3~6周岁的中国幼儿。按年龄、性别分组，3~5岁每0.5岁为一组；6岁为一组。男女共计14个组别。

（2）年龄计算方法：

①3~5岁者：

测试时已过当年生日，且超过6个月者：年龄=试年-出生年+0.5

测试时已过当年生日，且不满6个月者：年龄=测试年-出生年

测试时未过当年生日，且距生日6个月以下者：年龄=测试年-出生年-0.5

测试时未过当年生日，且距生日6个月以上者：年龄=测试年-出生年-1

②6岁者：

测试时已过当年生日者：年龄=测试年-出生年

测试时未过当年生日者：年龄=测试年-出生年-1

2. 测试指标

测试指标包括身体形态和身体素质两类（表10-1）。

表10-1　　　　　　　　　　测试指标类别

分类	测 试 指 标
身体形态	身高、体重
身体素质	10米折返跑、立定跳远、网球掷远、双脚连续跳、坐位体前屈、走平衡木

二、测试方法

受试者测试前应保持安静状态，不要进行剧烈体力活动，着运动服和运动鞋参加测试。

1. 形态指标

（1）身高：

目的：反映人体骨骼纵向生长水平。

方法：使用身高计测试，精度为 0.1cm。测试时，受试者赤脚、呈立正姿势站在身高计的底板上（躯干挺直，上肢自然下垂，脚跟并拢，脚尖分开约 60°），脚跟、骶骨部及两肩胛间与身高计的立柱接触，头部正直，两眼平视前方，耳屏上缘与眼眶下缘最低点呈水平。记录以厘米为单位，保留小数点后 1 位。

（2）体重：

目的：反映人体发育程度和营养状况。

方法：使用体重秤测试，精度为 0.1kg。测试时，受试者自然站在体重秤中央，站稳后，读取数据。记录以千克为单位，保留小数点后一位。

注意事项：测试时，受试者尽量减少着装；上、下体重秤时，动作要轻缓。

2. 素质指标

（1）10 米折返跑：

目的：反映人体的灵敏素质。

器材：使用秒表测试。

方法：在平坦的地面上画长 10m、宽 1.22m 的直线跑道若干条，在每条跑道折返线处设一手触物体（如木箱），在跑道起终点线外 3 米处画一条目标线（图 10-1）。

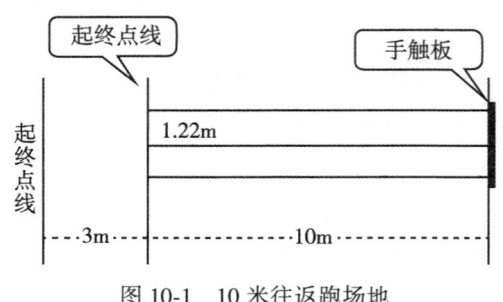

图 10-1　10 米往返跑场地

测试时，受试者至少两人一组，以站立式起跑姿势站在起跑线前，当听到"跑"的口令后，全力跑向折返线，测试员视受试者起动开表计时。受试者跑到折返处，用手触摸物体后，转身跑向目标线，当胸部到达起点线的垂直面时，测试员停表。记录以秒为单位，保留小数点后一位。小数点后第二位数按"非零进一"的原则进位，如 10.11 秒记录为

10.2秒。

注意事项：受试者应全速跑，途中不得串道，接近终点时不要减速；在起终点处和目标线处不得站人，以免妨碍测试。

（2）立定跳远：

目的：反映人体的爆发力。

器材：使用沙坑（距沙坑边缘20cm处设立起跳线）或软地面、卷尺和三角板测试。

方法：测试时，受试者双脚自然分开，站立在起跳线后，然后摆动双臂，双脚蹬地尽力向前跳，测量起跳线距最近脚跟之间的直线距离（图10-2）。测试两次，取最大值，记录以厘米为单位，不计小数。

图10-2　立定跳远测试

注意事项：受试者起跳时，不能有垫跳动作。

（3）网球掷远：

目的：反映人体上肢和腰腹肌肉力量。

器材：使用网球和卷尺测试。

方法：在平坦地面上画一个长20m、宽6m的长方形，在长方形内，每隔0.5m画一条横线（图10-3），以一侧端线为投掷线。测试时，受试者身体面向投掷方向，两脚前后分开，站在投掷线后约一步距离，单手持球举过头顶，尽力向前掷出（图10-4）。球出手后时，后脚可以向前迈出一步，但不能踩在或越过投掷线，有效成绩为投掷线至球着地点之间的直线距离。如果球的着地点在横线上，则记录该线所标示的数值；如果球的着地点在

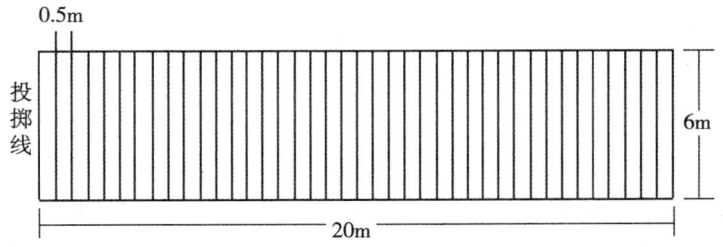

图10-3　网球掷远测试场地

两条横线之间,则记录靠近投掷线的横线所标示的数值;如果球的着地点超过 20m 长的测试场地,可用卷尺丈量;如果球的着地点超出场地的宽度,则重新投掷。测试两次,取最大值,记录以米为单位。

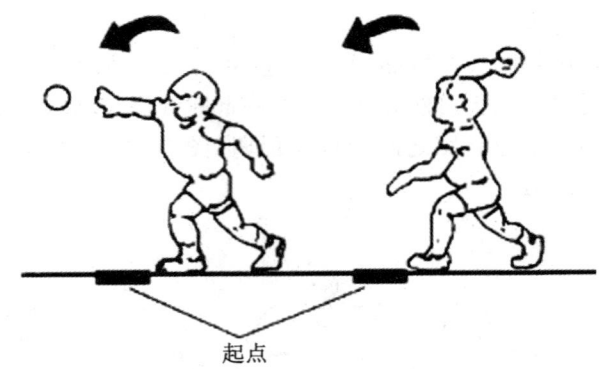

图 10-4 网球掷远测试

注意事项:测试时,严禁幼儿进入投掷区,避免出现伤害事故。

(4)双脚连续跳:

目的:反映人体协调性和下肢肌肉力量。

器材:使用卷尺和秒表测试。

方法:在平坦地面上每隔 0.5m 画一条横线,共画 10 条,每条横线上横置一块软方包(长 10cm、宽 5cm、高 5cm),在距离第一块软方包 20cm 处设立起跑线(图 10-5)。

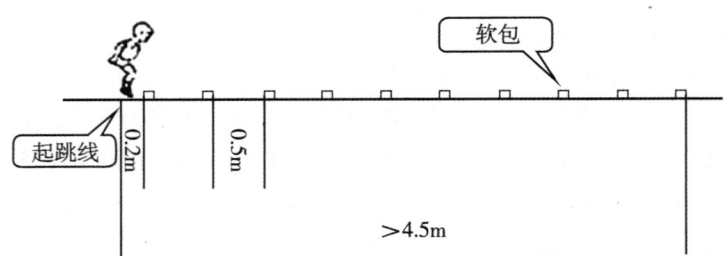

图 10-5 双脚连续跳测试场地

测试时,受试者两脚并拢,站在起跳线后,当听到"开始"口令后,双脚同时起跳,双脚一次或两次跳过一块软方包,连续跳过 10 块软方包。测试员视受试者起动开表计时,当受试者跳过第十个软方包双脚落地时,测试员停表(图 10-6)。测试两次,取最好成绩,记录以秒为单位,保留小数点后一位,小数点后第二位数按"非零进一"的原则进位,如 10.11 秒记录为 10.2 秒。

注意事项:测试时,如果受试者两次单脚起跳跨越软方包、踩在软方包上或将软方包踢乱则重新测试。

图10-6 双脚连续跳测试

(5)坐位体前屈：

目的：反映人体柔韧性。

器材：使用坐位体前屈测试仪测试。

方法：测试时，受试者坐在垫上，双脚伸直，脚跟并拢，脚尖自然分开，全脚掌蹬在测试仪平板上；然后掌心向下，双臂并拢平伸，上体前屈，用双手中指指尖推动游标平滑前移，直至不能移动为止。测试两次，取最大值，记录以厘米为单位，保留小数点后一位。

注意事项：测试前，受试者应做准备活动，以防肌肉拉伤；测试时，膝关节不得弯曲，不得有突然前振的动作；记录时，正确填写正负号。

(6)走平衡木：

目的：反映人体平衡能力。

器材：使用平衡木(长3m，宽10cm，高30cm；平衡木的两端为起点线和终点线，两端外各加一块长20cm、宽20cm米、高30cm的平台)和秒表测试。

方法：测试时，受试者站在平台上，面向平衡木，双臂侧平举，当听到"开始"口令后，前进。测试员视受试者起动开表计时(图10-7)，当受试者任意一个脚尖超过终点线时，测试员停表。测试两次，取最好成绩，记录以秒为单位，保留小数点后一位，小数点后第二位数按"非零进一"的原则进位，如10.11秒记录为10.2秒。

图10-7 走平衡木测试

注意事项：测试时，受试者如中途落地须重试；要安排人员对受试者进行保护。

三、评定标准

1. 评定方法与标准

采用单项评分和综合评级进行评定。

单项评分包括身高标准体重评分（表 10-2，表 10-3）和其他单项指标评分（表 10-4，表 10-5，表 10-6，表 10-7，表 10-8，表 10-9，表 10-10），采用 5 分制。综合评级是根据受试者各单项得分之和确定，共分四个等级：一级（优秀）、二级（良好）、三级（合格）、四级（不合格）。任意一项指标无分者，不进行综合评级（表 10-11）。

表 10-2   3~6 岁幼儿身高标准体重（男）

身高段（厘米）	体重（千克）				
	1 分	3 分	5 分	3 分	1 分
76.0~76.9	<8.6	8.6~9.3	9.4~11.7	11.8~12.4	>12.4
77.0~77.9	<8.7	8.7~9.5	9.6~11.8	11.9~12.5	>12.5
78.0~78.9	<8.9	8.9~9.7	9.8~11.9	12.0~12.6	>12.6
79.0~79.9	<9.1	9.1~9.8	9.9~12.1	12.2~12.8	>12.8
80.0~80.9	<9.2	9.2~10.0	10.1~12.3	12.4~12.9	>12.9
81.0~81.9	<9.4	9.4~10.1	10.2~12.5	12.6~13.1	>13.1
82.0~82.9	<9.6	9.6~10.2	10.3~12.7	12.8~13.3	>13.3
83.0~83.9	<9.8	9.8~10.4	10.5~12.9	13.0~13.5	>13.5
84.0~84.9	<10.0	10.0~10.5	10.6~13.1	13.2~13.8	>13.8
85.0~85.9	<10.1	10.1~10.7	10.8~13.3	13.4~14.0	>14.0
86.0~86.9	<10.3	10.3~10.9	11.0~13.6	13.7~14.2	>14.2
87.0~87.9	<10.5	10.5~11.1	11.2~13.8	13.9~14.5	>14.5
88.0~88.9	<10.7	10.7~11.3	11.4~14.0	14.1~14.7	>14.7
89.0~89.9	<10.9	10.9~11.5	11.6~14.3	14.4~14.9	>14.9
90.0~90.9	<11.1	11.1~11.7	11.8~14.5	14.6~15.2	>15.2
91.0~91.9	<11.3	11.3~11.9	12.0~14.7	14.8~15.4	>15.4
92.0~92.9	<11.3	11.3~12.1	12.2~15.0	15.1~15.6	>15.6
93.0~93.9	<11.7	11.7~12.3	12.4~15.2	15.3~15.9	>15.9
94.0~94.9	<11.9	11.9~12.5	12.6~15.4	15.5~16.1	>16.1
95.0~95.9	<12.1	12.1~12.7	12.8~15.7	15.8~16.4	>16.4

续表

身高段(厘米)	体重(千克)				
	1分	3分	5分	3分	1分
96.0~96.9	<12.4	12.4~12.9	13.0~16.0	16.1~16.6	>16.6
97.0~97.9	<12.6	12.6~13.2	13.3~16.2	16.3~16.9	>16.9
98.0~98.9	<12.8	12.8~13.5	13.6~16.5	16.6~17.2	>17.2
99.0~99.9	<13.0	13.0~13.7	13.8~16.8	16.9~17.5	>17.5
100.0~100.9	<13.3	13.3~14.0	14.1~17.0	17.1~17.7	>17.7
101.0~101.9	<13.5	13.5~14.3	14.4~17.3	17.4~18.0	>18.0
102.0~102.9	<13.7	13.7~14.6	14.7~17.6	17.7~18.3	>18.3
103.0~103.9	<13.9	13.9~14.9	15.0~17.9	18.0~18.6	>18.6
104.0~104.9	<14.1	14.1~15.2	15.3~18.2	18.3~18.9	>18.9
105.0~105.9	<14.4	14.4~15.6	15.7~18.5	18.6~19.3	>19.3
106.0~106.9	<14.6	14.6~15.8	15.9~18.8	18.9~19.6	>19.6
107.0~107.9	<14.8	14.8~16.0	16.1~19.1	19.2~19.9	>19.9
108.0~108.9	<15.0	15.0~16.2	16.3~19.4	19.5~20.3	>20.3
109.0~109.9	<15.3	15.3~16.5	16.6~19.9	20.0~20.7	>20.7
110.0~110.9	<15.6	15.6~16.8	16.9~20.2	20.2~21.0	>21.0
111.0~111.9	<15.9	15.9~17.1	17.2~20.5	20.6~21.4	>21.4
112.0~112.9	<16.2	16.2~17.4	17.5~20.9	21.0~21.9	>21.9
113.0~113.9	<16.5	16.5~17.7	17.8~21.3	21.4~22.2	>22.2
114.0~114.9	<16.8	16.8~17.9	18.0~21.8	21.9~22.6	>22.6
115.0~115.9	<17.1	17.1~18.1	18.2~22.1	22.2~23.1	>23.1
116.0~116.9	<17.4	17.4~18.3	18.4~22.5	22.6~23.5	>23.5
117.0~117.9	<17.8	17.8~18.5	18.6~22.9	23.0~24.0	>24.0
118.0~118.9	<18.1	18.1~18.7	18.8~23.4	23.5~24.5	>24.5
119.0~119.9	<18.5	18.5~18.9	19.0~23.8	23.9~25.0	>25.0
120.0~120.9	<18.9	18.9~19.2	19.3~24.3	24.4~25.5	>25.5
121.0~121.9	<19.3	19.3~19.5	19.6~24.7	24.8~26.0	>26.0
122.0~122.9	<19.6	19.6~20.0	20.1~25.3	25.4~26.5	>26.5
123.0~123.9	<20.0	20.0~20.4	20.5~25.8	25.9~27.1	>27.1
124.0~124.9	<20.4	20.4~20.8	20.9~26.3	26.4~27.7	>27.7
125.0~125.9	<20.8	20.8~21.3	21.4~26.9	27.0~28.3	>28.3
126.0~126.9	<21.2	21.2~21.7	21.8~27.4	27.5~28.9	>28.9

表 10-3　　　　　　　　　3~6 岁幼儿身高标准体重(女)

身高段(厘米)	体重(千克)				
	1分	3分	5分	3分	1分
76.0~76.9	<8.9	8.9~9.0	9.1~11.6	11.7~12.9	>12.9
77.0~77.9	<9.0	9.0~9.1	9.2~11.8	11.9~13.1	>13.1
78.0~78.9	<9.1	9.1~9.3	9.4~12.0	12.1~13.2	>13.2
79.0~79.9	<9.3	9.3~9.5	9.6~12.2	12.3~13.3	>13.3
80.0~80.9	<9.5	9.5~9.7	9.8~12.4	12.5~13.5	>13.5
81.0~81.9	<9.7	9.7~10.0	10.1~12.6	12.7~13.7	>13.7
82.0~82.9	<9.9	9.9~10.2	10.3~12.8	12.9~13.9	>13.9
83.0~83.9	<10.1	10.1~10.4	10.5~13.1	13.2~14.1	>14.1
84.0~84.9	<10.3	10.3~10.6	10.7~13.3	13.4~14.4	>14.4
85.0~85.9	<10.5	10.5~10.8	10.9~13.5	13.6~14.6	>14.6
86.0~86.9	<10.7	10.7~11.0	11.1~13.7	13.8~14.8	>14.8
87.0~87.9	<10.9	10.9~11.2	11.3~14.0	14.1~15.1	>15.1
88.0~88.9	<11.1	11.1~11.4	11.5~14.2	14.3~15.3	>15.3
89.0~89.9	<11.3	11.3~11.6	11.7~14.4	14.5~15.6	>15.6
90.0~90.9	<11.5	11.5~11.8	11.9~14.7	14.8~15.8	>15.8
91.0~91.9	<11.7	11.7~12.1	12.2~14.9	15.0~16.1	>16.1
92.0~92.9	<11.9	11.9~12.3	12.4~15.2	15.3~16.3	>16.3
93.0~93.9	<12.1	12.1~12.5	12.6~15.4	15.5~16.6	>16.6
94.0~94.9	<12.3	12.3~12.7	12.8~15.7	15.8~16.8	>16.8
95.0~95.9	<12.5	12.5~13.0	13.1~15.9	16.0~17.1	>17.1
96.0~96.9	<12.7	12.7~13.2	13.3~16.2	16.3~17.4	>17.4
97.0~97.9	<13.0	13.0~13.4	13.5~16.5	16.6~17.7	>17.7
98.0~98.9	<13.2	13.2~13.7	13.8~16.7	16.8~18.0	>18.0
99.0~99.9	<13.4	13.4~13.9	14.0~17.0	17.1~18.2	>18.2
100.0~100.9	<13.6	13.6~14.2	14.3~17.3	17.4~18.5	>18.5
101.0~101.9	<13.9	13.9~14.4	14.5~17.6	17.7~18.8	>18.8
102.0~102.9	<14.1	14.1~14.7	14.8~17.9	18.0~19.1	>19.1
103.0~103.9	<14.3	14.3~14.9	15.0~18.2	18.3~19.5	>19.5
104.0~104.9	<14.6	14.6~15.2	15.3~18.5	18.6~19.8	>19.8

续表

身高段(厘米)	体重(千克)				
	1分	3分	5分	3分	1分
105.0~105.9	<14.8	14.8~15.5	15.6~18.8	18.9~20.1	>20.1
106.0~106.9	<15.1	15.1~15.7	15.8~19.1	19.2~20.4	>20.4
107.0~107.9	<15.4	15.4~16.0	16.1~19.4	19.5~20.8	>20.8
108.0~108.9	<15.6	15.6~16.3	16.4~19.8	19.9~21.1	>21.1
109.0~109.9	<15.9	15.9~16.6	16.7~20.1	20.2~21.5	>21.5
110.0~110.9	<16.2	16.2~16.9	17.0~20.5	20.6~21.8	>21.8
111.0~111.9	<16.5	16.5~17.2	17.3~20.8	20.9~22.2	>22.2
112.0~112.9	<16.8	16.8~17.5	17.6~21.2	21.3~22.6	>22.6
113.0~113.9	<17.1	17.1~17.8	17.9~21.6	21.7~23.0	>23.0
114.0~114.9	<17.4	17.4~18.2	18.3~21.9	22.0~23.4	>23.4
115.0~115.9	<17.7	17.7~18.5	18.6~22.2	22.3~23.8	>23.8
116.0~116.9	<18.0	18.0~18.8	18.9~22.8	22.9~24.3	>24.3
117.0~117.9	<18.4	18.4~19.2	19.3~23.2	23.3~24.8	>24.8
118.0~118.9	<18.7	18.7~19.6	19.7~23.7	23.8~25.2	>25.2
119.0~119.9	<19.1	19.1~20.2	20.3~24.1	24.2~25.8	>25.8
120.0~120.9	<19.4	19.4~20.5	20.6~24.6	24.7~26.3	>26.3
121.0~121.9	<19.8	19.8~20.8	20.9~25.0	25.1~26.9	>26.9
122.0~122.9	<20.2	20.2~21.2	21.3~25.4	25.5~27.5	>27.5
123.0~123.9	<20.6	20.6~21.6	21.7~25.8	25.9~28.1	>28.1
124.0~124.9	<21.0	21.0~22.0	22.1~26.2	26.3~28.7	>28.7
125.0~125.9	<21.4	21.4~22.5	22.6~26.5	26.6~29.4	>29.4
126.0~126.9	<21.8	21.8~23.0	23.1~26.9	27.0~30.2	>30.2

表10-4 **3岁幼儿其他单项指标评分表**

测试指标	1分	2分	3分	4分	5分
	男				
身高(厘米)	<91.2	91.2~95.4	95.5~99.3	99.4~104.1	>104.1
10米折返跑(秒)	15.8~12.9	12.8~10.3	10.2~9.1	9.0~8.0	<8.0
立定跳远(厘米)	21~29	30~42	43~58	59~76	>76
网球掷远(米)	1.5	2.0~2.5	3.0~3.5	4.0~5.5	>5.5

续表

测试指标	1分	2分	3分	4分	5分
	男				
双脚连续跳(秒)	25.0~19.7	19.6~13.1	13.0~9.2	9.1~6.6	<6.6
坐位体前屈(厘米)	2.9~4.8	4.9~8.5	8.6~11.6	11.7~14.9	>14.9
走平衡木(秒)	48.5~30.1	30.0~16.9	16.8~10.6	10.5~6.6	<6.6
	女				
身高(厘米)	<90.0	90.0~94.6	94.7~98.0	98.1~103.0	>103.0
10米折返跑(秒)	16.8~13.5	13.4~10.6	10.5~9.4	9.3~8.2	<8.2
立定跳远(厘米)	21~28	29~39	40~54	55~71	>71
网球掷远(米)	1.0	1.5~2.0	2.5~3.0	3.5~5.0	>5.0
双脚连续跳(秒)	25.9~20.1	20.0~13.5	13.4~9.8	9.7~7.1	<7.1
坐位体前屈(厘米)	3.2~6.2	6.3~9.9	10.0~12.9	13.0~15.9	>15.9
走平衡木(秒)	49.8~32.5	32.4~17.4	17.3~10.8	10.7~6.9	<6.9

表10-5　　　　　　　　　　　　3.5岁幼儿其他单项指标评分表

测试指标	1分	2分	3分	4分	5分
	男				
身高(厘米)	<94.1	94.1~98.2	98.3~102.0	102.1~106.9	>106.9
10米折返跑(秒)	14.0~11.4	11.3~9.5	9.4~8.4	8.3~7.5	<7.5
立定跳远(厘米)	27~34	35~52	53~69	70~84	>84
网球掷远(米)	1.5	2.0~2.5	3.0~4.0	4.5~5.5	>5.5
双脚连续跳(秒)	21.8~17.0	16.9~11.2	11.1~8.3	8.2~6.1	<6.1
坐位体前屈(厘米)	2.7~4.6	4.7~8.4	8.5~11.5	11.6~14.9	>14.9
走平衡木(秒)	41.1~27.1	27.0~15.1	15.0~9.4	9.3~5.9	<5.9
	女				
身高(厘米)	<93.0	93.0~97.5	97.6~101.1	101.2~105.5	>105.5
10米折返跑(秒)	14.9~12.1	12.0~9.8	9.7~8.7	8.6~7.7	<7.7
立定跳远(厘米)	25~33	34~49	50~64	65~81	>81
网球掷远(米)	1.5	2.0~2.5	3.0~3.5	4.0~4.5	>5.0
双脚连续跳(秒)	21.9~17.1	17.0~11.3	11.2~8.5	8.4~6.2	<6.2
坐位体前屈(厘米)	3.5~6.2	6.3~9.9	10.0~12.9	13.0~15.9	>15.9
走平衡木(秒)	40.4~27.5	27.4~15.1	15.0~9.7	9.6~6.1	<6.1

表10-6　　　　　　　　　　4.0岁幼儿其他单项指标评分表

测试指标	1分	2分	3分	4分	5分
男					
身高(厘米)	<97.5	97.5~101.9	102.0~105.4	105.5~110.4	>110.4
10米折返跑(秒)	12.4~10.2	10.1~8.6	8.5~7.7	7.6~6.9	<6.9
立定跳远(厘米)	35~46	47~64	65~79	80~95	>95
网球掷远(米)	2.0~2.5	3.0~3.5	4.0~4.5	5.0~6.0	>6.0
双脚连续跳(秒)	17.0~13.2	13.1~9.2	9.1~7.1	7.0~5.6	<5.6
坐位体前屈(厘米)	2.4~4.4	4.5~8.4	8.5~11.4	11.5~14.9	>14.9
走平衡木(秒)	33.2~21.6	21.5~11.6	11.5~7.4	7.3~4.9	<4.9
女					
身高(厘米)	<96.6	96.6~100.9	101.0~104.4	104.5~108.9	>108.9
10米折返跑(秒)	13.2~10.9	10.8~9.1	9.0~8.1	8.0~7.2	<7.2
立定跳远(厘米)	32~43	44~59	60~73	74~89	>89
网球掷远(米)	2.0	2.5~3.0	3.5~4.0	4.5~5.0	>.5.0
双脚连续跳(秒)	17.2~13.5	13.4~9.5	9.5~7.4	7.3~5.9	<5.9
坐位体前屈(厘米)	3.4~5.9	6.0~9.9	10.0~12.9	13.0~15.9	>15.9
走平衡木(秒)	32.2~22.6	22.5~12.3	12.2~8.2	8.1~5.3	<5.3

表10-7　　　　　　　　　　4.5岁幼儿其他单项指标评分表

测试指标	1分	2分	3分	4分	5分
男					
身高(厘米)	<100.0	100.0~104.6	104.7~108.4	108.5~113.1	>113.1
10米折返跑(秒)	11.8~9.8	9.7~8.1	8.0~7.3	7.2~6.7	<6.7
立定跳远(厘米)	40~54	55~72	73~88	89~102	>102
网球掷远(米)	2.5	3.0~4.0	4.5~6.0	6.5~8.0	>8.0
双脚连续跳(秒)	14.5~11.3	11.2~8.2	8.1~6.5	6.4~5.3	<5.3
坐位体前屈(厘米)	1.8~4.1	4.2~7.9	8.0~10.9	11.0~14.4	>14.4
走平衡木(秒)	28.4~17.9	17.8~9.7	9.6~6.3	6.2~4.3	<4.3
女					
身高(厘米)	<99.0	99.0~103.6	103.7~107.3	107.4~111.9	>111.9
10米折返跑(秒)	12.4~10.3	10.2~8.6	8.5~7.7	7.6~7.0	<7.0

续表

测试指标	1分	2分	3分	4分	5分
	男				
立定跳远(厘米)	40~49	50~67	68~80	81~96	>96
网球掷远(米)	2.0	2.5~3.0	3.5~4.0	4.5~5.5	>.5.5
双脚连续跳(秒)	14.9~12.0	11.9~8.6	8.5~6.8	6.7~5.5	<5.5
坐位体前屈(厘米)	3.0~5.9	6.0~9.9	10.0~12.9	13.0~16.0	>16.0
走平衡木(秒)	26.5~18.7	18.6~10.2	10.1~7.0	6.9~4.7	<4.7

表10-8　　　　　　　　　5岁幼儿其他单项指标评分表

测试指标	1分	2分	3分	4分	5分
	男				
身高(厘米)	<103.1	103.1~107.8	107.9~111.9	112.0~116.9	>116.9
10米折返跑(秒)	10.3~9.0	8.9~7.7	7.6~7.0	6.9~6.4	<6.4
立定跳远(厘米)	50~64	65~79	80~95	96~110	>110
网球掷远(米)	3.0~3.5	4.0~5.0	5.5~7.0	7.5~9.0	>9.0
双脚连续跳(秒)	12.5~9.9	9.8~7.3	7.2~6.0	5.9~5.1	<5.1
坐位体前屈(厘米)	1.1~3.4	3.5~7.5	7.6~10.9	11.0~14.4	>14.4
走平衡木(秒)	22.2~14.1	14.0~7.9	7.8~5.3	5.2~3.7	<3.7
	女				
身高(厘米)	<102.0	102.0~106.5	106.6~110.4	110.5~115.4	>115.4
10米折返跑(秒)	11.2~9.7	9.6~8.1	8.0~7.3	7.2~6.7	<6.7
立定跳远(厘米)	50~59	60~74	75~88	89~102	>102
网球掷远(米)	2.5~3.0	3.5~4.0	4.5~5.5	6.0~8.5	>.8.5
双脚连续跳(秒)	12.7~10.1	10.0~7.6	7.5~6.2	6.1~5.2	<5.2
坐位体前屈(厘米)	3.0~5.4	5.5~9.6	9.7~13.1	13.2~16.6	>16.6
走平衡木(秒)	23.7~14.1	14.0~8.3	8.2~5.8	5.7~4.1	<4.1

表10-9　　　　　　　　　5.5岁幼儿其他单项指标评分表

测试指标	1分	2分	3分	4分	5分
	男				
身高(厘米)	<104.6	104.6~110.1	110.2~114.6	114.7~119.7	>119.7
10米折返跑(秒)	10.0~8.6	8.5~7.4	7.3~6.8	6.7~6.2	<6.2
立定跳远(厘米)	56~69	70~89	90~102	103~119	>119

续表

测试指标	1分	2分	3分	4分	5分
			男		
网球掷远(米)	3.0~3.5	4.0~5.5	6.0~7.5	8.0~10.0	>10.0
双脚连续跳(秒)	11.9~9.4	9.3~6.9	6.8~5.7	5.6~4.9	<4.9
坐位体前屈(厘米)	1.0~3.2	3.3~7.5	7.6~10.9	11.0~14.4	>14.4
走平衡木(秒)	19.2~12.1	12.0~6.8	6.7~4.6	4.5~3.3	<3.3
			女		
身高(厘米)	<104.5	104.5~109.2	109.3~113.4	113.5~118.4	>118.4
10米折返跑(秒)	10.5~9.1	9.0~7.7	7.6~7.0	6.9~6.4	<6.4
立定跳远(厘米)	54~65	66~81	82~95	96~109	>109
网球掷远(米)	3.0	3.5~4.5	5.0~6.0	6.5~8.5	>.8.5
双脚连续跳(秒)	11.5~9.3	9.2~7.0	6.9~5.8	5.7~4.9	<4.9
坐位体前屈(厘米)	3.0~5.4	5.5~9.6	9.7~12.9	13.0~16.7	>16.7
走平衡木(秒)	20.1~12.6	12.5~7.5	7.4~5.1	5.0~3.6	<3.6

表10-10　　　　　　　　　　　6岁幼儿其他单项指标评分表

测试指标	1分	2分	3分	4分	5分
			男		
身高(厘米)	<108.2	108.2~113.2	113.3~117.7	117.8~123.0	>123.0
10米折返跑(秒)	9.4~8.0	7.9~6.9	6.8~6.3	6.2~5.8	<5.8
立定跳远(厘米)	61~78	79~94	95~110	111~127	>127
网球掷远(米)	3.5~4.0	4.5~6.5	7.0~9.0	9.5~12.0	>12.0
双脚连续跳(秒)	10.4~8.3	8.2~6.2	6.1~5.2	5.1~4.4	<4.4
坐位体前屈(厘米)	1.0~3.1	3.2~7.0	7.1~10.4	10.5~14.4	>14.4
走平衡木(秒)	16.0~9.4	9.3~5.4	5.3~3.8	3.7~2.7	<2.7
			女		
身高(厘米)	<107.0	107.0~111.9	112.0~116.6	116.7~121.7	>121.7
10米折返跑(秒)	10.2~8.6	8.5~7.3	7.2~6.6	6.5~6.1	<6.1
立定跳远(厘米)	60~70	71~86	87~100	101~116	>116
网球掷远(米)	3.0	3.5~4.5	5.0~6.0	6.5~8.0	>.8.0
双脚连续跳(秒)	10.5~8.4	8.3~6.3	6.2~5.3	5.2~4.6	<4.6
坐位体前屈(厘米)	3.0~5.3	5.4~9.5	9.6~12.9	13.0~16.7	>16.7
走平衡木(秒)	17.0~10.8	10.7~6.2	6.1~4.3	4.2~3.0	<3.0

表 10-11　　　　　　　　　　3~6 岁幼儿综合评级标准

等级	得分
一级(优秀)	>31 分
二级(良好)	28~31 分
三级(合格)	20~27 分
四级(不合格)	<20 分

第二节　《国家学生体质健康标准(2014 年修订)》

一、适用对象的分组与测试指标

国家学生体质健康标准适用于从小学 1 年级到大学 4 年级所有年龄段的学生,并按照年级不同分成了 6 个不同的学段。分别如下：

第一学段：小学 1~2 年级
第二学段：小学 3~4 年级
第三学段：小学 5~6 年级
第四学段：初中 1~3 年级
第五学段：高中 1~3 年级
第六学段：大学 1~4 年级

各学段的测试指标见表 10-12。

表 10-12　　　　　　　学生体质健康标准测试对象分组及测试指标

测试对象	测试指标
小学一年级至大学四年级	体重指数(BMI)
	肺活量
小学一、二年级	50 米跑
	坐位体前屈
	1 分钟跳绳
小学三、四年级	50 米跑
	坐位体前屈
	1 分钟跳绳
	1 分钟仰卧起坐

续表

测试对象	测试指标
小学五、六年级	50米跑
	坐位体前屈
	1分钟跳绳
	1分钟仰卧起坐
	50米×8往返跑
初中、高中、大学各年级	50米跑
	坐位体前屈
	立定跳远
	引体向上(男)/1分钟仰卧起坐(女)
	1000米跑(男)/800米跑(女)

二、测试规范

1. 身高

(1)测试：

测试目的：身高是反映学生生长发育水平的常用指标，与体重配合使用，可以有效地评价学生身体的匀称度与营养状况。该指标的测试适用于小学至大学的各个年级。

测试仪器：采用身高计进行测量(图10-8)。

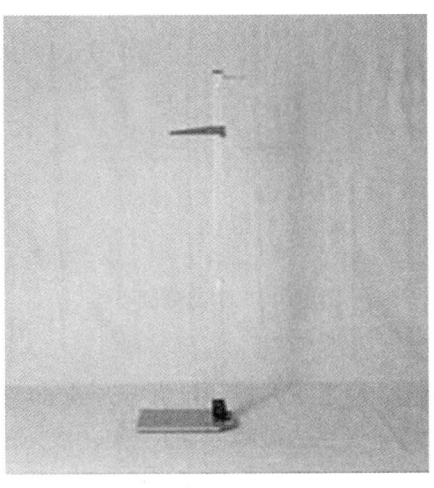

图10-8 身高计

测试方法：

身高计应靠墙放置在平坦的地面上，立柱的刻度尺应面向光源。测试人员要检查立柱是否垂直，连接处是否紧密，有无松动，若发现问题要及时纠正。

测试前，应对机械身高计"0"点进行检验。常用方法是采用"标准钢尺"放置在身高计底板上，检验身高计刻度，最小刻度不得大于0.1厘米，检验误差不得大于0.1厘米。

使用电子身高计时，测试人员打开电源开关，将水平压板移至挡板处，按"按键"，显示屏显示90.0，表明身高计已进入工作状态（图10-9）。

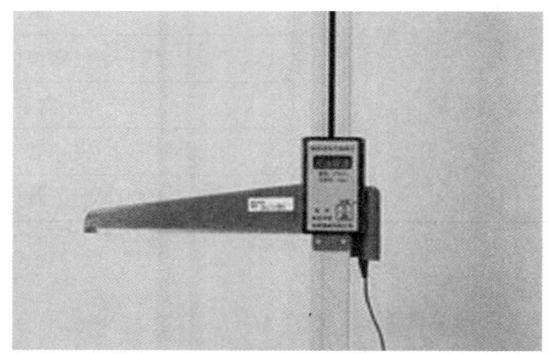

图10-9　电子身高计

测试时，受试者赤足，背向立柱站立在身高计的底板上，躯干自然挺直，头部正直，两眼平视前方，保持耳屏上缘与眼眶下缘呈水平位（图10-10）。

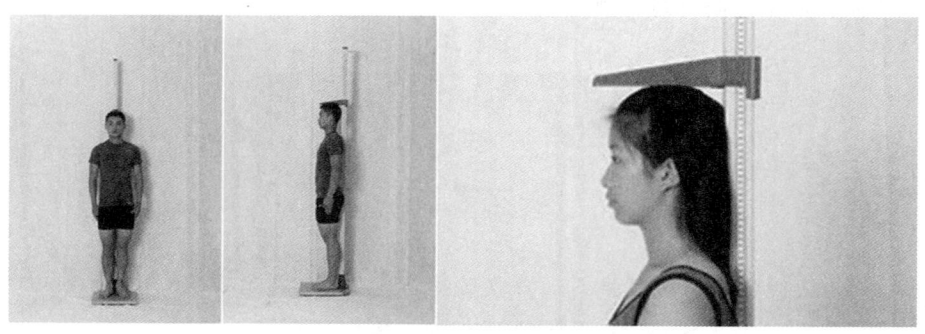

图10-10　身高测试姿势

上肢自然下垂，两腿伸直，两足跟并拢，足尖分开约60度。

足跟、骶骨部、两肩胛间与立柱相接触，呈"三点一线"站立姿势（图10-15）。

测试人员单手将水平压板沿立柱下滑至受试者头顶。

读数时，测试人员双眼与水平压板水平面等高，记录员复述后进行记录。

记录时，以厘米为单位，精确到小数点后一位。

使用电子身高计测量时,受试者应按要求站立在身高计底板上,测试人员单手将水平压板沿立柱下滑至受试者头顶。显示屏显示身高数值,测试人员记录数值。

使用智能身高计测量时,按照语音提示进行测量,测试数值将自动写入 IC 卡内(图 10-11)。

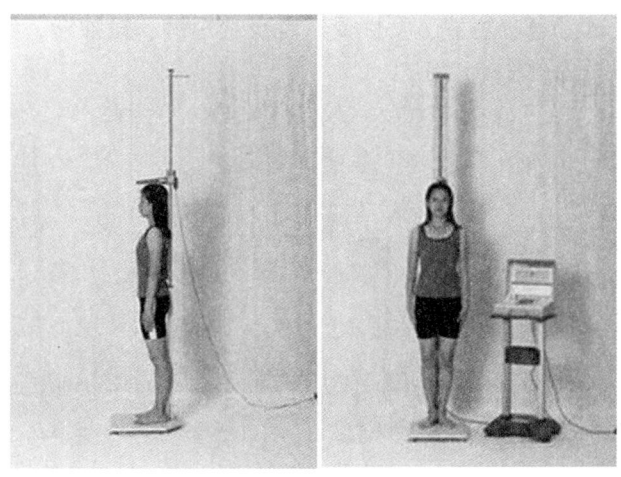

图 10-11　智能身高测试

(2)常见错误:

①受试者头顶上的发辫、发结未放开,饰物未取下,应让其放开发辫、发结,取下饰物后再测。

②受试者头过低或过高,耳屏上缘与眼眶下缘未呈水平位,或足跟、骶骨部及两肩胛间未与立柱相接触,或穿鞋站立于身高计上,应纠正后再测。

(3)注意事项:

①测试前,受试者不得进行剧烈体育活动和体力劳动。

②测试人员读数完毕后,要将水平压板推回到安全高度,以防碰坏水平压板或碰伤受试者。

③智能型身高计的水平压板是自动升降的,测试人员不要强行将其停止或上下移动。测试时,严禁拔卡。

2. 体重

(1)测试:

测试目的:体重是反映学生身体重量的常用指标,与身高配合使用,可以有效地评价学生身体的匀称度与营养状况。该指标的测试适用于小学至大学的各个年级。

测试仪器:采用电子体重计或杠杆秤进行测量,不允许使用弹簧式体重计。体重计应放置在平坦的地面上。

测试方法：

测试前，应对体重计进行检验。灵敏度检验的方式是将备用的100克标准砝码加到体重秤上，如果显示屏上显示的读数增加了0.1千克，表示仪器灵敏度符合测试要求。准确度检验的方式是采用备用的10千克、20千克、30千克标准砝码分别进行称量，检验误差不得大于0.1千克。

测试时，男性受试者身着短裤，女性受试者身着短裤、短袖衫，赤足，自然站立在体重计中央，保持身体平稳(图10-12)。

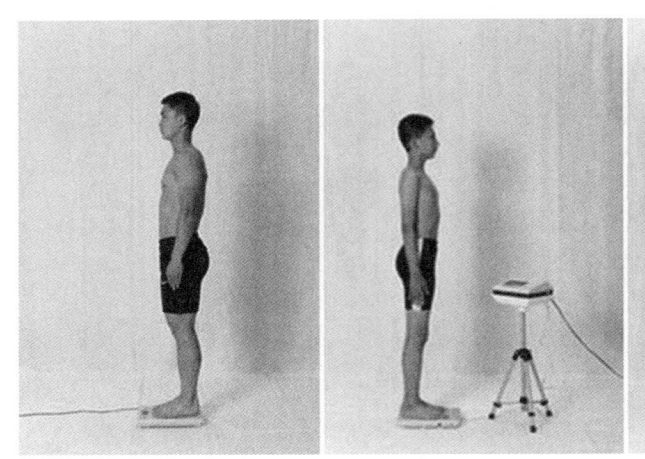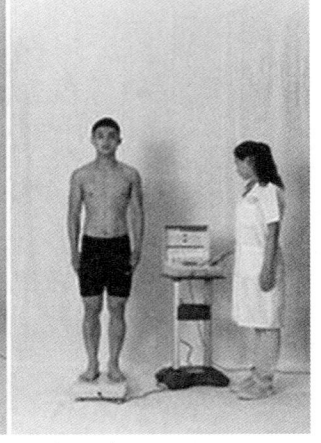

图 10-12 体重的测量

测试人员读数时，以千克为单位，精确到小数点后一位。记录员复述后进行记录。

使用电子体重计时，受试者按要求站立在体重计中央，3~5秒后，显示屏显示体重数值，测试人员记录数值。

使用智能体重计时，按照语音提示进行测量，测试数据将自动写入IC卡内。

(2) 常见错误：

受试者没有站立在体重计中央，穿鞋站立于体重计上或持物品站立于体重计上，应纠正后再测。

(3) 注意事项：

①测试前，受试者不得进行剧烈体育活动或体力劳动，不要大量饮水；
②杠杆秤每天都要按照要求进行校验，避免系统误差。

3. 肺活量

(1) 测试：

测试目的：肺活量是指人在尽最大努力吸气后，再尽最大努力呼气所能呼出的气体量，是反映学生肺容积和通气功能的常用指标。它的大小与年龄、性别、身高、体重、胸围及体育锻炼程度有关。该指标测试适用于小学五年级至大学的各个年级。

测试仪器：肺活量测试采用肺活量计进行（图10-13）。

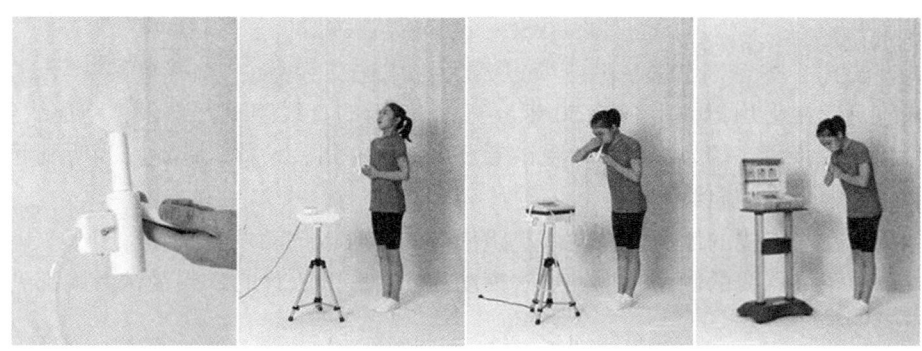

图 10-13　肺活量的测定

测试方法：

肺活量计应放在平稳的桌面或专有支架上，使用前，用标准气体容量测试器进行肺活量计的检验。测试应在通风良好的房间内进行。

使用电子肺活量计时，测试人员打开电源开关，待显示屏上的闪烁信号定格在"0"时，表明肺活量计进入了工作状态。

测试前，测试人员首先要将口嘴装在文式管的进气口上，交给受试者并向受试者讲解测试要领，嘱其不必紧张。

测试时，受试者呈自然站立位，手握文式管手柄，使导压软管在文式管上方，头部略向后仰，尽力深吸气直到不能吸气为止。然后，将嘴对准口嘴缓慢地呼气，直到不能呼气为止。此时，显示屏上显示的数值即为肺活量值。测试2次，测试人员记录最大值，以毫升为单位，不保留小数。2次测试间隔时间不超过15秒。

使用智能肺活量计时，按照语音提示进行测量，测试数值将自动写入IC卡，并语音提示结果（图10-13）。

（2）常见错误：

受试者测试时，导压管朝下或手堵住了出气口，应纠正再测。

（3）注意事项：

①肺活量计计量部位的通畅和干燥是仪器准确的关键，导压软管必须在文式管上方，以免唾液等杂物堵住通气道。

②每测试10人及测试完毕后，要用干棉球及时清洁通气管内部。

4. 50米跑

（1）测试

测试目的：50米跑可以有效地反映学生移动速度、反应速度、灵敏素质及神经系统灵活性，是评价学生速度素质的常用指标，其成绩与体育锻炼程度有关。该指标的测试适用于小学至大学的各个年级。

测试器材：50米跑应在平坦地面上进行，地质不限。测试时，需使用发令旗，发令哨和秒表。

测试方法：

测试前，应在平坦地面上画长50米、宽1.22米的直线跑道若干条，跑道线要清晰。设一端为起点线。另一端为终点线。受试者至少2人一组，站立式起跑。当听到起跑信号后，立即起跑，全力跑向终点线。

发令员站在起点线的侧面，在发出起跑信号的同时，挥动发令旗。

计时员位于终点线的侧面，视发令旗挥动的同时，开表计时。当受试者胸部到达终点线垂直面时停表。

记录以秒为单位，保留小数点后1位。小数点后第二位数按非"0"进"1"的原则进位。如7.53秒应读成7.6秒。

使用智能50米跑测试仪时，受试者站在起跑线后，测试人员按下"确认"键，机器发出"砰"的枪响后，受试者起跑，仪器显示计时时间。受试者到达终点，计时停止，仪器自动将测试结果写入IC卡，并语音提示结果（图10-14）。

图10-14　50米的测定

（2）常见错误：

受试者踩、跨起跑线、抢跑或途中串道，应召回重跑。

（3）注意事项：

①测试前，受试者需做充分的准备活动。

②受试者应穿运动鞋或胶鞋，不能穿钉鞋、皮鞋、凉鞋参加测试。

③测试时，如遇风，一律顺风跑。

5. 立定跳远

（1）测试：

测试目的：立定跳远是反映学生下肢爆发力及身体协调能力的常用指标，其成绩与体育锻炼程度有关。立定跳远测试适用于初中至大学各个年级。

测试器材：立定跳远采用丈量尺在沙面与地面平齐的沙坑或土质松软的平坦地面上进行测试。起跳地面要平坦，不得有凹陷，起跳线至沙坑近端距离不得小于30厘米。

测试方法：

受试者两脚自然分开，站在起跳线后，双脚原地同时起跳。丈量起跳线后缘至最近着地点后缘之间的垂直距离。测试 3 次，记录最好成绩。以厘米为单位，保留 1 位小数。

使用智能立定跳远测试仪时，要将测试传感器摆放到平整的场地，受试者选择合适的起跳点，按动作要领测试，起跳落地后从测试区正前方走出，测试结果自动存入 IC 卡（图10-15）。

图 10-15　立定跳远的测定

（2）常见错误：

受试者起跳前两脚尖触线、过线或起跳时有垫跳、助跑、连跳等动作，应判犯规，须重跳。

（3）注意事项：

①测试前，受试者需做充分的准备活动。

②发现犯规时，此次成绩无效。3 次试跳均无成绩者，须再跳，直至取得成绩为止。

③可以赤足，但不得穿钉鞋、皮鞋、凉鞋参加测试。

6. 引体向上

（1）测试：

测试目的：引体向上是反映学生上肢肌肉力量和耐力的常用指标，其成绩与体育锻炼程度有关。该指标的测试适用于初中至大学各个年级的男生。

测试器材：引体向上采用高单杠或高横杠进行测试，杠的粗细以受试者手能握住为准。

测试方法：

受试者面向单杠，自然站立；然后跃起正手握杠，双手分开与肩同宽，身体呈直臂悬垂姿势。

待身体停止晃动后，两臂同时用力，向上引体。引体时，身体不得有任何附加动作。当下颌超过横杠上缘时，还原，呈直臂悬垂姿势，为完成 1 次（图 10-16）。测试人员记录受试者完成的次数。以次为单位。使用电子引体向上测试仪时，应将臂带绑在受试者上臂中部。测试完毕后显示屏显示引体向上的次数。

图 10-16　引体向上的测定

（2）常见错误：

①受试者反手握单杠，应纠正。

②下颌达不到横杠上缘或引体时，身体有摆动、屈膝、挺腹等动作，该次不计数，立即纠正，继续测试。

（3）注意事项：

①测试前，受试者需做充分的准备活动。

②受试者向上引体时，两次引体向上的间隔时间超过 10 秒即终止测试。

③若受试者身高较矮，不能自己跳起握杆时，测试人员可以提供帮助。

④测试时，应有相应的保护措施，防止伤害事故的发生。

7. 1 分钟仰卧起坐

（1）测试：

测试目的：1 分钟仰卧起坐是反映学生腰腹部肌肉耐力水平的常用指标，其成绩与学生参加体育锻炼程度有关。该指标的测试适用于小学三至六年级的男女学生，以及初中至大学各个年级的女生。

测试器材：1 分钟仰卧起坐采用软垫、秒表进行测试，测试应在平坦、整洁的场地进行，地质不限。

测试方法：

受试者仰卧于软垫上，两腿稍分开，屈膝呈 90°，两手手指交叉贴于脑后。同伴按压其踝关节，以固定下肢。测试人员发出"开始"口令的同时开表计时，记录 1 分钟内受试者完成次数。受试者坐起时，两肘触及或超过双膝为完成一次。1 分钟到时，受试者虽已坐起但肘关节未触及双膝者不计该次数。记录受试者 1 分钟完成的次数，精确到个位。（如图 10-17）

使用电子仰卧起坐测试仪时，受试者仰卧于测试板上。测试人员根据受试者躯干和下肢的长度调节托膝架和搁脚板位置，使受试者屈膝呈 90°。按下测试板上的红色开始键（如图 10-17）。受试者听到蜂鸣器"嘀"的一声响后，开始完成 1 分钟仰卧起坐。

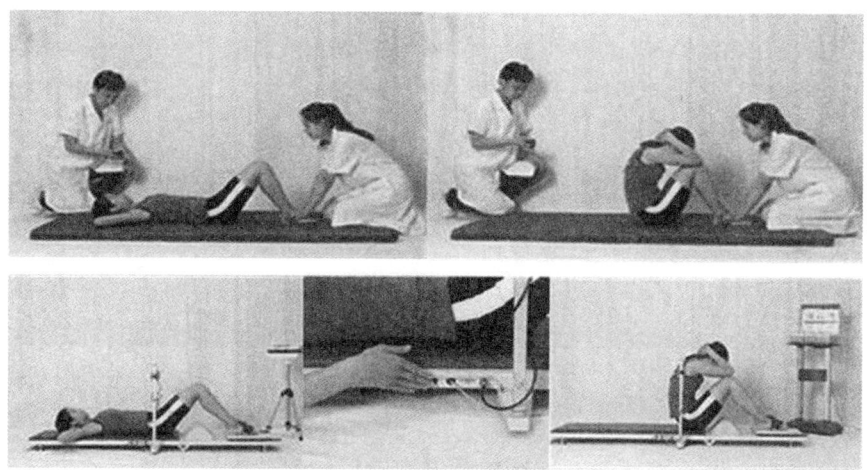

图 10-17 仰卧起坐的测定

使用智能仰卧起坐测试仪时,按照语音提示进行测量,测试数值将自动写入 IC 卡,并语音提示结果。

(2)常见错误:

受试者仰卧时,两肩胛没有触垫、双手没有抱头、膝关节没有屈曲成 90 度、借用肘部撑垫或臀部起落的力量完成起坐时,该次不计数,立即纠正后,继续测试。

(3)注意事项:

①测试前,受试者需做充分的准备活动。

②受试者双脚必须放于软垫上。

③测试过程中,测试人员应向受试者报数。

8. 1 分钟跳绳

(1)测试:

测试目的:跳绳是一项人体在环摆的绳索中做各种跳跃动作的运动项目,能有效地综合反映学生身体的灵敏性、协调性、动作节奏感,以及下肢肌肉力量与心肺功能等,其成绩与学生参加体育锻炼的程度有关。该指标的测试适用于小学各个年级。

测试器材:1 分钟跳绳采用秒表、发令哨和长度不等的跳绳进行测试。测试应在平坦、整洁的场地上进行。

测试方法:

测试前,受试者将绳的长短调至适宜长度,双腿并拢,呈自然站立。测试时,2 人一组,其中,1 名为受试者,1 名为计数员。当听到开始信号时,受试者采用前脚掌起跳,同时,手腕完成弧形摆动,身体以"正摇双脚跳"的方式完成循环跳跃运动(图 10-18)。

受试者每跳跃 1 次且摇绳 1 周,计数员计为 1 次。计数员大声报数,并记录。受试者

图 10-18　1 分钟跳绳的测定

当听到结束信号时，停止跳跃运动，计数员停止计数。测试单位为次/分。

使用电子跳绳计测量时，要根据受试者身高调整跳绳长度，并将跳绳手柄与跳绳固定住。当听到开始信号时，受试者按下手柄上的开始键，计时开始。当受试者完成测试时，显示屏显示的测试数值即为跳绳次数。

使用智能跳绳计时，按照语音提示进行测量，测试数值将自动写入 IC 卡。

（2）常见错误：

受试者采用单脚跳、双腿交替跳或行进跳等方式跳跃，该次不计数，立即纠正，继续测试。

（3）注意事项：

①测试前，受试者需做充分的准备活动。

②测试时，受试者应穿运动鞋或胶鞋，不能穿钉鞋、皮鞋、凉鞋。

③跳绳应软硬、粗细适中，避免对学生造成伤害。

④小学低年级学生参加跳绳测试时，应由教师计数。

⑤测试过程中若跳绳拌脚，则该次不计数，但可以继续进行测试。

9. 800 米跑（女）和 1000 米跑（男）

（1）测试：

测试目的：800 米跑和 1000 米跑是反映学生耐力素质的常用指标，可以有效地反映学生心血管、呼吸系统的机能及肌肉耐力。其成绩与体育锻炼程度有关。

800 米跑测试适用于初中至大学各个年级的女生，1000 米跑测试适用于初中至大学各个年级的男生。

测试场地：400 米跑、800 米跑、1000 米跑采用发令旗、口哨和秒表进行测试。

测试应安排在 400 米、300 米、200 米田径场跑道进行，若场地不正规，必须丈量准确，地面要平整，跑道线要清楚，地质不限。

测试方法：

受试者至少2人一组,站立式起跑。当听到起跑信号后,立即起跑,全力跑向终点线(图10-19)。

图10-19 800/1000米的测定

发令员站在起点线的侧面,在发出起跑信号的同时,挥动发令旗。计时员位于终点线的侧面,视发令旗挥动的同时,开表计时。当受试者跑完全程,胸部到达终点线的垂直面时停表。

记录以秒为单位,保留小数点后1位。小数点后第2位数按非"0"进"1"的原则进位。

使用智能中长跑测试仪时,打开电源开关,受试者站在起点线后,当听到测试仪发出"砰"的枪响后,受试者起跑,仪器显示计时时间。受试者由第二道或第三道冲刺,阻断测试终端的红外开关后,计时停止。未完成最后一圈的受试者须从一道通过,继续测试。仪器自动将测试结果存入IC卡。

(2)常见错误:
①受试者踩、跨起跑线或抢跑,应判犯规,须重跑。
②受试者测试完毕后,立即坐卧休息,应扶起慢走。
(3)注意事项:
①测试前,受试者需做好充分的准备活动。
②在非400米标准场地上进行测试,测试人员应向受试者报告剩余圈数,以免跑错距离。
③受试者应穿运动鞋或胶鞋,不得穿钉鞋、皮鞋、凉鞋参加测试。
④对分秒进行换算时要细心,防止差错。
⑤受试者通过终点线后方可减速。

10. 50米×8往返跑

(1)测试:

测试目的:50米×8往返跑是有效测试学生灵敏及耐力素质发展水平的常用方法。其成绩与学生参加体育锻炼程度有关。该指标测试仅适用于小学五、六年级学生。

测试器材:50米×8往返跑采用发令旗,发令哨和秒表进行测试。

测试前,应在平坦地面(地质不限)上画长50米、宽1.22米的直线跑道若干条,设一端为起终点线，另一端为折返线。在距起终点线和折返线 0.5 米处的跑道中央，各设立一高度为 1.2 米的标杆。

测试方法：

受试者至少 2 人一组，采用站立式起跑。当听到起跑信号后，立即起跑，全力跑向折返线。

在到达折返线时，按逆时针方向绕过标杆后跑回起终点线，再按逆时针方向绕过标杆后跑向折返线，为完成一圈，共跑 4 圈。

发令员站在起终点线侧面发令，在受试者起跑的同时，开表计时。当受试者胸部到达终点线垂直面时停表。

记录以秒为单位，保留小数点后 1 位。小数点后第 2 位数按非"0"进"1"的原则进位。

使用智能往返跑测试仪测试时，需将测试传感器摆放到测试场地的起终点线上。受试者在起点作好准备后，按下按键，计时开始。按测试要求的往返次数完成测试，此时显示屏即显示完成往返跑的时间和次数（图 10-20）。

图 10-20　50 米×8 往返跑的测定

（2）常见错误：

①受试者踩、跨起跑线、抢跑，折返时碰杆或手扶杆，应判犯规，须重跑。

②测试中数错圈数，须重跑。

③受试者测试完毕后立即坐卧休息，应扶起慢走。

（3）注意事项：

①测试前，受试者需做好充分的准备活动。

②受试者应穿运动鞋或胶鞋，不得穿钉鞋、皮鞋、凉鞋参加测试。

11. 坐位体前屈

（1）测试：

测试目的：坐位体前屈是指人体在相对静止状态下，躯干、髋、膝等关节可能达到的最大活动幅度，是有效地反映学生关节灵活性以及韧带和肌肉的伸展性与弹性的常用方法。其成绩与学生参加体育锻炼程度有关。该测试适用于小学至大学的各个年级。

测试器材：坐位体前屈采用坐位体前屈测试仪与软垫进行测试。测试前，应将坐位体前屈测试仪与软垫放置在平坦的地面上。

测试方法：

使用电子测试仪时，测试人员打开电源开关。将游标推到导轨的近侧端，当显示屏上显示出"-20.0厘米"或以下数值时，表明该仪器进入工作状态。

受试者面向仪器，坐在软垫上，两腿向前伸直；两足跟并拢，蹬在测试仪的挡板上，脚尖自然分开10~15厘米（图10-21）。

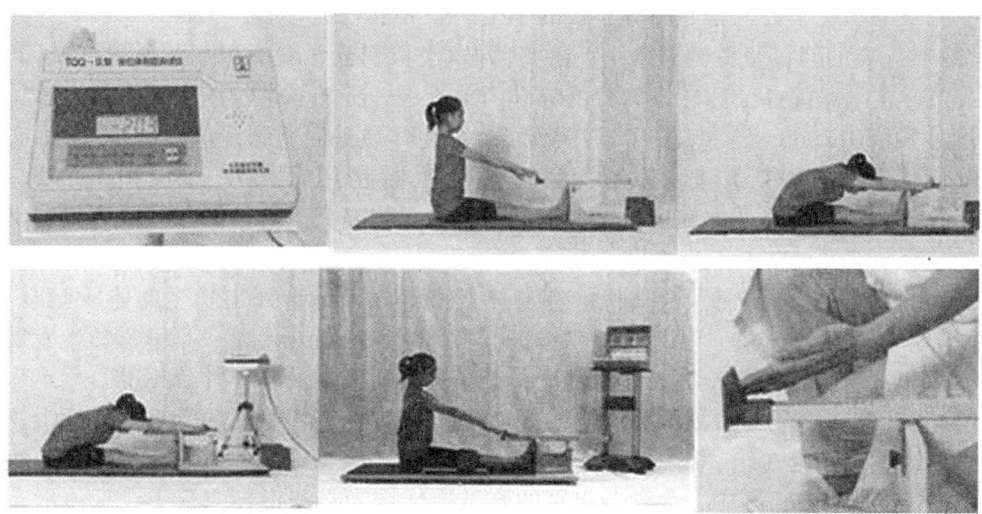

图10-21 坐位体前屈的测定

测试时，受试者双手并拢，掌心向下平伸，膝关节伸直，身体前屈，用双手中指指尖匀速推动游标平滑前行，直到不能推动为止。记录时，游标超过"0"点，记录为正值；游标未超过"0"点，记录为负值。受试者共测试2次，测试人员记录最大值，以厘米为单位，精确到小数点后1位。

使用电子测试仪时，受试者按照要求推动游标，显示屏显示测试数值（图10-21）。

使用智能型坐位体前屈测试仪时，按照语音提示进行测量，测试数值将自动写入IC卡，并语音提示结果。

（2）常见错误：

受试者单手向前或双臂突然发力向前推动游标。身体前屈时，受试者膝关节弯曲或足跟与挡板分离，应纠正，并重测。

（3）注意事项：

①测试前，受试者需做充分的准备活动。

②每次测试前，测试人员都要将游标推到导轨近端位置。

③测试人员要正确记录受试者测试数值前的"+"、"-"号。

三、评分标准

1. 说明

（1）《国家学生体质健康标准》（以下简称《标准》）是国家学校教育工作的基础性指导文件和教育质量基本标准，是评价学生综合素质、评估学校工作和衡量各地教育发展的重要依据，是《国家体育锻炼标准》在学校的具体实施，适用于全日制普通小学、初中、普通高中、中等职业学校、普通高等学校的学生。

（2）本标准的修订坚持健康第一，落实《国家中长期教育改革和发展规划纲要（2010—2020年）》、《国务院办公厅转发教育部等部门关于进一步加强学校体育工作若干意见的通知》（国办发〔2012〕53号）和《教育部关于印发〈学生体质健康监测评价办法〉等三个文件的通知》（教体艺〔2014〕3号）有关要求，着重提高《标准》应用的信度、效度和区分度，着重强化其教育激励、反馈调整和引导锻炼的功能，着重提高其教育监测和绩效评价的支撑能力。

（3）本标准从身体形态、身体机能和身体素质等方面综合评定学生的体质健康水平，是促进学生体质健康发展、激励学生积极进行身体锻炼的教育手段，是国家学生发展核心素养体系和学业质量标准的重要组成部分，是学生体质健康的个体评价标准。

（4）本标准将适用对象划分为以下组别：小学、初中、高中按每个年级为一组，其中小学为6组、初中为3组、高中为3组。大学一、二年级为一组，三、四年级为一组。

（5）小学、初中、高中、大学各组别的测试指标均为必测指标。其中，身体形态类中的身高、体重，身体机能类中的肺活量，以及身体素质类中的50米跑、坐位体前屈为各年级学生共性指标。

（6）本标准的学年总分由标准分与附加分之和构成，满分为120分。标准分由各单项指标得分与权重乘积之和组成，满分为100分。附加分根据实测成绩确定，即对成绩超过100分的加分指标进行加分，满分为20分；小学的加分指标为1分钟跳绳，加分幅度为20分；初中、高中和大学的加分指标为男生引体向上和1000米跑，女生1分钟仰卧起坐和800米跑，各指标加分幅度均为10分。

（7）根据学生学年总分评定等级：90.0分及以上为优秀，80.0~89.9分为良好，60.0~79.9分为及格，59.9分及以下为不及格。

（8）每个学生每学年评定一次，记入《〈国家学生体质健康标准〉登记卡》。特殊学制的学校，在填写登记卡时可以按规定和需求相应地增减栏目。学生毕业时的成绩和等级，按毕业当年学年总分的50%与其他学年总分平均得分的50%之和进行评定。

（9）学生测试成绩评定达到良好及以上者，方可参加评优与评奖；成绩达到优秀者，方可获体育奖学分。测试成绩评定不及格者，在本学年度准予补测一次，补测仍不及格，则学年成绩评定为不及格。普通高中、中等职业学校和普通高等学校学生毕业时，《标准》测试的成绩达不到50分者按结业或肄业处理。

（10）学生因病或残疾可向学校提交暂缓或免予执行《标准》的申请，经医疗单位证明，体育教学部门核准，可暂缓或免予执行《标准》，并填写《免予执行〈国家学生体质健康标准〉申请表》，存入学生档案。确实丧失运动能力、被免予执行《标准》的残疾学生，仍可参加评优与评奖，毕业时《标准》成绩需注明免测。

（11）各学校每学年开展覆盖本校各年级学生的《标准》测试工作，《标准》测试数据经当地教育行政部门按要求审核后，通过"中国学生体质健康网"上传至"国家学生体质健康标准数据管理系统"。测试和数据上传时间由教育行政部门确定。

（12）本标准由教育部负责解释。

2. 单项指标与权重（表10-13）

表10-13　　　　　　　　　　　　单项指标与权重

测试对象	单项指标	权重(%)
小学一年级至大学四年级	体重指数(BMI)	15
	肺活量	15
小学一、二年级	50米跑	20
	坐位体前屈	30
	1分钟跳绳	20
小学三、四年级	50米跑	20
	坐位体前屈	20
	1分钟跳绳	20
	1分钟仰卧起坐	10
小学五、六年级	50米跑	20
	坐位体前屈	10
	1分钟跳绳	10
	1分钟仰卧起坐	20
	50米×8往返跑	10
初中、高中、大学各年级	50米跑	20
	坐位体前屈	10
	立定跳远	10
	引体向上(男)/1分钟仰卧起坐(女)	10
	1000米跑(男)/800米跑(女)	20

注：体重指数(BMI) = 体重(千克)/身高^2(米^2)。

3. 评分表

（1）单项指标评分表：

表 10-14　男生体重指数（BMI）单项评分表

（单位：千克）

等级	单项得分	一年级	二年级	三年级	四年级	五年级	六年级	初一	初二	初三	高一	高二	高三	大学
正常	100	13.5~18.1	13.7~18.4	13.9~19.4	14.2~20.1	14.4~21.4	14.7~21.8	15.5~22.1	15.7~22.5	15.8~22.8	16.5~23.2	16.8~23.7	17.3~23.8	17.9~23.9
低体重	80	≤13.4	≤13.6	≤13.8	≤14.1	≤14.3	≤14.6	≤15.4	≤15.6	≤15.7	≤16.4	≤16.7	≤17.2	≤17.8
超重	80	18.2~20.3	18.5~20.4	19.5~22.1	20.2~22.6	21.5~24.1	21.9~24.5	22.2~24.9	22.6~25.2	22.9~26.0	23.3~26.3	23.8~26.5	23.9~27.3	24.0~27.9
肥胖	60	≥20.4	≥20.5	≥22.2	≥22.7	≥24.2	≥24.6	≥25.0	≥25.3	≥26.1	≥26.4	≥26.6	≥27.4	≥28.0

表 10-15　女生体重指数（BMI）单项评分表

（单位：千克/米²）

等级	单项得分	一年级	二年级	三年级	四年级	五年级	六年级	初一	初二	初三	高一	高二	高三	大学
正常	100	13.3~17.3	13.5~17.8	13.6~18.6	13.7~19.4	13.8~20.5	14.2~20.8	14.8~21.7	15.3~22.2	16.0~22.6	16.5~22.7	16.9~23.2	17.1~23.3	17.2~23.9
低体重	80	≤13.2	≤13.4	≤13.5	≤13.6	≤13.7	≤14.1	≤14.7	≤15.2	≤15.9	≤16.4	≤16.8	≤17.0	≤17.1
超重	80	17.4~19.2	17.9~20.2	18.7~21.1	19.5~22.0	20.6~22.9	20.9~23.6	21.8~24.4	22.3~24.8	22.7~25.1	22.8~25.2	23.3~25.4	23.4~25.7	24.0~27.9
肥胖	60	≥19.3	≥20.3	≥21.2	≥22.1	≥23.0	≥23.7	≥24.5	≥24.9	≥25.2	≥25.3	≥25.5	≥25.8	≥28.0

第二节 《国家学生体质健康标准(2014年修订)》

表10-16 男生肺活量单项评分表

(单位:毫升)

等级	单项得分	一年级	二年级	三年级	四年级	五年级	六年级	初一	初二	初三	高一	高二	高三	大一大二	大三大四
优秀	100	1700	2000	2300	2600	2900	3200	3640	3940	4240	4540	4740	4940	5040	5140
	95	1600	1900	2200	2500	2800	3100	3520	3820	4120	4420	4620	4820	4920	5020
	90	1500	1800	2100	2400	2700	3000	3400	3700	4000	4300	4500	4700	4800	4900
良好	85	1400	1650	1900	2150	2450	2750	3150	3450	3750	4050	4250	4450	4550	4650
	80	1300	1500	1700	1900	2200	2500	2900	3200	3500	3800	4000	4200	4300	4400
及格	78	1240	1430	1620	1820	2110	2400	2780	3080	3380	3680	3880	4080	4180	4280
	76	1180	1360	1540	1740	2020	2300	2660	2960	3260	3560	3760	3960	4060	4160
	74	1120	1290	1460	1660	1930	2200	2540	2840	3140	3440	3640	3840	3940	4040
	72	1060	1220	1380	1580	1840	2100	2420	2720	3020	3320	3520	3720	3820	3920
	70	1000	1150	1300	1500	1750	2000	2300	2600	2900	3200	3400	3600	3700	3800
	68	940	1080	1220	1420	1660	1900	2180	2480	2780	3080	3280	3480	3580	3680
	66	880	1010	1140	1340	1570	1800	2060	2360	2660	2960	3160	3360	3460	3560
	64	820	940	1060	1260	1480	1700	1940	2240	2540	2840	3040	3240	3340	3440
	62	760	870	980	1180	1390	1600	1820	2120	2420	2720	2920	3120	3220	3320
	60	700	800	900	1100	1300	1500	1700	2000	2300	2600	2800	3000	3100	3200
不及格	50	660	750	840	1030	1220	1410	1600	1890	2180	2470	2660	2850	2940	3030
	40	620	700	780	960	1140	1320	1500	1780	2060	2340	2520	2700	2780	2860
	30	580	650	720	890	1060	1230	1400	1670	1940	2210	2380	2550	2620	2690
	20	540	600	660	820	980	1140	1300	1560	1820	2080	2240	2400	2460	2520
	10	500	550	600	750	900	1050	1200	1450	1700	1950	2100	2250	2300	2350

表 10-17 女生肺活量单项评分表 (单位：毫升)

等级	单项得分	一年级	二年级	三年级	四年级	五年级	六年级	初一	初二	初三	高一	高二	高三	大一大二	大三大四
优秀	100	1400	1600	1800	2000	2250	2500	2750	2900	3050	3150	3250	3350	3400	3450
	95	1300	1500	1700	1900	2150	2400	2650	2850	3000	3100	3200	3300	3350	3400
	90	1200	1400	1600	1800	2050	2300	2550	2800	2950	3050	3150	3250	3300	3350
良好	85	1100	1300	1500	1700	1950	2200	2450	2650	2800	2900	3000	3100	3150	3200
	80	1000	1200	1400	1600	1850	2100	2350	2500	2650	2750	2850	2950	3000	3050
及格	78	960	1150	1340	1530	1770	2010	2250	2400	2550	2650	2750	2850	2900	2950
	76	920	1100	1280	1460	1690	1920	2150	2300	2450	2550	2650	2750	2800	2850
	74	880	1050	1220	1390	1610	1830	2050	2200	2350	2450	2550	2650	2700	2750
	72	840	1000	1160	1320	1530	1740	1950	2100	2250	2350	2450	2550	2600	2650
	70	800	950	1100	1250	1450	1650	1850	2000	2150	2250	2350	2450	2500	2550
	68	760	900	1040	1180	1370	1560	1750	1900	2050	2150	2250	2350	2400	2450
	66	720	850	980	1110	1290	1470	1650	1800	1950	2050	2150	2250	2300	2350
	64	680	800	920	1040	1210	1380	1550	1700	1850	1950	2050	2150	2200	2250
	62	640	750	860	970	1130	1290	1450	1600	1750	1850	1950	2050	2100	2150
	60	600	700	800	900	1050	1200	1350	1500	1650	1750	1850	1950	2000	2050
不及格	50	580	680	780	880	1020	1170	1310	1460	1610	1710	1810	1910	1960	2010
	40	560	660	760	860	990	1140	1270	1420	1570	1670	1770	1870	1920	1970
	30	540	640	740	840	960	1110	1230	1380	1530	1630	1730	1830	1880	1930
	20	520	620	720	820	930	1080	1190	1340	1490	1590	1690	1790	1840	1890
	10	500	600	700	800	900	1050	1150	1300	1450	1550	1650	1750	1800	1850

第二节 《国家学生体质健康标准(2014年修订)》

表10-18 男生50米跑单项评分表

(单位：秒)

等级	单项得分	一年级	二年级	三年级	四年级	五年级	六年级	初一	初二	初三	高一	高二	高三	大一大二	大三大四
优秀	100	10.2	9.6	9.1	8.7	8.4	8.2	7.8	7.5	7.3	7.1	7.0	6.8	6.7	6.6
	95	10.3	9.7	9.2	8.8	8.5	8.3	7.9	7.6	7.4	7.2	7.1	6.9	6.8	6.7
	90	10.4	9.8	9.3	8.9	8.6	8.4	8.0	7.7	7.5	7.3	7.2	7.0	6.9	6.8
良好	85	10.5	9.9	9.4	9.0	8.7	8.5	8.1	7.8	7.6	7.4	7.3	7.1	7.0	6.9
	80	10.6	10.0	9.5	9.1	8.8	8.6	8.2	7.9	7.7	7.5	7.4	7.2	7.1	7.0
	78	10.8	10.2	9.7	9.3	9.0	8.8	8.4	8.1	7.9	7.7	7.6	7.4	7.3	7.2
	76	11.0	10.4	9.9	9.5	9.2	9.0	8.6	8.3	8.1	7.9	7.8	7.6	7.5	7.4
	74	11.2	10.6	10.1	9.7	9.4	9.2	8.8	8.5	8.3	8.1	8.0	7.8	7.7	7.6
	72	11.4	10.8	10.3	9.9	9.6	9.4	9.0	8.7	8.5	8.3	8.2	8.0	7.9	7.8
及格	70	11.6	11.0	10.5	10.1	9.8	9.6	9.2	8.9	8.7	8.5	8.4	8.2	8.1	8.0
	68	11.8	11.2	10.7	10.3	10.0	9.8	9.4	9.1	8.9	8.7	8.6	8.4	8.3	8.2
	66	12.0	11.4	10.9	10.5	10.2	10.0	9.6	9.3	9.1	8.9	8.8	8.6	8.5	8.4
	64	12.2	11.6	11.1	10.7	10.4	10.2	9.8	9.5	9.3	9.1	9.0	8.8	8.7	8.6
	62	12.4	11.8	11.3	10.9	10.6	10.4	10.0	9.7	9.5	9.3	9.2	9.0	8.9	8.8
	60	12.6	12.0	11.5	11.1	10.8	10.6	10.2	9.9	9.7	9.5	9.4	9.2	9.1	9.0
不及格	50	12.8	12.2	11.7	11.3	11.0	10.8	10.4	10.1	9.9	9.7	9.6	9.4	9.3	9.2
	40	13.0	12.4	11.9	11.5	11.2	11.0	10.6	10.3	10.1	9.9	9.8	9.6	9.5	9.4
	30	13.2	12.6	12.1	11.7	11.4	11.2	10.8	10.5	10.3	10.1	10.0	9.8	9.7	9.6
	20	13.4	12.8	12.3	11.9	11.6	11.4	11.0	10.7	10.5	10.3	10.2	10.0	9.9	9.8
	10	13.6	13.0	12.5	12.1	11.8	11.6	11.2	10.9	10.7	10.5	10.4	10.2	10.1	10.0

第十章 我国国民体质测试标准

表10-19 女生50米跑单项评分表 (单位：秒)

等级	单项得分	一年级	二年级	三年级	四年级	五年级	六年级	初一	初二	初三	高一	高二	高三	大一大二	大三大四
优秀	100	11.0	10.0	9.2	8.7	8.3	8.2	8.1	8.0	7.9	7.8	7.7	7.6	7.5	7.4
	95	11.1	10.1	9.3	8.8	8.4	8.3	8.2	8.1	8.0	7.9	7.8	7.7	7.6	7.5
	90	11.2	10.2	9.4	8.9	8.5	8.4	8.3	8.2	8.1	8.0	7.9	7.8	7.7	7.6
良好	85	11.5	10.5	9.7	9.2	8.8	8.7	8.6	8.5	8.4	8.3	8.2	8.1	8.0	7.9
	80	11.8	10.8	10.0	9.5	9.1	9.0	8.9	8.8	8.7	8.6	8.5	8.4	8.3	8.2
	78	12.0	11.0	10.2	9.7	9.3	9.2	9.1	9.0	8.9	8.8	8.7	8.6	8.5	8.4
	76	12.2	11.2	10.4	9.9	9.5	9.4	9.3	9.2	9.1	9.0	8.9	8.8	8.7	8.6
	74	12.4	11.4	10.6	10.1	9.7	9.6	9.5	9.4	9.3	9.2	9.1	9.0	8.9	8.8
	72	12.6	11.6	10.8	10.3	9.9	9.8	9.7	9.6	9.5	9.4	9.3	9.2	9.1	9.0
及格	70	12.8	11.8	11.0	10.5	10.1	10.0	9.9	9.8	9.7	9.6	9.5	9.4	9.3	9.2
	68	13.0	12.0	11.2	10.7	10.3	10.2	10.1	10.0	9.9	9.8	9.7	9.6	9.5	9.4
	66	13.2	12.2	11.4	10.9	10.5	10.4	10.3	10.2	10.1	10.0	9.9	9.8	9.7	9.6
	64	13.4	12.4	11.6	11.1	10.7	10.6	10.5	10.4	10.3	10.2	10.1	10.0	9.9	9.8
	62	13.6	12.6	11.8	11.3	10.9	10.8	10.7	10.6	10.5	10.4	10.3	10.2	10.1	10.0
	60	13.8	12.8	12.0	11.5	11.1	11.0	10.9	10.8	10.7	10.6	10.5	10.4	10.3	10.2
不及格	50	14.0	13.0	12.2	11.7	11.3	11.2	11.1	11.0	10.9	10.8	10.7	10.6	10.5	10.4
	40	14.2	13.2	12.4	11.9	11.5	11.4	11.3	11.2	11.1	11.0	10.9	10.8	10.7	10.6
	30	14.4	13.4	12.6	12.1	11.7	11.6	11.5	11.4	11.3	11.2	11.1	11.0	10.9	10.8
	20	14.6	13.6	12.8	12.3	11.9	11.8	11.7	11.6	11.5	11.4	11.3	11.2	11.1	11.0
	10	14.8	13.8	13.0	12.5	12.1	12.0	11.9	11.8	11.7	11.6	11.5	11.4	11.3	11.2

表10-20 男生坐位体前屈单项评分表 (单位：厘米)

等级	单项得分	一年级	二年级	三年级	四年级	五年级	六年级	初一	初二	初三	高一	高二	高三	大一大二	大三大四
优秀	100	16.1	16.2	16.3	16.4	16.5	16.6	17.6	19.6	21.6	23.6	24.3	24.6	24.9	25.1
	95	14.6	14.7	14.9	15.0	15.2	15.3	15.9	17.7	19.7	21.5	22.4	22.8	23.1	23.3
	90	13.0	13.2	13.4	13.6	13.8	14.0	14.2	15.8	17.8	19.4	20.5	21.0	21.3	21.5
良好	85	12.0	11.9	11.8	11.7	11.6	11.5	12.3	13.7	15.8	17.2	18.3	19.1	19.5	19.9
	80	11.0	10.6	10.2	9.8	9.4	9.0	10.4	11.6	13.8	15.0	16.1	17.2	17.7	18.2
	78	9.9	9.5	9.1	8.6	8.2	7.7	9.1	10.3	12.4	13.6	14.7	15.8	16.3	16.8
	76	8.8	8.4	8.0	7.4	7.0	6.4	7.8	9.0	11.0	12.2	13.3	14.4	14.9	15.4
	74	7.7	7.3	6.9	6.2	5.8	5.1	6.5	7.7	9.6	10.8	11.9	13.0	13.5	14.0
	72	6.6	6.2	5.8	5.0	4.6	3.8	5.2	6.4	8.2	9.4	10.5	11.6	12.1	12.6
及格	70	5.5	5.1	4.7	3.8	3.4	2.5	3.9	5.1	6.8	8.0	9.1	10.2	10.7	11.2
	68	4.4	4.0	3.6	2.6	2.2	1.2	2.6	3.8	5.4	6.6	7.7	8.8	9.3	9.8
	66	3.3	2.9	2.5	1.4	1.0	-0.1	1.3	2.5	4.0	5.2	6.3	7.4	7.9	8.4
	64	2.2	1.8	1.4	0.2	-0.2	-1.4	0.0	1.2	2.6	3.8	4.9	6.0	6.5	7.0
	62	1.1	0.7	0.3	-1.0	-1.4	-2.7	-1.3	-0.1	1.2	2.4	3.5	4.6	5.1	5.6
	60	0.0	-0.4	-0.8	-2.2	-2.6	-4.0	-2.6	-1.4	-0.2	1.0	2.1	3.2	3.7	4.2
不及格	50	-0.8	-1.2	-1.6	-3.2	-3.6	-5.0	-3.8	-2.6	-1.4	0.0	1.1	2.2	2.7	3.2
	40	-1.6	-2.0	-2.4	-4.2	-4.6	-6.0	-5.0	-3.8	-2.6	-1.0	0.1	1.2	1.7	2.2
	30	-2.4	-2.8	-3.2	-5.2	-5.6	-7.0	-6.2	-5.0	-3.8	-2.0	-0.9	0.2	0.7	1.2
	20	-3.2	-3.6	-4.0	-6.2	-6.6	-8.0	-7.4	-6.2	-5.0	-3.0	-1.9	-0.8	-0.3	0.2
	10	-4.0	-4.4	-4.8	-7.2	-7.6	-9.0	-8.6	-7.4	-6.2	-4.0	-2.9	-1.8	-1.3	-0.8

表10-21 女生坐位体前屈单项评分表 (单位：厘米)

等级	单项得分	一年级	二年级	三年级	四年级	五年级	六年级	初一	初二	初三	高一	高二	高三	大一大二	大三大四
优秀	100	18.6	18.9	19.2	19.5	19.8	19.9	21.8	22.7	23.5	24.2	24.8	25.3	25.8	26.3
	95	17.3	17.6	17.9	18.1	18.5	18.7	20.1	21.0	21.8	22.5	23.1	23.6	24.0	24.4
	90	16.0	16.3	16.6	16.9	17.2	17.5	18.4	19.3	20.1	20.8	21.4	21.9	22.2	22.4
良好	85	14.7	14.8	14.9	15.0	15.1	15.2	16.7	17.6	18.4	19.1	19.7	20.2	20.6	21.0
	80	13.4	13.3	13.2	13.1	13.0	12.9	15.0	15.9	16.7	17.4	18.0	18.5	19.0	19.5
	78	12.3	12.2	12.1	12.0	11.9	11.8	13.7	14.6	15.4	16.1	16.7	17.2	17.7	18.2
	76	11.2	11.1	11.0	10.9	10.8	10.7	12.4	13.3	14.1	14.8	15.4	15.9	16.4	16.9
	74	10.1	10.0	9.9	9.8	9.7	9.6	11.1	12.0	12.8	13.5	14.1	14.6	15.1	15.6
	72	9.0	8.9	8.8	8.7	8.6	8.5	9.8	10.7	11.5	12.2	12.8	13.3	13.8	14.3
及格	70	7.9	7.8	7.7	7.6	7.5	7.4	8.5	9.4	10.2	10.9	11.5	12.0	12.5	13.0
	68	6.8	6.7	6.6	6.5	6.4	6.3	7.2	8.1	8.9	9.6	10.2	10.7	11.2	11.7
	66	5.7	5.6	5.5	5.4	5.3	5.2	5.9	6.8	7.6	8.3	8.9	9.4	9.9	10.4
	64	4.6	4.5	4.4	4.3	4.2	4.1	4.6	5.5	6.3	7.0	7.6	8.1	8.6	9.1
	62	3.5	3.4	3.3	3.2	3.1	3.0	3.3	4.2	5.0	5.7	6.3	6.8	7.3	7.8
	60	2.4	2.3	2.2	2.1	2.0	1.9	2.0	2.9	3.7	4.4	5.0	5.5	6.0	6.5
不及格	50	1.6	1.5	1.4	1.3	1.2	1.1	1.2	2.1	2.9	3.6	4.2	4.7	5.2	5.7
	40	0.8	0.7	0.6	0.5	0.4	0.3	0.4	1.3	2.1	2.8	3.4	3.9	4.4	4.9
	30	0.0	-0.1	-0.2	-0.3	-0.4	-0.5	-0.4	0.5	1.3	2.0	2.6	3.1	3.6	4.1
	20	-0.8	-0.9	-1.0	-1.1	-1.2	-1.3	-1.2	-0.3	0.5	1.2	1.8	2.3	2.8	3.3
	10	-1.6	-1.7	-1.8	-1.9	-2.0	-2.1	-2.0	-1.1	-0.3	0.4	1.0	1.5	2.0	2.5

表 10-22　　　　　　　　　　男生一分钟跳绳单项评分表　　　　　　　　　　（单位：次）

等级	单项得分	一年级	二年级	三年级	四年级	五年级	六年级
优秀	100	109	117	126	137	148	157
	95	104	112	121	132	143	152
	90	99	107	116	127	138	147
良好	85	93	101	110	121	132	141
	80	87	95	104	115	126	135
及格	78	80	88	97	108	119	128
	76	73	81	90	101	112	121
	74	66	74	83	94	105	114
	72	59	67	76	87	98	107
	70	52	60	69	80	91	100
	68	45	53	62	73	84	93
	66	38	46	55	66	77	86
	64	31	39	48	59	70	79
	62	24	32	41	52	63	72
	60	17	25	34	45	56	65
不及格	50	14	22	31	42	53	62
	40	11	19	28	39	50	59
	30	8	16	25	36	47	56
	20	5	13	22	33	44	53
	10	2	10	19	30	41	50

表 10-23　　　　　　　　　　女生一分钟跳绳单项评分表　　　　　　　　　　（单位：次）

等级	单项得分	一年级	二年级	三年级	四年级	五年级	六年级
优秀	100	117	127	139	149	158	166
	95	110	120	132	142	151	159
	90	103	113	125	135	144	152
良好	85	95	105	117	127	136	144
	80	87	97	109	119	128	136
及格	78	80	90	102	112	121	129
	76	73	83	95	105	114	122
	74	66	76	88	98	107	115

续表

等级	单项得分	一年级	二年级	三年级	四年级	五年级	六年级
及格	72	59	69	81	91	100	108
	70	52	62	74	84	93	101
	68	45	55	67	77	86	94
	66	38	48	60	70	79	87
	64	31	41	53	63	72	80
	62	24	34	46	56	65	73
	60	17	27	39	49	58	66
不及格	50	14	24	36	46	55	63
	40	11	21	33	43	52	60
	30	8	18	30	40	49	57
	20	5	15	27	37	46	54
	10	2	12	24	34	43	51

表10-24　　　　　　　　　男生立定跳远单项评分表　　　　　　　　（单位：厘米）

等级	单项得分	初一	初二	初三	高一	高二	高三	大一大二	大三大四
优秀	100	225	240	250	260	265	270	273	275
	95	218	233	245	255	260	265	268	270
	90	211	226	240	250	255	260	263	265
良好	85	203	218	233	243	248	253	256	258
	80	195	210	225	235	240	245	248	250
及格	78	191	206	221	231	236	241	244	246
	76	187	202	217	227	232	237	240	242
	74	183	198	213	223	228	233	236	238
	72	179	194	209	219	224	229	232	234
	70	175	190	205	215	220	225	228	230
	68	171	186	201	211	216	221	224	226
	66	167	182	197	207	212	217	220	222
	64	163	178	193	203	208	213	216	218
	62	159	174	189	199	204	209	212	214
	60	155	170	185	195	200	205	208	210

续表

等级	单项得分	初一	初二	初三	高一	高二	高三	大一大二	大三大四
不及格	50	150	165	180	190	195	200	203	205
	40	145	160	175	185	190	195	198	200
	30	140	155	170	180	185	190	193	195
	20	135	150	165	175	180	185	188	190
	10	130	145	160	170	175	180	183	185

表10-25　　　　　　　　　　女生立定跳远单项评分表　　　　　　　　　（单位：厘米）

等级	单项得分	初一	初二	初三	高一	高二	高三	大一大二	大三大四
优秀	100	196	200	202	204	205	206	207	208
	95	190	194	196	198	199	200	201	202
	90	184	188	190	192	193	194	195	196
良好	85	177	181	183	185	186	187	188	189
	80	170	174	176	178	179	180	181	182
及格	78	167	171	173	175	176	177	178	179
	76	164	168	170	172	173	174	175	176
	74	161	165	167	169	170	171	172	173
	72	158	162	164	166	167	168	169	170
	70	155	159	161	163	164	165	166	167
	68	152	156	158	160	161	162	163	164
	66	149	153	155	157	158	159	160	161
	64	146	150	152	154	155	156	157	158
	62	143	147	149	151	152	153	154	155
	60	140	144	146	148	149	150	151	152
不及格	50	135	139	141	143	144	145	146	147
	40	130	134	136	138	139	140	141	142
	30	125	129	131	133	134	135	136	137
	20	120	124	126	128	129	130	131	132
	10	115	119	121	123	124	125	126	127

表 10-26　　　　　　　　男生一分钟仰卧起坐、引体向上单项评分表　　　　　　　（单位：次）

等级	单项得分	三年级	四年级	五年级	六年级	初一	初二	初三	高一	高二	高三	大一大二	大三大四
优秀	100	48	49	50	51	13	14	15	16	17	18	19	20
	95	45	46	47	48	12	13	14	15	16	17	18	19
	90	42	43	44	45	11	12	13	14	15	16	17	18
良好	85	39	40	41	42	10	11	12	13	14	15	16	17
	80	36	37	38	39	9	10	11	12	13	14	15	16
及格	78	34	35	36	37								
	76	32	33	34	35	8	9	10	11	12	13	14	15
	74	30	31	32	33								
	72	28	29	30	31	7	8	9	10	11	12	13	14
	70	26	27	28	29								
	68	24	25	26	27	6	7	8	9	10	11	12	13
	66	22	23	24	25								
	64	20	21	22	23	5	6	7	8	9	10	11	12
	62	18	19	20	21								
	60	16	17	18	19	4	5	6	7	8	9	10	11
不及格	50	14	15	16	17	3	4	5	6	7	8	9	10
	40	12	13	14	15	2	3	4	5	6	7	8	9
	30	10	11	12	13	1	2	3	4	5	6	7	8
	20	8	9	10	11		1	2	3	4	5	6	7
	10	6	7	8	9			1	2	3	4	5	6

注：小学三年级~六年级：一分钟仰卧起坐；初中、高中、大学：引体向上。

表 10-27　　　　　　　　　　女生一分钟仰卧起坐单项评分表　　　　　　　　　（单位：次）

等级	单项得分	三年级	四年级	五年级	六年级	初一	初二	初三	高一	高二	高三	大一大二	大三大四
优秀	100	46	47	48	49	50	51	52	53	54	55	56	57
	95	44	45	46	47	48	49	50	51	52	53	54	55
	90	42	43	44	45	46	47	48	49	50	51	52	53
良好	85	39	40	41	42	43	44	45	46	47	48	49	50
	80	36	37	38	39	40	41	42	43	44	45	46	47

续表

等级	单项得分	三年级	四年级	五年级	六年级	初一	初二	初三	高一	高二	高三	大一大二	大三大四
及格	78	34	35	36	37	38	39	40	41	42	43	44	45
	76	32	33	34	35	36	37	38	39	40	41	42	43
	74	30	31	32	33	34	35	36	37	38	39	40	41
	72	28	29	30	31	32	33	34	35	36	37	38	39
	70	26	27	28	29	30	31	32	33	34	35	36	37
	68	24	25	26	27	28	29	30	31	32	33	34	35
	66	22	23	24	25	26	27	28	29	30	31	32	33
	64	20	21	22	23	24	25	26	27	28	29	30	31
	62	18	19	20	21	22	23	24	25	26	27	28	29
	60	16	17	18	19	20	21	22	23	24	25	26	27
不及格	50	14	15	16	17	18	19	20	21	22	23	24	25
	40	12	13	14	15	16	17	18	19	20	21	22	23
	30	10	11	12	13	14	15	16	17	18	19	20	21
	20	8	9	10	11	12	13	14	15	16	17	18	19
	10	6	7	8	9	10	11	12	13	14	15	16	17

表10-28　　　　　　　　　男生耐力跑单项评分表　　　　　　　（单位：分·秒）

等级	单项得分	五年级	六年级	初一	初二	初三	高一	高二	高三	大一大二	大三大四
优秀	100	1'36"	1'30"	3'55"	3'50"	3'40"	3'30"	3'25"	3'20"	3'17"	3'15"
	95	1'39"	1'33"	4'05"	3'55"	3'45"	3'35"	3'30"	3'25"	3'22"	3'20"
	90	1'42"	1'36"	4'15"	4'00"	3'50"	3'40"	3'35"	3'30"	3'27"	3'25"
良好	85	1'45"	1'39"	4'22"	4'07"	3'57"	3'47"	3'42"	3'37"	3'34"	3'32"
	80	1'48"	1'42"	4'30"	4'15"	4'05"	3'55"	3'50"	3'45"	3'42"	3'40"
及格	78	1'51"	1'45"	4'35"	4'20"	4'10"	4'00"	3'55"	3'50"	3'47"	3'45"
	76	1'54"	1'48"	4'40"	4'25"	4'15"	4'05"	4'00"	3'55"	3'52"	3'50"
	74	1'57"	1'51"	4'45"	4'30"	4'20"	4'10"	4'05"	4'00"	3'57"	3'55"
	72	2'00"	1'54"	4'50"	4'35"	4'25"	4'15"	4'10"	4'05"	4'02"	4'00"
	70	2'03"	1'57"	4'55"	4'40"	4'30"	4'20"	4'15"	4'10"	4'07"	4'05"
	68	2'06"	2'00"	5'00"	4'45"	4'35"	4'25"	4'20"	4'15"	4'12"	4'10"

续表

等级	单项得分	五年级	六年级	初一	初二	初三	高一	高二	高三	大一大二	大三大四
及格	66	2'09″	2'03″	5'05″	4'50″	4'40″	4'30″	4'25″	4'20″	4'17″	4'15″
及格	64	2'12″	2'06″	5'10″	4'55″	4'45″	4'35″	4'30″	4'25″	4'22″	4'20″
及格	62	2'15″	2'09″	5'15″	5'00″	4'50″	4'40″	4'35″	4'30″	4'27″	4'25″
及格	60	2'18″	2'12″	5'20″	5'05″	4'55″	4'45″	4'40″	4'35″	4'32″	4'30″
不及格	50	2'22″	2'16″	5'40″	5'25″	5'15″	5'05″	5'00″	4'55″	4'52″	4'50″
不及格	40	2'26″	2'20″	6'00″	5'45″	5'35″	5'25″	5'20″	5'15″	5'12″	5'10″
不及格	30	2'30″	2'24″	6'20″	6'05″	5'55″	5'45″	5'40″	5'35″	5'32″	5'30″
不及格	20	2'34″	2'28″	6'40″	6'25″	6'15″	6'05″	6'00″	5'55″	5'52″	5'50″
不及格	10	2'38″	2'32″	7'00″	6'45″	6'35″	6'25″	6'20″	6'15″	6'12″	6'10″

注：小学五年级~六年级：50米×8往返跑；初中、高中、大学：1000米跑。

表10-29　　　　　　　　女生耐力跑单项评分表　　　　　　　（单位：分·秒）

等级	单项得分	五年级	六年级	初一	初二	初三	高一	高二	高三	大一大二	大三大四
优秀	100	1'41″	1'37″	3'35″	3'30″	3'25″	3'24″	3'22″	3'20″	3'18″	3'16″
优秀	95	1'44″	1'40″	3'42″	3'37″	3'32″	3'30″	3'28″	3'26″	3'24″	3'22″
优秀	90	1'47″	1'43″	3'49″	3'44″	3'39″	3'36″	3'34″	3'32″	3'30″	3'28″
良好	85	1'50″	1'46″	3'57″	3'52″	3'47″	3'43″	3'41″	3'39″	3'37″	3'35″
良好	80	1'53″	1'49″	4'05″	4'00″	3'55″	3'50″	3'48″	3'46″	3'44″	3'42″
及格	78	1'56″	1'52″	4'10″	4'05″	4'00″	3'55″	3'53″	3'51″	3'49″	3'47″
及格	76	1'59″	1'55″	4'15″	4'10″	4'05″	4'00″	3'58″	3'56″	3'54″	3'52″
及格	74	2'02″	1'58″	4'20″	4'15″	4'10″	4'05″	4'03″	4'01″	3'59″	3'57″
及格	72	2'05″	2'01″	4'25″	4'20″	4'15″	4'10″	4'08″	4'06″	4'04″	4'02″
及格	70	2'08″	2'04″	4'30″	4'25″	4'20″	4'15″	4'13″	4'11″	4'09″	4'07″
及格	68	2'11″	2'07″	4'35″	4'30″	4'25″	4'20″	4'18″	4'16″	4'14″	4'12″
及格	66	2'14″	2'10″	4'40″	4'35″	4'30″	4'25″	4'23″	4'21″	4'19″	4'17″
及格	64	2'17″	2'13″	4'45″	4'40″	4'35″	4'30″	4'28″	4'26″	4'24″	4'22″
及格	62	2'20″	2'16″	4'50″	4'45″	4'40″	4'35″	4'33″	4'31″	4'29″	4'27″
及格	60	2'23″	2'19″	4'55″	4'50″	4'45″	4'40″	4'38″	4'36″	4'34″	4'32″

续表

等级	单项得分	五年级	六年级	初一	初二	初三	高一	高二	高三	大一大二	大三大四
不及格	50	2'27"	2'23"	5'05"	5'00"	4'55"	4'50"	4'48"	4'46"	4'44"	4'42"
	40	2'31"	2'27"	5'15"	5'10"	5'05"	5'00"	4'58"	4'56"	4'54"	4'52"
	30	2'35"	2'31"	5'25"	5'20"	5'15"	5'10"	5'08"	5'06"	5'04"	5'02"
	20	2'39"	2'35"	5'35"	5'30"	5'25"	5'20"	5'18"	5'16"	5'14"	5'12"
	10	2'43"	2'39"	5'45"	5'40"	5'35"	5'30"	5'28"	5'26"	5'24"	5'22"

注：小学五年级~六年级：50米×8往返跑；初中、高中、大学：800米跑。

（2）加分指标评分表：

表10-30　　　　　　　　男生一分钟跳绳评分表　　　　　　　（单位：次）

加分	一年级	二年级	三年级	四年级	五年级	六年级
20	40	40	40	40	40	40
19	38	38	38	38	38	38
18	36	36	36	36	36	36
17	34	34	34	34	34	34
16	32	32	32	32	32	32
15	30	30	30	30	30	30
14	28	28	28	28	28	28
13	26	26	26	26	26	26
12	24	24	24	24	24	24
11	22	22	22	22	22	22
10	20	20	20	20	20	20
9	18	18	18	18	18	18
8	16	16	16	16	16	16
7	14	14	14	14	14	14
6	12	12	12	12	12	12
5	10	10	10	10	10	10
4	8	8	8	8	8	8
3	6	6	6	6	6	6

续表

加分	一年级	二年级	三年级	四年级	五年级	六年级
2	4	4	4	4	4	4
1	2	2	2	2	2	2

注：一分钟跳绳为高优指标，学生成绩超过单项评分100分后，以超过的次数所对应的分数进行加分。

表 10-31　　　　　　　　女生一分钟跳绳评分表　　　　　　　（单位：次）

加分	一年级	二年级	三年级	四年级	五年级	六年级
20	40	40	40	40	40	40
19	38	38	38	38	38	38
18	36	36	36	36	36	36
17	34	34	34	34	34	34
16	32	32	32	32	32	32
15	30	30	30	30	30	30
14	28	28	28	28	28	28
13	26	26	26	26	26	26
12	24	24	24	24	24	24
11	22	22	22	22	22	22
10	20	20	20	20	20	20
9	18	18	18	18	18	18
8	16	16	16	16	16	16
7	14	14	14	14	14	14
6	12	12	12	12	12	12
5	10	10	10	10	10	10
4	8	8	8	8	8	8
3	6	6	6	6	6	6
2	4	4	4	4	4	4
1	2	2	2	2	2	2

注：一分钟跳绳为高优指标，学生成绩超过单项评分100分后，以超过的次数所对应的分数进行加分。

表 10-32　　　　　　　　　　男生引体向上评分表　　　　　　　　（单位：次）

加分	初一	初二	初三	高一	高二	高三	大一大二	大三大四
10	10	10	10	10	10	10	10	10
9	9	9	9	9	9	9	9	9
8	8	8	8	8	8	8	8	8
7	7	7	7	7	7	7	7	7
6	6	6	6	6	6	6	6	6
5	5	5	5	5	5	5	5	5
4	4	4	4	4	4	4	4	4
3	3	3	3	3	3	3	3	3
2	2	2	2	2	2	2	2	2
1	1	1	1	1	1	1	1	1

表 10-33　　　　　　　　女生一分钟仰卧起坐评分表　　　　　　　（单位：次）

加分	初一	初二	初三	高一	高二	高三	大一大二	大三大四
10	13	13	13	13	13	13	13	13
9	12	12	12	12	12	12	12	12
8	11	11	11	11	11	11	11	11
7	10	10	10	10	10	10	10	10
6	9	9	9	9	9	9	9	9
5	8	8	8	8	8	8	8	8
4	7	7	7	7	7	7	7	7
3	6	6	6	6	6	6	6	6
2	4	4	4	4	4	4	4	4
1	2	2	2	2	2	2	2	2

注：引体向上、一分钟仰卧起坐均为高优指标，学生成绩超过单项评分 100 分后，以超过的次数所对应的分数进行加分。

表 10-34　　　　　　　　　男生 1000 米跑评分表　　　　　　　　（单位：分·秒）

加分	初一	初二	初三	高一	高二	高三	大一大二	大三大四
10	−35″	−35″	−35″	−35″	−35″	−35″	−35″	−35″
9	−32″	−32″	−32″	−32″	−32″	−32″	−32″	−32″
8	−29″	−29″	−29″	−29″	−29″	−29″	−29″	−29″

续表

加分	初一	初二	初三	高一	高二	高三	大一大二	大三大四
7	−26″	−26″	−26″	−26″	−26″	−26″	−26″	−26″
6	−23″	−23″	−23″	−23″	−23″	−23″	−23″	−23″
5	−20″	−20″	−20″	−20″	−20″	−20″	−20″	−20″
4	−16″	−16″	−16″	−16″	−16″	−16″	−16″	−16″
3	−12″	−12″	−12″	−12″	−12″	−12″	−12″	−12″
2	−8″	−8″	−8″	−8″	−8″	−8″	−8″	−8″
1	−4″	−4″	−4″	−4″	−4″	−4″	−4″	−4″

表 10-35　　　　　　　　　　女生 800 米跑评分表　　　　　　（单位：分·秒）

加分	初一	初二	初三	高一	高二	高三	大一大二	大三大四
10	−50″	−50″	−50″	−50″	−50″	−50″	−50″	−50″
9	−45″	−45″	−45″	−45″	−45″	−45″	−45″	−45″
8	−40″	−40″	−40″	−40″	−40″	−40″	−40″	−40″
7	−35″	−35″	−35″	−35″	−35″	−35″	−35″	−35″
6	−30″	−30″	−30″	−30″	−30″	−30″	−30″	−30″
5	−25″	−25″	−25″	−25″	−25″	−25″	−25″	−25″
4	−20″	−20″	−20″	−20″	−20″	−20″	−20″	−20″
3	−15″	−15″	−15″	−15″	−15″	−15″	−15″	−15″
2	−10″	−10″	−10″	−10″	−10″	−10″	−10″	−10″
1	−5″	−5″	−5″	−5″	−5″	−5″	−5″	−5″

注：1000 米跑、800 米跑均为低优指标，学生成绩低于单项评分 100 分后，以减少的秒数所对应的分数进行加分。

（3）各单项指标测试成绩逻辑界值：

表 10-36　　　　　　　各单项指标测试成绩逻辑界值表

性别	单项指标	小学	初中、高中	大学、高职
男生	身高（厘米）	90.0~180.0	130.0~200.0	150~200.0
	体重（千克）	15.0~100.0	25.0~120.0	40.0~120.0
	肺活量（毫升）	500~5000	1000~7000	2000~7000
	50 米跑（秒）	16.0~6.5	14.0~6.0	11.0~6.0

续表

性别	单项指标	小学	初中、高中	大学、高职
男生	坐位体前屈(厘米)	-10.0~25.0	-15.0~30.0	-10.0~30.0
	一分钟跳绳(次)	0~240	—	—
	一分钟仰卧起坐(次)	0~66	—	—
	50米×8往返跑(分·秒)	3′20″~1′10″	—	—
	立定跳远(厘米)	50~250	100~300	150~300
	引体向上男生(次)	—	0~40	0~40
	1000米跑(分·秒)	—	7′00″~2′30″	6′10″~2′30″
女生	身高(厘米)	90.0~180.0	100.0~190.0	140.0~190.0
	体重(千克)	15.0~100.0	20.0~100.0	35~100.0
	肺活量(毫升)	500~5000	800~5000	1000~5000
	50米跑(秒)	16.0~6.5	14.0~6.0	13.0~6.0
	坐位体前屈(厘米)	-10.0~25.0	-10.0~35.0	-5.0~35.0
	一分钟跳绳(次)	0~240	—	—
	一分钟仰卧起坐(次)	0~66	0~66	0~66
	50米×8往返跑(分·秒)	3′20″~1′10″	—	—
	立定跳远(厘米)	50~250	80~250	100~250
	800米跑(分·秒)	—	6′40″~2′20″	5′50″~2′20″

第三节　国民体质测试标准手册与标准(成人部分)

一、适用对象与分组

1. 分组和年龄范围

《国民体质测定标准》(成年人部分)的适用对象为20~59岁周岁的中国成年人、按年龄、性别分组，每5岁为一组。男女共计16个组别。

2. 年龄计算方法

测试时已过当年生日者：年龄=测试年-出生年
测试时未过当年生日者：年龄=测试年-出生年-1

二、测试指标

测试指标包括身体形态、机能和素质三类（表 10-37）。

表 10-37　　　　　　　　　　20~59 岁成人国民体质测试指标

类别	测试指标	
	20~39 岁	40~59 岁
形态	身高　体重	身高　体重
机能	肺活量　台阶试验	肺活量　台阶试验
素质	握力 俯卧撑（男） 1 分钟仰卧起坐（女） 纵跳 坐位体前屈 选择反应时 闭眼单脚站立	握力 坐位体前屈 选择反应时 闭眼单脚站立

三、评定方法与标准

采用单项评分和综合评级进行评定。

单项评分包括身高标准体重评分和其他单项指标评分，采用 5 分制。

综合评级是根据受试者各单项得分之和确定，共分四个等级：一级（优秀）、二级（良好）、三级（合格）、四级（不合格）。任意一项指标无分者，不进行综合评级（见表 10-38）。

表 10-38　　　　　　　　　　综合评级标准

等级	得　分	
一级（优秀）	>33 分	>26 分
二级（良好）	30~33 分	24~26 分
三级（合格）	23~29 分	18~23 分
四级（不合格）	<23 分	<18 分

四、测试方法与评分标准

受试者测试前应保持安静状态，不要从事剧烈体力活动，着运动服和运动鞋参加测试。

1. 形态指标

(1)身高:

测试目的:反映人体骨髓纵向生长水平。

测试器材:使用身高计测试,精度为0.1厘米。

测试方法:测试时,受试者赤脚、呈立正姿势站在身高计的底板上(躯干挺直,上肢自然下垂,脚跟并拢,脚尖分开约60°,脚跟、骶骨部及两肩胛间与身高计的立柱接触,头部正直,两眼平视前方,耳屏上缘与眼眶下缘最低点呈水平)。记录以厘米为单位,保留小数点后1位。

(2)体重:

测试目的:反映人体发育程度和营养状况。

测试器材:使用体重秤测试,精度为0.1千克。

测试方法:测试时,受试者自然站在体重秤中央,站稳后,读取数据记录千克为单位,保留小数点后1位。

注意事项:

测试时,受试者尽量减少着装;

上、下体重秤时,动作要轻缓。

评分标准如下。

表 10-39　　　　　　20~29岁成年人身高标准体重评分表(男)

身高段(厘米)	体重(千克)				
	1分	3分	5分	3分	1分
144.0~144.9	<36.6	36.6~37.6	37.7~48.2	48.3~52.3	>52.3
145.0~145.9	<37.1	37.1~38.1	38.2~49.0	49.1~53.0	>53.0
146.0~146.9	<37.7	37.7~38.6	38.7~49.8	49.9~53.8	>53.8
147.0~147.9	<38.3	38.3~39.2	39.3~50.6	50.7~54.6	>54.6
148.0~148.9	<38.9	38.9~39.7	39.8~51.4	51.5~55.4	>55.4
149.0~149.9	<39.9	39.9~40.4	40.5~52.1	52.2~56.2	>56.2
150.0~150.9	<40.5	40.5~41.1	41.2~52.9	53.0~57.1	>57.1
151.0~151.9	<41.0	41.0~41.7	41.8~53.8	53.9~58.0	>58.0
152.0~152.9	<41.6	41.6~42.4	42.5~54.6	54.7~59.0	>59.0
153.0~153.9	<42.2	42.2~43.2	43.3~55.6	55.7~59.8	>59.8
154.0~154.9	<42.8	42.8~44.0	44.1~56.7	56.8~60.9	>60.9
155.0~155.9	<43.4	43.4~44.7	44.8~57.8	57.9~61.9	>61.9
156.0~156.9	<44.0	44.0~45.4	45.5~58.8	58.9~62.9	>62.9

续表

身高段(厘米)	体重(千克)				
	1分	3分	5分	3分	1分
157.0~157.9	<44.5	44.5~46.0	46.1~59.7	59.8~64.0	>64.0
158.0~158.9	<45.0	45.0~46.9	47.0~61.8	61.9~65.1	>65.1
159.0~159.9	<45.5	45.5~47.6	47.7~61.9	62.0~66.1	>66.1
160.0~160.9	<46.0	46.0~48.5	48.6~62.9	63.0~67.2	>67.2
161.0~161.9	<46.7	46.7~49.2	49.3~63.8	63.9~68.2	>68.2
162.0~162.9	<47.3	47.3~50.1	50.2~64.9	65.0~69.0	>69.0
163.0~163.9	<47.8	47.8~51.0	51.1~65.9	66.0~70.1	>70.1
164.0~164.9	<48.4	48.4~51.6	51.7~67.0	67.1~71.0	>71.0
165.0~165.9	<48.9	48.9~52.2	52.3~67.8	67.9~72.1	>72.1
166.0~166.9	<49.4	49.4~53.0	53.1~68.7	68.8~72.9	>72.9
167.0~167.9	<49.9	49.9~53.6	53.7~69.6	69.7~73.8	>73.8
168.0~168.9	<50.5	50.0~54.3	54.4~70.4	70.5~75.0	>75.0
169.0~169.9	<51.2	51.2~55.0	55.1~71.2	71.3~75.9	>75.9
170.0~170.9	<52.0	52.0~55.7	55.8~72.1	72.2~76.8	>76.8
171.0~171.9	<52.7	52.7~56.6	56.7~73.1	73.2~77.9	>77.9
172.0~172.9	<53.5	53.5~57.5	57.6~74.0	74.1~79.1	>79.1
173.0~173.9	<54.1	54.1~58.3	58.4~75.0	75.1~80.0	>80.0
174.0~174.9	<54.6	54.6~59.2	59.3~75.9	76.0~81.1	>81.1
175.0~175.9	<55.2	55.2~60.0	60.1~76.9	77.0~82.0	>82.0
176.0~176.9	<55.9	55.9~60.8	60.9~77.9	78.0~83.0	>83.0
177.0~177.9	<56.5	56.5~61.3	61.4~78.9	79.0~84.1	>84.1
178.0~178.9	<57.1	57.1~62.1	62.2~80.0	80.1~85.0	>85.0
179.0~179.9	<57.7	57.7~62.7	62.8~81.2	81.3~86.1	>86.1
180.0~180.9	<58.4	58.4~63.3	63.4~82.4	82.5~87.1	>87.1
181.0~181.9	<58.9	58.9~64.2	64.3~83.5	83.6~88.1	>88.1
182.0~182.9	<59.5	59.5~64.9	65.0~84.7	84.8~89.1	>89.1
183.0~183.9	<60.2	60.2~65.7	65.8~85.7	85.8~90.2	>90.2
184.0~184.9	<60.8	60.8~66.4	66.5~86.8	86.9~91.2	>91.2
185.0~185.9	<61.4	61.4~67.1	67.2~87.7	87.8~92.2	>92.2
186.0~186.9	<62.0	62.0~67.9	68.0~89.8	89.9~93.3	>93.3

续表

身高段(厘米)	体重(千克)				
	1分	3分	5分	3分	1分
187.0~187.9	<62.7	62.7~68.7	68.8~89.7	89.8~94.4	>94.4
188.0~188.9	<63.3	63.3~69.4	69.5~90.8	90.9~95.5	>95.5
189.0~189.9	<64.0	64.0~70.4	70.5~91.7	91.8~96.6	>96.6
190.0~190.9	<64.6	64.6~71.1	71.2~92.7	92.8~97.7	>97.7
191.0~191.9	<65.2	65.2~71.9	72.0~93.8	93.9~98.7	>98.7
192.0~192.9	<65.9	65.9~72.9	73.0~95.0	95.1~99.8	>99.8
193.0~193.9	<66.6	66.6~73.6	73.7~96.2	96.3~101.0	>101.0
194.0~194.9	<67.3	67.3~74.5	74.6~97.4	97.5~102.1	>102.1
195.0~195.9	<67.9	67.9~75.3	75.4~98.5	98.6~103.3	>103.3
196.0~196.9	<68.6	68.6~76.1	76.2~99.6	99.7~104.5	>104.5
197.0~197.0	<69.3	69.3~77.1	77.2~100.7	100.8~105.7	>105.7
198.0~198.9	<70.0	70.0~78.0	78.1~101.8	101.9~106.8	>106.8
199.0~199.9	<71.8	71.8~79.1	79.2~102.6	102.7~107.8	>107.8

表10-40　　20~29岁成年人身高标准体重评分表(女)

身高段(厘米)	体重(千克)				
	1分	3分	5分	3分	1分
140.0~140.9	<33.5	33.5~36.4	36.5~50.3	50.4~54.3	>54.3
141.0~141.9	<34.2	34.2~36.9	37.0~51.0	51.1~54.9	>54.9
142.0~142.9	<34.8	34.8~37.4	37.5~51.7	51.8~55.6	>55.6
143.0~143.9	<35.4	35.4~37.8	37.9~52.3	52.4~56.2	>56.2
144.0~144.9	<36.0	36.0~38.4	38.5~52.9	53.0~56.9	>56.9
145.0~145.9	<36.6	36.6~38.9	39.0~53.5	53.6~57.6	>57.6
146.0~146.9	<37.3	37.3~39.4	39.5~54.1	54.2~58.3	>58.3
147.0~147.9	<37.9	37.9~39.8	39.9~54.7	54.8~58.9	>58.9
148.0~148.9	<38.4	38.4~40.3	40.4~55.3	55.4~59.6	>59.6
149.0~149.9	<39.0	39.0~40.8	40.9~55.9	56.0~60.3	>60.3
150.0~150.9	<39.6	39.6~41.4	41.5~56.5	56.6~61.0	>61.0
151.0~151.9	<40.2	40.2~42.0	42.1~57.1	57.2~61.7	>61.7
152.0~152.9	<40.8	40.8~42.6	42.7~57.8	57.9~62.5	>62.5

续表

身高段(厘米)	体重(千克)				
	1分	3分	5分	3分	1分
153.0~153.9	<41.5	41.5~43.2	43.3~58.4	58.5~63.3	>63.3
154.0~154.9	<42.1	42.1~43.9	44.0~59.1	59.2~64.0	>64.0
155.0~155.9	<42.7	42.7~44.6	44.7~59.7	59.8~64.7	>64.7
156.0~156.9	<43.3	43.3~45.3	45.4~60.3	60.4~65.4	>65.4
157.0~157.9	<43.9	43.9~46.0	46.1~61.0	61.1~66.1	>66.1
158.0~158.9	<44.5	44.5~46.6	46.7~61.7	61.8~66.8	>66.8
159.0~159.9	<45.2	45.2~47.3	47.4~62.3	62.4~67.4	>67.4
160.0~160.9	<45.8	45.8~48.0	48.1~63.0	63.1~68.2	>68.2
161.0~161.9	<46.3	46.3~48.7	48.8~63.7	63.8~68.9	>68.9
162.0~162.9	<47.0	47.0~49.4	49.5~64.4	64.5~69.6	>69.6
163.0~163.9	<47.6	47.6~50.1	50.2~65.1	65.2~70.3	>70.3
164.0~164.9	<48.3	48.3~50.8	50.9~65.8	65.9~71.0	>71.0
165.0~165.9	<48.9	48.9~51.5	51.6~66.5	66.6~71.7	>71.7
166.0~166.9	<49.6	49.6~52.3	52.4~67.2	67.3~72.3	>72.3
167.0~167.9	<50.3	50.3~52.9	53.0~67.9	68.0~73.0	>73.0
168.0~168.9	<51.0	51.0~53.7	53.8~68.6	68.7~73.6	>73.6
169.0~169.9	<51.7	51.7~54.5	54.6~69.4	69.5~74.3	>74.3
170.0~170.9	<52.5	52.5~55.4	55.5~70.2	70.3~74.9	>74.9
171.0~171.9	<53.3	53.3~56.1	56.2~71.0	71.1~75.6	>75.6
172.0~172.9	<54.1	54.1~56.9	57.0~71.8	71.9~76.5	>76.5
173.0~173.9	<54.9	54.9~57.7	57.8~72.6	72.7~77.2	>77.2
174.0~174.9	<55.8	55.8~58.5	58.6~73.5	73.6~77.9	>77.9
175.0~175.9	<56.5	56.5~59.5	59.6~74.4	74.5~78.6	>78.6
176.0~176.9	<57.3	57.3~60.2	60.3~75.1	75.2~79.3	>79.3
177.0~177.9	<58.1	58.1~60.9	61.0~76.0	76.1~80.0	>80.0
178.0~178.9	<58.9	58.9~61.6	61.7~76.8	76.9~80.7	>80.7
179.0~179.9	<59.7	59.7~62.2	62.3~77.7	77.8~81.5	>81.5
180.0~180.9	<60.5	60.5~63.1	63.2~78.5	78.6~82.2	>82.2
181.0~181.9	<61.3	61.3~63.6	63.7~79.3	79.4~82.9	>82.9
182.0~182.9	<62.1	62.1~64.3	64.4~80.0	80.1~83.7	>83.7

续表

身高段(厘米)	体重(千克)				
	1分	3分	5分	3分	1分
183.0~183.9	<62.9	62.9~65.0	65.1~80.8	80.9~84.6	>84.6
184.0~184.9	<63.7	63.7~65.7	65.8~81.6	81.7~85.3	>85.3

表10-41　　　　30~39岁成年人身高标准体重评分表(男)

身高段(厘米)	体重(千克)				
	1分	3分	5分	3分	1分
144.0~144.9	<38.0	38.0~38.2	38.3~50.7	50.8~54.3	>54.3
145.0~145.9	<38.5	38.5~39.0	39.1~51.3	51.4~55.0	>55.0
146.0~146.9	<39.1	39.1~39.6	39.7~51.9	52.0~55.8	>55.8
147.0~147.9	<39.7	39.7~40.2	40.3~52.6	52.7~56.6	>56.6
148.0~148.9	<40.3	40.3~40.7	40.8~53.4	53.5~57.4	>57.4
149.0~149.9	<40.9	40.9~41.4	41.5~54.1	54.2~58.2	>58.2
150.0~150.9	<41.5	41.5~42.1	42.2~54.9	55.0~59.1	>59.1
151.0~151.9	<42.0	42.0~42.7	42.8~55.8	55.9~60.0	>60.0
152.0~152.9	<42.6	42.6~43.4	43.5~56.6	56.7~61.0	>61.0
153.0~153.9	<43.2	43.2~44.2	44.3~57.6	57.7~61.8	>61.8
154.0~154.9	<43.8	43.8~45.0	45.1~58.7	58.8~62.9	>62.9
155.0~155.9	<44.4	44.4~45.7	45.8~59.8	59.9~63.9	>63.9
156.0~156.9	<45.0	45.0~46.4	46.5~60.8	60.9~64.9	>64.9
157.0~157.9	<45.5	45.5~47.0	47.1~61.7	61.8~66.0	>66.0
158.0~158.9	<46.0	46.0~47.9	48.0~62.8	62.9~67.1	>67.1
159.0~159.9	<46.5	46.5~48.6	48.7~63.9	64.0~68.1	>68.1
160.0~160.9	<47.0	47.0~49.5	49.6~64.9	65.0~69.2	>69.2
161.0~161.9	<47.7	47.7~50.2	50.3~65.9	66.0~70.2	>70.2
162.0~162.9	<48.3	48.3~51.1	51.2~66.9	67.0~71.0	>71.0
163.0~163.9	<48.8	48.8~52.0	52.1~67.9	68.0~72.1	>72.1
164.0~164.9	<49.4	49.4~52.6	52.7~69.0	69.1~73.0	>73.0
165.0~165.9	<49.9	49.9~53.2	53.3~69.8	69.9~74.1	>74.1
166.0~166.9	<50.4	50.4~54.0	54.1~70.7	70.8~74.9	>74.9
167.0~167.9	<50.9	50.9~54.6	54.7~70.6	71.7~75.8	>75.8

续表

身高段(厘米)	体重(千克)				
	1分	3分	5分	3分	1分
168.0~168.9	<51.5	51.0~55.3	55.4~72.4	72.5~77.0	>77.0
169.0~169.9	<52.2	52.2~56.0	56.1~73.2	73.3~77.9	>77.9
170.0~170.9	<53.0	53.0~56.7	56.8~74.1	74.2~78.8	>78.8
171.0~171.9	<53.7	53.7~57.6	57.7~75.1	75.2~79.9	>79.9
172.0~172.9	<54.5	54.5~58.5	58.6~76.0	76.1~81.1	>81.1
173.0~173.9	<55.1	55.1~59.3	59.4~77.0	77.1~82.0	>82.0
174.0~174.9	<55.6	55.6~60.2	60.3~77.9	78.0~83.1	>83.1
175.0~175.9	<56.2	56.2~61.0	61.1~78.9	79.0~84.0	>84.0
176.0~176.9	<56.9	56.9~61.8	61.9~80.1	80.2~85.0	>85.0
177.0~177.9	<57.5	57.5~62.3	62.4~81.1	81.2~86.1	>86.1
178.0~178.9	<58.1	58.1~63.1	63.2~82.2	82.3~87.0	>87.0
179.0~179.9	<58.7	58.7~63.7	63.8~83.2	83.3~88.1	>88.1
180.0~180.9	<59.4	59.4~64.3	64.4~84.4	84.5~89.1	>89.1
181.0~181.9	<59.9	59.9~65.2	65.3~85.5	85.6~90.1	>90.1
182.0~182.9	<60.5	60.5~65.9	66.0~86.7	86.8~91.1	>91.1
183.0~183.9	<61.2	61.2~66.7	66.8~87.7	87.8~92.2	>92.2
184.0~184.9	<61.8	61.8~67.4	67.5~88.8	88.9~93.2	>93.2
185.0~185.9	<62.4	62.4~68.1	68.2~89.7	89.8~94.2	>94.2
186.0~186.9	<63.0	63.0~68.9	69.0~90.8	90.9~95.3	>95.3
187.0~187.9	<63.7	63.7~69.7	69.8~91.7	91.8~96.4	>96.4
188.0~188.9	<64.3	64.3~70.4	70.5~92.8	92.9~97.5	>97.5
189.0~189.9	<65.0	65.0~71.4	71.5~93.7	93.8~98.6	>98.6
190.0~190.9	<65.6	65.6~72.1	72.2~94.7	94.8~99.7	>99.7
191.0~191.9	<66.2	66.2~72.9	73.0~95.8	95.9~100.7	>100.7
192.0~192.9	<66.9	66.9~73.9	74.0~97.0	97.1~101.8	>101.8
193.0~193.9	<67.6	67.6~74.6	74.7~98.2	98.3~103.0	>103.0
194.0~194.9	<68.3	68.3~75.5	75.6~99.4	99.5~104.1	>104.1
195.0~195.9	<68.9	68.9~76.3	76.4~100.5	100.6~105.3	>105.3
196.0~196.9	<69.6	69.6~77.1	77.2~101.6	101.7~106.5	>106.5
197.0~197.0	<70.3	70.3~78.1	78.2~102.7	102.8~107.7	>107.7

续表

身高段(厘米)	体重(千克)				
	1分	3分	5分	3分	1分
198.0~198.9	<71.0	71.0~79.0	79.1~103.8	103.9~108.8	>108.8
199.0~199.9	<71.6	71.6~79.7	79.8~104.6	104.7~109.8	>109.8

表10-42　　　　　30~39岁成年人身高标准体重评分表(女)

身高段(厘米)	体重(千克)				
	1分	3分	5分	3分	1分
140.0~140.9	<34.5	34.5~38.4	38.5~54.6	54.7~57.2	>57.2
141.0~141.9	<35.2	35.2~38.9	39.0~55.2	55.3~57.9	>57.9
142.0~142.9	<35.8	35.8~39.4	39.5~55.7	55.8~58.6	>58.6
143.0~143.9	<36.4	36.4~39.8	39.9~56.3	56.4~59.3	>59.3
144.0~144.9	<37.0	37.0~40.4	40.5~56.9	57.0~60.0	>60.0
145.0~145.9	<37.6	37.6~40.9	41.0~57.5	57.6~60.7	>60.7
146.0~146.9	<38.3	38.3~41.4	41.5~58.1	58.2~61.5	>61.5
147.0~147.9	<38.9	38.9~41.8	41.9~58.7	58.8~62.3	>62.3
148.0~148.9	<39.4	39.4~42.3	42.4~59.3	59.4~63.1	>63.1
149.0~149.9	<40.0	40.0~42.8	42.9~59.9	60.0~63.8	>63.8
150.0~150.9	<40.6	40.6~43.4	43.5~60.5	60.6~64.0	>64.5
151.0~151.9	<41.2	41.2~44.0	44.1~61.1	61.2~65.1	>65.1
152.0~152.9	<41.8	41.8~44.6	44.7~61.8	61.9~65.7	>65.7
153.0~153.9	<42.5	42.5~45.2	45.3~62.4	62.5~66.4	>66.4
154.0~154.9	<43.1	43.1~45.9	46.0~63.1	63.2~67.0	>67.0
155.0~155.9	<43.7	43.7~46.6	46.7~63.8	63.9~67.7	>67.7
156.0~156.9	<44.3	44.3~47.3	47.4~64.5	64.6~68.4	>68.4
157.0~157.9	<44.9	44.9~48.0	48.1~65.2	65.3~69.1	>69.1
158.0~158.9	<45.5	45.5~48.6	48.7~65.9	66.0~69.8	>69.8
159.0~159.9	<46.2	46.2~49.3	49.4~66.6	66.7~70.4	>70.4
160.0~160.9	<46.8	46.8~50.0	50.1~67.3	67.4~71.2	>71.2
161.0~161.9	<47.3	47.3~50.7	50.8~68.0	68.1~72.0	>72.0
162.0~162.9	<48.0	48.0~51.4	51.5~68.7	68.8~72.6	>72.6
163.0~163.9	<48.6	48.6~52.1	52.2~69.4	69.5~73.3	>73.3

续表

身高段(厘米)	体重(千克)				
	1分	3分	5分	3分	1分
164.0~164.9	<49.3	49.3~52.8	52.9~70.0	70.1~74.0	>74.0
165.0~165.9	<49.9	49.9~53.5	53.6~70.6	70.7~74.7	>74.7
166.0~166.9	<50.6	50.6~54.3	54.4~71.3	71.4~75.3	>75.3
167.0~167.9	<51.3	51.3~54.9	55.0~72.0	82.1~76.0	>76.0
168.0~168.9	<52.0	52.0~55.7	55.8~72.7	72.8~76.6	>76.6
169.0~169.9	<52.7	52.7~56.5	56.6~73.5	73.6~77.3	>77.3
170.0~170.9	<53.5	53.5~57.4	57.5~74.2	74.3~78.0	>78.0
171.0~171.9	<54.3	54.3~58.1	58.2~75.0	75.1~78.9	>78.9
172.0~172.9	<55.1	55.1~58.9	59.0~75.8	75.9~79.7	>79.7
173.0~173.9	<55.9	55.9~59.7	59.8~76.6	76.7~80.5	>80.5
174.0~174.9	<56.8	56.8~60.5	60.6~77.5	77.6~81.3	>81.3
175.0~175.9	<57.5	57.5~61.5	61.6~78.4	78.5~82.1	>82.1
176.0~176.9	<58.3	58.3~62.2	62.3~79.1	79.2~83.0	>83.0
177.0~177.9	<59.1	59.1~62.9	63.0~79.9	80.0~83.7	>83.7
178.0~178.9	<59.9	59.9~63.6	63.7~80.7	80.8~84.5	>84.5
179.0~179.9	<60.7	60.7~64.2	64.3~81.7	81.8~85.3	>85.3
180.0~180.9	<61.5	61.5~65.1	65.2~82.3	82.4~86.0	>86.0
181.0~181.9	<62.3	62.3~65.6	65.7~82.9	83.0~86.8	>86.8
182.0~182.9	<63.1	63.1~66.3	66.4~83.8	83.9~87.7	>87.7
183.0~183.9	<63.9	63.9~67.0	67.1~84.7	84.8~88.6	>88.6
184.0~184.9	<64.7	64.7~67.7	67.8~85.6	85.7~89.3	>89.3

表10-43　　40~49岁成年人身高标准体重评分表(男)

身高段(厘米)	体重(千克)				
	1分	3分	5分	3分	1分
142.0~142.9	<36.9	36.9~38.9	39.0~51.9	52.0~55.2	>55.2
143.0~143.9	<37.5	37.5~39.7	39.8~52.6	52.7~55.9	>55.9
144.0~144.9	<38.1	38.1~40.2	40.3~53.4	53.5~56.8	>56.8
145.0~145.9	<38.7	38.7~40.9	41.0~54.1	54.2~57.7	>57.7
146.0~146.9	<39.4	39.4~41.5	41.6~54.9	55.0~58.5	>58.5

续表

身高段(厘米)	体重(千克)				
	1分	3分	5分	3分	1分
147.0~147.9	<40.1	40.1~42.1	42.2~55.5	55.6~59.3	>59.3
148.0~148.9	<40.8	40.8~42.7	42.8~56.5	56.6~60.1	>60.1
149.0~149.9	<41.5	41.5~43.3	43.4~57.2	57.3~60.9	>60.9
150.0~150.9	<42.2	42.2~44.0	44.1~58.0	58.1~61.8	>61.8
151.0~151.9	<43.0	43.0~44.6	44.7~58.9	59.0~62.6	>62.6
152.0~152.9	<43.7	43.7~45.3	45.4~59.7	59.9~63.5	>63.5
153.0~153.9	<44.4	44.4~46.1	46.1~60.7	60.8~64.5	>64.5
154.0~154.9	<45.0	45.0~46.8	46.9~61.8	61.9~65.6	>65.6
155.0~155.9	<45.7	45.7~47.6	47.7~62.8	62.9~66.6	>66.6
156.0~156.9	<46.4	46.4~48.3	48.4~63.9	64.0~67.6	>67.6
157.0~157.9	<47.1	47.1~48.9	49.0~64.8	64.9~68.6	>68.6
158.0~158.9	<47.8	47.8~49.7	49.8~65.8	65.9~69.7	>69.7
159.0~159.9	<48.4	48.4~50.5	50.6~66.3	66.4~70.7	>70.7
160.0~160.9	<49.0	49.0~51.3	51.4~67.4	67.5~71.8	>71.8
161.0~161.9	<49.6	49.6~52.2	52.3~68.7	68.7~72.8	>72.8
162.0~162.9	<50.2	50.2~53.1	53.2~69.9	70.0~73.7	>73.7
163.0~163.9	<50.7	50.7~53.9	54.0~71.0	71.1~74.7	>74.7
164.0~164.9	<51.3	51.3~54.6	54.7~72.0	72.1~75.6	>75.6
165.0~165.9	<51.9	51.9~55.1	55.2~72.9	73.0~76.5	>76.5
166.0~166.9	<52.4	52.4~55.9	56.0~73.8	73.9~77.4	>77.4
167.0~167.9	<52.9	52.9~56.5	56.6~74.6	74.7~78.3	>78.3
168.0~168.9	<53.5	53.5~57.2	57.3~75.5	75.6~79.3	>79.3
169.0~169.9	<54.2	54.2~57.8	57.9~76.3	76.4~80.4	>80.4
170.0~170.9	<55.0	55.0~58.6	58.7~77.2	77.3~81.3	>81.3
171.0~171.9	<55.8	55.8~59.5	59.6~78.1	78.2~82.4	>82.4
172.0~172.9	<56.4	56.4~60.4	60.5~79.0	79.1~83.5	>83.5
173.0~173.9	<57.0	57.0~61.2	61.3~80.0	80.1~84.5	>84.5
174.0~174.9	<57.7	57.7~62.1	62.2~81.0	81.1~85.5	>85.5
175.0~175.9	<58.3	58.3~62.9	63.0~81.9	82.0~86.5	>86.5
176.0~176.9	<58.9	58.9~63.7	63.8~83.0	83.1~87.4	>87.4

续表

身高段(厘米)	体重(千克)				
	1分	3分	5分	3分	1分
177.0~177.9	<59.5	59.5~64.3	64.4~84.1	84.2~88.5	>85.5
178.0~178.9	<60.1	60.1~65.0	65.1~85.2	85.3~89.5	>89.5
179.0~179.9	<60.7	60.7~65.7	65.8~86.2	86.3~90.5	>90.5
180.0~180.9	<61.3	61.3~66.3	66.4~87.4	87.5~91.5	>91.5
181.0~181.9	<61.9	61.9~67.0	67.1~88.5	88.6~92.6	>92.6
182.0~182.9	<62.5	62.5~67.9	68.0~89.7	89.8~93.6	>93.6
183.0~183.9	<63.3	63.3~68.7	68.8~90.8	90.9~94.6	>94.6
184.0~184.9	<63.8	63.8~69.4	69.5~91.8	91.9~95.7	>95.7
185.0~185.9	<64.4	64.4~70.1	70.2~91.9	92.0~96.7	>96.7
186.0~186.9	<65.1	65.1~70.9	71.0~92.9	93.0~97.8	>97.8
187.0~187.9	<65.7	65.7~71.7	71.8~94.8	94.9~97.9	>97.9
188.0~188.9	<66.3	66.3~72.5	72.6~95.8	95.9~99.0	>99.0
189.0~189.9	<67.0	67.0~73.3	73.4~96.9	97.0~100.2	>100.2
190.0~190.9	<67.6	67.6~74.1	74.2~97.9	98.0~101.4	>101.4
191.0~191.9	<68.3	68.3~74.9	75.0~99.0	99.1~102.6	>102.6
192.0~192.9	<68.9	68.9~75.8	75.9~100.2	100.3~103.8	>103.8
193.0~193.9	<69.5	69.5~76.6	76.7~101.2	101.3~105.0	>105.0

表10-44　　40~49岁成年人身高标准体重评分表(女)

身高段(厘米)	体重(千克)				
	1分	3分	5分	3分	1分
140.0~140.9	<37.3	37.3~39.4	39.5~55.1	55.2~58.8	>58.8
141.0~141.9	<37.9	37.9~39.9	40.0~55.7	55.8~59.5	>59.5
142.0~142.9	<38.6	38.6~40.5	40.6~56.2	56.3~60.2	>60.2
143.0~143.9	<39.1	39.1~41.2	41.3~56.8	56.9~60.9	>60.9
144.0~144.9	<39.6	39.6~41.7	41.8~57.4	57.5~61.6	>61.6
145.0~145.9	<40.2	40.2~42.2	42.3~58.1	58.2~62.3	>62.3
146.0~146.9	<40.8	40.8~42.8	42.9~58.8	58.9~63.0	>63.0
147.0~147.9	<41.4	41.4~43.5	43.6~59.6	59.7~63.7	>63.7
148.0~148.9	<42.0	42.0~44.2	44.3~60.5	60.6~64.7	>64.7

续表

身高段(厘米)	体重(千克)				
	1分	3分	5分	3分	1分
149.0~149.9	<42.6	42.6~44.8	44.9~61.3	61.4~65.8	>65.8
150.0~150.9	<43.4	43.4~45.3	45.4~62.0	62.1~66.7	>66.7
151.0~151.9	<44.0	44.0~46.1	46.2~62.8	62.9~67.5	>67.5
152.0~152.9	<44.6	44.6~46.9	47.0~63.6	63.7~68.3	>68.3
153.0~153.9	<45.3	45.3~47.6	47.7~64.4	64.5~69.1	>69.1
154.0~154.9	<46.0	46.0~48.4	48.5~65.4	65.5~69.9	>69.9
155.0~155.9	<46.7	46.7~49.2	49.3~66.3	66.4~70.6	>70.6
156.0~156.9	<47.4	47.4~49.8	49.9~67.0	67.1~71.3	>71.3
157.0~157.9	<48.1	48.1~50.4	50.5~67.7	67.8~71.9	>71.9
158.0~158.9	<48.7	48.7~51.0	51.1~68.4	68.5~72.6	>72.6
159.0~159.9	<49.4	49.4~51.6	51.7~69.2	69.3~73.2	>73.2
160.0~160.9	<50.1	50.1~52.2	52.3~69.9	70.0~74.0	>74.0
161.0~161.9	<50.7	50.7~52.9	53.0~70.6	70.7~74.7	>74.7
162.0~162.9	<51.3	51.3~53.6	53.7~71.2	72.3~75.5	>75.5
163.0~163.9	<51.9	51.9~54.3	54.4~71.9	72.0~76.1	>76.1
164.0~164.9	<52.5	52.5~55.0	55.1~72.7	72.8~76.9	>76.9
165.0~165.9	<53.1	53.1~55.8	55.9~73.4	73.5~77.7	>77.7
166.0~166.9	<53.7	53.7~56.7	56.8~74.2	74.3~78.5	>78.5
167.0~167.9	<54.3	54.3~57.5	57.6~75.0	75.1~79.3	>79.3
168.0~168.9	<55.0	55.0~58.1	58.2~75.8	75.9~80.0	>80.0
169.0~169.9	<55.6	55.6~58.9	59.0~76.6	76.7~80.8	>80.8
170.0~170.9	<56.3	56.3~59.7	59.8~77.4	77.5~81.5	>81.5
171.0~171.9	<57.0	57.0~60.4	60.5~78.2	78.3~82.2	>82.2
172.0~172.9	<57.7	57.7~61.1	61.2~79.0	79.1~83.1	>83.1
173.0~173.9	<58.5	58.5~61.8	61.9~79.8	79.9~83.9	>83.9
174.0~174.9	<59.4	59.4~62.7	62.8~80.6	80.7~84.7	>84.7
175.0~175.9	<60.2	60.2~63.3	63.4~81.4	81.5~85.5	>85.5
176.0~176.9	<61.0	61.0~64.0	64.1~82.2	82.3~86.3	>86.3
177.0~177.9	<61.7	61.7~64.8	64.9~82.9	83.0~87.0	>87.0
178.0~178.9	<62.4	62.4~65.1	65.2~83.7	83.8~87.7	>87.7

续表

身高段(厘米)	体重(千克)				
	1分	3分	5分	3分	1分
179.0~179.9	<63.1	63.1~65.9	66.0~84.3	84.4~88.5	>88.5
180.0~180.9	<63.8	63.8~66.8	66.9~85.0	85.1~89.2	>89.2
181.0~181.9	<64.4	64.4~67.6	67.7~85.7	85.8~89.9	>89.9
182.0~182.9	<65.1	65.1~68.4	68.5~86.4	86.5~90.6	>90.6
183.0~183.9	<65.8	65.8~69.2	69.3~87.1	87.2~91.3	>91.3
184.0~184.9	<66.5	66.5~70.1	70.2~87.9	88.0~92.1	>92.1

表10-45　　　　　　　　　50~59岁成年人身高标准体重评分表(男)

身高段(厘米)	体重(千克)				
	1分	3分	5分	3分	1分
142.0~142.9	<37.5	37.5~38.9	39.0~52.9	53.0~55.2	>55.2
143.0~143.9	<38.2	38.2~39.7	39.8~53.6	53.7~55.9	>55.9
144.0~144.9	<38.9	38.9~40.2	40.3~54.3	54.4~56.8	>56.8
145.0~145.9	<39.6	39.6~40.9	41.0~55.0	55.1~57.7	>57.7
146.0~146.9	<40.1	41.0~41.5	41.6~55.7	55.8~58.5	>58.5
147.0~147.9	<41.1	41.1~42.1	42.2~56.5	56.6~59.3	>59.3
148.0~148.9	<41.6	41.6~42.7	42.8~57.3	57.4~60.1	>60.1
149.0~149.9	<42.1	42.1~43.3	43.4~58.2	58.3~60.9	>60.9
150.0~150.9	<42.8	42.8~44.0	44.1~59.0	59.1~61.8	>61.8
151.0~151.9	<43.6	43.6~44.6	44.7~59.9	60.0~62.6	>62.6
152.0~152.9	<44.3	44.3~45.3	45.4~60.7	60.8~63.5	>63.5
153.0~153.9	<45.0	45.0~46.1	46.2~61.7	61.8~64.5	>64.5
154.0~154.9	<45.7	45.7~46.8	46.9~62.8	62.9~65.6	>65.6
155.0~155.9	<46.3	46.3~47.6	47.7~63.8	63.9~66.6	>66.6
156.0~156.9	<46.9	46.9~48.3	48.4~64.9	65.0~67.6	>67.6
157.0~157.9	<47.4	47.4~48.9	49.0~65.8	65.9~68.6	>68.6
158.0~158.9	<48.0	48.0~49.7	49.8~66.8	66.9~69.7	>69.7
159.0~159.9	<48.5	48.5~50.5	50.6~67.3	67.4~70.7	>70.7
160.0~160.9	<49.0	49.0~51.3	51.4~68.4	68.5~71.8	>71.8
161.0~161.9	<49.6	49.6~52.2	52.3~69.7	69.8~72.8	>72.8
162.0~162.9	<50.2	50.2~53.1	53.2~70.9	71.0~73.7	>73.7

续表

身高段(厘米)	体重(千克)				
	1分	3分	5分	3分	1分
163.0~163.9	<50.7	50.7~53.9	54.0~72.0	72.1~74.7	>74.7
164.0~164.9	<51.3	51.3~54.6	54.7~73.0	73.1~75.6	>75.6
165.0~165.9	<51.9	51.9~55.1	55.2~73.9	74.0~76.5	>76.5
166.0~166.9	<52.4	52.4~55.9	56.0~74.8	74.9~77.4	>77.4
167.0~167.9	<52.9	52.9~56.5	56.6~75.6	75.7~78.3	>78.3
168.0~168.9	<53.5	53.5~57.2	57.3~76.5	76.6~79.3	>79.3
169.0~169.9	<54.2	54.2~57.8	57.9~77.3	77.4~80.4	>80.4
170.0~170.9	<55.0	55.0~58.6	58.7~78.2	78.3~81.3	>81.3
171.0~171.9	<55.8	55.8~59.5	59.6~79.1	79.2~82.4	>82.4
172.0~172.9	<56.4	56.4~60.4	60.5~80.0	80.1~83.5	>83.5
173.0~173.9	<57.0	57.0~61.2	61.3~81.0	81.1~84.5	>84.5
174.0~174.9	<57.7	57.7~62.1	62.2~82.0	82.1~85.5	>85.5
175.0~175.9	<58.3	58.3~62.9	63.0~82.9	83.0~86.5	>86.5
176.0~176.9	<58.9	58.9~63.7	63.8~84.0	84.1~87.4	>87.4
177.0~177.9	<59.5	59.5~64.3	64.4~85.1	85.2~88.5	>85.5
178.0~178.9	<60.1	60.1~65.0	65.1~86.2	86.3~89.5	>89.5
179.0~179.9	<60.7	60.7~65.7	65.8~87.2	87.3~90.5	>90.5
180.0~180.9	<61.3	61.3~66.3	66.4~88.2	88.3~91.5	>91.5
181.0~181.9	<61.9	61.9~67.0	67.1~89.1	89.2~92.6	>92.6
182.0~182.9	<62.5	62.5~67.9	68.0~90.1	90.1~93.6	>93.6
183.0~183.9	<63.3	63.3~68.7	68.8~91.0	91.1~94.6	>94.6
184.0~184.9	<63.8	63.8~69.4	69.5~91.9	92.0~95.7	>95.7
185.0~185.9	<64.4	64.4~70.1	70.2~92.9	93.0~96.7	>96.7
186.0~186.9	<65.1	65.1~70.9	71.0~93.9	94.0~97.8	>97.8
187.0~187.9	<65.7	65.7~71.7	71.8~94.8	94.9~97.9	>97.9
188.0~188.9	<66.3	66.3~72.5	72.6~95.8	95.9~99.0	>99.0
189.0~189.9	<67.0	67.0~73.3	73.4~96.9	97.0~100.2	>100.2
190.0~190.9	<67.6	67.6~74.1	74.2~97.9	98.0~101.4	>101.4
191.0~191.9	<68.3	68.3~74.9	75.0~99.0	99.1~102.6	>102.6
192.0~192.9	<68.9	68.9~75.8	75.9~100.2	100.3~103.8	>103.8
193.0~193.9	<69.5	69.5~76.6	76.7~101.2	101.3~105.0	>105.0

表 10-46　　50~59岁成年人身高标准体重评分表(女)

身高段(厘米)	体重(千克)				
	1分	3分	5分	3分	1分
140.0~140.9	<37.3	37.3~40.4	40.5~55.2	55.3~58.3	>58.3
141.0~141.9	<37.9	37.9~40.9	41.0~55.7	55.8~59.1	>59.1
142.0~142.9	<38.6	38.6~41.5	41.6~56.2	56.3~59.9	>59.9
143.0~143.9	<39.1	39.1~42.2	42.3~56.8	56.9~60.6	>60.6
144.0~144.9	<39.6	39.6~42.7	42.8~57.4	57.5~61.4	>61.4
145.0~145.9	<40.2	40.2~43.2	43.3~58.1	58.2~62.2	>62.2
146.0~146.9	<40.8	40.8~43.8	43.9~58.8	58.9~63.0	>63.0
147.0~147.9	<41.4	41.4~44.5	44.6~59.6	59.7~63.9	>63.9
148.0~148.9	<42.0	42.0~45.2	45.3~60.5	60.6~64.8	>64.8
149.0~149.9	<42.6	42.6~45.8	45.9~61.3	61.4~65.8	>65.8
150.0~150.9	<43.4	43.4~46.3	46.4~62.0	62.1~66.7	>66.7
151.0~151.9	<44.0	44.0~47.1	47.2~62.8	62.9~67.5	>67.5
152.0~152.9	<44.6	44.6~47.9	48.0~63.6	63.7~68.3	>68.3
153.0~153.9	<45.3	45.3~48.6	48.7~64.4	64.5~69.1	>69.1
154.0~154.9	<46.0	46.0~49.4	49.5~65.2	65.3~69.9	>69.9
155.0~155.9	<46.7	46.7~50.2	50.3~66.0	66.1~70.6	>70.6
156.0~156.9	<47.4	47.4~50.8	50.9~66.7	66.8~71.3	>71.3
157.0~157.9	<48.1	48.1~51.4	51.5~67.4	67.5~71.9	>71.9
158.0~158.9	<48.7	48.7~52.0	52.1~68.1	68.2~72.6	>72.6
159.0~159.9	<49.4	49.4~52.6	52.7~69.0	69.1~73.2	>73.2
160.0~160.9	<50.1	50.1~53.2	53.3~69.9	70.0~74.0	>74.0
161.0~161.9	<50.7	50.7~53.9	54.0~70.6	70.7~74.7	>74.7
162.0~162.9	<51.3	51.3~54.6	54.7~71.3	71.4~75.5	>75.5
163.0~163.9	<51.9	51.9~55.3	55.4~72.0	72.1~76.1	>76.1
164.0~164.9	<52.5	52.5~56.0	56.1~72.7	72.8~76.9	>76.9
165.0~165.9	<53.1	53.1~56.8	56.9~73.4	73.5~77.7	>77.7
166.0~166.9	<53.7	53.7~57.7	57.8~74.2	74.3~78.5	>78.5
167.0~167.9	<54.3	54.3~58.5	58.6~75.0	75.1~79.3	>79.3
168.0~168.9	<55.0	55.0~59.1	59.2~75.8	75.9~80.0	>80.0
169.0~169.9	<55.6	55.6~59.9	60.0~76.6	76.7~80.8	>80.8

续表

身高段(厘米)	体重(千克)				
	1分	3分	5分	3分	1分
170.0~170.9	<56.3	56.3~60.7	60.8~77.4	77.5~81.5	>81.5
171.0~171.9	<57.0	57.0~61.4	61.5~78.2	78.3~82.2	>82.2
172.0~172.9	<57.7	57.7~62.1	62.2~79.0	79.1~83.1	>83.1
173.0~173.9	<58.5	58.5~62.8	62.9~79.8	79.9~83.9	>83.9
174.0~174.9	<59.4	59.4~63.7	63.8~80.7	80.8~84.7	>84.7
175.0~175.9	<60.2	60.2~64.3	64.4~81.5	81.6~85.5	>85.5
176.0~176.9	<61.0	61.0~65.0	65.1~82.2	82.3~86.3	>86.3
177.0~177.9	<61.7	61.7~65.8	65.9~83.0	83.1~87.0	>87.0
178.0~178.9	<62.4	62.4~66.1	66.2~83.7	83.8~87.7	>87.7
179.0~179.9	<63.1	63.1~66.9	67.0~84.3	84.4~88.5	>88.5
180.0~180.9	<63.8	63.8~67.8	67.9~85.0	85.1~89.2	>89.2
181.0~181.9	<64.4	64.4~68.6	68.7~85.7	85.8~89.9	>89.9
182.0~182.9	<65.1	65.1~69.4	69.5~86.4	86.5~90.5	>90.5
183.0~183.9	<65.8	65.8~70.2	70.3~87.1	87.2~91.1	>91.1
184.0~184.9	<66.5	66.5~71.1	71.2~87.9	88.0~91.8	>91.8

2. 机能指标

(1)台阶指数：

测试目的：反映人体心血管系统机能水平。

测试器材：使用台阶(男子台高30厘米，女子台高25厘米)、秒表和节拍器(频率为120次/分)或台阶试验仪测试。

测试方法：测试时，受试者直立站在台阶前方，按照节拍器发出的提示声做上下台阶运动。当节拍器发出第一声时，一只脚踏上台阶(图10-22)。第二声时；另一只脚踏上台阶，双腿伸直。第三声时，先踏上台阶的脚下台阶。第四声时，另一只脚下台阶。连续重复3分钟后，受试者立刻静坐在椅子上，记录运动停止后1分到1分半钟、2分到2分半钟、3分到3分半钟的三次脉搏数。

如果受试者3次不能按照节拍器发出的节奏完成上下台阶或不能坚持运动，应立即停止运动，记录运动持续时间，并以同样方法记录三次脉搏数。然后，以下面公式计算台阶指数。

注意事项：心血管疾病患者，不得进行此项测试。

台阶指数的计算方法：

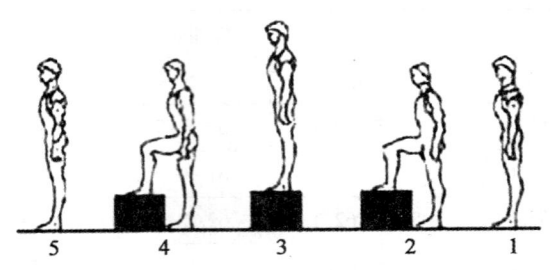

图 10-22　台阶试验

台阶指数 = 运动持续时间(S)×100/(3 次测量脉搏数之和)

评价标准：见表 10-47。

表 10-47　　　　　　　20~59 岁成年人台阶指数评分标准

性别	年龄	1 分	2 分	3 分	4 分	5 分
男	20~24 岁	42.1~46.1	46.2~52.0	52.1~58.0	58.1~67.6	>67.6
	25~29 岁	42.1~46.1	46.2~51.9	52.0~58.3	58.4~68.1	>68.1
	30~34 岁	41.4~46.1	46.2~52.2	52.3~58.3	58.4~68.1	>68.1
	35~39 岁	41.3~46.1	46.2~52.2	52.3~58.7	58.8~68.1	>68.1
	40~44 岁	37.8~46.5	46.6~53.5	53.6~59.9	60.0~70.2	>70.2
	45~49 岁	35.5~46.3	46.4~53.5	53.6~60.3	60.4~70.2	>70.2
	50~54 岁	31.5~45.8	45.9~53.5	53.6~59.9	60.0~69.7	>69.7
	55~59 岁	29.9~44.7	44.8~53.2	53.3~59.9	60.0~69.7	>69.7
女	20~24 岁	40.9~46.1	46.2~52.2	52.3~58.0	58.1~67.1	>67.1
	25~29 岁	40.7~46.8	46.9~53.2	53.3~59.1	59.2~68.6	>68.6
	30~34 岁	39.5~47.0	47.1~53.7	53.8~59.9	60.0~69.1	>69.1
	35~39 岁	37.0~46.8	46.9~53.8	53.9~60.3	60.4~69.7	>69.7
	40~44 岁	31.5~46.8	46.9~54.8	54.9~61.5	61.6~71.3	>71.3
	45~49 岁	30.0~45.6	45.7~54.4	54.5~61.5	61.6~71.3	>71.3
	50~54 岁	27.9~43.8	43.9~54.1	54.2~61.5	61.6~71.3	>71.3
	55~59 岁	27.3~39.8	39.9~52.8	52.9~60.3	60.4~70.2	>70.2

(2) 肺活量：

测量目的：反映人体肺的容积和扩张能力。

测量器材：使用肺活量计测试。电子式肺活量计精度为 1 毫升，翻转式肺活量计精度为 20 毫升，桶式肺活量计精度为 50 毫升。

测量方法：测试时，受试者深吸气至不能再吸气，然后将嘴对准肺活量计口嘴做深呼气，直至呼尽为止(图10-23)。测试两次，取最大值，记录以毫升为单位。

图 10-23　成人肺活量测试

注意事项：

呼气不可过猛，防止漏气；不得二次吸气；肺活量计口嘴应严格消毒。

评价标准：表10-48。

表 10-48　　　　　　　　**20~59岁成年人肺活量评分表**　　　　　　　（单位：毫升）

性别	年龄	1分	2分	3分	4分	5分
男	20~24	2369~2847	2848~3464	3465~3984	3985~4634	>4634
	25~29	2326~2849	2850~3459	3460~3969	3970~4624	>4624
	30~34	2240~2749	2750~3344	3345~3874	3875~4544	>4544
	35~39	2135~2619	2620~3209	3210~3739	3740~4349	>4349
	40~44	2007~2449	2450~3084	3085~3599	3600~4223	>4223
	45~49	1900~2307	2308~2964	2965~3464	3465~4099	>4099
	50~54	1770~2164	2165~2779	2780~3254	3255~3914	>3914
	55~59	1669~2059	2060~2644	2645~3124	3125~3769	>3769
女	20~24	1423~1873	1874~2354	2355~2779	2780~3259	>3259
	25~29	1396~1834	1835~2364	2365~2769	2770~3244	>3244
	30~34	1320~1781	1782~2339	2340~2759	2760~3242	>3242
	35~39	1295~1734	1735~2249	2250~2674	2675~3159	>3159
	40~44	1228~1629	1630~2149	2150~2573	2574~3074	>3074
	45~49	1160~1519	1520~2049	2050~2459	2460~2979	>2979
	50~54	1115~1469	1470~1977	1978~2374	2375~2899	>2899
	55~59	1095~1374	1375~1854	1855~2249	2250~2769	>2769

3. 素质指标

(1)握力：

测试目的：反映人体前臂和手部肌肉力量。

测试器材：使用握力计测试。

测试方法：测试时，受试者转动握力计的握距调节钮，调至适宜握距，然后用力手持握力计，身体直立，两脚自然分开(同肩宽)，两臂自然下垂，开始测试时，用最大力紧握上下两个握柄。测试两次，取最大值，记录以千克为单位，保留小数点后一位。

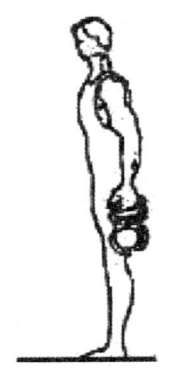

图 10-24　握力测试

注意事项：

用力时，禁止摆臂、下蹲图或将握力计接触身体；如果受试者分不出有力手，双手各测试两次。

评价标准：表 10-49

表 10-49　　　　　　　　成年人握力评分标准　　　　　　　（单位：千克）

性别	年龄	1分	2分	3分	4分	5分
男	20~24	29.6~36.9	37.0~43.5	43.6~49.2	49.3~56.3	>56.3
	25~29	32.6~38.3	38.4~44.8	44.9~50.4	50.5~57.6	>57.6
	30~34	32.2~38.0	38.1~44.9	45.0~50.6	50.7~57.6	>57.6
	35~39	31.3~37.2	37.3~44.4	44.5~50.2	50.3~57.7	>57.7
	40~44	30.0~36.4	36.5~43.4	43.5~49.5	49.6~56.7	>56.7
	45~49	29.2~35.4	35.5~42.4	42.5~48.5	48.6~55.4	>55.4
	50~54	27.2~32.7	32.8~40.3	40.4~46.3	46.4~53.2	>53.2
	55~59	25.9~31.4	31.5~38.5	38.6~43.9	44.0~50.7	>50.7

续表

性别	年龄	1分	2分	3分	4分	5分
女	20~24	18.6~21.1	21.2~25.7	25.8~29.8	29.9~35.0	>35.0
	25~29	19.2~21.7	21.8~26.1	26.2~30.1	30.2~35.3	>35.3
	30~34	19.8~22.3	22.4~26.9	27.0~30.9	31.0~36.1	>36.1
	35~39	19.6~22.3	22.4~27.0	27.1~31.2	31.3~36.4	>36.4
	40~44	19.1~22.0	22.1~26.9	27.0~31.0	31.1~36.5	>36.5
	45~49	18.1~21.2	21.3~26.0	26.1~30.3	30.4~35.7	>35.7
	50~54	17.1~20.1	20.2~24.8	24.9~28.9	29.0~34.2	>34.2
	55~59	16.3~19.2	19.3~23.5	23.6~27.6	27.7~32.7	>32.7

（2）坐位体前屈：

测试目的：反映人体柔韧性。

测试仪器：坐位体前屈测试仪。

测试方法：测试时，受试者坐在垫上，双腿伸直，脚跟并拢，脚尖自然分开，全脚掌蹬在测试仪平板上，然后掌心向下，双臂并拢平伸，上体前屈，用双手中指指尖推动游标平滑前移，直至不能移动为止。测试两次，取最大值，记录以厘米为单位，保留小数点后一位。

图10-25　坐位体前屈测试

注意事项：

测试前，受试者应做准备活动，以防肌肉拉伤；测试时，膝关节不得屈曲，不得有突然前振的动作；记录时正确填写正负号。

评价标准：表10-50

表10-50　　　　　　　　　　成年人坐位体前屈评分表　　　　　　　（单位：厘米）

性别	年龄	1分	2分	3分	4分	5分
男	20~24	-3.5~1.7	1.8~8.9	9.0~14.1	14.2~20.1	>20.1
	25~29	-5.5~0.9	1.0~7.8	7.9~13.4	13.5~19.7	>19.7
	30~34	-7.0~-0.1	0.0~6.4	6.5~11.9	12.0~18.3	>18.3
	35~39	-8.7~-2.4	-2.3~4.9	5.0~10.7	10.8~17.1	>17.1

续表

性别	年龄	1分	2分	3分	4分	5分
男	40~44	−9.4~−3.8	−3.7~3.9	4.0~9.9	10.0~16.2	>16.2
	45~49	−10.0~−4.4	−4.3~3.2	3.3~9.1	9.2~15.9	>15.9
	50~54	−10.7~−5.6	−5.5~2.1	2.2~7.9	8.0~14.8	>14.8
	55~59	−11.2~−6.3	−6.2~1.7	1.8~7.2	7.3~13.8	>13.8
女	20~24	−2.1~2.8	2.9~9.4	9.5~14.3	14.4~20.2	>20.2
	25~29	−3.5~1.9	2.0~8.2	8.3~13.9	14.0~19.7	>19.7
	30~34	−4.0~1.6	1.7~7.9	8.0~13.3	13.4~19.2	>19.2
	35~39	−8.7~−2.4	−2.3~4.9	5.0~10.7	10.8~17.1	>17.1
	40~44	−5.9~0.1	0.2~6.5	6.6~11.9	12.0~17.9	>17.9
	45~49	−6.3~0.1	0.0~6.1	6.2~11.8	11.9~17.9	>17.9
	50~54	−6.5~0.6	0.5~5.9	6.0~11.4	11.5~17.9	>17.9
	55~59	−6.6~0.8	0.7~5.7	5.8~11.1	11.2~17.7	>17.7

(3)选择反应时：

测试目的：反映人体神经与肌肉系统的协调性和快速反应能力。

测试仪器：使用反应时测试仪测试。

测试方法：测试时，受试者中指按住"启动键"，等待信号发出，当任意信号键发出信号时（声、光同时发出），以最快速度去按该键。信号消失后，中指再次按住"启动键"，等待下一个信号发出，共有5次信号。受试者完成第五次信号应答后，所有信号键都会同时发出光和声，表示测试结束。测试两次，取最好成绩，记录以秒为单位，保留小数点后两位。

注意事项：

测试时，受试者不得用力拍击信号键。

评分标准：表10-51

表10-51　　　　　　　　　成年人选择反应时评分表　　　　　　　（单位：秒）

性别	年龄	1分	2分	3分	4分	5分
男	20~24	0.69~0.61	0.60~0.50	0.49~0.44	0.43~0.39	<0.39
	25~29	0.73~0.63	0.62~0.52	0.51~0.45	0.44~0.39	<0.39
	30~34	0.76~0.66	0.65~0.53	0.52~0.47	0.46~0.41	<0.41
	35~39	0.78~0.67	0.66~0.55	0.54~0.48	0.47~0.41	<0.41
	40~44	0.81~0.71	0.70~0.60	0.59~0.49	0.48~0.43	<0.43

续表

性别	年龄	1分	2分	3分	4分	5分
男	45~49	0.86~0.73	0.72~0.61	0.60~0.51	0.50~0.43	<0.43
	50~54	0.90~0.77	0.76~0.62	0.61~0.53	0.52~0.44	<0.44
	55~59	0.93~0.80	0.79~0.65	0.64~0.55	0.54~0.45	<0.45
女	20~24	0.79~0.66	0.65~0.53	0.52~0.46	0.45~0.40	<0.40
	25~29	0.82~0.69	0.69~0.56	0.55~0.48	0.47~0.42	<0.42
	30~34	0.86~0.71	0.70~0.58	0.57~0.50	0.49~0.43	<0.43
	35~39	0.86~0.74	0.73~0.59	0.58~0.51	0.50~0.44	<0.44
	40~44	0.90~0.76	0.75~0.62	0.61~0.52	0.51~0.44	<0.44
	45~49	0.94~0.81	0.80~0.65	0.64~0.54	0.53~0.45	<0.45
	50~54	0.96~0.85	0.84~0.67	0.66~0.56	0.55~0.46	<0.46
	55~59	0.97~0.88	0.87~0.69	0.68~0.58	0.57~0.48	<0.48

(4)闭眼单脚站立：

测试目的：反映人体平衡能力。

测试方法：测试时，受试者自然站立，当听到"开始"口令后，抬起任意一只脚，同时测试员开表计时，当受试者支撑脚移动或抬起脚着地时，测试员停表(图10-26)。测试两次，取最好成绩，记录以秒为单位，保留小数点后一位，小数点后第二位数按"非零进一"的原则进位，如10.11秒记录为10.2秒。

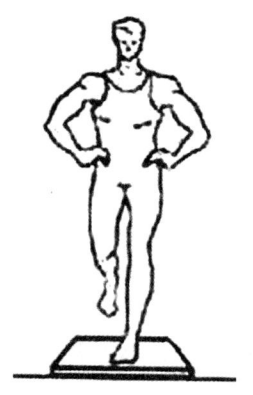

图10-26 闭眼单腿站立

注意事项：

测试时，注意安全保护。

评分标准：表10-52

表 10-52　　　　　　　　　　　成年人闭眼单脚站立评分表　　　　　　　　（单位：秒）

性别	年龄	1分	2分	3分	4分	5分
男	20~24	3~5	6~17	18~14	42~98	>98
	25~29	3~5	5~14	15~35	36~85	>85
	30~34	3~4	5~12	13~29	30~74	>74
	35~39	3	4~11	12~17	28~69	>69
	40~44	3	4~9	10~21	22~54	>54
	45~49	3	4~8	9~19	20~48	>48
	50~54	3~4	5~7	8~16	17~39	>39
	55~59	2	3~6	7~13	14~33	>33
女	20~24	3~5	6~15	16~36	34~90	>90
	25~29	3~5	6~14	15~32	33~84	>84
	30~34	3~4	5~12	13~28	29~72	>72
	35~39	3	4~9	10~23	24~62	>62
	40~44	3	4~7	8~18	19~45	>45
	45~49	2	3~6	7~15	16~39	>39
	50~54	2	3~5	6~13	14~33	>33
	55~59	2	3~5	6~10	11~26	>26

（5）俯卧撑（20~39岁，男）：

测试目的：反映人体上肢、肩背部肌肉力量及持续工作能力。使用垫子测试。

测试方法：测试时，受试者双手撑地，手指向前，双手间距与肩同宽，身体挺直，屈臂使身体平直下降至肩与肘处于同一水平面，然后将身体平直撑起，恢复至开始姿势为完成 1 次。记录次数。

注意事项：

测试时，如果身体未保持平直或身体未降至肩与肘处于同一水平面，该次不计数。

评分标准：表 10-53

表 10-53　　　　　　　　　20~39 岁成年人俯卧撑评分表　　　　　　　　（单位：次）

性别	年龄	1分	2分	3分	4分	5分
男	20~24	7~12	13~19	20~27	28~40	>40
	25~29	5~10	11~17	18~24	25~35	>35
	30~34	4~10	11~15	16~22	23~30	>30
	35~39	3~6	7~11	12~19	20~27	>27

图 10-27 俯卧撑

(6)1 分钟仰卧起坐(20~39 岁,女):

测试目的:反映人体腰腹部肌肉的力量及持续工作能力。

测试器材:使用垫子和秒表测试。

测试方法:测试时,受试者仰卧于水平放置的垫子上,双腿稍分开,屈膝呈 90℃,双手手指交叉抱于脑后,由同伴压住双脚以固定下肢。测试者发出开始口令的同时开表计时,受试者快速起坐,双肘触及或超过双膝,然后还原为仰卧,双肩胛触垫为完成 1 次(图 10-28)。记录 1 分钟完成次数。

图 10-28 仰卧起坐测试

注意事项:

测试时,如果受试者借用肘部撑垫的力量完成起坐及双肘未触及或超过双膝,该次不计数;计数人员要随时向受试者报告完成的次数。

评分标准:表 10-54

表 10-54　　　　　　　　　20~39 岁 1 分钟仰卧起坐评分表　　　　　　　(单位:次)

性别	年龄	1 分	2 分	3 分	4 分	5 分
女	20~24	1~5	6~15	16~25	26~36	>36
	25~29	1~3	4~11	12~20	21~30	>30
	30~34	1~3	4~10	11~19	20~28	>28
	35~39	1~2	3~6	7~14	15~23	>23

(7)成年人纵跳(20~39岁):

测试目的:反映人体爆发力。

测试器材:使用以人体滞空时间计算高度式电子纵跳仪测试。

测试方法:测试时,受试者站在纵跳仪踏板上,尽力垂直向上跳起(图10-29)。测试两次取最大值记录以厘米为单位,保留小数点后一位。

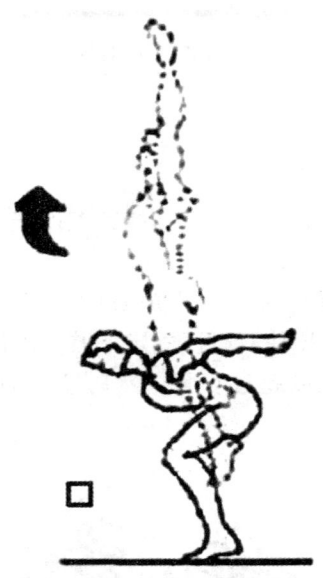

图10-29 纵跳测试

注意事项:起跳时,双脚不能移动或有垫步动作。落地时,禁止有意收腹屈膝。

评价标准:表10-55

表10-55　　　　　　　　　成年人闭眼单脚站立评分表　　　　　　　(单位:厘米)

性别	年龄	1分	2分	3分	4分	5分
男	20~24	19.9~24.8	24.9~32.3	32.4~38.4	38.5~45.8	>45.8
	25~29	19.6~23.9	24.0~31.3	31.4~36.8	36.9~43.6	>43.6
	30~34	18.4~22.3	22.4~29.3	29.4~34.7	34.8~41.1	>41.1
	35~39	17.8~21.4	21.5~27.9	28.0~33.0	33.1~39.5	>39.5
女	20~24	12.7~15.8	15.9~20.5	20.6~24.7	24.8~30.0	>30.3
	25~29	12.4~15.0	15.1~19.7	19.8~23.4	23.5~28.5	>28.5
	30~34	12.0~14.5	14.6~18.7	18.8~22.6	22.7~27.7	>27.7
	35~39	11.5~13.7	13.8~17.8	17.9~21.3	21.4~26.1	>26.1

第四节　国民体质测试标准（老年人部分）

一、适用对象的分组与测试指标

1. 适用对象的分组

（1）分组和年龄范围：

《国民体质测定标准》（老年人部分）的适用对象为60~69周岁的中国老年人，按年龄、性别分组，每5岁为一组。男女共计4个组别。

（2）年龄计算方法：

测试时已过当年生日者：年龄＝测试年－出生年

测试时未过当年生日者：年龄＝测试年－出生年－1

2. 测试指标

测试指标包括身体形态、机能和素质三类（表10-56）。

表10-56　　　　　　　　60~69岁老年人国民体质测试指标

类　别	测　试　指　标
形态	身高　体重
机能	肺活量
素质	握力
	坐位体前屈
	选择反应时
	闭眼单脚站立

二、评定方法与标准

采用单项评分和综合评级进行评定。

单项评分包括身高标准体重评分和其他单项指标评分，采用5分制。

综合评级是根据受试者各单项得分之和确定，共分四个等级：一级（优秀）、二级（良好）、三级（合格）、四级（不合格）。任意一项指标无分者，不进行综合评级（表10-57）。

表10-57　　　　　　　　60~69岁老年人综合评级标准

等　级	得　　分
优秀	>23分

续表

等 级	得 分
良好	21~23 分
合格	15~20 分
不合格	<15 分

三、测试方法及评分标准

受试者测试前应保持安静状态，不要从事剧烈体力活动，着运动服和运动鞋参加测试。

1. 形态指标

（1）身高：

测试目的：反映人体骨骼纵向生长水平。

测试器材：使用身高计测试，精度为 0.1 厘米。

测试方法：测试时，受试者赤脚、呈立正姿势站在身高计的底板上（躯干挺直，上肢自然下垂，脚跟并拢，脚尖分开约 60 度，脚跟、骶骨部及两肩胛间与身高计的立柱接触，头部正直，两眼平视前方，耳屏上缘与眼眶下缘最低点呈水平）（图 10-30）。记录以厘米为单位，保留小数点后 1 位。

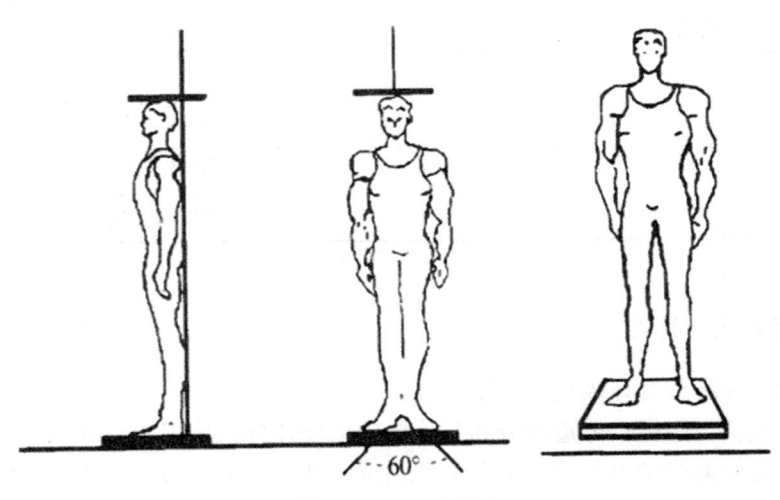

图 10-30 身高测试

（2）体重：

测试目的：反映人体发育程度和营养状况。

测试器材：使用体重秤测试，精度为 0.1 千克。

测试方法：测试时，受试者自然站在体重秤中央，站稳后，读取数据记录千克为单位，保留小数点后1位。

注意事项：

测试时，受试者尽量减少着装；上、下体重秤时，动作要轻缓。

评分标准：表10-58、表10-59

表10-58　　　　　　　　60~69岁老年人（男）身高标准体重评分表

身高段（厘米）	体重（千克）				
	1分	3分	5分	3分	1分
140.0~140.9	<33.9	33.9~35.6	35.7~53.2	53.3~56.9	>56.9
141.0~141.9	<34.5	34.5~36.3	36.4~53.9	54.0~57.4	>57.4
142.0~142.9	<35.1	35.1~37.1	37.2~54.5	54.6~58.0	>58.0
143.0~143.9	<35.7	35.7~37.9	38.0~55.1	55.2~58.6	>58.6
144.0~144.9	<36.3	36.3~38.7	38.8~55.8	55.9~59.3	>59.3
145.0~145.9	<36.9	36.9~39.5	39.6~56.4	56.5~60.0	>60.0
146.0~146.9	<37.5	37.5~40.3	40.4~57.0	57.1~60.6	>60.6
147.0~147.9	<38.1	38.1~41.1	41.2~57.6	57.7~61.2	>61.2
148.0~148.9	<38.8	38.8~41.9	42.0~58.2	58.3~61.9	>61.9
149.0~149.9	<39.5	39.5~42.7	42.8~58.8	58.9~62.5	>62.5
150.0~150.9	<40.1	40.1~43.5	43.6~59.4	59.5~63.4	>63.4
151.0~151.9	<40.7	40.7~44.2	44.3~60.1	60.2~64.0	>64.0
152.0~152.9	<41.3	41.3~44.9	45.0~60.6	60.7~64.8	>64.8
153.0~153.9	<41.9	41.9~45.6	45.7~61.2	61.3~65.7	>65.7
154.0~154.9	<42.5	42.5~46.4	46.5~61.8	61.9~66.7	>66.7
155.0~155.9	<43.1	43.1~47.2	47.3~62.5	62.6~67.6	>67.6
156.0~156.9	<43.7	43.7~48.1	48.2~63.3	63.4~68.6	>68.6
157.0~157.9	<44.3	44.3~49.0	49.1~64.1	64.2~69.6	>69.6
158.0~158.9	<44.9	44.9~49.9	50.0~64.9	65.0~70.4	>70.4
159.0~159.9	<45.5	45.5~50.7	50.8~65.7	65.8~71.3	>71.3
160.0~160.9	<46.2	46.2~51.6	51.7~66.6	66.7~72.0	>72.0
161.0~161.9	<46.9	46.9~52.7	52.8~67.4	67.5~72.9	>72.9
162.0~162.9	<47.6	47.6~53.7	53.8~68.3	68.4~73.7	>73.7
163.0~163.9	<48.4	48.4~54.8	54.9~69.2	69.3~74.6	>74.6

续表

身高段(厘米)	体重(千克)				
	1分	3分	5分	3分	1分
164.0~164.9	<49.5	49.5~55.7	55.8~70.0	70.1~75.6	>75.6
165.0~165.9	<50.4	50.4~56.7	56.8~71.0	71.1~76.6	>76.6
166.0~166.9	<51.2	51.2~57.6	57.7~72.2	72.3~77.6	>77.6
167.0~167.9	<52.0	52.0~58.4	58.5~73.3	73.4~78.6	>78.6
168.0~168.9	<52.8	52.8~59.2	59.3~73.9	74.0~79.7	>79.7
169.0~169.9	<53.6	53.6~60.1	60.2~75.5	75.6~80.7	>80.7
170.0~170.9	<54.4	54.4~60.6	61.0~76.5	76.6~81.8	>81.8
171.0~171.9	<55.1	55.1~61.7	61.8~77.5	77.6~82.8	>82.8
172.0~172.9	<55.7	55.7~62.4	62.5~78.5	78.6~83.8	>83.8
173.0~173.9	<56.4	56.4~63.1	63.2~79.5	79.6~84.7	>84.7
174.0~174.9	<57.1	57.1~63.8	63.9~80.4	80.5~85.7	>85.7
175.0~175.9	<57.9	57.9~64.6	64.7~81.5	81.6~86.7	>86.7
176.0~176.9	<58.7	58.7~65.4	65.5~82.4	82.5~87.6	>87.6
177.0~177.9	<59.4	59.4~66.2	66.3~83.3	83.4~88.6	>88.6
178.0~178.9	<60.1	60.1~67.1	67.2~84.3	84.4~89.5	>89.5
179.0~179.9	<60.7	60.7~68.0	68.1~85.2	85.3~90.5	>90.5
180.0~180.9	<61.4	61.4~68.7	68.8~86.1	86.2~91.3	>91.3
181.0~181.9	<62.1	62.1~69.5	69.6~87.0	87.1~92.1	>92.1
182.0~182.9	<62.8	62.8~70.3	70.4~88.0	88.1~92.9	>92.9
183.0~183.9	<63.5	63.5~71.2	71.3~88.9	89.0~93.6	>93.6
184.0~184.9	<64.1	64.1~72.1	72.2~89.9	90.0~94.4	>94.4
185.0~185.9	<64.7	64.7~72.9	73.0~90.8	90.9~95.3	>95.3
186.0~186.9	<65.3	65.3~73.6	73.7~91.8	91.9~96.1	>96.1
187.0~187.9	<66.0	66.0~74.4	74.5~92.7	92.8~96.8	>96.8

表10-59 **60~69岁老年人(女)身高标准体重评分表**

身高段(厘米)	体重(千克)				
	1分	3分	5分	3分	1分
135.0~135.9	<32.4	32.4~34.6	34.7~52.4	52.5~55.3	>55.3
136.0~136.9	<33.0	33.0~35.2	35.3~52.9	53.0~55.9	>55.9

续表

身高段(厘米)	体重(千克)				
	1分	3分	5分	3分	1分
137.0~137.9	<33.6	33.6~35.8	35.9~53.5	53.6~56.6	>56.6
138.0~138.9	<34.3	34.3~36.4	36.5~54.1	54.2~57.2	>57.2
139.0~139.9	<34.9	34.9~37.1	37.2~54.7	54.8~58.0	>58.0
140.0~140.9	<35.4	35.4~38.1	38.2~55.4	55.5~58.8	>58.8
141.0~141.9	<36.0	36.0~38.6	38.7~56.1	56.2~59.5	>59.5
142.0~142.9	<36.6	36.6~39.7	39.8~56.7	56.8~60.1	>60.1
143.0~143.9	<37.2	37.2~40.4	40.5~57.3	57.4~60.7	>60.7
144.0~144.9	<37.8	37.8~41.2	41.3~58.0	58.1~61.3	>61.3
145.0~145.9	<38.4	38.4~42.0	42.1~58.6	58.7~61.9	>61.9
146.0~146.9	<39.0	39.0~42.8	42.9~59.1	59.2~62.5	>62.5
147.0~147.9	<39.6	39.6~43.6	43.7~59.8	59.9~63.2	>63.2
148.0~148.9	<40.3	40.3~44.4	44.5~60.4	60.5~63.9	>63.9
149.0~149.9	<41.0	41.0~45.2	45.3~61.0	61.1~64.5	>64.5
150.0~150.9	<41.6	41.6~46.0	46.1~61.6	61.7~65.2	>65.2
151.0~151.9	<42.2	42.2~46.7	46.8~62.3	62.4~65.9	>65.9
152.0~152.9	<42.8	42.8~47.4	47.5~62.8	62.9~66.8	>66.8
153.0~153.9	<43.4	43.4~48.1	48.2~63.4	63.5~67.7	>67.7
154.0~154.9	<44.0	44.0~48.9	49.0~64.0	64.1~68.7	>68.7
155.0~155.9	<44.6	44.6~49.7	49.8~64.7	64.8~69.7	>69.7
156.0~156.9	<45.2	45.2~50.6	50.7~65.5	65.6~70.6	>70.6
157.0~157.9	<45.8	45.8~51.5	51.6~66.3	66.4~71.5	>71.5
158.0~158.9	<46.4	46.4~52.4	52.5~67.1	67.2~72.3	>72.3
159.0~159.9	<47.0	47.0~53.3	53.4~67.9	68.0~73.3	>73.3
160.0~160.9	<47.6	47.6~54.2	54.3~68.8	68.9~74.1	>74.1
161.0~161.9	<48.3	48.3~55.1	55.2~69.6	69.7~74.9	>74.9
162.0~162.9	<49.1	49.1~56.1	56.2~70.5	70.6~75.8	>75.8
163.0~163.9	<49.9	49.9~57.0	57.1~71.4	71.5~76.7	>76.7
164.0~164.9	<50.9	50.9~57.9	58.0~72.2	72.3~77.6	>77.6
165.0~165.9	<51.7	51.7~58.8	58.9~73.2	73.3~78.6	>78.6
166.0~166.9	<52.6	52.6~59.9	60.0~74.4	74.5~79.6	>79.6

续表

身高段(厘米)	体重(千克)				
	1分	3分	5分	3分	1分
167.0~167.9	<53.4	53.4~60.8	60.9~75.5	75.6~80.6	>80.6
168.0~168.9	<54.2	54.2~61.6	61.7~76.6	76.7~81.7	>81.7
169.0~169.9	<55.0	55.0~62.5	62.6~77.7	77.8~82.7	>82.7
170.0~170.9	<55.8	55.8~63.3	63.4~78.7	78.8~83.8	>83.8
171.0~171.9	<56.5	56.5~64.1	64.2~79.7	79.8~84.8	>84.8
172.0~172.9	<57.2	57.2~64.8	64.9~80.7	80.8~85.8	>85.8
173.0~173.9	<57.9	57.9~65.6	65.7~81.7	81.8~86.7	>86.7
174.0~174.9	<58.6	58.6~66.2	66.3~82.7	82.8~87.7	>87.7
175.0~175.9	<59.4	59.4~67.0	67.1~83.7	83.8~88.6	>88.6
176.0~176.9	<60.2	60.2~67.8	67.9~84.6	84.7~89.6	>89.6
177.0~177.9	<61.0	61.0~68.6	68.7~85.5	85.6~90.7	>90.7
178.0~178.9	<61.7	61.7~69.5	69.6~86.5	86.6~91.6	>91.6
179.0~179.9	<62.4	62.4~70.3	70.4~87.5	87.6~92.5	>92.5
180.0~180.9	<63.1	63.1~71.0	71.1~88.3	88.4~93.4	>93.4

2. 机能指标

肺活量：

测量目的：反映人体肺的容积和扩张能力。

测量器材：使用肺活量计测试。电子式肺活量计精度为1毫升，翻转式肺活量计精度为20毫升，桶式肺活量计精度为50毫升。

测量方法：测试时，受试者深吸气至不能再吸气，然后将嘴对准肺活量计口嘴做深呼气，直至呼尽为止。测试两次，取最大值，记录以毫升为单位。

注意事项：

呼气不可过猛，防止漏气；不得二次吸气；肺活量计口嘴应严格消毒。

3. 素质指标

（1）握力：

测试目的：反映人体前臂和手部肌肉力量。

测试器材：使用握力计测试。

测试方法：测试时，受试者转动握力计的握距调节钮，调至适宜握距，然后用力手持握力计，身体直立，两脚自然分开（同肩宽），两臂自然下垂，开始测试时，用最大力紧握上下两个握柄。测试两次，取最大值，记录以千克为单位，保留小数点后一位。

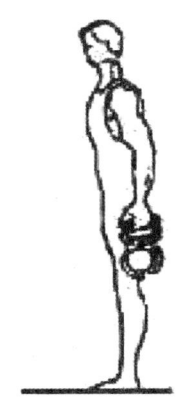

图 10-31　握力测试

注意事项：

用力时，禁止摆臂、下蹲图或将握力计接触身体；如果受试者分不出有力手，双手各测试两次。

(2)坐位体前屈：

测试目的：反映人体柔韧性。

测试仪器：使用坐位体前屈测试仪测试。

测试方法：测试时，受试者坐在垫上，双腿伸直，脚跟并拢，脚尖自然分开，全脚掌蹬在测试仪平板上。然后掌心向下，双臂并拢平伸，上体前屈，用双手中指指尖推动游标平滑前移，直至不能移动为止。测试两次，取最大值，记录以厘米为单位，保留小数点后一位。

图 10-32　坐位体前屈测试

注意事项：

测试前，受试者应做准备活动，以防肌肉拉伤；测试时，膝关节不得屈曲，不得有突然前振的动作；记录时正确填写正负号。

(3)选择反应时：

测试目的：反映人体神经与肌肉系统的协调性和快速反应能力。

测试仪器：使用反应时测试仪测试。

测试方法：测试时，受试者中指按住"启动键"，等待信号发出，当任意信号键发出信号时(声、光同时发出),以最快速度去按该键。信号消失后,中指再次按住"启动键",等待下一个信号发出,共有5次信号。受试者完成第五次信号应答后,所有信号键都会同时发出光和声,表示测试结束。测试两次,取最好成绩,记录以秒为单位,保留小数点后两位。

注意事项:

测试时,受试者不得用力拍击信号键。

(4)闭眼单脚站立:

测试目的:反映人体平衡能力。

测试方法:测试时,受试者自然站立,当听到"开始"口令后,抬起任意一只脚,同时测试员开表计时,当受试者支撑脚移动或抬起脚着地时,测试员停表(图10-33)。测试两次,取最好成绩,记录以秒为单位,保留小数点后一位,小数点后第二位数按"非零进一"的原则进位。如10.11秒记录为10.2秒。

图10-33 闭眼单腿站立

注意事项:

测试时,注意安全保护。

评价标准:见表10-60,表10-61。

表10-60　　　　　　　　　　60~64岁老年人其他单项指标评分表

测试指标	1分	2分	3分	4分	5分
男					
肺活量(毫升)	1400~1827	1828~2425	2426~2939	2940~3499	>3499
握力(千克)	21.5~26.9	27.0~34.4	34.5~40.4	40.5~47.5	>47.5
坐位体前屈(厘米)	-12.6~-7.8	-7.7~-0.9	1.0~6.7	6.8~13.1	>13.1
选择反应时(秒)	1.40~1.01	1.00~0.77	0.76~0.63	0.62~0.51	<0.51
闭眼单脚站立(秒)	1~3	4~6	7~14	15~48	>48

续表

测试指标	1分	2分	3分	4分	5分
女					
肺活量(毫升)	955~1219	1220~1684	1685~2069	2070~2552	>2552
握力(千克)	14.9~17.1	17.2~21.4	21.5~25.5	25.6~30.4	>30.4
坐位体前屈(厘米)	-7.5~-2.0	-1.9~5.2	5.3~11.3	11.4~17.7	>17.7
选择反应时(秒)	1.46~1.14	1.13~0.84	0.83~0.67	0.66~0.55	<0.55
闭眼单脚站立(秒)	1~2	3~5	6~12	13~40	>40

表10-61　　65~69岁老年人其他单项指标评分表

测试指标	1分	2分	3分	4分	5分
男					
肺活量(毫升)	1255~1660	1661~2229	2230~2749	2750~3334	>3334
握力(千克)	21.0~24.9	25.0~32.0	32.1~38.1	38.2~44.8	>44.8
坐位体前屈(厘米)	-13.6~-9.4	-9.3~-1.6	-1.5~4.6	4.7~11.7	>11.7
选择反应时(秒)	1.45~1.11	1.10~0.81	0.80~0.66	0.65~0.54	<0.54
闭眼单脚站立(秒)	1~2	3~5	6~12	13~40	>40
女					
肺活量(毫升)	895~1104	1105~1559	1560~1964	1965~2454	>2454
握力(千克)	13.8~16.2	16.3~20.3	20.4~24.3	24.4~29.7	>29.7
坐位体前屈(厘米)	-8.2~-3.1	-3.0~4.0	4.1~10.0	10.1~16.4	>16.4
选择反应时(秒)	1.63~1.22	1.21~0.89	0.88~0.69	0.68~0.57	<0.57
闭眼单脚站立(秒)	1~2	3~4	5~10	11~35	>35

参 考 文 献

[1] 杨红春，温晓利．健康体适能：理论与实践[M]．北京：北京体育大学出版社，2015．
[2] 肖夕君．体质、健康和体适能的概念及关系[J]．中国临床康复，2006，10(20)：146-149．
[3] 王健，何玉秀．健康体适能[M]．北京：人民体育出版社，2008．
[4] 裘琴儿．健康体适能理论与实践[M]．徐州：中国矿业大学出版社，2010．
[5] 王玉林．体育与健康[M]．北京：电子工业出版社，2014．
[6] 王幼军．体育与健康技术教程[M]．北京：北京体育大学出版社，2012．
[7] 马玉海．运动与健康[M]．北京：清华大学出版社，2015．
[8] 刘星亮．体质健康概论[M]．武汉：中国地质大学出版社，2016．
[9] 祝珊珊．《全民健身计划(2011—2015)》实施目标下的全民健身发展策略研究[J]．科技资讯，2017，15(9)：253-254．
[10] 罗平，张剑．美国青少年健康体适能教育计划开发概况[J]．上海体育学院学报，2009，33(1)：86-90．
[11] 毋张明．体适能研究发展综述[J]．体育科技文献通报，2015，23(11)：130-131．
[12] 王进，李定忠．中国全民健身与美国国民健康计划比较——美国《健康公民2010》带来的启示[J]．军事体育学报，2006，25(3)：109-112．
[13] Ortega，F B，Ruiz JR，Castillo MJ，et al. Physical fitness in childhood and adolescence：a powerful marker of health[J]. International Journal of Obesity，2008，32(1)：1-11.
[14] Charles B. Corbin，Ruth Lindsey：Concepts of physical fitness[J]. Brown & Benchmark Publishers，1997.
[15] Chatrath R，Shenoy R，Serratto M，et al. Physical fitness of urban American children[J]. Pediatric Cardiology，2002，23(6)：608-612.
[16] Cordon Edlin，Eric Golanty，Kelli McCormack Brown：Health and wellness[M]. Jones and Bartlett Publishers，2002.
[17] WHO. Global Recommendations on Physical Activity for Health [EB/OL]. http：//www.who. int/diet physical activity /pa/en /index. html.
[18] WHO. Global Health Observatory (GHO) [EB/OL]. http：// origin. who. int/gho/en.
[19] 乔玉成，王卫军．全球人口体力活动不足的概况及特征[J]．体育科学，2015，35(8)：8-15．
[20] McKenzie TL. Observiational measures of children's physical activity[J]. J SchHealth，1991，61：224-227.

[21] DuRant RH, Baranowski T, Puhl J, et al. Evaluation of the Children's Activity Rating Scale(CARS) in young children[J]. Med Sei Sports Exerc, 1993, 25: 1415-1421.
[22] Bailey RC, Olson J, Pepper SL, et al. The level and tempo of children's physical activities: an observational study[J]. Med Sci Spots Exerc, 1995, 27: 1033-1041.
[23] 李红娟. 体力活动与健康促进[M]. 北京: 北京体育大学出版社, 2012.
[24] 美国运动医学学会, 王正珍, 主译审. ACSM运动测试与运动处方指南(第九版)[M]. 北京: 北京体育大学出版社, 2014.
[25] 张全成, 陆雯. 高级体适能与运动处方[M]. 北京: 国防工业出版社, 2013.
[26] 黄敬亨. 健康教育学(4版)[M]. 上海: 复旦大学出版社, 2006.
[27] 陈佩杰, 王人卫, 胡琪琛, 等. 体适能评定理论与方法[M]. 哈尔滨: 黑龙江科学技术出版社, 2005.
[28] 王瑞元. 运动生理学[M]. 北京: 人民体育出版社, 2005.
[29] 郎朝春. 健康体适能与运动处方[M]. 北京: 北京理工大学出版社, 2013.
[30] 李君荣, 唐才昌, 陆召军. 健康教育与健康促进教程[M]. 南京: 东南大学出版社, 2004.
[31] 沈剑威, 阮伯仁. 体适能基础理论[M]. 北京: 人民体育出版社, 2008.
[32] 李采丰, 孙超. 健康体适能评定与运动处方制定阐析[M]. 北京: 科学出版社, 2017.
[33] 裘琴儿. 健康体适能理论[M]. 北京: 中国矿业大学出版社, 2012.
[34] 张钧, 张蕴琨. 运动营养学[M]. 北京: 高等教育出版社, 2010.
[35] 高言诚. 营养学[M]. 北京: 北京体育大学出版社, 2006.
[36] 朱大年, 王庭槐. 生理学第8版[M]. 北京: 人民卫生出版社, 2013.
[37] 金国琴. 全国普通高等教育中医药类精编教材, 生物化学, 供中医药类、中西医结合等专业用[M]. 上海: 上海科学技术出版社, 2006.
[38] 王广兰, 汪学红. 高等院校体育类基础课十三五规划教材, 运动营养学[M]. 武汉: 华中科技大学出版社, 2017.
[39] 王正珍. ACSM运动测试与运动处方指南[M]. 北京: 北京体育大学出版社, 2015.
[40] 运动膳食与营养编写组. 运动膳食与营养[M]. 北京: 北京体育大学出版社, 2016.
[41] 王广兰. 实用营养学[M]. 武汉: 湖北人民出版社, 2009.
[42] 荣湘江. 体育康复, 运动处方, 医务监督[M]. 桂林: 广西师范大学出版社, 2000.
[43] 杨静宜, 徐峻华. 运动处方[M]. 北京: 高等教育出版社, 2016.
[44] 李洁, 段海俊. 运动人体科学实验原理与方法[M]. 北京: 人民体育出版社, 2010.
[45] 李洁, 陈仁伟. 人体运动能力检测与评定[M]. 北京: 人民体育出版社, 2005.
[46] 孙庆祝. 体育测量与评价[M]. 北京: 高等教育出版社, 2006.
[47] 王瑞元, 苏全生. 运动生理学[M]. 北京: 人民体育出版社, 2012.
[48] 《运动解剖学、运动医学大辞典》编辑委员会. 运动解剖学、运动医学大辞典[M]. 北京: 人民体育出版社, 2000.
[49] [法] 布朗蒂娜·卡莱-热尔曼. 张芳 译. 运动解剖书[M]. 北京: 北京科学技术出

版社，2015.

[50] 傅永怀. 微量元素与临床[M]. 北京：中国科学技术出版社，2011.

[51] 封飞虎，王松. 运动解剖生理学[M]. 武汉：华中科技大学出版社，2018.

[52] 荷兰湘. 临床医学基础[M]. 武汉：华中科技大学出版社，2018.

[53] 柏树令. 系统解剖学[M]. 北京：人民卫生出版社，2004.

[54] 全国体育学院教材委员会. 运动解剖学[M]. 北京：人民体育出版社，1988.

[55] 王瑞元，汪军译. 运动生理学[M]. 北京：北京体育大学出版社，2011.

[56] Jerrold Greenberg. Physical fitness and wellness[M]. Human Kinetics，2004.

[57] Carmical Steven C. Physical Fitness in the United States Air Force[M]. Biblioscholar，2012.

[58] Elçin Mamak Çelik, Arzu Daşkapan, Zehra Güçhan Topcu. Physical ftness, physical activity, psychosocial status and quality of life of adolescent siblings of neurologically disabled children[J]. Blatic Journal of Health and Physical Activity，2018，10(3)：27-37.

[59] Susan L Eastham. Physical fitness test administration practices and students' congnitive understanding of physical fitness[J]. Physical educator，2018，75：374-393.

[60] Rodrigo Antunes Lima, Lisbth Runge Larsen, Anna Bugge. Physical fitness is longitudinally associated with academic performance during childhood and adolescence, and waist circumference mediated the relationship[J]. Pediatric exercise science，2018，30：317-325.